富媒体 智能化

高等教育财经类核心课程系列教材

高等院校应用型精品规划教材

会计基础 第二版

Accounting Basis

主　编◎赵　洁

参　编◎王　珏　孙莉梅　段梦娟　方　圆　马　艳

上海财经大学出版社
SHANGHAI UNIVERSITY OF FINANCE & ECONOMICS PRESS
上海学术·经济学出版中心

图书在版编目(CIP)数据

会计基础 / 赵洁主编 . —2 版. —上海:上海财经大学出版社,2024.8
高等教育财经类核心课程系列教材
高等院校应用型精品规划教材
ISBN 978-7-5642-4410-1/F • 4410

Ⅰ.①会… Ⅱ.①赵… Ⅲ.①会计学-高等学校-教材 Ⅳ.①F230

中国国家版本馆 CIP 数据核字(2024)第 105841 号

□ 责任编辑　台啸天
□ 书籍设计　贺加贝

会计基础

(第二版)

主　编　赵　洁
参　编　王　珏　孙莉梅　段梦娟
　　　　方　圆　马　艳

上海财经大学出版社出版发行
(上海市中山北一路 369 号　邮编 200083)
网　　址:http://www.sufep.com
电子邮箱:webmaster @ sufep.com
全国新华书店经销
上海新文印刷厂有限公司印刷装订
2024 年 8 月第 2 版　2024 年 8 月第 1 次印刷

787mm×1092mm　1/16　21 印张　538 千字
印数:3 101—6 100　　定价:57.00 元

前　言

《会计基础》(第二版)是会计学专业应用型特色系列教材的重要组成部分,是在党的二十大思想的指引下编写的教材。它把习近平总书记关于教育的重要论述和重要指示精神转化为建设教育强国的生动实践,认真落实立德树人根本任务,坚定不移地走高质量发展之路。它一方面紧密结合学生的学科专业实际,把理论问题讲生动、讲鲜活,在研究学生认知规律、心理特点、发展需求的基础上,借助各种现代化教育手段,整合教学资源、创新教学方法、设计教学章节,提高课程思政教学效果与育人能力。另一方面,它根据我国最新颁布的相关法规、制度,特别是企业会计准则中的法规、制度内容要求进行调整,尽可能吸纳本学科最新的研究成果,使其具有一定的理论性和前瞻性。此外,它还充分考虑应用型本科会计学专业的培养目标和教学特点,力求做到有一定的理论深度,同时又兼顾其可操作性,注重对学生基本技能的培养,使其具有较广泛的实用性。

本教材具有以下特点。

(1)理论联系实际。理论部分做到内容讲精、讲细、夯实学生会计理论基础的同时,实务部分做到案例讲透,便于学生在较短的时间内掌握会计的基本核算理论与技巧。

(2)经典案例剖析,融入课程思政,结合"三全育人"理念塑造学生良好的道德情操,培养会计职业道德理念。职业道德从进入会计学专业学习起始,就应是常住不懈的一项教育工作。本教材在每一章都增添有关思政教育、会计职业道德和其他会计违规、违法的相关真实案例,在专业理论与知识学习的同时,树立学生正确的职业道德观,这也是第二版教材的改进之处。

(3)与时俱进,紧跟准则。本教材严格按照最新版《企业会计准则——基本准则》以及税法的变化编写章节内容,例如,更新了增值税税率,其相关政策内容截至2023年。

(4)体系完整,结构合理。作为教材,虽无法做到面面俱到,但能基本涵盖会计基础的全部内容,同时结合当前会计学人才培养方案,实现学历教育与职业资格教育相融合,为学生们考取初级会计资格证书奠定扎实的基础。

本教材由赵洁主编,负责教材的整体框架设计,拟定编写大纲,对全书进行总纂。本教材各章的具体编写分工是：第一章以及文中思政、附录部分由赵洁编写；第二章由王珏编写；第三章由孙莉梅编写；第四、五、六章由段梦娟编写；第七、八、九章由方圆编写，第十、十一、十二章由马艳编写。在教材的编写过程中得到了陕西省"一流会计学"专业专项资金资助和西安培华学院会计与金融学院各级领导的支持；参阅了参考文献中作者的教材、著作，得到了上海财经大学出版社的大力帮助，谨此一并表示感谢！

由于编写时间仓促，加之编者水平有限，本书中难免存在一些不足之处，恳请专家、学者批评指正，以便我们进一步改进与完善。

编　者

2024 年 3 月

目 录

第一章

总　论

○ **学习目标**

知识目标

1. 了解会计的产生和发展。
2. 掌握会计的含义、职能和目标及方法。
3. 掌握会计规范体系。
4. 培养会计职业道德认知。

能力目标

1. 能理解会计的发展与经济发展的关系。
2. 能对会计概念和特征进行准确的辨析。
3. 能简单地根据职业道德规定分析案例。

○ **案例导入**

晓晓今年高考，家人根据晓晓的性格特点和兴趣爱好让其报考了本市一所比较理想的财经类大学，选择了会计学专业。可是晓晓对这个专业感到很陌生，不了解什么是会计，会计有什么用途，学了会计将来能做什么。其父母认为："会计就是一项工作，为单位职工报销各种费用，然后记记账、算算账什么的。""会计就是一种职业，毕业后在单位做会计，就跟在学校当老师一样，只是职业不同而已。"可见，晓晓及其父母对会计的认识都是一知半解。同学们对会计这个专业了解吗？让我们和晓晓一起走进会计课堂，学习会计的含义吧。

第一节　会计的产生与发展

一、会计是适应生产活动发展的需要而产生的

人类原始计量、记录行为的发生是以人类生产行为的发生、发展为根本前提的，它是社会发展到一定阶段的产物。只有当人类能够正常地进行物质资料的生产活动，以及生产所得大体上能保证人类生存和正常繁衍需要时，人类才会关心劳动耗费与劳动成果的比较，才能产生原始计量、记录行为。在原始社会末期，随着生产力的发展，剩余产品的分配、储备及消费均需要进行记录、计算，由于没有文字，人们就创造"结绳记事""绘图记事"等方法，来进行简单的记录、计算活动。这种人类的活动可以说是会计的萌芽，但会计特征，是到奴隶社会的繁

荣时期才表现出来。这种原始计量、记录行为的产生与生产发展所体现出来的管理目标是相适应的。

我国的奴隶社会和封建社会都是以私有制为基础的。随着私人财富的积累，导致了受托责任会计的产生。这种会计不仅应保护奴隶主或封建主的物质财产，而且还应证明管理这些财产的人是否适当地履行了他们的职责。这就要求采用较为先进的计量与记录方法，随之而来的就相继出现了单式记账、复式记账。同时，生产的发展和社会的进步使得仅仅靠人们劳动过程中附带的进行计量、计算和记录不能满足生产发展需要，为了满足对劳动成果和劳动消耗进行管理的要求，会计从生产职能中分离出来，成为特殊的、专门委托当事人的独立的职能。可见，会计是适应生产活动发展的需要而产生的，对生产活动进行科学的、合理的管理是它产生的根本动因。

二、会计的发展与生产经营的管理目的相适应

从会计的记录方式上看，会计发展主要经历了原始计量、记录、单式簿记和复式簿记三个阶段。

原始计量、记录行为的产生与生产发展所体现出来的管理目标是一致的。在私人占有财产现象未出现之前，人们进行计量、记录的目的：一是维持正常的生产状况，使生产得以保证人们的生活需要；二是管理好储备的各种物品，实现较为合理的分配，以求部落集体共同生存。当私人占有财产的现象出现之后，人们计量、记录的目的发生了变化，一方面，从公共财产部分来讲，是为了管理好生产、分配、交换与财务储备的关系，以求得经济的进一步发展；另一方面，从私人占有部分来讲，是为了如实计量、记录这些财产的数量，保护并不断扩大这些财产。这便是后来出现的“官厅会计”和“民间会计”。

从奴隶社会的繁盛时期到 15 世纪末，单式簿记应运而生并得到了发展。一般将这一时期的会计称为古代会计。单式簿记的方法体系由会计核算项目、账簿设置、记录方法、会计凭证、结算方法以及会计报告等具体方法组成。单式簿记的主要目的并不是计量，而是进行控制，从一定程度上讲，内部控制是所有古代簿记制度的主要特征。

1494 年，意大利数学家卢卡・帕乔里的著作《算术、几何、比及比例概要》问世，标志着近代会计的开端。与单式簿记相比，复试簿记具有两个基本特征：一是会计记录的二重性；二是全部账簿的平衡性和均衡性。随后又出现了复式记账方法——借贷记账法，相继传至世界各地，至今我们运用的记账方法仍是沿用了复式簿记的原理。从复式簿记的传播和发展的过程中，可以看出复式簿记产生于意大利，但其发展与完善却渗透欧洲乃至全世界。

我国的复式簿记同西方的复式簿记一样，也经历了一个由简单到复杂、由低到高、从不完善到完善、从单式到复式的发展过程。我国会计历史上从单式簿记的“四柱清册”，到不完全复式簿记的“三脚账”“龙门账”。再到复式簿记的“四脚账”等都完整地记录了会计方法的演变过程，也见证了我国近代会计的发展历程。

【知识链接】

“四柱清册”中的四柱，是指“旧管”“新收”“开除”“实在”。其含义分别相当于近代会计中的“期初余额”“本期收入”“本期支出”“期末结余”。四柱之间的结算关系可以用会计方程式表示为：“旧管＋新收－开除＝实在”。在四柱中，每一柱都反映经济活动的一个方面，各柱相互衔接，形成平衡公式，既可以检查日常记账的正确性，又可系统、全面和综合地反映经济活

动全貌。在我国宋朝官厅办理钱粮报销和移交手续时，一般都运用“四柱结算法”。编制会计报表，称为“四柱清册”。这是我国古代会计的一个杰出成就。

但是，对近代会计产生直接影响的是股份公司的出现。由于股份公司的出现，使得企业的所有权与经营权发生了分离。公司股东不直接参与和管理公司的经营活动，而是由董事会或股东大会聘用的经理人进行经营、管理。企业的经营者(经理人)必须定期向股东、债权人、证券交易机构、政府管理机构及潜在的投资者提供真实、准确的财务报告。一方面，为了便于阅读会计报告，要求必须依据“公认会计原则”编制提供财务报告；另一方面，为了保证会计报告的可靠性，也要同时接受注册会计师的审计，从而证明其受托责任的履行情况。这在一定意义上使会计的发展进入了一个新的时期，在推动世界范围内公认会计原则建立的同时，也出现了一种新兴的职业——注册会计师。如果说复式簿记是近代会计史上的第一个里程碑，会计执业(注册会计师)的出现则是近代会计史上的第二个里程碑。

进入20世纪，资本主义长足发展，使西方国家成为发展会计思想的开拓者。尤其是美国，在会计理论与实务方面都取得了新的进展，标志着现代会计进入成熟期。“公认会计原则”的出现是会计理论与实务发展的显著标志。公认会计原则具有两个特点：公认性和权威性。20世纪50年代后，会计工作日益向基层单位、管理部门和生产领域渗透，从而与企业日常管理活动紧密联系，而最初的受托经济责任已渐渐降到次要位置，在这种环境下，传统会计理论和方法随着企业内部和外部对会计信息的不同要求而划分为两个领域，即财务会计和管理会计，并基本上形成了各自的理论体系及相应的程序和方法。20世纪60年代后一些工业发达的国家将计算机应用于会计领域，出现了电算化会计。信息技术的革命引起了会计信息系统的剧变，传统的手工操作会计逐渐被会计信息处理系统所替代。随着计算机的飞跃发展，计算机网络、数据库、ERP等现代技术与方法的运用，各种经济信息实现综合化、系统化，计算机管理信息系统开始形成，而计算机的会计信息系统将成为整个管理信息系统的子系统。

知识链接

三、我国现代会计的发展历程

中华人民共和国成立后，我国会计事业发展大致经历了三个阶段：计划经济时期，有计划的市场经济时期和市场经济时期。

知识链接

第二节　会计的含义

一、会计的定义

会计可以是一个职业、一类人员、一个组织或机构，还可以是一门学科。它是随着生产实践和经济管理的客观需要产生的，也必将随着社会发展的科技进步不断被赋予新的内涵。

到底什么是会计？我们通常意义上所讲的会计，是从会计工作的角度来解释的。目前主要有两种观点。

(一)会计是一种经济管理活动

“会计管理活动论”形成于20世纪80年代，由杨纪琬和阎达五两位教授提出，他们认为“会计是社会管理活动”，“会计管理的内容可以抽象为价值管理”。在非商品经济条件下，会计是直接对财产物资进行管理,在商品经济条件下,由于存在商品生产和商品交换,经济活动中的财产物资都是以价值形式表现的,会计就是利用价值形式对财务物资进行管理的。

(二)会计是一个经济信息系统

“会计信息系统论”是20世纪80年代引入中国的。余绪缨教授首先提出会计是一个信息系统,后经葛家澍教授等人的论文加以阐发。这个理论认为,会计是确认、记录、传递信息的信息系统和计量系统,原始的经济业务信息录入该系统后,经过识别、计算、分类和汇总等加工与转换后,可以得到具有相关性、可靠性和可比性的有关企业经营活动信息。会计信息系统是将一个公司分散的经营活动转化成一组客观的数据,提供有关公司的业绩以及企业资金、劳动、所有权、收入、成本、利润、债权、债务等信息,任何人都可以通过会计提供的信息了解企业的基本情况,并做出相应的决策。所以,从信息系统的角度来看,会计是一种“通用的商业语言”。

除此之外,中外会计界对会计还有“管理工具论”“控制系统论”等认知。对会计的认识不同,因而对会计的定义也不尽相同,但无论如何定义会计,它都会随着社会经济的发展而不断发展变化。经济越发展,会计则越重要,这一点不容置疑。

我们把会计定义为:会计是以货币为主要计量单位,采用专门方法和程序,对企业和行政、事业单位的经济活动进行完整的、连续的、系统的核算和监督,以提供经济信息和反映受托责任履行情况为主要目的的经济管理活动。

二、会计的特征

在市场经济条件下,会计工作已成为包括投资者、债权人、政府相关机构、企业管理人员、职工和社会公众等有关方面了解和掌握企业的财务状况、经营成果和现金流量等重要信息的来源,成为指导社会资源合理流动、加强经济管理、提高经济效益、保障社会主义市场经济秩序顺利运行的重要保证。

在实际工作中,应从以下几个方面来理解会计的含义。

(一)会计以货币为主要计量单位

通常记录经济活动的数量指标有实物计量单位、劳动计量单位和货币计量单位。由于实物计量单位存在着较大的差异性,劳动计量单位存在着复杂性,因此,这两种计量单位都不能对一定主体的经济活动进行综合的计量。而货币作为商品的一般等价物,能综合地反映一定主体的经济活动。因此,以货币为计量单位能克服实物计量单位和劳动计量单位的缺陷。所以,会计在核算与监督工作中通常选择以货币为主要的计量单位,以实物量度和劳动量度为辅助计量单位。

(二)会计具有核算与监督的基本职能

会计一方面要按照会计法规制度的要求,对经济活动进行确认、计量和报告,另一方面要对业务活动的合法性、合理性进行审查。因此,会计核算是会计工作的基础,会计监督是会计工作质量的保证。会计核算和会计监督贯穿于会计工作的全过程,是会计工作最基本的职能,也是会计管理活动的重要表现形式。

(三)会计采用一系列专门的方法

会计方法是指用来核算和监督会计的内容、完成会计任务的手段。会计方法包括会计核算方法,会计分析方法、会计检查方法、会计控制方法和会计预测、决策方法。

(四)会计是一个信息系统

会计核算与监督的目的是为会计信息使用者提供有用的会计信息,供其在了解和管理企业的过程中使用。会计采用专门方法收集、检查、筛选、加工、存储和输送信息,使会计各项工作形成一个有机的整体,各种会计信息构成一个具有特定功能的信息系统。

随着电子计算机的普及和信息时代的来临,会计信息涵盖的范围也在扩大,从单纯的财务信息扩大到一个更能适应社会环境要求的经济信息系统。会计作为一个信息系统,通过客观而科学的信息,为管理提供各种数据资料和咨询服务。

(五)会计的本质是一种经济管理活动。

会计产生于人们管理社会和经济事务的过程,通过参与经营方案的选择、经营计划的制订、经营活动的控制和评价等各种方式直接进行管理。会计工作往往在单位内部管理的整个系统中进行,每个管理环节都离不开会计人员的参与。在宏观经济中,会计也是国民经济管理的重要基础和组成部分。因此,会计的本质是一种经济管理活动。

第三节 会计的职能与目标

一、会计的职能

会计的职能就是会计功能,是会计工作本质的体现。会计职能具有客观性和相对稳定性。我国会计界大多认为会计职能有基本职能和其他职能之分。

(一)会计基本职能

《会计法》第五条规定:“会计机构、会计人员依照本法规定进行会计核算,实行会计监督。”

1. 会计的核算职能

会计的核算职能是指会计以货币为主要计量单位,通过确认、记录、计算和报告等环节,对特定主体的经济活动进行记账、算账、报账,为各有关方面提供会计信息的功能。会计核算贯穿于经济活动的全过程,是会计最基本的职能。

从核算的时间来看,它既包括事后核算,也包括事前、事中的核算;从核算内容上看,它既包括记账、算账、报账,又包括预测、分析和考核。从会计工作的现状来看,会计的事后核算是会计工作的基础,通过记账、算账、报账、分析和考核等事后核算职能的主要形式,对经济业务活动进行记录、分类、计算和汇总,转化为一系列的经济信息,使其正确、综合地反映单位的经济活动过程和结果,为经营者提供数据资料。

2. 会计的监督职能

会计的监督职能是指会计人员在进行会计核算的同时,对特定主体经济活动的真实性、合法性和合理性进行审查。

进行真实性审查是指检查各项会计核算是否根据实际发生的经济业务进行的。进行合法性审查是指检查各项经济业务是否符合国家的法律法规,是否遵守财经纪律,执行国家的各项方针政策如何等。进行合理性审查是指从企业自身在经营管理方面的要求及提高经济效益出发,对经济活动的全过程进行合理性监督,以评价各项经济活动是否有效,能否提高经济效益。

会计监督是一个过程，分为事前监督、事中监督和事后监督。事前监督是对将要发生的经济活动进行会计监督，事中监督是对正在发生的经济活动进行会计监督，事后监督是对已经发生的经济活动进行会计监督。事前监督与事中监督有利于及时发现问题、及时采取补救措施，防患于未然；事后监督便于全面、真实、准确地检查经济活动的全过程，提高会计监督的准确性。

3. 会计核算和会计监督的关系

会计核算和会计监督两项职能的关系十分密切，两者相辅相成、辩证统一。会计核算是会计监督的基础，只有正确地进行核算，监督才有真实可靠的依据；会计监督是会计核算的延续和核算质量的保证，只有严格地进行监督，核算多提供的数据资料才能在经济管理中发挥最大的作用。

(二)会计其他职能

由于会计在现代社会中的作用日渐突出，会计职能也得到了不断的发展与完善。在基本职能的基础上又派生出其他的职能，例如，会计的分析、预测、控制和决策等职能，这些职能有效地参与到经济活动中，预测经济前景，参与经济决策，评价经济业绩。

二、会计的目标

会计目标是指在一定的会计环境下，人们期望通过会计活动所要达到的境地或结果。会计目标取决于相关的会计环境，尤其是相关会计环境中会计信息使用者的特征。一般来说，有什么样的会计环境，就有什么样的会计信息使用者，从而就有什么样的会计目标。

“受托责任观”与“决策有用观”是目前关于财务会计目标的两大主流观点。“受托责任观”认为，会计的目标是反映受托责任的履行情况，因此，会计应以提供反映经营业绩的信息为重心，且在反映财务信息时主要强调财务信息的客观性和可靠性。“决策有用观”认为，会计的目标是向会计信息使用者提供有助于其做出合理的投资、信贷及类似决策的信息，因此，会计应以提供反映企业现金流动的信息为重心，且在反映财务信息时主要强调财务信息的相关性和有用性。显然，考查会计的目标必须与具体的社会环境与经济环境相适应。在资本市场比较成熟的情况下，“决策有用观”显得更为科学，它促使财务会计的理论与方法产生质的飞跃。

当然，这两种观点实际上是相互联系、相互补充的，它们的相互融合更有利于全面科学地认识一般会计的目标。例如，国际会计准则委员会在其发布的《关于编制和提供财务报表的框架》中对上述两种观点做了综合性描述：(1)财务报告的目标是提供经济决策中有助于一系列使用者的关于企业财务状况、经营业绩和财务状况变动的资料。(2)财务报告还反映企业管理当局对交付给它的资源的受托管理责任和经营责任的成果。使用者之所以评估企业管理当局的受托管理工作，是为了能够做出经济决策。例如，是保持还是卖出对企业的投资，是续聘还是更换管理者等。

我国企业财务报告的主要目标是：(1)为财务报告使用者进行决策提供有用的信息。企业编制财务报告的主要目的是满足财务报告使用者的信息需要，有助于财务报告使用者做出经济决策。因此，向财务报告使用者提供决策有用的信息是财务报告的基本目标。(2)反映企业管理层受托责任的履行情况。在现代公司制度下，企业的所有权和经营权相分离，企业管理层是受委托人之托经营管理企业及其各项资产的，负有受托责任，即企业管理层所经营管理的各项资产均为投资者投入的资本或者向债权人借入的资金所形成的，企业管理层有责任妥善保管并合理、有效地使用这些资产。因此，财务报告应当反映企业管理层受托责任的履行情况，以有助于评价企业的经营管理责任以及资源使用的有效性。

【知识链接】

财务报告使用者包括企业外部使用者和内部使用者，企业外部使用者是指企业的外部相关者，主要包括企业的投资者、债权人、客户、供应商、政府以及经济监管机构和社会公众等。企业内部使用者是指企业内部的经营管理者，即企业的管理层和员工。

第四节 会计的方法

一、会计方法

会计方法是用来核算和监督会计内容、实现会计目标的手段。会计方法是人们在长期的会计工作实践中总结创立的，并随着社会生产力的发展，会计管理活动的复杂化而逐步完善和提高。会计方法具有会计的自然属性。先进的会计方法是全人类共同拥有的财富，不受社会制度制约。

前已述及，会计的其他职能包括会计预测、决策、控制和分析等。会计的方法也应该包括会计核算的方法、会计预测的方法、会计决策的方法、会计控制的方法和会计分析的方法等。这几部分的方法各自具有特点，有一定的独立性，但也相互配合，密切联系。其中会计核算方法是最基本的方法。这一节仅介绍会计核算的一系列专门方法。关于其他的会计方法将在有关课程中介绍。

二、会计核算的方法

(一)设置账户

设置账户是对会计核算和监督的具体内容进行科学的分类，是会计要素的详细化分，是记录不同的会计信息资料的一种专门方法。会计所核算和监督的内容是多种多样的，如财产物资就有各种存在的形态，厂房建筑物、机器设备、各种材料和半成品等，它们在生产中各有作用，管理的要求也不同；又如取得这些财产物资所需的经营资金来自不同的渠道，有银行贷款，有投资者投入等。为了对各自不同的内容分别进行反映和记录，会计上必须设置一系列的账户。一个账户表示会计内容的某一方面，表示某一会计要素的某一侧面，以便取得不同的会计信息。如“原材料”“库存商品”账户记录资产要素的某一部分的会计信息。

(二)复式记账

复式记账是指每一项经济业务都要在两个或两个以上相互联系的账户中同时登记的一种记账方法。在现实生活中，任何一项经济业务的发生都有其来龙去脉，如企业银行存款减少 1 000 元，去向是什么？或购买材料，或提取现金备用等。采用复式记账就是对任何一项经济业务一方面在有关账户中登记其来源，另一方面在有关账户中登记其去向。这样既能相互联系地反映经济业务的全貌，又便于试算平衡，核对账簿记录是否正确。

(三)填制和审核凭证

企业、行政事业等单位发生的任何会计事项，都必须填制或取得原始凭证，证明经济业务正在进行或者经济业务已经完成。原始凭证要送交会计机构进行审核，审核其填写内容是否完整、手续是否齐全、业务的发生是否合理合法，审核无误后才能据以编制记账凭证，记账凭证作为记账依据。原始凭证和记账凭证统称为会计凭证。填制和审核会计凭证是会计核算的一种专门方法，它能保证会计记录的完整、可靠，提高会计核算的质量。

(四)登记账簿

账簿是具有一定的格式，相互连接的账页。登记账簿就是根据审核无误的会计凭证用复式记账的方法，将经济业务的内容连续系统地记录在账页上的一种专门方法。通过登记账簿就能将分散的经济业务进行汇总，连续系统地提供每一类经济活动的完整的资料，了解经济活动发展变化的全过程。

(五)成本计算

成本计算方法是会计中采用的专门方法，它是指按照成本核算对象归集生产经营活动中发生的各项费用，并确定该成本计算对象的总成本和单位成本的一种方法，如产品制造企业生产经营各个阶段都会有各项费用发生或支付；供应过程采购材料需要支付材料采购的费用；生产过程为生产各种产品需要发生材料消耗、支付工资和其他费用。为了考核各个阶段费用支出的多少和成本水平的高低，必须分别按照材料采购品种、数量和生产产品的品种、数量，归集费用，计算其总成本和单位数量所应负担的费用，即单位成本。利用成本计算所提供的资料，可以了解各阶段费用支出，各成本计算对象的实际成本的高低，考核成本计划的完成情况，从而挖掘降低成本的潜力，不断降低成本。

知识链接

(六)财产清查

财产清查就是对各项财产物资、货币资金进行实物盘点，对各项往来款项进行核对，以查明其实有数的一种专门方法。具体做法是将实物盘点的结果与账面结存相核对，将企业的债权、债务逐笔与其核对，如果发现账实不符，应立即查明原因，确定责任该由谁负责，并调整账面做到账实相符。运用财产清查方法能保护财产物资的安全完整，改进财产管理，挖掘物资潜力，加速资金周转。

(七)编制会计报表

会计报表是根据账簿记录，按照规定的表格，主要运用数字形式定期编制的总结报告。通过编制会计报表，能对分散在账簿中的日常核算资料进行综合、分析、加工整理，提供全面反映经济活动所需要的有用信息。同时，基层单位会计报表逐级汇总后，又可以为国家综合平衡提供依据。为此，编制会计报表是会计核算的一种专门的方法。

以上会计核算的各种专门方法相互联系、紧密配合，形成了一个完整的方法体系。其中，填制和审核凭证、登记账簿是记账过程，填制和审核凭证是会计核算的最初环节，登记账簿是会计核算的中心环节；成本计算是算账过程，是对初级会计信息资料的再加工过程；会计报表是报账过程，是会计核算的最终环节。

第五节　会计规范体系与职业道德

一、会计规范体系

(一)会计规范的含义

会计规范是指人们在从事与会计有关的活动时，所应遵循的约束性或指导性的行为准则。从会计规范的形成看，可以分为两大类：一类是在实践中自发形成的，另一类是人们通过一定程序方式制定的。前者是人们在会计活动中逐步形成的习惯、规则和惯例，它是非强制性的；后者则是由权威人士或专业机构在自发形成的惯例基础上经过归纳、提炼、抽象及引申后形成的。一般而言，自发形成的会计规范，多具有原始、初级和缺乏条理的特征，在会计发展的早期，这种规范一直处于主导地位。随着经济发展及会计地位的提升，自觉的会计规范占据了统治地位，它比前者无论是在形式上，还是在内容上都前进了一大步，表现出更强的可操作性。

（二）会计规范体系的总体构成及特征

1. 会计规范体系的总体构成

我国会计规范体系主要包括以下四个方面。

（1）会计法律规范

会计法律规范包括与会计有关的法律和行政法规，是会计规范体系中具有约束力的组成部分，它是调整经济活动会计关系法律规范的总称，是社会法律制度会计方面的具体体现，是调节和控制会计行为的外部制约因素。我国目前与会计有关的法律主要是《会计法》《注册会计师法》及其有关法律；与会计有关的行政法规主要是国务院颁布的各种条例，如《企业财务会计报告条例》《总会计师条例》等。

（2）会计准则与制度规范

法律和制度都是社会制度的一种合理安排。会计准则与制度规范是从技术角度对会计实务处理提出要求、准则、方法和程序的总称。从广义来看，会计制度是指国家制定的会计方面所有的规范总称；包括会计核算制度、会计人员管理制度和会计工作管理制度等。但狭义会计制度仅指会计核算制度。会计准则与制度规范主要是指由财政部根据会计法律和行政规范制定并发布的各种会计准则、会计制度。

（3）会计职业道德规范

会计职业道德规范是从事会计工作人员所应该遵守具有本职业特征的道德准则和行为规范的总称，是对会计人员主观心理素质的要求，控制和掌握着会计管理行为方向和合理化程度。会计职业道德规范是一类比较特殊的会计规范，采用道德的形式对会计人员进行理性规范，促使会计人员确立正确的人生观、会计观，使其行为符合社会习俗和惯例。

（4）会计理论规范

理论来源于实践，反过来又指导实践，促进实践发展，会计理论现已形成了比较完备的概念框架和结构。从一般意义上看，整个成熟会计理论都是会计规范体系的组成部分，包括会计目标、会计假设、会计要素、会计原则、会计处理程序和方法。

2. 会计规范体系的特征

（1）权威性

会计规范作为评价会计行为合理、合法的有效标准，必然具有充分的影响力和威望，能够使会计人员予以信服，而不管这种承认是自发的还是强制的，也不管这种规范是成文的还是惯例性的，通过这种标准，让人明白哪些行为是符合规范的，哪些行为是不符合规范的。权威性可以来自会计规范的制定机关，如国家立法机关和行政机关，也可以来自社会性的广泛支持。

（2）科学性和客观性

科学性是指会计规范体系能够体现会计工作的内在规律和内在要求。客观性是指会计规范体系是会计规律与会计所处的客观环境、条件的有机结合，在体现高度科学性的同时具有可操作性。

(3)统一性

会计规范体系在一定范围之内是统一的，适用的对象不是针对具体和特定的某一单位、某一企业，而是广泛适用于全国范围内的；不是针对某一具体和特定的业务，而是适用于任何会计行为。

(4)相对稳定性

会计规范体系的建立和发展是一个动态的演进过程。会计规范体系在一定时期、一定客观环境下是相对稳定的，但并不是一成不变。随着社会政治经济条件的发展变化，一些会计规范可能不再适宜，或变得过时而予以修正甚至放弃，而一些新的会计规范逐渐被建立、被接受。

(三)我国会计规范体系的具体内容

我国会计规范体系选择了广义的会计规范体系概念，即凡是对会计进行制约、限制和引导的规范都应作为会计规范体系的组成部分，鉴于此，我国会计规范体系的构成如图1—1所示。

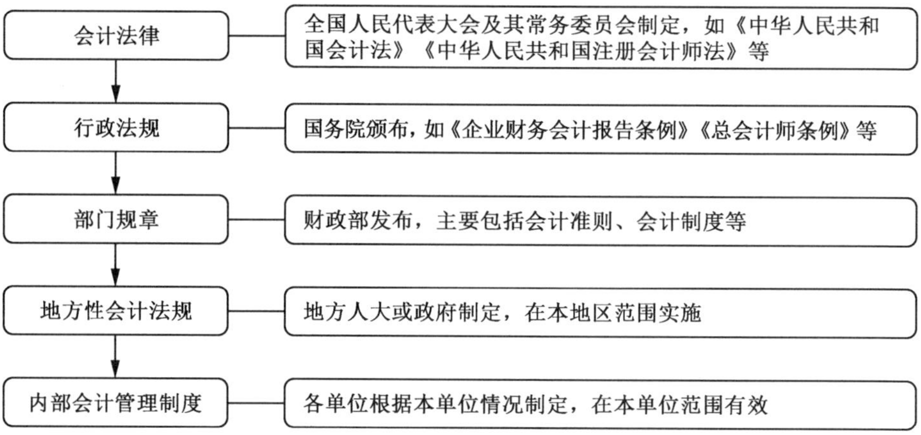

图1—1　我国会计规范体系示意

从图1—1中可以看出，我国会计规范体系由五个层次构成，按照规范的强制力大小由高而低排列。

1. 会计法律

会计法律是指调整我国经济生活中会计关系的法律总称。《会计法》是我国会计法律制度中层次最高的法律规范，是制定其他会计法规的依据，也是指导会计工作的最高准则。《会计法》的立法宗旨是规范会计行为，保证会计资料真实、完整，加强和财务管理，提高经济效益，维护社会主义市场的经济秩序。现行的《会计法》共有7章52条，主要对会计工作总的原则、会计核算、公司和企业核算的特别规定、会计监督、会计机构和会计人员以及法律责任等方面做了具体的规定。

我国目前有两部会计法律，分别是《会计法》和《中华人民共和国注册会计师法》。

2. 行政法规

会计行政法规是指由国务院制定并发布，或者由国务院有关部门拟定并经过国务院批准发布，调整经济生活中某些方面会计关系的法律规范，其效力仅次于会计基本法，例如国务颁布的《总会计师条例》和《企业财务会计报告条例》。

3. 部门规章

会计部门规章是指国家主管会计工作的行政部门如财政部及其他相关部委制定的会计法律规范。它包括国家统一的会计核算制度、国家统一的会计监督制度、国家统一的会计机构和会计人员制度及国家统一的会计工作管理制度等。其依据仍是《会计法》。

目前已发布的法律法规有:《会计基础工作规范》《会计人员继续教育规定》《小企业会计制度》《行政单位会计制度》《事业单位会计制度》《会计档案管理办法》《会计电算化管理办法》等。

二、会计职业道德

(一)会计职业道德的含义

道德是一定社会调节人际关系的行为规范的总和。职业道德是指人们在职业生活中应遵循的基本道德,即一般社会道德在职业生活中的具体体现,是职业品德、职业纪律、专业胜任能力以及职业责任等的总称,属于自律范畴,它通过公约、守则等对职业生活中的某些方面加以规范。职业道德既是本行业人员在职业活动中的行为规范,又是行业对社会所负的道德责任和义务。会计职业道德是调整会计人员与社会、会计人员与不同利害关系团体以及会计人员之间关系和行为的规范。会计职业道德作为意识形态范畴的一部分,其影响因素是多方面的,如民族文化、传统习俗、价值标准等,因此会计职业道德规范的作用也是其他会计规范所不能取代的。会计职业道德贯穿会计工作所有领域和整个过程,其作用力无所不在、无时不在。会计职业道德同其他职业道德一样,其基本要求是忠于职守,所有从事会计工作的人员在其会计岗位上,应当恪守职业道德,履行自身所承担的工作职责,完成会计工作所应完成的各项任务。

会计职业道德是一种非强制性的规范,与会计法律等强制性规范不同,它是依靠会计人员乃至全体国民的信念、习俗、传统、教育和素质的力量来维持的,是依靠会计职业界自身以及社会舆论来实行监督的。会计人员在其工作过程中,会计职业道德规范和其他会计规范相互补充、相互联系,共同构成会计规范体系,规范着会计工作。我国的会计历史悠久,会计职业道德源远流长,但对会计职业道德的研究却远未达到同会计法律相适应的程度,因此在一定程度上影响着会计人员的工作及其质量。所以,加强会计职业道德的研究和对会计人员进行会计职业道德的教育,对发挥会计的作用,保证会计工作的质量,特别是保证会计信息的质量,都具有现实的意义。

(二)会计职业道德的基本内容

会计职业道德规范是指在一定的社会经济条件下,对会计职业行为及职业活动的系统要求或明文规定,它是社会道德体系的一个重要组成部分,是职业道德在会计职业行为和会计职业活动中的具体体现。尽管不同的国家因经济发展程度不同,社会制度和经济体制各异,其会计职业道德有一定的差异,但也有许多共同点,只是实施和管理方式不同而已。根据我国会计工作和会计人员的实际情况,结合国际上对会计职业道德的一般要求,我国会计人员职业道德的内容可以概括为爱岗敬业、诚实守信、廉洁自律、客观公正、坚持准则、提高技能、参与管理和强化服务。

1. 爱岗敬业

爱岗就是会计人员热爱本职工作,安心本职岗位,在任何时候、任何场合下都要做到忠于职守、尽职尽责。敬业，就是从事会计职业的人员充分认识到会计工作在国民经济中的地位和作用，以从事会计工作为荣，敬重会计工作，认真地对待本职工作，将身心与本职工作融为一体，具有献身于会计工作的决心。

爱岗敬业是爱岗与敬业的总称。爱岗和敬业，互为前提，相互支持，相辅相成。“爱岗”是“敬业”的基石，“敬业”是“爱岗”的升华，“敬”由“爱”生，“爱”由“敬”起。不爱岗就很难做到敬业，不敬业，奢谈爱岗只能是空话。

爱岗敬业的具体要求：第一，要正确认识会计职业，树立正确的会计职业观。只有正确地认识会计本质、会计工作的重要性，爱岗敬业才有坚实的思想基础。第二，敬重会计职业，强化职业责任。无论是主动还是被动选择了会计职业，都应该热爱它、维护它、干好它。只有真正热爱会计工作，才能增强从事会计职业的光荣感和责任感，才能无条件地忠诚于会计事业。第三，严肃认真，一丝不苟。会计工作是一项严肃细致的工作，对一些凭证、账簿、报表的填制和审核，必须严肃认真，把好关，守好口，不仅要求数字计算准确，手续清楚完备，还要将严肃认真、一丝不苟的职业作风贯穿于会计工作的始终。第四，忠于职守，尽职尽责。忠于职守主要表现为忠实于服务主体、忠实于社会公众、忠实于国家三个方面。当对单位（或雇主）的忠诚与社会公众利益发生冲突时，会计人员应选择符合更高社会正义的忠诚，维护社会公众利益。

2. 诚实守信

诚实守信就是忠诚老实，信守诺言。所谓诚实是指言行跟内心思想一致，不弄虚作假、不欺上瞒下，做老实人、说老实话、办老实事。所谓守信就是遵守自己所做出的承诺，讲信用，重信用，信守诺言，保守秘密。诚实侧重于对客观事实的反映真实，对自己内心的思想、情感的表达真实。守信侧重于对自己应承担履行的责任和义务的忠实，毫无保留地实践自己的诺言。江泽民同志指出：“没有信用，就没有秩序，市场经济就不能健康发展。”朱镕基同志在2001年视察北京、上海国家会计学院时，为北京、上海国家会计学院题词：“诚信为本，操守为重，坚持准则，不做假账。”

诚实守信具体要求首先老实做事，不搞虚假。诚实守信是会计人员的立身之本。会计人员要以诚为本，实事求是，言行一致，表里如一，如实反映和披露单位经济业务事项，不弄虚作假，不欺上瞒下，尽量减少和避免各种失误，不为个人和小集团利益弄虚作假，伪造账目，损害国家和社会公众利益。不做假账，是指会计人员要按照会计法律、法规、规章的规定做好会计工作，保证会计凭证、会计账簿、财务会计报告等会计信息的质量。不做假账是会计人员最基本的职业道德。其次，保密守信，不为利益所诱惑。会计人员因职业特点经常接触到的主要是单位和客户的一些商业秘密。会计人员不得将从业过程中所获得的信息为己所用，或者泄露给第三者以牟取私利。因此，保守秘密是会计职业道德规范的重要内容，也是会计人员维护国家、单位利益应尽的义务。单位内部会计人员如果泄露本单位的商业秘密，不仅会威胁单位利益，同时也会给会计人员本身造成不利影响。一方面，会计人员是单位的一员，泄露单位的商业秘密后会使单位利益受损，单位的损失最终将不同程度地反映到每位员工身上。另一方面，泄露单位的商业秘密是违法行为，一旦查出是要追究法律责任的，对整个会计职业的社会声誉也会产生负面影响，整个行业的利益也将会蒙受损失。最后，执业谨慎，信誉至上。诚实守信，要求注册会计师在执业中始终保持应有的谨慎态度，根据自身的业务能力选择承担委托业务，不能为追求营业收入，而接受违背职业道德的附加条件，迎合客户的不正当要求,要严格按照独立审计准则和执业规范、程序实施审计,对审计中发现的违反国家统一会计制度及国家相关法律制度的经济业务事项,应当按照规定在审计报告中予以充分反映,维护职业信誉及客户和社会公众的合法权益。

3. 廉洁自律

不收受贿赂、不贪污钱财,就是廉洁。自律是指行为主体能够自我约束、自我规范。在会计职业中,自律包括两层含义:一是会计行业自律;二是会计人员的自律,即会计人员的自我约束。廉洁是自律的基础,而自律是廉洁的保证。

廉洁自律的具体要求:首先,树立正确的人生观和价值观。正确的人生观和价值观是廉洁自律的思想基础。会计人员要廉洁自律,应以马克思主义、毛泽东思想、邓小平理论、“三个代表”重要思想为指导,树立正确的人生观和价值观,自觉抵制享乐主义、个人主义、拜金主义等错误的思想,彻底摒弃“金钱至上、金钱万能”的人生哲学,在不义之财面前不动心,决不利用手中权力贪占便宜。其次,廉洁奉公,不贪不占。廉洁奉公就是洁身自好,为公众谋事;不贪不占就是会计人员不贪、不占、不收礼、不同流合污。会计人员要正确认识自己手中的管理权是职业神圣权力的一种表现,决不能把这种职业权力作为牟取私利的特权,不能挪用、侵占单位钱财;要深刻认识自己管理的钱财是单位的钱财,决不允许任何人以任何方式浪费、侵吞单位财产。第三,遵纪守法,尽职尽责。《会计法》赋予了会计人员的职责和义务。会计人员不仅要遵纪守法,不违法乱纪、以权谋私,做到廉洁自律;而且要敢于、善于运用法律法规赋予的职业权利,尽职尽责,勇于承担职业责任,履行职业义务,保证廉洁自律。会计人员和会计组织只有首先做到自身廉洁,严格约束自己,才能要求别人廉洁,才能理直气壮地阻止或防止别人侵占集体利益,正确行使核算和监督的会计职责,保证各项经济活动正常进行。

4. 客观公正

客观是指按事物的本来面目去认识和反映事物,不夸大,不缩小。公正就是公平正直,不偏不倚,不掺杂个人的主观意愿,也不为他人意见所左右。客观是公正的基础,公正是客观的反映。客观公正要求会计人员对会计业务的处理,对会计政策和会计方法的选择,以及对财务会计报告的编制、披露和评价必须独立进行职业判断,做到客观、公平、理智、诚实。

客观公正的具体要求:第一,端正工作态度。会计人员必须有实事求是的精神和客观公正的态度,一切从实际出发,注重调查研究,对会计资料和会计信息进行如实的反映、公正的鉴定,求得主观与客观一致,做到会计结论有理有据。有了正确的工作态度后,还要有扎实的理论功底和较高的专业技能。第二,坚持依法办事。会计人员在工作过程中必须遵守各种法律、法规、准则和制度,依照法律规定进行核算,才能做出客观的会计职业判断。第三,实事求是,不偏不倚。客观公正应该贯穿于会计活动的整个过程。一是会计核算过程的客观公正,即指会计人员在具体进行职业判断或进行业务处理时,应保持客观公正的态度,实事求是、不偏不倚,既不违背事实,也不夸大或者缩小事实,不能为了个人或者小团体的利益而损害国家的利益。二是最终结果公正,要求会计人员对经济业务的处理结果是公正的。会计核算过程的客观公正和最终结果的客观公正都是十分重要的,没有客观公正的会计核算过程作为前提,结果的客观公正性就难以保证;没有客观公正的结果,业务操作过程的客观公正就失去意义。

5. 坚持准则

坚持准则要求会计人员在处理业务过程中,严格按照会计法律制度办事,不为主观或他人意志左右。以会计准则为自己的行动指南，以会计法律法规为准绳，正确处理国家、集体和个人三者之间的利益关系，把好财务收支合法性、合理性的关口，依法理财。同时，要以会计准则作为与违法违纪现象做斗争的有力武器，通过树立会计准则的权威性来维护会计行业的信誉和会计人员的地位，确保经济活动的正常进行。坚持准则涵盖的内容广泛，既包括会计准则，还包括会计法律、国家统一的会计制度以及与会计工作相关的法律制度。

坚持准则的具体要求：第一，熟悉准则。熟悉准则是遵循准则、坚持准则的前提。熟悉准则是指会计人员应了解和掌握《会计法》和国家统一的会计制度及与会计相关的法律制度。只有熟悉准则，才有可能提高会计人员的守法能力，这是做好会计工作的前提。熟悉准则，要求会计人员不仅要熟练掌握，正确领会会计法律法规、会计准则、会计制度，还应了解和熟悉与会计相关的经济法律制度。此外，还要熟悉本部门、本单位内部制定的管理制度，如内部控制制度、财务管理制度等，会计人员在不违反国家法律法规的前提下也应严格执行这些制度。

第二，遵循准则。遵循准则即执行准则。"没有规矩，不成方圆"。准则是会计人员开展会计工作的外在标准和参照物。会计人员在业务处理过程中，必须严格依据规定行事，更不能根据职务高低、关系远近来确定执行准则的宽严松紧程度。会计人员不仅自己要自觉地严格遵守各项准则，自律在先，而且也要敢于要求他人遵守准则，使单位具体的经济业务事项和经济行为符合会计法律和国家统一的会计制度，避免违法违纪行为的发生。

会计人员要及时学习、掌握准则的最新变化，了解本部门、本单位的实际情况，对实际经济生活中出现的新情况、新问题以及准则未涉及的经济业务或事项时，能够运用所掌握的会计专业理论和技能，做出客观的职业判断，准确地理解和执行准则。

第三，坚持准则。在企业的经营活动中，当国家利益、集体利益与单位、部门以及个人利益时常发生冲突时，会计人员要以国家法律法规、制度准则为准绳，依法履行会计监督职责，发生道德冲突时，应坚持准则，对法律负责，对国家和社会公众负责，敢于同违反会计法律法规和财务制度的现象做斗争，确保会计信息的真实性和完整性。

6. 提高技能

提高技能就是要求会计人员通过学习、培训和实践等途径，持续提高自身的会计理论水平、会计实务能力、职业判断能力、自动更新知识能力、提供会计信息的能力、沟通交流能力以及职业经验等，以达到和维持足够的专业胜任能力的活动。

提高技能具体要求：首先，树立不断提高专业技能的意识。会计人员要想生存和发展，就必须时刻保持紧迫感和危机意识，树立强烈的求知欲望和提高技能的意识，使自己的知识不断更新，才能保持持续的专业胜任能力、职业判断能力和交流沟通能力，提高会计专业技能，使自己立于不败之地。其次，拥有勤学苦练的精神。勤学就是要勤奋学习。会计人员要不断地学习与探索，不断学习新的会计理论和新的准则制度，不断提高自己的业务水平、理论水平、操作技能和职业判断能力。第三，掌握科学的学习方法和正确的学习途径。

7. 参与管理

参与管理就是间接参加管理活动，为管理者当参谋，为管理活动服务。

会计人员在参与管理过程中并不直接从事管理活动，只是尽职尽责地履行会计职责，间接地从事管理活动或者说参与管理活动，为管理活动服务。会计人员要树立参与管理的意识，在做好本职工作的同时，积极主动地经常向上级领导者反映经营活动情况和存在的问题，提出合理化建议，协助领导决策，参与经营管理活动，不能只是消极被动地记账、算账、报账。

参与管理的具体要求:第一,努力钻研业务,为参与管理打下基础。会计人员应当努力钻研业务,使自己的知识和技能适应所从事工作的要求。只有具备娴熟的业务处理能力和精湛的技能,才能更好地参与管理,为改善经营管理、提高经济效益服务。第二,熟悉财经法规和相关制度,为单位管理决策提供专业支持。会计人员应当熟悉并深刻领会财经法律、法规、规章和国家统一的会计制度,广泛宣传有关会计规章制度,充分利用掌握的会计信息去分析单位的管理,找出问题和薄弱环节,为单位管理决策提供专业支持。第三、全面熟悉服务对象的经营活动和业务流程,提高参与管理的针对性和有效性。会计人员应当熟悉本单位的生产经营、业务流程和管理情况,掌握单位的生产经营能力、技术设备条件、产品市场及资源状况等情况,结合财会工作的综合信息优势,积极参与预测,有针对性地拟定可行性方案,参与优化决策。对计划、预算的执行,要充分利用工作的优势,积极协助、参与监控,为改善单位内部管理、提高经济效益服务。

8. 强化服务

强化服务要求会计人员树立服务意识,提高服务质量,努力维护和提升会计职业的良好社会形象。

强化服务的具体要求:第一,树立服务意识。社会中的各行各业,都是为人民服务。每个职业劳动者既是服务者又是被服务者。会计人员要树立强烈的服务意识,摆正服务的位置,管好钱、管好账,更好地参与管理,不断提高会计职业的声誉。第二,文明服务。文明用语,礼貌待人,以理服人。第三,具有团结协作的精神。第四,提高服务质量。强化服务的关键是提高服务质量。强化单位会计人员的服务就是真实、客观地记账、算账和报账,积极主动地向上级领导者反映经营活动情况和存在的问题,提出合理化建议,协助领导决策,参与经营管理活动。注册会计师(或会计师事务所)强化服务的内容就是以客观、公正的态度正确评价委托单位的经济财务状况,为社会公众及信息使用者服务。质量上乘,并非无原则地满足服务主体的需要,而是在坚持原则、坚持会计准则的基础上尽量满足用户或服务主体的需要。服务不仅要文明,还要讲质量,更要不断开拓创新,利用会计数据、会计信息,满足不同对象的需要。

(三)会计职业道德与会计法律制度的区别

1. 性质不同

会计法律制度是国家会计政策法律化的表现形式,充分体现了统治阶级在会计活动中的愿望和意志,具有普遍的法律效力,是约束和调整会计从业人员最基本的要求,是通过国家机器强制执行,具有很强的他律性。而会计职业道德并不都是统治阶级的愿望与意志,很多来自职业习惯和约定俗成,主要依靠社会舆论和会计从业人员的自觉性,自愿执行,基本上是非强制性的,具有很强的自律性。

2. 作用范围不同

会计法律制度侧重于调整会计人员的外在行为及其结果,具有较强的客观性。会计职业道德不仅要求调整会计人员的外在行为,还要求调整会计人员内在的精神世界,着重要求的是会计人员动机的善良、高尚和纯洁,具有较强的主观性。

3. 表现形式不同

会计法律制度一般表现为禁止性规范和命令性规范,对违反会计法律制度的行为应视其后果进行禁止性追究,并视情节轻重而给予经济制裁、行政制裁甚至追究刑事责任。而会计职业道德的表现形式既有明确的成文规定,也有不成文的规范,尤其是那些较高层次的会计职业道德,存在于人们的意识和信念之中,并无具体的表现形式,它依靠社会舆论、道德教育、传统习俗和道德评价来实现。

4. 实施保障机制不同

会计法律制度有一套实施保障机制,这种保障机制不仅体现在其法律规范的内容中具有明确的制裁和处罚条款,而且体现在设有与之相配合的权威的制裁和审判机关,由国家强制力保障实施。而会计职业道德既有国家法律的相应要求,又需要会计人员的自觉遵守。当人们对会计职业道德上的权利与义务发生争议时,并没有权威机构对其中的是非曲直明确做出裁定,或者即使有裁定也是舆论性质的,缺乏权威机构对裁定执行的保障。

思政园地

保守商业秘密,坚守职业道德

目标 理解社会主义核心价值观,体会会计职业道德内容,树立正确人生观、世界观和价值观,不断提高核算技能,做到知行合一。

案例 近日,宜兴法院审结了一起离职员工泄露商业机密的刑事案件,被告人刘某因犯侵犯商业秘密罪被依法判刑。

2018 年下半年,刘某至某公司工作,并与该公司签订劳动合同、保密协议、竞业限制协议,负责公司技术与销售工作。2019 年 4 月,刘某从公司自动离职,违反公司关于保守商业秘密的规定,将不为公众知悉的相关客户单位的联系电话、产品规格、产品价格等经营信息泄露给与原公司具有竞争关系的其他公司,给原公司造成 103 万余元的损失,刘某从中获利 7 500 元。2020 年 12 月 8 日,刘某被抓获,归案后如实供述了上述犯罪事实,并签署了认罪认罚具结书。审理中,刘某退出违法所得 7 500 元。

宜兴法院经审理认为,被告人刘某违反保密义务,允许他人使用其掌握的商业秘密,造成商业秘密权利人损失 103 万余元,情节严重,其行为已构成侵犯商业秘密罪。综合考虑被告人刘某犯罪情节,法院依法判处其有期徒刑一年,缓刑一年六个月,并处罚金人民币 1.5 万元。

思考:

1. 什么是职业道德?
2. 如何坚守职业道德

感悟:

商业秘密是指不为公众所知悉、具有商业价值并经权利人采取相应保密措施的技术信息、经营信息等商业信息。作为企业重要的无形资产,企业员工在工作中接触到企业的商业秘密时,应恪守职业道德,履行保密义务。员工离职后应保守原单位商业秘密,如违反约定或者违反企业有关保守商业秘密的要求,披露、使用或者允许他人使用该商业秘密,则需要承担相应的民事赔偿责任,若造成企业重大损失,还需承担刑事责任。

本章小结

本章为读者介绍了会计的产生与发展,阐明了会计的含义与特征,明确了会计的职能和会计目标,重点介绍了会计的核算方法。会计职业道德是一般社会公德在会计工作中的具体体现，是引导、制约会计行为，调整会计人员与社会、会计人员与不同利益集团以及会计人员之间关系的社会规范。在首章介绍会计规范体系与职业道德，希望在初学者的知识体系中明确地刻印职业道德规范，在学习和未来会计工作中谨守会计职业道德，遵守会计法规。

思考题

1. 会计产生发展的动因是什么？
2. 什么是会计？如何理解会计的定义？
3. 会计的职能有哪些？
4. 如何理解会计职业道德？
5. 会计法规体系内容有哪些？

练习题

一、单项选择题

1. 会计的基本职能是（　　）。
A. 控制和监督　B. 核算与监督　C. 反映与核算　D. 反映与分析
2. 借贷记账法形成于（　　）。
A. 中国　B. 美国　C. 英国　D. 意大利
3. 会计核算采用的主要计量单位是（　　）。
A. 货币　B. 实物　C. 工时　D. 劳动耗费
4. 下列不属于会计核算专门方法的是（　　）。
A. 成本计算与复式记账　B. 错账更正与评估预测
C. 设置账户与填制、审核会计凭证　D. 编制报表与登记账簿
5. 会计方法体系中，其基本环节是（　　）。
A. 会计核算方法　B. 会计分析方法
C. 会计监督方法　D. 会计决策方法
6. 会计的核算职能不具有（　　）。
A. 连续性　B. 主观性　C. 系统性　D. 全面性
7. 会计目标主要有（　　）两种学术观点。
A. 决策有用观与受托责任观　B. 决策有用和信息系统观
C. 信息系统观与管理活动观　D. 管理活动观与决策有用观
8. 近代会计史中的两个里程碑是（　　）。
A. 首次出现“会计”二字构词连用和设置了“司会”一职
B. 生产活动中出现了剩余产品和会计萌芽阶段的产生
C. 会计学基础理论的创立和会计理论与方法的逐渐分化
D. 卢卡·巴乔里复式簿记著作的出版和会计职业的出现
9. 下列各项中不属于会计核算专门方法的是（　　）。
A. 成本计算　B. 错账更正
C. 复式记账　D. 编制会计报表

10. 会计的职能是(　　)。

A. 一成不变的

B. 随着生产关系的变更而发展

C. 随着社会的发展,技术的进步、经济关系的复杂化和管理理论的提高而不断变化

D. 只有在社会主义制度下才能发展

二、多项选择题

1. 下列属于会计核算方法的有(　　)。

A. 复式记账　　B. 填制和审核凭证

C. 编制成本计划　　D. 财产清查

2. 会计核算职能的一般特征包括(　　)。

A. 具有客观性　　B. 以货币为主要计量单位

C. 具有连续性、系统性和全面性　　D. 体现在记账、算账、报账三个阶段上

3. 会计的监督职能的显著特征有(　　)。

A. 谨慎性和及时性　　B. 强制性和严肃性

C. 连续性和具体性　　D. 完整性和连续性

4. 会计核算方法包括(　　)。

A. 成本计算和财产清查　　B. 设置会计科目和复式记账

C. 填制和审核会计凭证　　D. 登记账簿和编制会计报表

5. 以下有关会计基本职能的关系,正确的说法有(　　)。

A. 核算职能是监督职能的基础

B. 没有核算职能提供可靠的信息,监督职能就没有客观依据

C. 没有监督职能进行控制,就不能提供真实可靠的会计信息

D. 两大职能是紧密结合,辩证统一的

6. 下列说法正确的有(　　)。

A. 会计是适应生产活动发展的需要而产生的

B. 会计从产生、发展到现在经历了一个漫长的发展历史

C. 会计是生产活动发展到一定阶段的产物

D. 经济越发展,会计越重要

7. 会计的具体任务包括(　　)。

A. 核算和监督法规、准则、制度的执行情况,维护财经纪律

B. 提供会计信息,加强经营管理

C. 预测经济前景,参与经营决策

D. 核算和监督经营活动和财务收支

三、判断题

1. 会计核算以货币为主要计量单位,有时辅之以实物和劳动量为计量单位。(　　)

2. 会计的职能就是人们赋予它的功能。(　　)

3. 我国宋朝时出现的“龙门账”标志着我国中式会计已达到比较科学、系统、完善的

地步。 （ ）

4. 在有人类活动的时候，会计就产生了。 （ ）

5. 会计监督包括事前监督、日常监督和事后监督。 （ ）

6. 法律主体必定是会计主体，会计主体也必定是法律主体。 （ ）

7. 会计的基本职能有核算和监督。 （ ）

8. 会计在产生的初期，只是作为“生产职能的附带部分”，之后随着剩余产品规模的缩小，会计逐渐从生产职能中分离出来，成为独立的职能。 （ ）

9. 会计核算具有连续性，而会计监督只具有强制性。 （ ）

10. 没有会计监督，会计核算便失去了存在的意义。 （ ）

第二章

会计要素与会计等式

○ **学习目标**

知识目标

1. 掌握会计对象的内容。
2. 掌握会计要素的概念、分类。
3. 掌握会计等式的平衡原理，以及会计要素变动对会计等式的影响。

能力目标

1. 能准确辨析并对企业的会计要素分类。
2. 能运用会计等式对经济业务进行分析。

○ **案例导入**

合理明确会计要素

李莉和王梅大学毕业后每人各出资 500 000 元，成立莉梅家具有限公司，此时公司有了 1 000 000 元启动资金，但根据李莉和王梅对公司的规划，1 000 000 元资金并不够。于是他们以公司的名义取得银行借款 600 000 元。在第一年的生产经营中，公司消耗掉 800 000 元资金，取得 1 000 000 元收入。

随后，莉梅家具有限公司成立后，先将取得的李莉和王梅的出资以及取得的银行借款全部存入银行，共 1 600 000 元，之后由于生产经营的需要陆续以银行存款 500 000 元购买设备，银行存款 200 000 元购买各种原材料，耗用了 80 000 元原材料生产家具。

要求：

1. 莉梅家具有限公司在李莉和王梅出资并取得借款后，使用的资金是多少？是否应该分清这些资金的来源？公司对这些不同来源的资金拥有怎样的权利或承担怎样的义务？

2. 公司经过第一年的经营后，资金总额发生何种变化？发生这种变化的原因是什么？

3. 王斌作为公司的会计人员，应该如何通过账簿记录数据回答以上问题？

4. 会计人员王斌怎样才能核算清楚公司的各种资产？

第一节　会计对象

会计的对象是指会计核算和监督的经济内容。明确会计的对象，就要清楚会计核算什么，监督什么。会计所要核算和监督的对象是社会再生产过程。

社会再生产过程是由生产、分配、交换和消费四个相互关联的环节所构成,包括多种多样的经济活动,由于会计的主要特点是以货币为主要计量单位,它只能核算和监督再生产过程中可以用货币计量表现的那些内容。在商品货币经济条件下,作为统一整体的再生产过程中的一切社会产品,即一切财产物资都可以用货币表现,而再生产过程中财产物资的货币表现和货币本身就称为资金。资金作为社会再生产过程中的价值形式是在不停地运动的,其表现为资金的筹措、投入、运用、耗费、增值、收回以及分配等活动。资金运动贯穿于社会再生产过程的各个方面,哪里有财产物资,哪里就有资金和资金运动,就有会计所要核算和监督的内容。因此,概括地说会计对象就是社会再生产过程中能用货币表现的经济活动,即资金运动。

资金是指能用货币表现的财产物资,它不是静止不变的,其通过自身不断的运动而变化。

在制造业企业,就整个企业的资金运动而言,主要有以下三种表现形式(见图 2—1)。

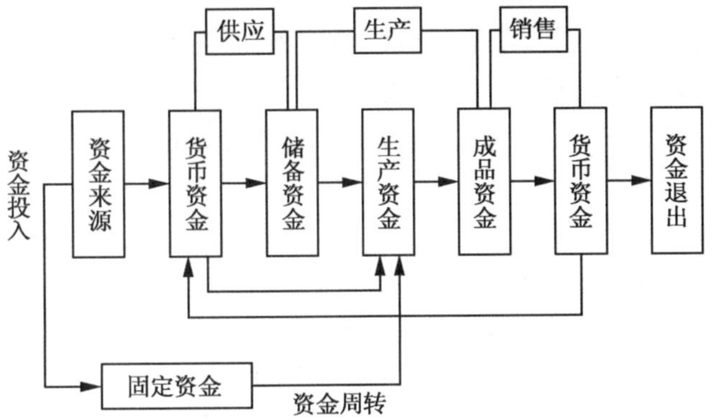

图 2—1　制造业企业资金循环周转示意

一、资金的投入

资金的投入是指资金进入企业。企业进行经营生产活动的前提是首先必须拥有一定数量的资金投入,资金投入包括投资者的资金投入和债权人的资金投入。前者构成了企业的所有者权益,后者形成了企业的债权人权益,即企业的负债。投入企业的资金一部分形成流动资产,另一部分形成企业的固定资产等非流动资产。企业通过吸收投资、银行借入、发行股票或债券来筹集资金,引起企业资金的增加。

二、资金的周转

制造业企业进行生产经营活动,首先要用货币资金去购买生产设备和材料物资为生产过程做准备,然后将其投入企业生产过程中,生产出产品,最后还要将所生产出来的产品对外出售,并收回因出售产品而取得的货币资金。这样,制造业企业的资金就陆续经过供应过程、生产过程和销售过程,其形态也随之而发生变化。用货币购买生产设备、材料物资的时候,货币资金转化为固定资金、储备资金;车间生产产品领用材料物资时,储备资金又转化为生产资金;将车间加工完毕的产品验收入到成品库后,此时,生产资金又转化为成品资金;将产成品出售又收回货币资金时,成品资金又转化为货币资金。我们把资金从货币形态开始,依次经过储备资金、生产资金、成品资金,最后又回到货币资金这一运动过程叫作资金循环,周而复始的资金循环叫作资金周转。实际上，企业的生产经营过程是周而复始、不间断、循环地进行的，即企业不断地投入原材料、不断地加工产品、不断地销售产品，其资金也是不断循环周转的。

三、资金的退出

资金的退出是指资金退出企业的资金循环和周转，它包括按法定程序返回投资者的投资、偿还各项债务、上缴税费和向所有者分配利润等内容，这是一部分资金离开企业，游离于企业资金运动之外。

制造业企业的资金在供、产、销三个阶段不断地循环周转，这些资金在空间序列上同时并存，在时间序列上依次继起。企业资金在供应、生产和销售三个阶段上的循环和周转，支撑着企业的正常运营。资金的投入、周转和退出，三者相互支撑，构成一个统一体。没有资金的投入，也就没有资金的循环和周转；没有资金的循环和周转，就没有资金的退出。

综上所述，制造业企业因资金的投入、循环周转和资金的退出等经济活动而引起的各项财产和资源的增减变化情况，以及企业销售收入的取得和企业利润的实现、分配情况，构成了制造业企业会计的具体对象。

与制造业企业相比，商品流通企业的经营活动缺少产品生产环节。商品流通企业的经营过程主要分为商品购进和商品销售两个环节。在前一个环节中，主要是采购商品，此时货币资金转换为商品资金；在后一个环节中，主要是销售商品，此时资金又由商品资金转换为货币资金。在商业流通企业经营过程中，也要消耗一定的人力、物力和财力，它们表现为商品流通费用。在销售过程中，也会获得销售收入和实现经营成果。因此，商品流通企业的资金是沿着“货币资金——商品资金——货币资金”方式运动。

行政、事业单位为完成国家赋予的任务，同样需要一定数额的资金，但其资金主要来源是国家财政拨款。行政、事业单位在正常业务活动过程中，所消耗的人力、物力和财力的货币表现，即为行政费用和业务费用。一般来说，行政事业单位没有或只有很少一部分业务收入，因为费用开支主要是靠国家财政预算拨款。因此，行政事业单位的经济活动一方面按预算从国家财政取得拨入资金；另一方面又按预算以货币资金支付各项费用。其资金运动的形式是：资金拨入——资金付出。由此可见，行政事业单位会计对象的内容就是预算资金及其收支。

综上所述，不论是制造业企业、商业流通企业，还是行政、事业单位都是社会再生产过程中的基层单位，会计核算和监督的对象都是资金及其运动过程，正因为如此，我们可以把会计对象概括为社会再生产过程中的资金运动。

第二节 会计要素

会计要素是对会计对象按照交易或者事项的经济特征所做的进一步分类，是会计对象的具体化，是反映会计主体的财务状况和经营成果的基本单位。

从企业会计来说，会计核算的对象是反映企业生产经营情况的资金运动，实质上就是企业各种经济资源的来源与运用。企业的财务状况，就是某一时点的各种经济资源在企业的各种表现形态、分布运用状况及其来源的情况。为此，要表明企业的财务状况，就需要按照一定的标准对各种经济资源的分布运用状况进行分类，对各种经济资源的来源进行分类，通过分类再将其反映在会计报表中，也正是从这一意义上将会计要素称为会计报表要素，所以会计要素也是会计报表的基本构件。

我国的《企业会计准则——基本准则》严格定义了资产、负债、所有者权益、收入、费用和利润六大会计要素。这六大会计要素可以划分为反映财务状况的会计要素和反映经营成果的会计要素。反映财务状况的会计要素包括资产、负债和所有者权益；反映经营成果的会计要素包括收入、费用和利润。

一、反映财务状况的会计要素

（一）资产

1. 资产及其特征

资产是指企业过去的交易或者事项形成的，由企业拥有或者控制的，预期会给企业带来经济利益的资源。资产可以具有实物形态，如房屋、建筑物、机械设备、工具用具、商品和材料等；也可能不具备实物形态，如以债权形态出现的各种应收款项，以特殊权利形态出现的专利权、商标权等无形资产。根据资产的定义，资产具有如下特征。

（1）资产是由企业过去的交易或者事项形成的。企业过去的交易或者事项包括购买、生产、建造行为或其他交易或者事项，预期在未来发生的交易或者事项不形成资产。

（2）资产应为企业拥有或者控制的资源。企业享有某项资源的所有权，或者虽然不享有某项资源的所有权，但该资源能被企业所控制。

（3）资产预期会给企业带来经济利益。有直接或者间接导致现金和现金等价物流入企业的潜力。

2. 资产的确认条件

将一项资源确认为资产，除了符合资产的定义，还应同时满足以下两个条件。

（1）与该资源有关的经济利益很可能流入企业。从资产的定义可以看出，能为企业带来经济利益是资产的一个本质特征，但是在现实的经济交易中，与资源有关的经济利益能否流入企业具有不确定性。因此，资产的确认还应与经济利益流入企业的不确定性程度的判断结合起来。

（2）该资源的成本或者价值能够可靠地计量。只有当有关资源的成本或者价值能够可靠地计量时，资产才能予以确认。

3. 资产的构成

企业的资产按其流动性可分为流动资产与非流动资产。

（1）流动资产是指可以在 1 年或者超过 1 年的一个营业周期内变现或耗用的资产，主要包括库存现金、银行存款、交易性金融资产、应收及预付款项、存货等。

（2）非流动资产是指不能在 1 年或者超过 1 年的一个营业周期内变现或耗用的资产，包括长期投资、固定资产、在建工程、无形资产和其他资产。

长期投资是指持有时间准备超过 1 年的各种股权性质的投资、不能变现或不准备随时变现的债券投资和其他投资。

固定资产是指使用年限超过 1 年的房屋、建筑物、机器设备、运输设备以及工具器具等。

无形资产是指企业为其生产经营或为管理目的而长期持有的，没有实物形态的非货币性资产，无形资产可供企业长期使用，并且有较高的价值，包括专利权、非专利技术、商标权、著作权、土地使用权等。

其他资产是指除上述资产以外的其他资产，如长期待摊费用等。

知识链接

(二)负债

1. 负债及其特征

负债是指过去的交易或者事项形成的现时义务，履行该义务预期会导致经济利益流出企业。现时义务是指企业在现行条件下已承担的义务，未来发生的交易或者事项形成的义务，不属于现时义务，不应当确认为负债。

负债可能产生于企业在商品、劳务购进过程中的赊账行为，如应付账款、应付票据等；也可能产生于企业在筹资过程中的举债行为，如长期借款、应付债券等；还可能产生于企业经营过程中履行法律、制度等的责任行为，如应交税费、应付利润等。

负债具有如下特征。

(1)负债是由企业过去的交易或者事项形成的。“过去发生”原则在负债的定义中占有举足轻重的地位，企业预期在将来要发生的经济业务中可能产生的债务，不能作为会计上的负债，这也是传统会计的一个显著特点。

(2)负债是企业的现时义务。

(3)负债的清偿会导致经济利益流出企业。具体表现为用现金清偿，用商品和其他资产清偿，或者通过提供劳务的方式进行清偿，也可以通过将一部分股权转让给债权人清偿等。企业无论以何种方式偿债，均会使经济利益流出企业，而且这种在未来流出的经济利益的金额能够可靠地计量。

2. 负债的确认条件

将一项现时义务确认为负债，除了符合负债的定义，还应同时满足以下两个条件。

(1)与该义务有关的经济利益很可能流出企业。从负债的定义可以看出，预期会导致经济利益流出企业是负债的一个本质特征。但是在实务中，企业履行义务所需流出的经济利益带有不确定性，因此，负债的确认应当与经济利益流出企业的不确定性程度的判断结合起来。

(2)未来流出的经济利益的金额能够可靠地计量。负债的确认在考虑经济利益流出企业的同时，对于未来流出的经济利益的金额应当能够可靠计量。

3. 负债的构成

负债按照偿付期限的长短，可分为流动负债和非流动负债。

(1)流动负债是指将在1年或者超过1年的一个营业周期内偿还的债务，包括短期借款、应付票据、应付账款、应付职工薪酬、应交税费和应付股利等。

(2)非流动负债是指偿还期在1年或者超过1年的一个营业周期以上的债务，包括长期借款、应付债券等。

(三)所有者权益

1. 所有者权益及其特征

所有者权益是指企业资产扣除负债后由所有者享有的剩余权益。是所有者对企业净资产的要求权，它在数值上等于企业全部资产减去全部负债后的余额。其实质是企业从投资者手中所吸收的投入资本及其增值，同时也是企业进行经济活动的“本钱”。

所有者权益具有以下特点。

(1)企业可以在其存续期内长期使用，一般不要求偿还。

(2)所有者要求参与企业利润的分配。

(3)所有者按投资比例承担企业的亏损和风险。

(4)在企业清算时,所有者可以按投资比例分享剩余资产。

(5)能够用货币进行计量和反映。

2. 所有者权益的确认条件

所有者权益体现的是所有者在企业中的剩余权益,因此,所有者权益的确认和计量主要依赖于资产和负债的确认和计量。例如,企业接受投资者投入的资产,在该资产符合资产确认的条件时,就相应地符合所有者权益的确认条件;当该资产的价值能够可靠计量时,所有者权益的金额也就可以确定。

3. 所有者权益的构成

所有者权益的来源包括所有者对企业的投入资本、直接计入所有者权益的利得和损失、留存收益等,通常由实收资本(或股本)、资本公积、盈余公积和未分配利润等构成。

(1)实收资本是指所有者按照公司章程,或合同、协议的约定,实际投入企业经营活动中的各项财产物资。它是企业注册成立的基本条件之一,也是企业承担民事责任的财力保证。

(2)资本公积是指归企业所有者共有的资本,主要来源于资本在投入过程中所产生的溢价。资本公积主要用于转增资本。

(3)留存收益包括企业按规定从税后利润中提取的盈余公积和未分配利润。其中,盈余公积是指企业按国家规定从税后利润中提取的公积金;未分配利润是企业留待以后年度分配的利润或待分配利润。

所有者权益与负债虽然同是企业的权益,都体现企业的资金来源,但两者之间却有着本质的区别。负债反映的是企业作为债务人与债权人的关系,所有者权益表明企业的产权关系,即企业归谁所有,是属于谁投资的。在会计核算上,所有者权益是企业全部资产减去企业全部负债后的余额,即净资产的数额。所有者权益有时也称为净资产,或净权益。从广义的角度来说,权益包括债权人权益和所有者权益两部分。这里的权益是指对企业全部资产的所有权,其中债权人对企业资产的所有权,即债权人权益,就是企业的负债,而所有者对企业净资产的要求权,就是所有者权益。

【知识链接】

原计入“资本公积”中的其他资本公积部分,新准则将其进行了分类梳理,将部分项目归入“其他综合收益”科目核算。“其他综合收益”也属于所有者权益,核算直接计入所有者权益的利得和损失。

二、反映经营成果的会计要素

(一)收入

1. 收入及其特征

收入是指企业在日常活动中形成的、会导致所有者权益增加的、与所有者投入资本无关的经济利益的总流入。收入大多数情况下表现为企业的现金增加,或者表现为其他资产增加或负债的减少,或者两者兼而有之。收入是企业持续经营的基本条件,企业要持续经营下去,必须在销售商品或者提供劳务的经营业务中取得收入,以便能够补偿经营活动中的耗费,重新购买原材料、支付工资和费用等,从而保证生产经营活动能够不间断地进行。收入是企业获得利润的前提条件。企业只有取得收入，并补偿生产经营活动中已消耗的各种支出，才有可能形成利润。收入具有以下特征。

(1)收入是从企业的日常活动中产生的，而不是从偶发的交易或事项中产生的。

(2)收入要能表现为企业资产的增加或负债的减少。

(3)收入只包括本企业经济利益的流入，而不包括为第三方或客户代收的款项。

2. 收入的确认条件

企业的收入来自多种渠道，不同收入来源的特征虽然有所不同，但其收入确认的条件却是相同的。当企业与客户之间的合同同时满足下列条件时，企业应当在客户取得相关商品控制权时确认收入：

(1)合同各方已批准该合同并承诺将履行各自义务。

(2)该合同明确了合同各方与所转让商品或者提供劳务相关的权利和义务。

(3)该合同有明确的与所转让商品或者提供劳务相关的支付条款。

(4)该合同具有商业实质，即履行该合同将改变企业未来现金流量的风险、时间分布或金额。

(5)企业因向客户转让商品或者提供劳务而有权取得的对价很可能收回。

3. 收入的构成

收入包括主营业务收入、其他业务收入和投资收益等。

(1)主营业务收入是指企业在其经常性的、主要业务活动中获得的收入，如企业销售商品、提供劳务时所形成的经济利益的总流入。

(2)其他业务收入是指企业在其非主要业务活动中所获得的收入，如企业让渡资产使用权、销售原材料等日常活动中所形成的经济利益的总流入。

(3)投资收益是指企业对外投资所取得的收益减去发生的投资损失后的净额。

应该予以强调的是，上面所说的收入是指狭义的收入，它是营业收入的同义语。广义的收入还包括直接计入当期利润的利得。利得是指由企业非日常活动所形成的、会导致所有者权益增加的、与所有者投入资本无关的经济利益的流入，如处置非流动资产利得和捐赠利得等营业外收入。

(二)费用

1. 费用及其特征

费用是指企业在日常活动中发生的、会导致所有者权益减少的、与所有者分配利润无关的经济利益的总流出。费用具有如下特征。

(1)费用是日常活动中产生，不包括偶发事件产生的损失。

(2)费用表现为资产的减少或负债的增加。

(3)费用将引起所有者权益的减少。

2. 费用的确认条件

费用的确认除了应当符合定义外，还至少应当符合以下条件。

(1)与费用相关的经济利益应当很可能流出企业。

(2)经济利益很可能流出从而导致企业资产减少或者负债增加。

(3)经济利益的流出额能够可靠计量。

3. 费用的构成

企业要进行生产经营活动必然相应地发生一定的费用，如工业企业在生产经营过程中要耗费原材料、燃料和动力；要发生机器设备的折旧费用和维修费用；要支付职工的工资和其他各项费用。

（1）费用中能予以对象化的部分就称为产品的制造成本，是指企业为生产产品、提供劳务而发生的各种耗费，包括为生产产品、提供劳务而发生的直接材料、直接人工和制造费用等。

（2）费用中不能予以对象化的部分就称为期间费用，如销售费用、管理费用、财务费用等。

销售费用是指企业在销售商品和材料、提供劳务过程中发生的各项费用，包括企业在销售商品的过程中发生的运输费、装卸费、保险费、包装费、展览费和广告费，以及为销售本企业商品而专设的销售机构（含销售网点、售后服务网点等）的职工薪酬、业务费、折旧费等经营费用。

管理费用是指企业为组织和管理企业生产经营发生的各种费用，包括行政管理部门职工薪酬、物料消耗、修理费、办公费和差旅费等公司经费，以及董事会费、聘请中介机构费（年报审计费）、咨询费（含顾问费）、诉讼费、业务招待费、工会经费等费用。管理费用受益的是整个企业，而不是企业的某个部门。

财务费用是指企业为筹集生产经营所需资金等而发生的筹资费用，包括应当作为期间费用的利息支出（减利息收入）、汇兑损益（减汇兑收益）以及相关的手续费等。

应该予以强调的是，上面所说的费用亦是狭义上的费用概念，广义的费用还包括直接计入当期利润的损失和所得税费用。直接计入当期利润的损失是指企业发生的与生产经营活动无直接关系的各项支出，包括盘亏损失、处置固定资产净损失、处置无形资产净损失、债务重组损失、公益性捐赠支出和非常损失等。

（三）利润

1. 利润及其特征

利润是指企业在一定会计期间的经营成果。它包括收入减去费用后的净额、直接计入当期利润的利得和损失等。费用与收入是两个相关联的概念，企业取得收入要通过支付一定费用才能得到，而支付费用的目的就是取得收入，收入与费用进行配比，相抵后的差额，再加上或减去直接计入当期利润的利得或损失，反映的就是企业最终的经营成果。利润的实现，会相应地表现为资产的增加或负债的减少，其结果是所有者权益的增值。

2. 利润的确认条件

利润的确认主要依赖于收入和费用，以及利得和损失的确认，其金额的确定也主要取决于收入、费用、利得和损失金额的计量。

3. 利润的构成

利润具体是指营业利润、利润总额、净利润。

（1）营业利润是指营业收入减去营业成本、税金及附加、销售费用、管理费用、财务费用、资产减值损失，加上公允价值变动收益（减损失）和投资收益（减损失）后的金额。

（2）利润总额是指营业利润加上营业外收入，减去营业外支出后的金额。

（3）净利润是指利润总额减去所得税费用后的金额。

三、划分会计要素的意义

会计要素的划分在会计核算中具有十分重要的作用，具体表现在以下几个方面。

第一，会计要素是会计对象的科学分类。会计对象的内容是多种多样、错综复杂的，为了科学、系统地对其进行核算和监督，必须对它进行分类，然后按类设置账户并记录账簿。划分会计要素正是对会计对象进行分类。没有这种分类，就没法登记会计账簿，也就不能实现会计的核算职能了。

第二，会计要素是设置会计科目和会计账户的基本依据。对会计对象进行分类，必须确定分类的标志，而这些标志本身就是账户的名称，即会计科目。不将会计对象划分为会计要素，就无法设置会计账户，也就无法进行会计核算。

第三，会计要素是构成会计报表的基本框架。会计报表是提供会计信息的基本手段，会计报表应该提供一系列指标，这些指标主要是由会计要素构成的，会计要素是会计报表框架的基本内容。从这个意义上讲，会计要素为设计会计报表奠定了基础。

练一练

第三节　会计等式

一、会计等式的含义

会计等式又称会计平衡公式、会计方程式，是指表明各会计要素之间基本关系的等式。会计对象可概括为资金运动，具体表现为会计要素，每一笔经济业务发生，都是资金运动的一个具体过程，每个资金运动过程都必然涉及相应的会计要素，从而使全部资金运动所涉及的会计要素之间存在一定的相互联系，会计要素之间的这种内在联系可以通过数学表达式予以描述，这种表达会计要素之间基本关系的数学表达式就叫会计等式。

(一)基本会计等式

企业从事生产经营活动必须拥有一定的资金。企业从投资者和债权人那里取得的资金，一方面表现为企业财产物资的增加，这些财产物资就形成企业的资产，在会计核算上以货币形式表现并确认为资产。另一方面，如果这些资产是来源于债权人提供的资金，那就形成企业的债务，在会计核算上以货币形式表现并确认为负债；如果这些资产是来源于投资人提供的资金，这就形成企业的资本，在会计核算上以货币形式表现并确认为所有者权益。资产与负债、所有者权益，表明企业的资金占用在哪些方面，资金从哪些方面取得。资产与负债、所有者权益，实质上也是同一价值运动的两个方面的表现，从数额上来说，企业所有资产的价值必然等于其负债加所有者权益的价值。企业从开始生产经营活动，就会不断地取得、使用、消耗、生产和销售不同的财产物资，这种实物形态上的资产运动变化，从价值形态上看就是企业的资金运动，它可以表现为在数量上影响企业资产总额与负债和所有者权益总额的同时增加或减少，或保持其总额不变。这一基本平衡关系用公式表示为

资产＝负债＋所有者权益

这一会计等式表明企业在某一时点所拥有的各种资产，债权人权益和所有者对企业净资产要求权的基本状况，表明资产与负债、所有者权益之间的基本恒等关系。这一会计等式，也是复式记账的基础和资产负债表编制的理论基础。在这一会计等式的基础上，才能通过设置账户、复式记账等方法，记录和计量企业资金运动的过程和结果，反映企业的资产、负债和所有者权益情况，并通过编制资产负债表提供企业财务状况的信息。

【知识链接】

会计的基本等式一方面表明负债的求偿能力高于所有者权益，另一方面表明所有者权益是企业全部资产递减全部负债的剩余部分，因此，所有者权益也被称为“剩余权益”。这一术语，形象、贴切地说明了企业所有者对企业所享有的权益和风险：当企业经营成功、不断实现利润时，剩余权益就越来越大；反之，如果企业经营失败，不断出现亏损，剩余权益就会越来越小；当企业资不抵债时，剩余权益就为零或负数。

(二)动态会计等式

企业从事生产经营活动的目的就是获取收入，并实现盈利。企业在取得收入的同时，也必然要发生相应的费用，企业通过收入与费用的比较，才能计算确定一定期间的盈利状况，即确定当期实现的利润。用公式表示为

收入－费用＝利润

这一会计等式表明，企业在某一特定期间的经营成果与该期间的收入和费用的关系，即表明收入、费用与利润之间的基本关系，是编制利润表的理论基础。

(三)扩展的会计等式

由于企业是所有者投资的，企业实现的利润也只能属于所有者，利润的实现就表明所有者在企业中享有净资产的权益增加，即企业所有者权益增加；反之，企业经营出现亏损，只能由所有者承担，表明所有者在企业中享有净资产的权益减少，即企业所有者权益减少。企业通过销售商品或提供劳务获取收入，必然会导致企业资产的增加(如增加库存现金、应收账款等)或者负债的减少(如减少预收账款)，同时也导致所有者权益的增加。企业为获取收入就需要支付费用，费用的支出及发生必然会导致企业资产的减少或者负债的增加，由于费用都必须由收入补偿，如果所取得的收入不够补偿费用，企业就出现亏损，而亏损必然导致所有者权益减少。上述企业的收入、费用与企业资产、负债和权益之间的关系，代入“资产＝负债＋所有者权益”这一会计等式，则可以得出

资产＝负债＋所有者权益＋利润

＝负债＋所有者权益＋收入－费用

或

资产＋费用＝负债＋所有者权益＋收入

这一等式表明了企业的财务状况和经营成果之间的相互联系。财务状况表明企业在一定时点资产的运用分布状况及其来源的情况。而经营成果则表明企业在一定期间净资产增加(或减少)的情况，反映一定期间所有者权益的增值额(或减值额)。企业经营成果最终要影响到企业的财务状况，也就是说，利润会增加所有者的权益及资产；反之，亏损就会减少所有者的权益和资产。

二、会计事项对会计等式的影响

如上所述，会计要素之间存在着数额相等的关系。会计等式反映了企业经营过程中，在任何一个时点上资产和负债与所有者权益之间都保持着数额相等的平衡关系。企业在生产经营过程中，每天发生着大量的经济业务，但任何一项经济业务的发生，对会计等式的影响不外乎以下四种类型。

(1)引起等式两边会计要素同时增加的经济业务。经济业务发生后，引起会计等式两边

会计要素同时发生变动，两边同增，增加的数额相等，但不影响会计等式的平衡。

(2)引起等式两边会计要素同时减少的经济业务。经济业务发生后，引起会计等式两边会计要素同时发生变动，两边同减，减少的数额相等，但不会影响会计等式的平衡。

(3)引起等式左边会计要素发生增减变动的经济业务。经济业务发生后，只引起会计等式左边会计要素内部项目发生变动，有些项目增加，有些项目减少，增减的数额相等。这类经济业务最终不会引起会计等式的总额发生变动，同样不影响会计等式的平衡。

(4)引起等式右边会计要素发生增减变动的经济业务。经济业务发生后，只引起会计等式右边会计要素内部项目发生变动，有些项目增加，有些项目减少，增减数额相等。这类经济业务最终不会引起会计等式的总额发生变动，同样不影响会计等式的平衡。

上述四种类型对于基本会计等式的影响有以下九点。

(1)经济业务的发生，导致资产的增加，而同时负债项目亦增加相同金额，等式保持平衡。

(2)经济业务的发生，导致资产的增加，而同时所有者权益项目亦增加相同金额，等式保持平衡。

(3)经济业务的发生，导致资产的减少，而同时负债项目亦减少相同金额，等式保持平衡。

(4)经济业务的发生，导致资产的减少，而同时所有者权益项目亦减少相同金额，等式保持平衡。

(5)经济业务的发生，导致资产项目此增彼减，且增减相同金额，等式保持平衡。

(6)经济业务的发生，导致负债项目此增彼减，且增减相同金额，等式保持平衡。

(7)经济业务的发生，导致所有者权益项目此增彼减，且增减相同金额，等式保持平衡。

(8)经济业务的发生，导致负债的增加，而同时所有者权益项目减少相同金额，等式保持平衡。

(9)经济业务的发生，导致所有者权益的增加，而同时负债项目减少相同金额，等式保持平衡。

上述四种类型对于扩展会计等式的影响有以下三点。

(1)企业收入的取得，或者表现为资产和收入同时、同金额的增加，或者表现为收入的增加和负债同等金额的减少，等式保持平衡。

(2)企业费用的发生，或者表现为费用和负债同时、同金额的增加，或者表现为费用的增加和资产同等金额的减少，等式保持平衡。

(3)在会计期末，将收入与费用相减得出利润。利润在按规定程序进行分配以后，留存收益的部分转化为所有者权益的增加(或减少)，同时，要么是相应的资产增加(或减少)，要么是相应的负债减少(或增加)，等式保持平衡。

通过本节对经济业务类型影响会计等式的详细分析，我们可以发现资产、负债、所有者权益、收入、费用和利润这六大会计要素之间存在着一种恒等关系。任何经济业务的发生都不会破坏会计等式的平衡关系。具体而言主要有以下三点。

(1)每项经济业务发生后可能会影响会计等式中的两个会计要素，也可能只影响一个会计要素中的两个项目发生增减变化。但无论如何，会计等式的恒等关系保持不变。

(2)经济业务的发生如果只影响会计等式一方要素发生有增有减的变化，则等是双方总额不变，等式保持平衡。

(3)经济业务的发生如果影响会计等式双方要素发生同增或同减变化，则等式双方总额发生同增或同减的变动，等式仍然保持平衡。

思政园地

确认会计主体、明确服务对象、保持公正、客观

目标　理解社会主义核心价值观，体会会计职业道德内容，树立正确人生观、世界观和价值观，不断提高核算技能，做到知行合一。

案例　某电子公司会计赵某因工作努力，钻研业务，积极提出合理化建议，多次被公司评为先进会计工作者。赵某的丈夫在一家私有电子企业任总经理，在其丈夫的多次请求下，赵某将在工作中接触到的公司新产品研发计划及相关会计资料复印件提供给其丈夫，给公司带来一定的损失。公司认为赵某不宜继续担任会计工作。

思考：

1. 什么是会计主体？
2. 赵某的行为违法了哪些职业道德？
3. 哪些单位或部门可以对赵某违反会计职业道德行为进行处理？请说明理由。

感悟：

赵某违反了诚实守信、廉洁自律会计职业道德要求。财政部门、会计职业团体、本单位对赵某违反会计职业道德行为，均可以在各自的职权范围内进行处理。《会计法》规定，会计人员应当遵守会计职业道德。

此外，根据《会计法》规定，单位负责人对本单位的会计工作和会计资料的真实性、完整性负责。单位负责人有责任建立和完善内部控制制度，开展会计职业道德教育，检查和考核本单位会计人员会计职业道德遵守情况，对违反会计职业道德行为，可以按照单位内部有关制度进行直至除名的处理。

本章小结

本章主要学习了会计对象的抽象概念，以及会计对象的具体表现；会计要素的含义、分类、特征；会计等式的基本原理，基本会计等式、动态会计等式、扩展会计等式，以及会计事项对会计等式的影响。

思考题

1. 如何理解会计对象？
2. 制造业企业资金是如何循环周转的？
3. 什么是会计要素？包括哪些内容？
4. 资产按照流动性可以划分成哪些种类？各包含哪些内容？
5. 负债按照流动性可以划分成哪些种类？各包含哪些内容？
6. 如何理解所有者权益？
7. 什么是利润？它由哪些内容组成？

8. 什么是会计等式？会计等式有哪些表现形式？

9. 经济业务的发生，对会计等式的影响有哪几种类型？

10. 如何理解任何经济业务的发生都不会破坏会计等式的平衡关系？

练习题

一、单项选择题

1. 会计对象就是社会再生产过程中能用货币表现的经济活动，即（　　）。

A. 资金运动　　B. 财产物资　　C. 供销活动　　D. 经营活动

2. 库存现金、应收账款、存货、机器设备属于企业会计要素中的（　　）要素。

A. 资产　　B. 负债　　C. 所有者权益　　D. 费用

3. 下列项目中属于负债内容的是（　　）。

A. 预付账款　　B. 预收账款　　C. 实收资本　　D. 投资收益

4. 未分配利润属于会计要素中的（　　）要素。

A. 负债　　B. 所有者权益　　C. 收入　　D. 利润

5. 营业成本属于会计要素中的（　　）要素。

A. 资产　　B. 负债　　C. 收入　　D. 费用

6. 收入是指企业在日常活动形成的、会导致所有者权益增加的、与所有者投入资本无关的（　　）。

A. 经济利益的总流出　　B. 经济利益的总流入

C. 生产费用　　D. 经济损耗

7. 经济业务发生后，是否会破坏会计等式的平衡关系（　　）。

A. 不会破坏　　B. 会破坏　　C. 有时破坏　　D. 根据情况而定

8. 以银行存款偿还应付账款，可使企业的（　　）。

A. 资产与负债同时增加　　B. 资产与负债一增一减

C. 资产与负债同时减少　　D. 资产内部项目一增一减

9. 投资收益属于会计要素中的（　　）要素。

A. 资产　　B. 负债　　C. 所有者权益　　D. 收入

10. 下列会计等式错误的是（　　）。

A. 资产＝负债＋所有者权益

B. 收入－费用＝利润

C. 资产－费用＝负债＋所有者权益＋收入

D. 资产＝负债＋所有者权益＋收入－费用

二、多项选择题

1. 在制造业企业，就整个企业的资金运动而言，主要表现形式为（　　）。

A. 资金投入　　B. 资金周转　　C. 资金退出　　D. 资金循环

2. 下列反映财务状况的会计要素有（　　）。

A. 资产　　B. 负债　　C. 所有者权益　　D. 收入

3. 下列反映经营成果的会计要素有（　　）。

A. 资产　B. 收入　C. 费用　D. 利润

4. 下列属于流动资产项目的包括(　　)。

A. 银行存款　B. 应收账款　C. 存货　D. 无形资产

5. 下列只能引起资产内部项目发生增减变动的经济业务有(　　)。

A. 将现金 2 000 元存入银行

B. 用银行存款 15 000 元购入一辆汽车

C. 从银行取得短期借款 200 000 元存入银行

D. 接受某企业投入资金 50 000 元存入银行

6. 企业的收入具体可表现为(　　)。

A. 资产的增加

B. 负债的减少

C. 部分资产的增加和部分负债的减少

D. 负债的增加

7. 所有者权益包括(　　)。

A. 实收资本　B. 资本公积　C. 盈余公积　D. 未分配利润

8. 下列经济业务中属于影响等式两边发生变化的有(　　)。

A. 从银行提取现金　B. 国家向企业投资设备

C. 以银行存款归还借款　D. 以银行存款购买原材料

9. 期间费用包括(　　)。

A. 管理费用　B. 制造费用　C. 财务费用　D. 销售费用

10. 利润是企业在一定时期的经营成果，其形成过程中产生不同层次的利润为(　　)。

A. 营业利润　B. 利润总额　C. 净利润　D. 毛利润

三、判断题

1. 资产与权益之间是独立关系。(　　)

2. 制造费用属于期间费用，应计入当期损益。(　　)

3. 资产是一种经济资源，具体表现为具有各种实物形态的财产。(　　)

4. 企业与供应单位签订了 10 万元的购货合同，因此可确认企业资产和负债同时增加 10 万元。(　　)

5. 企业的资产来源于所有者和债权人，所有者和债权人都同时有权要求企业偿还他们所提供的资产。(　　)

6. 资产与权益是同一事物的两个方面，两者在数量上必然相等。(　　)

7. 无论企业发生怎样的经济业务，都不会破坏资产与权益的平衡关系。(　　)

8. 收入表现为企业资产的增加或负债的减少或者两者兼而有之。从“资产＝负债＋所有者权益”平衡公式来看，收入的上述表现将引起企业所有者权益的增加。(　　)

9. “资产＝负债＋所有者权益”这个平衡式是企业资金运动的动态表现。(　　)

10. 投资者投入的资本金应属于企业的资产。(　　)

四、业务题

分析说明下列经济业务发生引起的资金变化和对会计恒等式的影响类型。

1. 从银行提取现金 1 000 元。
2. 购买原材料 50 000 元,款项未支付。
3. 从银行取得短期借款 200 000 元,存入银行。
4. 董事会决定向投资者分配现金红利,共 150 000 元。
5. 用银行存款归还前欠购货款 80 000 元。
6. 收到投资者投入设备一台,设备协议价为 120 000 元。
7. 从净利润中提取法定盈余公积 30 000 元。
8. 将前欠供货商的 50 000 元转为应付票据。
9. 经批准,退还投资者投入资金 180 000 元。
10. 将前欠某公司的款项 150 000 元转为该公司的投入资金。
11. 销售产品款存入银行,共 113 000 元。
12. 用银行存款支付本月水电费 3 000 元。

第三章

会计核算基础

○ **学习目标**

知识目标

1. 了解会计核算的基本前提即会计假设的含义。
2. 理解会计信息质量以及会计信息质量的八大特征。
3. 熟悉会计确认与计量的基本内容及其重要意义。
4. 重点掌握并应用企业会计处理基础——权责发生制确认收入和费用的基本方法。

能力目标

1. 能理解会计假设的存在意义。
2. 能按照会计信息质量要求判断会计信息的质量。
3. 能运用权责发生制进行收入、费用的确认。

○ **案例导入**

王先生和朋友于2022年6月1日注册成立了荣光科技公司，主营某科技产品的研发和销售。2022年6月30日，荣光科技公司用200万元购买了一栋办公楼的使用权，可以使用50年。2017年荣光科技公司销售产品50万元，但是均未收到货款。2022年12月31日，王先生认为经营期限还不满一年，所以不用编制年度财务报表。同时，王先生感叹今年花钱买办公楼发生了200万元的支出，却没有收到货款，一分钱的收入都没有，所以总共亏损了200万元。

请问：王先生的观点是否正确？（为了简化问题，假设不考虑荣光科技公司在2022年发生的其他经济活动）

导入案例分析

第一节　会计假设

会计核算的对象是资金运动，而在市场经济条件下，由于经济活动的复杂性决定了资金运动也是一个复杂过程，因此，面对变化不定的经济环境，摆在会计人员面前的一系列问题必须首先得到解决。例如，会计核算的范围有多大，会计为谁核算，给谁记账；会计核算的资金运动能否持续不断地进行下去：会计应该在什么时候记账、算账、报账；以及会计在核算过程中应该采用什么计量手段等，这些都是进行会计核算工作的前提条件。

会计假设即会计核算的基本前提，是指为了保证会计工作的正常进行和会计信息的质量，对会计核算的范围、内容，基本程序和方法所做的合理设定。会计假设是人们在长期的会计实践中逐步认识和总结形成的。结合我国实际情况，企业在组织会计核算时，应遵循的会计假设包括会计主体假设、持续经营假设、会计分期假设和货币计量假设。

一、会计主体假设

《企业会计准则——基本准则》第五条规定："企业应当对其本身发生的交易或者事项进行会计确认、计量和报告。"这是对会计主体假设的描述。

会计主体是会计工作为其服务的特定单位或组织。会计主体假设是指会计核算应当以企业发生的各项经济业务为对象，记录和反映企业本身的各项经济活动。也就是说，会计核算是反映一个特定企业的经济业务，只记本主体的账。尽管企业本身的经济活动总是与其他企业、单位或个人的经济活动相联系，但对于会计来说，其核算的范围既不包括企业所有者本人，也不包括其他企业的经济活动。会计主体假设明确了会计工作的空间范围。

会计主体与法律主体不是同一概念。一般来说，法律主体必然是会计主体，但会计主体不一定就是法律主体。会计主体可以是一个有法人资格的企业，也可以是由若干家企业通过控股关系组织起来的集团公司，还可以是企业、单位下属的二级核算单位。独资、合伙形式的企业都可以作为会计主体，但都不是法人。

会计主体假设是持续经营、会计分期假设和其他会计核算基础的基础，因为，如果不划定会计的空间范围，则会计核算工作就无法进行，指导会计核算工作的有关要求也就失去了存在的意义、

【例 3—1】 6 月 8 日，赵嘉从事务所出纳处拿走了 500 元现金给自己的小孩购买学习用品，事务所会计把这 500 元记为该事务所的办公费支出，其理由是赵嘉是该所的合伙人，事务所的钱也有赵嘉的一部分。

分析：赵嘉从事务所取钱用于私人开支，不属于事务所的业务，所以不能作为事务所的办公经费开支。会计人员违背了会计主体假设的理论。

二、持续经营假设

《企业会计准则——基本准则》第六条规定："企业会计确认、计量和报告应当以持续经营为前提。"这是对持续经营假设的描述。

持续经营是指会计主体的生产经营活动将无限期地延续下去，在可以预见的未来不会因破产、清算、解散等而不复存在。持续经营假设是指会计核算应当以企业持续，正常的生产经营活动为前提，而不考虑企业是否破产清算等，在此前提下选择会计程序及会计处理方法，进行会计核算，客观上企业会由于市场经济的竞争而面临被淘汰的危险，但只有假定作为会计主体的企业是持续、正常经营的，会计的有关要求和会计程序及方法才有可能建立在非清算的基础之上，不采用破产清算的一套处理方法，这样才能保持会计信息处理的一致性和稳定性，持续经营假设明确了会计工作的时间范围。

会计核算所使用的一系列方法和遵循的有关要求都是建立在会计主体持续经营的基础之上的。例如，只有在持续经营的前提下，企业的资产和负债才能区分为流动的和非流动的；企业对收入、费用的确认才能采用权责发生制；企业才有必要确立会计分期假设和配比、划分收益性支出和资本性支出、历史成本等会计确认与计量要求。

【例 3－2】 A 企业自成立以来经营发展状况良好，该企业采用平均年限法对其使用的一台价值 600 000 元、使用年限为 10 年的机器设备每月计提折旧 5 000 元。

问题：A 企业对使用的机器设备计提折旧是以什么会计假设为前提的？如何理解？

三、会计分期假设

《企业会计准则——基本准则》第七条规定："企业应当划分会计期间，分期结算账目和编制财务会计报告。会计期间分为年度和中期。中期是指短于一个完整的会计年度的报告期间。"这是对会计分期假设的描述。

会计分期，是指把企业持续不断的生产经营过程划分为较短的相对等距的会计期间。会计分期假设的目的在于通过会计期间的划分，分期结算账目，按期编制财务报告，从而及时地向有关方面提供反映财务状况和经营成果的会计信息，满足有关方面的需要。从理论上来说，在企业持续经营的情况下，要反映企业的财务状况和经营成果只有等到企业所有的生产经营活动结束后，才能通过收入和费用的归集与比较，进行准确的计算，但那时提供的会计信息已经失去了应有的作用，因此，必须人为地将这个过程划分为较短的会计期间。

会计分期假设是对会计工作时间范围的具体划分，主要是确定会计年度。中外各国所采用的会计年度一般都与本国的财政年度相同。我国以日历年度作为会计年度，即从公历 1 月 1 日至 12 月 31 日为一个会计年度。会计年度确定后，一般按日历确定会计半年度，会计季度和会计月度，即会计年度和会计中期。

【例 3－3】 6 月 15 日，会计将 6 月 1～15 日的收入、费用汇总后计算出半个月的利润，并编制了财务报表。

分析：6 月 15 日编制的财务报表属于临时性的，我国的会计分期假设规定的会计期间为年度、季度和月份。

会计分期假设有着重要的意义。有了会计分期，才产生了本期与非本期的区别，才产生了收付实现制和权责发生制，以及划分收益性支出和资本性支出、配比等要求，只有正确地划分会计期间，才能准确地提供财务状况和经营成果的资料，才能进行会计信息的对比。

知识链接

四、货币计量的假设

《企业会计准则——基本准则》第八条规定："企业会计应当以货币计量。"这是对货币计量假设的描述。

货币计量假设是指会计主体在会计核算过程中应采用货币作为计量单位记录、反映会计主体的经营情况。企业使用的计量单位较多，为了全面、综合地反映企业的生产经营活动，会计核算客观上需要一种统一的计量单位作为计量尺度。货币作为商品的一般等价物，能用以计量一切资产、负债和所有者权益，以及收入、费用和利润，也便于综合，因此会计必须以货币计量为前提。需要说明的是，也有可采用的其他计量单位，如实物、劳动工时等。

我国要求企业对所有经济业务采用同一种货币作为统一尺度来进行计量。若在会计核算中不占主要地位的经济业务用两种以上的货币计量，应该选用一种作为基准，称为记账本位币。我国有关会计法规规定，企业会计核算以人民币作为记账本位币。业务收支以人民币以外的其他货币为主的企业，也可以选定该种货币作为记账本位币，但编制的会计报表应当折算为人民币来反映。

货币本身也有价值，它是通过货币的购买力或物价水平表现出来的，但在市场经济条件下，货币的价值也在发生变动，币值很不稳定，甚至有些国家出现恶性的通货膨胀，对货币计量提出了挑战。因此，一方面，我们在确定货币计量假设时，必须同时确立币值稳定假设，假设币值是稳定的，不会有大的波动，或前后波动能够抵销。另一方面，如果发生恶性通货膨胀，就需要采用特殊的会计原则如物价变动会计原则来处理有关的经济。

【例 3—4】 8 月 12 日，某公司收到某企业的咨询费 20 000 美元，会计没有将其折算成人民币来反映，而直接记入美元账户。

分析：我国的相关法律规定，企业应当以人民币作为记账本位币，如果企业的业务收支以人民币以外的其他货币为主，可以选择人民币以外的其他货币作为记账本位币，该公司直接将 20 000 美元记账，需看其究竟是以何种货币为记账本位币。

会计核算的四项基本假设具有相互依存、相互补充的关系。会计主体确立了会计核算的空间范围，持续经营与会计分期确立了会计核算的时间长度，而货币计量则为会计核算提供了必要手段，没有会计主体，就不会有持续经营；没有持续经营，就不会有会计分期；没有货币计量，就不会有现代会计。

第二节　会计信息质量特征

会计作为一项管理活动，其主要目的之一是向企业的利益相关者提供反映经营者受托责任和供投资者做决策的会计信息。要达到这个目的，就必须要求会计信息具有一定的质量特征。会计信息质量特征也称会计信息质量要求或会计信息质量标准。根据我国《企业会计准则——基本准则》的规定，会计信息质量特征包括以下八项：可靠性、相关性、可理解性、可比性、实质重于形式、重要性、谨慎性和及时性。这些质量特征要求会计人员在处理会计业务，提供会计信息时，必须遵循这些对会计信息的质量要求，以便更好地为企业的利益相关者服务。

一、可靠性

《企业会计准则——基本准则》第十二条规定："企业应当以实际发生的交易或者事项为依据进行会计确认、计量和报告，如实反映符合确认和计量要求的各项会计要素及其他相关信息，保证会计信息真实可靠，内容完整。"

可靠性，也称客观性、真实性，是对会计信息质量的一项基本要求。会计所提供的会计信息是投资者、债权人、政府及有关部门和社会公众的决策依据，如果会计数据不能客观、真实地反映企业经济活动的实际情况，势必无法满足有关方面了解企业财务状况和经营成果以进行决策的需要，甚至可能导致错误的决策，可靠性要求会计核算的各个阶段的会计确认、计量、记录和报告，必须力求真实客观，必须以实际发生的经济活动及表明经济业务发生的合法凭证为依据。

在会计实务中，有些数据只能根据会计人员的经验或对未来的预计予以计算。例如，固定资产的折旧年限，制造费用分配方法的选择等，都会受到一定程度的个人主观意志的影响。不同会计人员对同一经济业务的处理出现不同的计量结果是在所难免的。但是，会计人员应在统一标准的条件下将可能发生的误差降到最低程度，以保证会计核算提供的会计资料真实可靠。

知识链接

二、相关性

《企业会计准则——基本准则》第十三条规定："企业提供的会计信息应当与财务会计报告使用者的经济决策需要相关，有助于财务会计报告使用者对企业过去、现在或者未来的情况做出评价或者预测。"相关性，也称有用性，它也是会计信息质量的一项基本要求，信息要成为有用的，就必须与使用者的决策需要相关。当信息通过帮助使用者评估过去、现在或未来的事项或者通过确证或纠正使用者过去的评价，影响使用者的经济决策时，信息就具有相关性。这就要求信息具有预测价值和确证价值（又称反馈价值）。

信息的预测价值和确证价值是可以统一的。比如，关于企业拥有资产的数量和结构的信息，对使用者来说，既可以用来预测企业利用现有机遇和应付不利形势的能力，也可以证明过去对企业资产数量和结构以及计划经营活动的预测与结果的一致性。同时，预测未来的财务状况和经营业绩以及股利和工资的支付、证券价格的变动等使用者关心的其他事宜，常常以关于财务状况和过去经营业绩的信息为基础。

三、可理解性

《企业会计准则——基本准则》第十四条规定："企业提供的会计信息应当清晰明了，便于财务会计报告使用者理解和使用。"

可理解性，也称明晰性，是对会计信息质量的一项重要要求，提供会计信息的目的在于使用，要使用就必须了解会计信息的内涵，明确会计信息的内容，如果无法做到这一点，就谈不上对决策有用。信息是否被使用者所理解，取决于信息本身是否易懂，也取决于使用者理解信息的能力。可理解性是决策者与决策有用性的连接点，如信息不能被决策者所理解，那么这种信息毫无用处，因此，可理解性不仅是信息的一种质量标准，也是一个与信息使用者有关的质量标准。会计人员应尽可能传递、表达易被人理解的会计信息，而使用者也应设法提高自身的综合素养，以增强理解会计信息的能力。

四、可比性

《企业会计准则——基本准则》第十五条规定："企业提供的会计信息应当具有可比性。"

为了明确企业财务状况和经营业绩的变化趋势，必须使用能够比较企业不同时期的财务报表。为了评估不同企业的财务状况、经营业绩和现金流量，使用者还必须能够比较不同企业的财务报表，因此，对整个企业及其不同时点以及对不同企业而言，同类交易或其他事项的计量和报告，都必须采用一致的方法。

可比性也是会计信息质量的一项重要要求。它包括两个方面的含义，即同一企业在不同时期纵向可比，不同企业在同一时期的横向可比。要做到这两个方面的可比，就必须做到：同一企业不同时期发生的相同或者相似的交易或者事项，应当采用一致的会计政策，不得随意变更。确需变更的，应当在附注中说明。不同企业发生的相同或者相似的交易或者事项，应当采用规定的会计政策，确保会计信息口径一致，相互可比。

【例 3－5】 下列关于可比性要求的表述正确的有（　　）。

A. 企业有关会计政策变更的情况，应当在附注中予以说明

B. 鉴于开始执行新准则，将发出存货计价方法由后进先出法改为先进先出法

C. 对于无法合理分割土地使用权与地上建筑物的自用房地产，企业应统一在固定资产中核算

D. 企业对于融资租入的固定资产视为企业的自有资产

例题解析

五、实质重于形式

《企业会计准则——基本准则》第十六条规定："企业应当按照交易或者事项的经济实质进行会计确认、计量和报告，不应仅以交易或者事项的法律形式为依据。"

如果要真实地反映交易或其他事项，那就必须根据它们的实质和经济现实，而不是仅仅根据它们的法律形式进行核算和反映。交易或其他事项的实质，并非与它们的外在法律形式相一致。实质重于形式就是要求在对会计要素进行确认和计量时，应重视交易的实质，而不管其采用何种形式。

在这一方面，最典型的例子当属对融资租入固定资产的确认。从形式上看，该项固定资产的所有权在出租方，企业只是拥有使用权和控制权。也就是说，该项固定资产并不是企业购入的固定资产。因此，不能将其作为企业的固定资产加以核算。但是，由于融资租赁的固定资产的租赁期限一般都超过了固定资产可使用期限的大部分，而且到期后企业可以以非常低的价格购买该项固定资产，因此，为了正确地反映企业的资产和负债状况，对融资租入的固定资产，一方面应作为企业的自有固定资产加以核算，另一方面应作为企业的一项长期应付账款加以反映。

再如，企业将一项资产处理给另一单位时，可以在文件中声称将法律所有权转让给该单位。然而，还可能存在协议，可以保证企业继续享有该项资产所包含的未来经济利益。在这种情况下，报告一项销售收入就不可能真实地反映所达成的交易。

六、重要性

《企业会计准则——基本准则》第十七条规定："企业提供的会计信息应当反映与企业财务状况、经营成果和现金流量等有关的所有重要交易或者事项。"

重要性是指财务报告在全面反映企业的财务状况和经营成果的同时，应当区别经济业务的重要程度，采用不同的会计处理程序和方法。具体来说，对于重要的经济业务，应单独核算、分项反映，力求准确，并在财务报告中重点说明；对于不重要的经济业务，在不影响会计信息真实性的情况下，可适当简化会计核算或合并反映，以便集中精力抓好关键。

重要性的意义在于：对会计信息使用者来说，对经营决策有重要影响的会计信息是最需要的，如果会计信息不分主次，反而会有碍使用，甚至影响决策。而且，对不重要的经济业务简化核算或合并反映，可以节省人力、物力和财力，符合成本效益原则。

需要明确的是，重要性具有相对性，并不是同样的业务对不同的企业都是重要或不重要的事项，对某项会计事项判断其重要性，在很大程度上取决于会计人员的职业判断。一般来说，重要性可以从质和量两个方面进行判断。从性质方面来说，如果某会计事项发生可能对决策产生重大影响，则该事项属于具有重要性的事项；从数量方面来说，如果某会计事项的发生达到一定数量或比例可能对决策产生重大影响，则该事项属于具有重要性的事项。

七、谨慎性

《企业会计准则——基本准则》第十八条规定："企业对交易或者事项进行会计确认计量和报告应当保持应有的谨慎，不应高估资产或者收益、低估负债或者费用。"

谨慎性，又称稳健性，是指在处理具有不确定性的经济业务时，应持谨慎态度，如果一项经济业务有多种处理方法可供选择时，应选择不导致夸大资产、虚增利润的方法。在进行会计核算时，应当合理预计可能发生的损失和费用，而不应预计可能发生的收入和过高估计资产的价值。

谨慎性的要求体现于会计核算的全过程，在会计上的应用是多方面的。例如，对应收账款提取坏账准备，就是对预计不能收回的货款先行作为本期费用，计入当期损益，以后确实无法收回时冲销坏账准备。再如，固定资产采用加速折旧法等。

遵循谨慎性，对于企业存在的经营风险加以合理估计，对防范风险起到预警作用，有利于企业做出正确的经营决策，有利于保护投资者和债权人的利益，有利于提高企业在市场上的竞争能力。但是，企业在运用谨慎性时，不能滥用，不能以谨慎性原则为由任意计提各种准备，即秘密准备。例如，按照有关规定，企业应当计提坏账准备，存货跌价准备等减值准备。但是，在实际执行时，有些企业滥用会计准则给予的会计政策，在前一年度大量计提减值准备，待后一年度再予以转回，这种行为属于滥用谨慎性，计提秘密准备，是会计准则所不允许的。

八、及时性

《企业会计准则——基本准则》第十九条规定："企业对于已经发生的交易或者事项应当及时进行会计确认、计量和报告，不得提前或者延后。"

信息的报告如果不适当地拖延，就可能失去其相关性。当然，及时提供可能会损坏可靠性，企业可能需要权衡及时报告与提供可靠性的优点和缺点，为了在及时的基础上提供信息，在了解某一交易或其他事项的所有方面之前，就可能有必要做出报告，这就会损害可靠性。相反，如果推迟到了解所有方面之后再报告，信息可能极为可靠，但是对于必须在事中决策的信息使用者，用处可能很小。要在相关性和可靠性之间达到平衡，决定性的问题是如何最佳地满足使用者的经济决策需要。

上述八项会计信息的质量特征，在实务中，常常需要在各特征之间权衡或取舍。其目的一般是达到会计信息质量之间的适当平衡，以便实现财务报告的目标。质量特征在不同情况下的相对重要性，属于会计人员的职业判断问题。

第三节　会计要素的确认、计量及其要求

会计信息的载体是财务报告，财务报告由会计要素组成，对会计要素进行报告之前必须进行会计要素的确认与计量，在对会计要素进行确认与计量时，必须遵循一定的要求。

一、会计要素确认与计量的含义

(一)会计要素的确认

确认是指决定将交易或事项中的某一项目作为一项会计要素加以记录和列入财务报告

的过程，是财务会计的一项重要程序。确认主要是解决某一个项目能否确认、如何确认和何时确认三个问题，它包括在会计记录中的初始确认和在财务报表中的最终确认。凡是确认必须具备一定的条件。

我国《企业会计准则——基本准则》中规定了会计要素的确认条件如下。

1. 初始确认条件

会计要素的确认条件主要包括以下几点。

(1)符合要素的定义，有关经济业务确认为一项要素，首先必须符合该要素的定义。

(2)有关的经济利益很可能流入或流出企业。这里的“很可能”表示经济利益流入或流出的可能性在50%以上。

(3)有关的价值以及流入或流出的经济利益能够可靠地计量。如果不能可靠计量，确认就没有意义。

举例来说，《企业会计准则——基本准则》第二十一条规定的资产确认条件为：符合本准则第二十条规定的资产定义的资源，在同时满足以下条件时，确认为资产：

(1)与该资源有关的经济利益很可能流入企业。

(2)该资源的成本或者价值能够可靠地计量。

2. 在报告中列示的条件

经过确认、计量之后，会计要素应该在报表中列示。资产、负债、所有者权益在资产负债表中列示，而收入、费用、利润在利润表中列示。

根据准则规定，在报表中列示的条件是：符合要素定义和要素确认条件的项目才能列示在报表中，仅仅符合要素定义而不符合要素确认条件的项目，不能在报表中列示。

举例来说，《企业会计准则——基本准则》第二十二条规定：符合资产定义和资产确认条件的项目，应当列入资产负债表；符合资产定义、但不符合资产确认条件的项目，不应当列入资产负债表。

(二)会计要素的计量

会计通常被认为是一个对会计要素进行确认、计量和报告的过程，其中会计计量在会计确认和报告之间起着十分重要的作用

一般来说，会计计量主要是由计量单位和计量属性两方面的内容构成，二者的不同组合就形成了不同的计量模式。

1. 会计计量单位

正如在会计假设中所阐述的那样，会计应该坚持货币计量假设，以货币作为计量单位。但货币的本质是充当一般等价物的商品，其本身也有价值，而且其价值也在不断变动，因此，计量单位至少存在两种形式的选择：一是名义货币单位：二是不变货币单位(一般购买力单位)。会计计量通常使用的是名义货币，即以币值稳定为基本假设。但如果通货膨胀率居高不下，无视购买力的变化就会严重扭曲会计信息，解决这个问题的办法就是使用物价变动会计(又称通货膨胀会计)。

2. 会计计量属性的分类

《企业会计准则——基本准则》第四十二条规定，会计计量属性主要包括以下内容。

①历史成本。在历史成本计量属性下，资产按照购置时支付的现金或者现金等价物的金额，或者按照购置资产时所付出的对价的公允价值计量。负债按照因承担现时义务而实际收

到的款项或者资产的金额，或者承担现时义务的合同金额，或者按照日常活动中为偿还负债预期需要支付的现金或者现金等价物的金额计量。

②重置成本。在重置成本计量属性下，资产按照现在购买相同或者相似资产所需要支付的现金或者现金等价物的金额计量，负债按照现在偿付该项债务所需支付的现金或者现金等价物的金额计量。

③可变现净值。在可变现净值计量属性下，资产按照其正常对外销售所能收到现金或者现金等价物的金额扣减该资产至完工时估计将要发生的成本，估计的销售费用以及相关税费后的金额计量。

④现值。在现值计量属性下，资产按照预计从其持续使用和最终处置中所产生的未来净现金流入量的折现金额计量。负债按照预计期限内需要偿还的未来净现金流出量的折现金额计量。

⑤公允价值。在公允价值计量属性下，资产和负债按照市场参与者在计量日发生的有序交易中，出售资产所能收到或者转移负债所需支付的价格计量。

市场参与者，是指在相关资产或负债的主要市场（或最有利市场）中，同时具备下列特征的买方和卖方：市场参与者应当相互独立，不存在《企业会计准则第36号——关联方披露》所述的关联方关系：市场参与者应当熟悉情况，能够根据可取得的信息对相关资产或者负债以及交易具备合理认知：市场参与者应当有能力并自愿进行相关资产或负债的交易。

有序交易是指在计量日前一段时期内相关资产或负债具有惯常市场活动的交易。

企业以公允价值计量相关资产或负债，应当考虑该资产或负债的特征，相关资产或负债的特征，是指市场参与者在计量日对该资产或负债进行定价时考虑的特征，包括资产状况及所在位置，对资产出售或者使用的限制等。

主要市场，是指相关资产或负债交易量最大和交易活跃程度最高的市场。最有利市场，是指在考虑交易费用和运输费用后，能够以最高金额出售相关资产或者以最低金额转移相关负债的市场，其中交易费用是指在相关资产或负债的主要市场（或最有利市场）中，发生的可直接属于资产出售或者负债转移的费用，交易费用是指直接由交易引起的、交易所必需的而且不出售资产或不转移负债就不会发生的费用。

我国引入公允价值是适度、谨慎和有条件的，并且企业应当将公允价值计量所用的输入价值划分为三个层次，即第一层次输入值是在计量日能够取得的相同资产或负债在活跃市场上未经调整的报价；第二层次输入值是除第一层次输入值外相关资产或负债直接或间接可观察的输入值；第三层次输入值是相关资产或负债的不可观察输入值。首先使用第一层次输入值，其次使用第二层次输入值，最后使用第三层次输入值

如何更好地理解这些计量属性的定义？以资产为例，实际上可以这样理解：在某一个时点上对资产进行计量时，历史成本是这项资产取得时的公允价值；重置成本是这个时点上取得这项资产的公允价值；可变现净值是这个时点上出售这项资产的公允价值；现值是这个时点上，不重新购买，也不出售，继续持有会带来的经济利益的公允价值：公允价值是在任何时候只要是发生有序交易时，出售资产所收到或转移负债所付出的价格。

对五种计量属性的理解如表3－1所示。

表 3—1 对五种计量属性的理解

计量属性	对资产的计量	对负债的计量
历史成本	按照购置时的金额	按照承担现时义务时的金额
重置成本	按照现在购买时的金额	按照现在偿还时的金额
可变现净值	按照现在销售时的金额	—
现值	按照将来时的金额折现	按照预计期限内需要偿还的未来净现金流出量的折现金额计量
公允价值	有序交易中出售资产所能收到的价格	有序交易中转移负债所需支付的价格

3. 会计计量属性的选择

《企业会计准则——基本准则》第四十三条规定："企业在对会计要素进行计量时，一般应当采用历史成本，采用重置成本、可变现净值、现值、公允价值计量的，应当保证所确定的会计要素金额能够取得并可靠计量。"这是对会计计量属性选择的一种限定性条件，一般应当采用历史成本，如果要用其他计量属性，必须保证金额能够取得并可靠计量。

二、会计要素确认与计量的要求

对会计要素进行确认与计量不仅要符合一定的条件，而且还要在确认与计量过程中遵循以下要求：划分收益性支出与资本性支出、收入与费用配比、历史成本计量。

(一)划分收益性支出与资本性支出

会计核算应当合理划分收益性支出和资本性支出，凡支出的效益仅与会计年度(或一个营业周期)相关的，应当作为收益性支出；凡支出的效益与几个会计年度(或几个营业周期)相关的，应当作为资本性支出。

划分收益性支出和资本性支出的目的在于正确确定企业的当期(一般指一个会计年度)损益，具体来说，收益性支出是为取得本期收益而发生的支出，应当作为本期费用，计入当期损益，列于利润表中。例如，已销售商品的成本、期间费用，所得税等；资本性支出是为形成生产经营能力，为以后各期取得收益而发生的各种支出，应当作为资产反映，列于资产负债表中。例如，购置固定资产和无形资产的支出等。

如果一项收益性支出按资本性支出处理，就会造成少计费用而多计资产，出现当期利润虚增而资产价值偏高的现象；如果一项资本性支出按收益性支出处理，则会出现多计费用少计资产，出现当期利润虚减而资产价值偏低的现象。

(二)收入与费用配比

正确确定一个会计期间的收入和与其相关的成本、费用，以便计算当期的损益，这是配比的要求。

收入与费用配比包括两方面的配比问题：一是收入和费用在因果联系上的配比，即取得一定的收入时发生了一定的支出，而发生这些支出的目的就是取得这些收入；二是收入和费用在时间意义上的配比，即一定会计期间的收入和费用的配比。

(三)历史成本计量

历史成本计量又称实际成本计量或原始成本计量，是指企业的各项财产物资应当按取得或购建时发生的实际支出进行计价。物价变动时，除国家另有规定外，不得调整账面价值。

以历史成本为计价基础有利于对各项资产、负债项目的确认和对计量结果的验证和控制;同时,按照历史成本原则进行核算,也使得收入与费用的配比建立在实际交易的基础上,防止企业随意改动资产价格造成经营成果虚假或任意操纵企业的经营业绩。

用历史成本计价比较客观,有原始凭证作证明,可以随时查证,防止随意更改。但这样做是建立在币值稳定假设基础之上的,如果发生物价变动导致币值出现不稳定情况,则需要研究使用其他的计价基础,如现行成本、重置成本等。

第四节　收付实现制与权责发生制

收付实现制与权责发生制是确定收入和费用的两种截然不同的会计处理基础。正确地应用权责发生制是会计核算中非常重要的一条规范。企业生产经营活动在时间上是持续不断的,不断地取得收入,不断地发生各种成本、费用,将收入和相关的费用相配比,就可以计算和确定企业生产经营活动所产生的利润(或亏损)。由于企业生产经营活动是连续的,而会计期间是人为划分的,所以难免有一部分收入和费用出现收支期间和应归属期间不一致的情况,于是在处理这类经济业务时,应正确选择合适的会计处理基础,可供选择的会计处理基础包括收付实现制和权责发生制两种。

一、收付实现制

收付实现制又称现收现付制,是以款项是否实际收到或付出作为确定本期收入和费用的标准。采用收付实现制会计处理基础,凡是本期实际收到的款项,不论其是否属于本期实现的收入,都作为本期的收入处理;凡是本期付出的款项,不论其是否属于本期负担的费用,都作为本期的费用处理。反之,凡本期没有实际收到款项和付出款项,即使应归属于本期,也不作为本期收入和费用处理。这种会计处理基础,由于款项的收付实际上以现金收付为准,所以一般称为现金制,现举例说明收付实现制下会计处理的特点。

【例 3－6】　企业于 7 月 10 日销售商品一批,7 月 25 日收到货款,存入银行。

分析:这笔销售收入由于在 7 月份收到了货款,按照收付实现的处理标准是应该作为 7 月份的收入入账。

【例 3－7】　企业于 7 月 10 日销售商品一批,8 月 10 日收到货款,存入银行。

分析:这笔销售收入虽然于 7 月份实现的收入,但由于是在 8 月份收到了货款,按照收付实现制的标准,应将其作为 8 月份的收入入账。

【例 3－8】　企业于 7 月 10 日收到某购货单位一笔货款,存入银行,但按合同规定 9 月份交付商品。

分析:这笔货款虽然属于 9 月份实现的收入,但由于是在 7 月份收到了款项,按收付实现制的处理标准,应将其作为 7 月份的收入入账。

【例 3－9】　企业于 8 月 30 日以银行存款预付材料采购款,但按合同规定材料将于 10 月份交货。

分析:这笔款项虽然属于未来有关月份负担的费用,但由于在本年 8 月份支付款项,按照收付实现制的处理标准,应将其作为本年 8 月份的费用入账。

【例 3－10】　企业于 12 月 30 日购入办公用品一批,但款项在明年的 3 月份支付。

分析:这笔费用虽然属于本年 12 月份负担的费用,但由于款项是在明年 3 月份支付,按照收付实现制的处理标准,应将其作为明年 3 月份的费用入账。

【例 3—11】 企业于 12 月 30 日用银行存款支付本月水电费。

分析:这笔费用由于在本年 12 月份付款,按照收付实现制的处理标准,应作为 12 月份的费用入账。

从上面的举例可以看出,无论收入的权利和支出的义务归属于哪一期,只要款项的收付在本期,就应确认为本期的收入和费用,不考虑预收收入和预付费用,以及应计收入和应计费用的存在,到会计期末根据账簿记录确定本期的收入和费用,因为实际收到和付出的款项,必然已经登记入账,所以不存在对账簿记录于期末进行调整的问题,这种会计处理基础核算手续简单,但强调财务状况的切实性,不同时期缺乏可比性,所以它主要适用于行政事业单位。

二、权责发生制

《企业会计准则——基本准则》第九条规定:"企业应当以权责发生制为基础进行会计确认、计量和报告。"

权责发生制,亦称应收应付制,是指企业以收入的权利和支出的义务是否归属于本期为标准来确认收入、费用的一种会计处理基础,也就是以应收应付为标准,而不是以实际收付是否在本期发生为标准来确认本期的收入和费用。在权责发生制下,凡是属于本期实现的收入和发生的费用,不论款项是否实际收到或实际付出,都应作为本期的收入和费用入账;凡是不属于本期的收入和费用,即使款项在本期收到或付出,也不作为本期的收入和费用处理。由于它不考虑款项的收付,而以收入和费用是否归属本期为准,所以称为应计制。现举例说明权责发生制下会计处理的特点。

【例 3—12】 南财实业有限责任公司第二季度发生以下经济业务。

(1)4～6 月份每月各获得主营业务收入 10 000 元,均于 6 月份一次收到全部款项,存入银行;

(2)第二季度每月应有短期借款利息 2 000 元,共计 6 000 元,6 月份以银行存款一次支付;

(3)6 月份以银行存款预付下半年报纸杂志费 2 400 元。

会计核算基础分别采用收付实现制、权责发生制计算的二季度各月的利润结果如表 3—2 和表 3—3 所示。

表 3—2 **收付实现制下利润计算结果** 单位:元

项 目	4 月	5 月	6 月
收入	0	0	30 000
费用	0	0	8 400
利润	0	0	21 600

按收付实现制计算,6 月份实际收到款项 30 000 元,应属于 6 月份的收入;短期借款利息和报杂费共 8 400 元,是 6 月份实际付出的,属于 6 月份的费用;最终的经营成果表现为 4～5 月份既无收入,也无支出,利润为零,6 月份实现利润共 21 600 元。

这一计算结果会使会计信息使用者误以为该企业在前两个月没有任何经济活动事项,利润的取得是 6 月份经营的结果，而事实上，该企业每个月都发生了经济业务，都实际取得了收入，并承担了一定的费用，只是在 6 月份才实际收到和付出。

表 3—3　　**权责发生制下利润计算结果**　　单位：元

项　目	4 月	5 月	6 月
收入	10 000	10 000	10 000
费用	2 000	2 000	2 000
利润	8 000	8 000	8 000

按权责发生制计算，对于业务(1)，虽然主营业务收入的款项是 6 月份收到的，但受益期应该是 4～6 月份，因此，应在每个月确认收入 10 000 元。

对于业务(2)，短期借款利息 6 000 元，虽然在 6 月份才实际支付，但按照配比原则，受益期实际是 4 月、5 月、6 月份 3 个月，应该在每个月分别确认费用 2 000 元。

对于业务(3)，由于 6 月份预付的下半年报纸杂志费 2 400 元的受益期是下半年，应归属为下半年的费用。虽然 6 月份已支付货币资金，但不应确认为 6 月份的费用。最终的经营成果表现为每月实现利润 8 000 元，与收付实现制下的利润不完全相同，但这一结果更符合企业实际，这也是我国企业采用权责发生制法确认收入、费用的原因。

上述可见，与收付实现制相反，在权责发生制下，必须考虑预收、预付和应收、应付业务。由于企业日常的会计账簿记录不能完全地反映本期的收入和费用，需要在会计期末对账簿记录进行调整，使未收到款项的应计收入和未付出款项的应付费用，以及收到款项不完全属于本期的收入和付出款项不完全属于本期的费用，归属于相应的会计期间，以便正确地计算本期的经营成果。采用权责发生制计算比较复杂，但反映本期的收入和费用比较合理、真实，所以适用于企业。

思政园地

爱岗敬业、诚实守信、参与管理

目标　理解社会主义核心价值观，体会会计职业道德内容，树立正确人生观、世界观和价值观，不断提高核算技能，做到知行合一。

案例　张勇是 A 股份公司所属新达公司的销售员，为新达公司销售产品，这种产品需要经过安装程序。新达公司设定了 500 000 元的销售限额，如果张勇的销售额超过了这一限额，就能得到奖金。为了对这一限额进行计量，新达公司为每个销售员开设了独立的账户，在销售员与客户签订安装合同时贷记该销售人员的账户。在当月 25 日以前，张勇已经签署了 380 000 元的合同。

启隆公司处于破产的边缘，该公司在 26 日与张勇联系，希望能安装一台新达公司的产品。张勇预计这一合同能为公司带来 160 000 元的销售收入，加上这项销售之后，张勇就能获得超过限额的奖金。同时，张勇也了解到启隆公司在安装本公司的产品后，将无法支付合同规定的款项，而且他还知道另外一家竞争对手因为这一原因已经拒绝给启隆公司安装这一产品。张勇经过一番考虑之后，他认为自己的任务就是销售产品，而收款则应当由其他人员负责，于是他与启隆公司签订了这一合同，并因此而获得了奖金。张勇将有关的凭据交给了公司的会计，并将启隆公司的现状也做了部分说明，而新达公司的会计则与张勇持同样的观点。

思考：

1. 你认为张勇和公司会计的做法符合职业道德吗？
2. 货币资金内部控制中对权限要求有哪些？
3. 如果你是该公司财务总监，请为该公司设计一套控制程序来阻止这种行为的发生。

感悟：

根据我国会计工作和会计人员的实际情况，结合国际上对会计职业道德的一般要求，我国会计人员职业道德的内容可以概括为爱岗敬业、诚实守信、廉洁自律、客观公正、坚持准则、提高技能、参与管理和强化服务。

销售员张勇与启隆公司签订的销售合同属于不当行为，因为，在已经确切地了解到启隆公司即将破产、本公司（新达公司）无望收回货款的情况下，仅仅为了完成个人的销售限额，以期获得奖金，而置公司的利益于不顾，与启隆公司签订销售合同，且金额高达 160 000 元，这是不符合销售人员职业道德的，也不符合销售收入确认要求。新达公司的会计人员在听了张勇对启隆公司现状的说明之后，应该立即制止张勇的签约行为，并想法对已经发生的内容进行适当的补救。而公司的会计人员却与张勇持同样观点，这是错误的，违背了会计职业道德中的“诚实守信”和“参与管理”的要求，这必然会给公司带来经济损失和其他损失。在本例中，其直接经济损失就是无法收回的 160 000 元的销货款，另外还会有其他的经济损失，比如支付给张勇的奖金等。

本章小结

本章讲述了会计假设，包括会计主体、持续经营、会计分期、货币计量；会计信息质量要求包括真实性、相关性、明晰性、可比性、经济实质重于法律形式、重要性、谨慎性、及时性；会计计量属性主要包括历史成本、重置成本、可变现净值、现值和公允价值；常见的会计基础包括收付实现制和权责发生制，在我国企业主要采用权责发生制进行核算。

思考题

1. 什么是会计假设？会计假设的具体内容、含义是什么？
2. 什么是会计核算基础？简述会计核算基础的类型及其含义。
3. 会计信息质量信息要求有哪些？
4. 权责发生制与收付实现制的区别是什么？
5. 权责发生制的原则是什么？

练习题

一、单项选择题

1. 作为会计核算基本前提之一的货币计量，其建立的基础是（　　）。

A. 会计主体　　B. 持续经营
C. 会计分期　　D. 币值基本稳定

2. 会计基本假设中，属于会计核算和监督的特定单位，并界定了会计确认计量和报告的空间范围的是(　　)。
A. 货币计量　　B. 会计分期　　C. 会计主体　　D. 持续经营

3. 下列会计核算基本前提中，作为产生权责发生制基础的是(　　)。
A. 会计主体　　B. 持续经营　　C. 会计分期　　D. 货币计量

4. 将融资租入的固定资产作为自有资产核算，依据的会计信息质量要求是(　　)。
A. 谨慎性　　B. 实质重于形式　　C. 重要性　　D. 相关性

5. 某企业 2017 年 12 月 25 日销售预售货款的商品一批，价款 20 万元(已预收 5 万元)，2018 年 1 月 20 日收到剩余销售款。如果该企业采用权责发生制进行核算，则此项交易 2017 年确认的收入金额为(　　)万元。
A. 0　　B. 5　　C. 15　　D. 20

6. 谨慎性要求企业对交易或事项进行会计处理时应当保持应有的谨慎，不高估资产或者收益，不低估负债和费用。下列各项中，能够应用谨慎性情况的是(　　)。
A. 购进固定资产的入账价值　　B. 购进材料的入账价值
C. 固定资产折旧的计算　　D. 银行借款的入账价值

7. 会计初次确认是对输入会计核算系统的原始经济信息进行的确认。下列各项中，属于确认的标准是(　　)。
A. 会计信息使用者的需求　　B. 发生交易或事项能否以货币计量
C. 能够以历史成本计量　　D. 发生交易或事项具有相关性

8. 重置成本作为会计计量的属性之一，下列各项中可以应用重置成本的是(　　)。
A. 购买材料　　B. 购买一台七成新的设备
C. 盘亏一台设备　　D. 盘盈一台设备

二、多项选择题

1. 下列各项中，构成会计核算基本前提的有(　　)。
A. 会计主体　　B. 持续经营　　C. 会计分期　　D. 货币计量

2. 及时性要求企业对于已经发生的交易或事项，应当及时进行会计处理，下列各项中，表现为及时性的有(　　)。
A. 及时收集整理原始凭证　　B. 及时进行会计处理
C. 及时传递会计信息　　D. 及时反馈会计信息

3. 会计确认时需要有一定的标准。下列各项中，构成会计确认标准的有(　　)。
A. 可定义性　　B. 可计量性　　C. 谨慎性　　D. 相关性

4. 下列各项中，属于会计计量属性的有(　　)。
A. 历史成本　　B. 现值　　C. 公允价值　　D. 重置成本

5. 会计只能为会计信息使用者提供通用信息，下列各项中，构成通用会计信息的有(　　)。
A. 财务状况　　B. 现金流量　　C. 经营成果　　D. 发展能力

三、判断题

1. 会计期间分为年度和中期，其中中期是指短于一个完整的会计年度的报告期间。 ( )
2. 会计计量单位只有货币计量。 ( )
3. 权责发生制是正确进行资产、负债确认的基础。 ( )
4. 会计核算的完整性是指对企业发生的所有交易或事项都要进行核算。 ( )
5. 会计确认，计量实际包容在会计记录之中。 ( )

第四章

账户与复式记账

○ **学习目标**

知识目标

1. 理解会计科目的概念与分类，正确区分会计科目的类别。
2. 掌握会计账户的概念与分类，理解会计科目和账户的关系。
3. 掌握账户的功能和结构，会确定会计账户的对应关系和对应账户。
4. 理解复式记账的基本原理，会用复式记账原理分析经济业务。
5. 掌握借贷记账法的记账符号、记账规则，掌握借贷记账法下的会计分录编制。
6. 掌握借贷记账法下的试算平衡。

能力目标

1. 能区分常见账户类型。
2. 能运用借贷记账法对经济业务做简单的分析。
3. 能运用借贷记账法编写会计分录。
4. 能运用平行登记的原理检验总分类账及其所属明细账之间的勾稽关系。

○ **案例导入**

假设你的朋友开设了一家服装店，现邀请你作为其财务负责人，该服装店本月的财产与收支情况如表4—1所示。

表4—1 **某服装店财产、收支情况汇总** 单位：元

经济业务或事项	金　额	经济业务或事项	金　额
支付服装店的门面租金	5 000	收到服装订单一份，预计下月初交货并收款	2 000
买入一辆面包车用于进送货等	60 000	支付所雇员工的人工费(4人)	8 000
购买桌子、架子等家具	10 000	电话费、水电费等日常支出	3 000
购买电脑、空调、熨烫机等电器	20 000	交各项税费	1 300
本月销售收入	60 000	用于备用的现金	5 000
本月进货总成本	24 000	付款定做环保袋一批	300
本月底库存服装的成本	4 000	月底发出一份牛仔裤订单	1 000

请问：如何将上述经济业务或事项进行账务登记？

第一节 会计科目与账户

一、会计科目

(一)会计科目的概念与意义

1. 会计科目的概念

会计科目是指对会计对象的具体内容及会计要素进一步分类核算的项目。资产、负债、所有者权益、收入、费用和利润六大会计要素是会计核算和监督的内容。对一个企业来说,经济业务是复杂多样的,若会计只对这六大会计要素进行核算和监督,显得过于粗略。难以满足各有关方面对会计信息的需要,因此就有必要采用一定的形式对每一会计要素所反映的具体内容作进一步分门别类的划分,设置会计科目。

【知识链接】

会计对象、会计要素、会计科目三者的关系极为密切,会计对象概括为企业的资金运动,会计要素是对会计对象的基本分类,会计科目则是对会计要素所作的进一步分类。

2. 会计科目的意义

(1)会计科目是复式记账的基础

复式记账要求每一笔经济业务在两个或两个以上相互联系的账户中进行登记,以反映资金运动的来龙去脉。

(2)会计科目是编制记账凭证的基础

记账凭证是确定所发生的经济业务应计入何种科目以及分门别类登记账簿的凭据。

(3)会计科目为成本计算与财产清查提供了前提条件

通过会计科目的设置有助于成本核算,使各种成本计算成为可能。而通过账面记录与实际结存的核对,又为财产清查保证账实相符提供了必要的条件。

(4)会计科目为编制会计报表提供了方便

会计报表是提供会计信息的主要手段,为了保证会计信息的质量及提供的及时性,财务报表中的许多项目与会计科目是一致的,并根据会计科目的本期发生额或余额填列。

(二)会计科目的设置原则

1. 必须结合会计要素的特点,全面反映会计要素的内容

会计科目作为对会计对象具体内容即会计要素进行分类核算的工具,其设置应能保证全面、系统地反映会计要素的全部内容,不能有任何遗漏。同时,会计科目的设置还必须反映会计要素的特点。各会计主体除了需要设置各行各业的共性科目外,还应根据本单位经营活动的特点,设置相应的会计科目。例如,制造业企业的主要经营活动是制造产品,因而需要设置反映生产耗费的会计科目。“生产成本”“制造费用”等会计科目,就是为适应这一特点而设置的。

2. 既要符合对外报告的要求,又要满足内部经营管理的需要

前面曾经指出,企业会计核算资料应能满足各方面的需要:满足政府部门加强宏观调控、制定方针政策的需要;满足投资者、债权人及有关方面对企业经营业绩和财务状况做出准确

判断的需要；满足企业内部加强经营管理的需要。因此，在设置会计科目时要兼顾对外报告和企业内部经营管理的需要，并根据需要数据的详细程度，分设总分类科目和明细分类科目。

3. 既要适应经济业务发展的需要，又要保持相对稳定

会计科目的设置，要适应社会经济环境的变化和本单位业务发展的需要。例如，随着商业信用的发展，为了核算和监督商品交易中的提前付款或延期交货而形成的债权债务关系核算中应单独设置“预付账款”和“预收账款”科目，即把预收、预付货款的核算从“应收账款”和“应付账款”科目中分离出来。但是，会计科目的设置应保持相对稳定，以便在一定范围内综合汇总以及在不同时期对比分析其所提供的核算指标。

4. 统一性与灵活性相结合

所谓统一性，是指在设置会计科目时，应根据提供会计信息的要求，按照《企业会计制度》对一些主要会计科目的设置及其核算内容所做的统一规定，以保证会计核算指标在一个部门乃至全国范围内综合汇总，分析利用。所谓灵活性，是指会计科目的设置不但要服从统一的核算指标，而且还可根据本企业自己的经营特点和规模、增减变化情况及投资者的要求，对统一规定的会计科目做必要增补或兼并。如在材料按实际成本核算收发的企业，可以不设置“材料采购”和“材料成本差异”科目，而增设“在途物资”科目。

5. 简明适用，称谓规范

所谓简明，是指会计科目的名称必须简单明了，易于理解和使用，所记录的内容必须明确。所谓适用是指会计科目的设置必须与本企业经济业务的性质、特点相适应，能准确地体现各项经济业务的内容。所以在设置会计科目时，合理分类、科学编号，对每一个科目的特定核算内容必须严格明确地予以界定，总分类科目的名称应与国家有关会计制度的规定相一致，明细分类科目的名称也要含义明确，通俗易懂。

(三)会计科目的分类

1. 按反映的经济内容可分为资产类、负债类、共同类、所有者权益类、成本类和损益类。

资产类科目按流动性可分为流动资产科目和非流动资产科目。负债类科目，按偿还期限可分为流动负债科目和非流动负债科目。所有者权益类科目按形成和性质可分为反映资本的科目和反映留存收益的科目。损益类科目可分为收入类科目和费用类科目。具体详如表4—2所示，企业常用会计科目表。

表4—2 **会计科目表**

序号	编号	会计科目名称	序号	编号	会计科目名称
一、资产类					
1	1001	库存现金	23	1482	持有待售资产减值准备
2	1002	银行存款	24	1501	债权投资
3	1012	其他货币资金	25	1502	债券投资减值准备
4	1101	交易性金融资产	26	1503	其他权益工具投资
5	1121	应收票据	27	1511	长期股权投资
6	1122	应收账款	28	1512	长期股权投资减值准备
7	1123	预付账款	29	1521	投资性房地产

续表

序号	编号	会计科目名称	序号	编号	会计科目名称
8	1131	应收股利	30	1531	长期应收款
9	1132	应收利息	31	1532	未实现融资收益
10	1221	其他应收款	32	1601	固定资产
11	1231	坏账准备	33	1602	累计折旧
12	1321	代理业务资产	34	1603	固定资产减值准备
13	1401	材料采购	35	1604	在建工程
14	1402	在途物资	36	1605	工程物资
15	1403	原材料	37	1606	固定资产清理
16	1404	材料成本差异	38	1701	无形资产
17	1405	库存商品	39	1702	累计摊销
18	1406	发出商品	40	1703	无形资产减值准备
19	1407	商品进销差价	41	1711	商誉
20	1408	委托加工物资	42	1801	长期待摊费用
21	1411	周转材料	43	1811	递延所得税资产
22	1481	持有待售资产	44	1901	待处理财产损溢
二、负债类					
45	2001	短期借款	53	2232	应付股利
46	2101	交易性金融负债	54	2241	其他应付款
47	2201	应付票据	55	2245	持有待售负债
48	2202	应付账款	56	2314	代理业务负债
49	2203	预收账款	57	2401	递延收益
50	2211	应付职工薪酬	58	2501	长期借款
51	2221	应交税费	59	2502	应付债券
52	2231	应付利息	60	2701	长期应付款
61	2702	未确认融资费用	63	2801	预计负债
62	2711	专项应付款	64	2901	递延所得税负债
三、共同类					
65	3101	衍生工具	67	3202	被套期项目
66	3201	套期工具			
四、所有者权益					
68	4001	实收资本	72	4103	本年利润
69	4002	资本公积	73	4104	利润分配

续表

序号	编号	会计科目名称	序号	编号	会计科目名称
70	4003	其他综合收益	74	4201	库存股
71	4101	盈余公积			
五、成本类					
75	5001	生产成本	77	5201	劳务成本
76	5101	制造费用	78	5301	研发支出
六、损益类					
79	6001	主营业务收入	88	6403	税金及附加
80	6051	其他业务收入	89	6601	销售费用
81	6101	公允价值变动损益	90	6602	管理费用
82	6111	投资收益	91	6603	财务费用
83	6115	资产处置损益	92	6701	资产减值损失
84	6117	其他收益	93	6711	营业外支出
85	6301	营业外收入	94	6801	所得税费用
86	6401	主营业务成本	95	6901	以前年度损益调整
87	6402	其他业务成本			

注：会计科目的编号是根据会计科目的分类和排序确定的，一般由四位数字构成。第一位数字1、2、3、4、5、6分别代表科目所属的大类即资产类、负债类、共同类、所有者权益类、成本类和损益类，第二位数字表示科目的小类，第三、第四位数字表示各小类中科目的顺序号。会计科目的编号除了能代表它们的具体名称和类别外，还有助于企业填制会计凭证、登记账簿、查阅会计账目和实现会计电算化的需要。

2. 按提供会计信息的详细程度可分为总分类科目和明细分类科目。

总分类科目又称总账科目或一级科目。是对会计要素各大项进行分类，提供核算对象总括情况的科目，是进行总分类核算的依据，所提供的是总括指标。总分类科目原则上由财政部统一制定，以会计核算制度的形式颁布实施。一般企业常见会计科目列式见表4－1所示。

明细分类科目又称明细科目，是对总分类科目做的进一步分类，提供核算对象详细具体信息的科目。如果总账科目所属的明细科目较多，还可以在二级明细科目（又称子目）之下增设三级明细科目（又称细目）。

二级科目所提供指标的详细程度介于总分类科目和明细分类科目之间。例如，在“原材料”总分类科目下，可按材料的类别设置二级科目“原料及主要材料”“辅助材料”“燃料”等。

由此可见，在设置二级科目的情况下，会计科目即分为三个级次：总分类科目（一级科目）、二级科目（子目）、明细分类科目（三级科目、细目），总分类科目统辖下属若干个二级或明细分类科目。现以“原材料”“生产成本”两个科目为例，将会计科目按所提供指标详细程度分类列示，如表4－3所示。

表 4—3 会计科目按提供指标详细程度的分类

总分类科目（一级科目）	二级与明细分类科目	
	二级科目（子目）	明细分类科目（三级科目、细目）
原材料	原料及主要材料	圆钢 生铁
	辅助材料	防锈剂 润滑油
	燃料	汽油 柴油
生产成本	第一车间	甲产品 乙产品
	第二车间	丙产品 丁产品

二、会计账户

（一）会计账户的概念

账户是根据会计科目设置的，具有一定格式和结构，用于分类反映会计要素增减变动情况及其结果的载体。账户以会计科目作为其名称，同时，账户又具备一定的格式（即结构）。设置账户是会计核算的重要方法之一。

（二）设置账户的意义

设置账户是会计核算的重要方法之一。其意义主要体现在以下两个方面。

（1）通过设置账户可以将会计系统所接纳的原始数据转化为初级的会计信息。会计科目的设置只是对经济业务（会计对象的具体内容）进行了科学的分类，为开展会计核算奠定了基础。但要想对由于经济业务而引起的会计要素的增减变动进行连续、系统、序时地核算（记录和计算），还需要开设会计账户。因为，会计科目只能对经济业务定性而不能定量，不能提供其所反映金额的增减变动及其余额情况的信息，而提供这些信息又是会计最基本的职能。因此在会计核算中有必要依据会计科目开设会计账户。

（2）通过运用账户可以将各种经济业务的发生情况以及由此而引起的资产、负债、所有者权益、收入、费用和利润各要素的变化，系统地、分门别类地进行核算和监督，进而向会计信息使用者提供各种会计信息。

（三）账户的基本结构

如前所述，账户是用来记录经济业务，反映会计要素的具体内容增减变化及其结果的。因此，随着会计主体会计事项的不断发生，会计要素的具体内容也必然随之发生变化，而且这种变化不管多么错综复杂，从数量上看不外乎增加和减少两种情况。所以用来积累企业在某一会计期间内各种有关数据的账户，在结构上就应分为两方，即左方和右方。一方登记增加数，另一方则登记减少数。至于哪一方登记增加，哪一方登记减少，则由所采用的记账方法和所记录的经济内容决定。这就是账户的基本结构。这一基本结构不会因企业在实际中所使用的账具体格式不同而发生变化。

当然对于一个完整的账户而言，除了必须有反映增加数和减少数的两栏外，还应包括其他栏目，以反映其他相关内容。一个完整的账户结构应包括：（1）账户名称，即会计科目。（2）

会计事项发生的日期。(3)摘要,即经济业务的简要说明。(4)凭证号数即表明账户记录的依据。(5)金额,即增加额、减少额和余额。

为了说明问题和学习的方便,在会计教学中,我们通常用一条水平线和一条将水平线平分的垂直线来表示账户,称为“T”形账户(又称丁字形账户)。其格式如下。

左方	账户名称(会计科目)	右方

每个账户一般有四个金额要素,即期初余额、本期增加发生额、本期减少发生额和期末余额。账户如有期初余额,首先应当在记录增加额的那一方登记,会计事项发生后,要将增减内容记录在相应的栏内。一定期间记录到账户增加方的数额合计,称为增加发生额;记录到账户减少方的数额合计,称为减少发生额。正常情况下,账户四个数额之间的关系如下。

账户期末余额=账户期初余额+本期增加发生额－本期减少发生额

账户本期的期末余额转入下期,即为下期的期初余额。每个账户的本期发生额反映的是该类经济内容在本期内变动的情况,而期末余额则反映变动的结果。例如,某企业在某期间“银行存款”账户的记录如下。

左方	银行存款		右方
期初余额	10 000		
本期增加额	8 000	本期减少额	11 000
本期发生额	8 000	本期发生额	11 000
期末余额	7 000		

根据上述账户的记录,可知企业期初在银行的存款为 10 000 元,本期增加了 8 000 元,本期减少 11 000 元,到期末,企业还有 7 000 元存款。

(四)账户的分类

1. 根据核算的经济内容,账户可分为资产类账户、负债类账户、共同类账户、所有者权益类账户、成本类账户和损益类账户

(1)资产类账户

资产类账户是用来反映企业资产的增减变动及其结存情况的账户。按照资产的流动性和经营管理核算的需要,资产类账户又可以分为反映流动资产的账户和反映非流动资产的账户。反映流动资产的账户,如“库存现金”“银行存款”“应收票据”“应收账款”“原材料”“库存商品”等;反映非流动资产的账户,如“长期股权投资”“固定资产”“无形资产”等。

(2)负债类账户

负债类账户是用来反映企业负债的增减变动及其结存情况的账户。按照负债的流动性或偿还期限的长短,负债类账户又可以分为反映流动负债的账户和反映长期负债的账户。反映流动负债的账户,如“短期借款”“应付票据”“应付账款”“应付职工薪酬”“应交税费”“应付股利”等;反映长期负债的账户,如“长期借款”“长期应付款”等。

(3)共同类账户

共同类账户是反映企业对衍生金融工具、套期工具进行核算时使用的账户，包括“衍生工具”“套期工具”“被套期项目”等。

(4)所有者权益类账户

所有者权益类账户是用来反映企业所有者权益的增减变动及其结存情况的账户。按照所有者权益的来源不同，所有者权益类账户又可以分为反映投入资本的账户和反映留存收益的账户。反映投入资本的账户，如“实收资本”“资本公积”等；反映留存收益的账户，如“盈余公积”“本年利润”“利润分配”等；反映未在损益中确认的各项利得和损失扣除所得税影响后的净额账户，如“其他综合收益”。

提示：有些资产类账户、负债类账户和所有者权益类账户存在备抵账户。备抵账户又称抵减账户，是指用来抵减被调整账户余额，以确定被调整账户实有数额而设置的独立账户，可参见本书第六章。

(5)成本类账户

成本类账户是用来反映企业在生产经营过程中发生的各项耗费并计算产品或劳务成本的账户，如“生产成本”“制造费用”“劳务成本”等。

(6)损益类账户

损益类账户是用来反映企业收入和费用的账户。按照损益与企业的生产经营活动是否有关，损益类账户又可以分为反映营业损益的账户和反映非经常性损益的账户。反映营业损益的账户，如“主营业务收入”“主营业务成本”“税金及附加”“其他业务收入”“其他业务成本”等；反映非经常性损益的账户，如“营业外收入”“营业外支出”等。

2. 根据提供信息的详细程度及其统驭关系，账户可分为总分类账户和明细分类账户

(1)总分类账户

总分类账户，也称总账或一级账户，提供的是总括核算指标，一般只用货币计量。比如，根据“固定资产”科目开设的“固定资产”账户，能够提供企业所拥有的固定资产总额。总账如表4—4所示。

表4—4 **库存商品总账**

账户名称：库存商品 第20页

2×22年		凭证		摘要	借方	贷方	借或贷	余额
月	日	种类	号数					
12	1			期初余额	62 000		借	217 800
12	31		11	完工产品入库	210 000		借	427 800
12	31		14	结转商品销售成本		135 000	借	292 800
				本月合计	210 000	135 000	借	292 800
				本年合计	210 000	135 000	借	292 800
				结转下年				

(2)明细分类账户

明细分类账户是用来提供详细核算资料的账户，除可以用货币计量外，还可以用食物量度(千克，吨等)辅助计量。在总分类账户和明细分类账户之间，根据二级科目开设的二级账

户。也将其归入明细分类账户中。除了少数总分类账户，如“本年利润”，不用设置相应的明细分类账户外，其余大多数总分类账户都需设置明细分类账户。

总分类账户和明细分类账户之间的关系是：总分类账户是明细分类账户的统御账户，它对明细分类账户起着控制作用；明细分类账户是总分类账户的从属账户，它对总分类账户起着辅助和补充的作用，两者结合起来就能既概括又详细地反映同一经济业务的核算内容。

提示：值得注意的是，总分类账户和明细分类账户不能根据明细分类账户登记，明细分类账户也不能根据总分类账户登记。

三、会计科目与会计账户的关系

会计科目与会计账户这两个概念，既有联系又有区别。

会计科目与会计账户的联系表现在以下两个方面：第一，两者都是对会计对象的具体内容在按会计要素分类的基础上所作的进一步分类，两者的名称和反映的经济内容相同；第二，会计账户是根据会计科目设置的，会计科目就是会计账户的名称，会计科目是设置会计账户的依据。

会计科目与会计账户的区别表现在以下三个方面：第一，会计账户是根据会计科目开设的，但会计科目只是账户的名称，只表明某项经济业务的内容；而会计账户除了名称以外，还具有一定格式的账页，使经济业务发生后，对某项经济业务的增减变动及其结果进行连续、系统记录的手段；第二，会计科目的作用是为了对经济业务进行归纳并开设账户和填制记账凭证所运用，而账户的作用是为设置账簿和编制会计报表所应用；第三，设置账户是会计核算方法的组成部分，但设置会计科目不构成一种独立的会计方法，它只是会计账户设置的依据。由于会计账户按会计科目来命名，所以在实际工作中会计科目与会计账户常被作为同义词来使用而不加区别。

第二节　复式记账原理

一、记账方法概述

在会计工作中，为了有效地核算和监督会计对象，各会计主体除了要按照规定的会计科目设置账户外，还应采用一定的记账方法。所谓记账方法，是指按照一定的规则，使用规定的符号，在账户中登记各项经济业务的技术方法。会计上的记账方法，最初是单式记账法，随着社会经济的发展和人们的实践与总结，单式记账法被逐步改进，从而演变为复式记账法。

(一)单式记账法

单式记账法是一种比较简单、不完整的记账方法。这种方法的主要特征是：对于每项经济业务，通常只登记现金和银行存款的收付业务，以及应收款、应付款的结算业务，而不登记实物的收付业务；除了有关应收款、应付款的现金收付业务需要在两个或两个以上账户中各自进行登记外，其他业务只在一个账户中登记或不予登记。例如，企业以现金 500 元支付办公费用。对于这项经济业务，在单式记账法下，就只在有关的现金账户中做减少 500 元的登记，至于费用的发生情况，则不予反映。又如，企业从某单位购入一批材料计价 1 000 元，货已收到，款尚未支付。对于这项经济业务，采用单式记账法，就只在结算债务表中做增加

1 000 元的登记，而材料的增加，则不予增加登记。

采用单式记账法，对于有关应收款、应付款的现金收付业务，虽然在记现金账的同时也记往来账，但现金账与往来账是各记各的，彼此没有直接的联系。

由此可见，在单式记账法下，对支付费用以及采用付现或赊购方式购买实物性资产的经济业务，只核算现金的减少或债务的增加，而对费用的发生或实物性资产的取得，一般不设置账户进行核算。至于实物性资产的结存数额，只能通过定期的实地盘存得到。经营的损益则由前后两期财产结存数的比较求得，即期末资产结存大于期初资产结存的数额为利润；反之，则为亏损。

显然，单式记账法的优点是记账手续比较简单，但由于其账户的设置是不完整的，各个账户之间又互不联系，所以无法全面反映各项经济业务的来龙去脉，也不能正确核算成本和盈亏，更不便于检查账户记录的正确性。因此，这种记账方法只适用于经济业务非常简单的单位，目前已很少采用。

（二）复式记账法

所谓复式记账法，是指对任何一项经济业务，都必须用相等的金额在两个或两个以上的相互联系的账户中进行登记，借以反映会计对象具体内容增减变化的一种记账方法。现仍以前例说明其主要特征。例如，企业以现金 500 元支付办公费用。采用复式记账法，这项经济业务除了要在有关“库存现金”账户中做减少 500 元的登记外，还要在有关费用账户中做增加 500 元的记录。这样登记的结果表明，企业现金的付出与费用的发生两者之间是相互联系的。又如，企业向某单位购入一批材料，计价 1 000 元，货已收到，款尚未支付。采用复式记账法，这项经济业务除了要在结算债务账户中做增加 1 000 元的登记外，还要在有关的材料账户中作增加 1 000 元的记录。这样登记的结果，就使得债务的发生同材料的购进两者之间的关系一目了然。

由上可见，复式记账法的主要特征是：需要设置完整的账户体系，除了“库存现金”“银行存款”账户外，还要设置实物性资产以及收入、费用和各种权益类账户；不仅记录货币资金的收付和债权债务的发生，而且要对所有财产和全部权益的增减变化，以及经营过程中所发生的费用和获得的收入做全面、系统的反映；对每项经济业务，都要在两个或两个以上的账户中进行等额双重记录，以便反映其来龙去脉；根据会计等式的平衡关系，可以对一定时期所发生的全部经济业务的会计记录进行综合试算，以检查账户记录是否正确。

二、复式记账的理论依据和基本原则

（一）复式记账的理论依据

如前所述，会计的对象是资金运动，而企业经营过程中发生的每一项经济业务，都是资金运动的具体过程。只有把企业所有经济业务无一遗漏地进行核算，才能完整地反映企业资金运动的全貌，为信息使用者提供其所需要的全部核算资料。企业发生的所有经济业务无非涉及资金增加和减少两个方面，并且某项资金在量上的增加或减少，总是与另一项资金在量上的增加或减少相伴而生。换言之，在资金运动中，部分资金的减少或增加，总是有另一部分资金的增减变动作为变化的原因。这样就要求在会计记账的时候，必须把每项经济业务所涉及的资金增减变化的原因和结果都记录下来，从而完整、全面地反映经济业务所引起的资金运动的来龙去脉。复式记账法恰恰适应了资金运动的这一规律性的客观要求，把每一项经济业务所涉及的资金在量上的增减变化，通过两个或两个以上账户的记录予以全面反映。可见，资金运动的内在规律性是复式记账的理论依据。

(二)复式记账的基本原则

所有的具体复式记账法都必须遵循以下几项原则。

第一，以会计等式作为记账基础。

会计等式是将会计对象的具体内容，即会计要素之间的相互关系，运用数学方程式的原理进行描述而形成的。它是客观存在的必然经济现象，同时也是资金运动规律的具体化。为了揭示资金运动的内在规律性，复式记账必须以会计等式作为其记账基础。

第二，对每项经济业务，必须在两个或两个以上相互联系的账户中进行等额记录。

前已述及，经济业务的发生，必然要引起资金的增减变动，而这种变动势必导致会计等式中至少有两个要素或同一要素中至少两个项目发生等量变动。为反映这种等量变动关系，会计上就必须在两个或两个以上账户中进行等额双重记录。

第三，必须按经济业务对会计等式的影响类型进行记录。

前已说明，尽管企业单位发生的经济业务复杂多样，但对会计等式的影响无外乎两类：一类是影响会计等式等号两边会计要素同时发生变化的经济业务，这类业务能够变更企业资金总额，使会计等式等号两边等额同增或等额同减；另一类是影响会计等式等号某一边会计要素发生变化的经济业务，这类业务不变更企业资金总额，只会使会计等式等号某一边等额地有增有减。这就决定了会计上对第一类经济业务，应在等式两边的账户中等额记录同增或同减；对第二类经济业务，应在等式某一边的账户中等额记录有增有减。

第四，定期汇总的全部账户记录必须平衡。

通过复式记账的每笔经济业务的双重等额记录，定期汇总的全部账户的数据必然会保持会计等式的平衡关系。

复式记账试算平衡有发生额平衡法和余额平衡法两种。

发生额平衡法，是将一定时期会计等式等号两边账户的发生额增、减交叉相加之和进行核对相等，其计算公式是

资产账户增加额合计＋权益账户减少额合计＝权益账户增加额合计＋资产账户减少额合计

余额平衡法，是将某一时点会计等式等号两边账户的余额分别加计总数进行核对相等，其计算公式为

资产账户期末余额合计＝权益账户期末余额合计

通过上述方法，如果试算平衡，说明账户金额记录基本正确。

三、复式记账的作用

通过以上分析我们不难看出，复式记账就是利用数学方程式的平衡原理来记录经济业务，这样登记的结果，能够把所有经济业务相互联系地、全面地记入有关账户之中，从而使账户能够全面、系统地核算和监督经济活动的过程和结果，能够提供经营管理所需要的数据资料。同时，由于每笔账户记录都是相互对应地反映每项经济业务所引起的资金运动的来龙去脉，因此，应用复式记账法，还可以通过有关账户之间的关系了解经济业务的内容，检查经济业务是否合理、合法。此外，根据复式记账必然相等的平衡关系，通过全部账户记录结果的试算平衡，还可以检查账户记录有无差错。

综上所述，复式记账法具有单式记账法无可比拟的优势，因而它也是世界各国公认的一种科学的记账方法。目前，我国的企业和行政、事业单位采用的记账方法都是复式记账法。复式记账法从其发展历史看，曾经有“借贷记账法”“增减记账法”“收付记账法”等。我国现行有关制度规定，企业、事业等单位一律采用借贷记账法。这是因为：一方面，借贷记账法经过多年的实践已被全世界的会计工作者普遍接受，是一种比较成熟、完善的记账方法；另一方面，从会计实务角度看，统一记账方法为加强企业、事业单位之间横向经济联系和国际交往等带来极大的方便，并且对规范会计核算工作和更好地发挥会计的作用具有重要意义。因此，本书只阐述借贷记账法的有关内容，对其他复式记账法并未予以介绍。

第三节 借贷记账法

一、借贷记账法的产生与演进

借贷记账法是以“借”和“贷”作为记账符号的一种复式记账方法。这种记账方法大约起源于13世纪的意大利。当时，意大利沿海城市的商品经济特别是海上贸易已有很大的发展，在商品交换中，为了适应借贷资本和商业资本经营者管理的需要，逐步形成了这种记账方法。

“借”“贷”两字的含义，最初是从借贷资本家的角度来解释的。借贷资本家以经营货币资金为主要业务，对于收进来的存款，记在贷主（creditor）的名下，表示自身的债务即欠人的增加；对于付出去的放款，则记在借主（debtor）的名下，表示自身的债权即人欠的增加。这样，“借”“贷”分别表示借贷资本家的债权（人欠）、债务（欠人）及其增减变化。

随着商品经济的发展，经济活动的内容日趋复杂化，会计所记录的经济业务也不再仅限于货币资金的借贷，而逐渐扩展到财产物资、经营损益和经营资本等的增减变化。这时，为了求得账簿记录的统一，对于非货币资金的借贷活动也利用“借”“贷”两字来说明经济业务的变化情况。这样，“借”“贷”两字逐渐失去了原来的字面含义，演变为对单纯的记账符号，成为会计上的专门术语。到15世纪，借贷记账法已逐渐完备，被用来反映资本的存在形态和所有者权益的增减变化。与此同时，西方国家的会计学者提出了借贷记账法的理论依据，即所谓“资产＝负债＋资本”的平衡公式（又称会计方程式），并根据这个理论确立了借贷的记账规则，从而使借贷记账法日臻完善，为世界各国普遍采用。中华人民共和国成立以前，借贷记账法就已传入我国，为一部分企业所采用。

中华人民共和国成立以后，我国会计工作者在借贷记账法的基础上，提出了一些新的记账方法，如增减记账法、资金收付记账法等，并将其运用于会计实践中。但是，记账方法不统一，既给企业间横向经济联系和国际经济交往带来诸多不便，也不利于经济管理中对会计信息的加工、汇总和利用。因此，我国于1993年实施的基本会计准则就已明确规定，境内所有企业在进行会计核算时，都必须统一采用借贷记账法。目前，即使是行政事业单位，也都采用借贷记账法。

二、借贷记账法的记账符号

记账符号是会计核算中采用的一种抽象标记，表示经济业务的增减变动和记账方向。

如前所述，借贷记账法以“借”和“贷”作为记账符号，“借”（英文简写Dr）表示记入账户的借方;“贷”(英文简写 Cr)表示记入账户的贷方。

在借贷记账法下,“借”“贷”两个符号对会计等式两边的会计要素规定了相反的含义,即抽象地看,无论是“借”还是“贷”都既表示增加,又表示减少。具体地看,“借”对会计等式左边的账户即资产、费用类账户表示增加,对会计等式右边的账户即负债、所有者权益、收入和利润类账户则表示减少;“贷”对会计等式左边的资产、费用类账户表示减少,对会计等式右边的负债、所有者权益、收入和利润类账户则表示增加。

三、借贷记账法的账户结构

在借贷记账法下,任何账户都分为借、贷两方,而且把账户的左方称为“借方”,把账户的右方称为“贷方”。记账时,账户的借贷两方必须做相反方向的记录,即对于每一个账户来说,如果借方用来登记增加额,则贷方就用来登记减少额;如果借方用来登记减少额,则贷方就用来登记增加额。在一个会计期间内,借方登记的合计数称为借方发生额;贷方登记的合计数称为贷方发生额。那么,究竟用哪一方来登记增加额,用哪一方来登记减少额呢?这要根据各个账户所反映的经济内容,也就是它的性质来决定。

下面分别说明借贷记账法下各类账户的结构。

(一)资产类账户的结构

资产类账户的结构是:账户的借方登记资产的增加额,贷方登记资产的减少额;由于资产的减少额不可能大于它的期初余额与本期增加额之和,所以,这类账户期末如有余额,必定在借方。该类账户期末余额的计算公式如下。

资产类账户期末借方余额=期初借方余额+本期借方发生额-本期贷方发生额

资产类账户的简化结构如下。

借方	资产类账户		贷方
期初余额 增加额	 ×××	减少额	×××
本期发生额	×××	本期发生额	×××
期末余额	×××		

(二)负债及所有者权益类账户的结构

由“资产=负债+所有者权益”的会计等式所决定,负债及所有者权益类账户的结构与资产类账户正好相反,其贷方登记负债及所有者权益的增加额,借方登记负债及所有者权益的减少额;由于负债及所有者权益的增加额与期初余额之和,通常也要大于其本期减少额,所以,这类账户期末如有余额,必定在贷方。该类账户期末余额的计算公式如下。

负债及所有者权益类账户期末贷方余额=期初贷方余额+本期贷方发生额-本期借方发生额

负债及所有者权益类账户的简化结构如下。

借方	负债及所有者权益类账户		贷方
		期初余额	×××
减少额	×××	增加额	×××
本期发生额	×××	本期发生额	×××
		期末余额	×××

(三)费用类账户的结构

企业在生产经营中所发生的各种耗费，大多由资产转化而来，所以费用在抵销收入之前，可将其视为一种特殊资产。因此，费用类账户的结构与资产类账户基本相同，账户的借方登记费用的增加额，贷方登记费用的减少(转销)额。由于借方登记的费用增加额一般都要通过贷方转出，所以该类账户通常没有期末余额。费用类账户的简化结构如下所示。

借方	费用类账户		贷方
增加额	×××	减少额	×××
本期发生额	×××	本期发生额	×××

(四)收入类账户的结构

收入类账户的结构与负债及所有者权益类账户类似，账户的贷方登记收入的增加额，借方登记收入的减少(转销)额。由于贷方登记的收入增加额一般要通过借方转出，所以这类账户通常也没有期末余额。收入类账户的简化结构如下所示。

借方	收入类账户		贷方
减少额	×××	增加额	×××
本期发生额	×××	本期发生额	×××

(五)利润类账户的结构

利润类账户的结构也与负债及所有者权益类账户大致相同，账户的贷方登记利润的增加额，借方登记利润的减少额。期末如有余额，则在贷方。利润类账户的简化结构如下所示。

借方	利润类账户		贷方
		期初余额	×××
减少额	×××	增加额	×××
本期发生额	×××	本期发生额	×××
		期末余额	×××

根据上述内容，可将借贷记账法下各类账户的结构，归纳见表4—5。

表 4—5 **借贷记账法下各类账户的结构**

账户类别	借方	贷方	余额方向
资产类	增加	减少	余额在借方
负债类	减少	增加	余额在贷方
所有者权益类	减少	增加	余额在贷方
收入类	减少(转销)	增加	一般无余额
费用类	增加	减少(转销)	一般无余额
利润类	减少	增加	一般在贷方

由此可见，借贷记账法下各类账户的期末余额都在记录增加额的一方，即资产类账户的期末余额在借方，负债及所有者权益类账户的期末余额在贷方。基于此，我们可以得出个结论：根据账户余额所在的方向，也可判断账户的性质。账户若是借方余额，则为资产(包括有余额的费用)类账户；账户若是贷方余额，则为负债或所有者权益(包括利润)类账户。借贷记账法的这一特点，决定了它可以设置双重性质账户。

所谓双重性质账户，是指既可以用来核算资产、费用，又可以用来核算负债、所有者权益和收入的账户，如“其他往来”“待处理财产损益”“投资收益”等。由于任何一个双重性质账户都是把原来的两个有关账户合并在一起，并具有合并前两个账户的功能，所以，设置双重性质账户，有利于简化会计核算手续。

四、借贷记账法的记账规则

前已述及，按照复式记账的相互联系的账户中进行记录。那么，在借贷记账法下，如何记录经济业务呢？以下通过几笔简单的业务实例，说明借贷记账法的具体运用，进而总结出借贷记账法的记账规则(又称记账规律)。

【例 4—1】 飞达公司收到某单位投入的资本 800 000 元存入银行。

这项经济业务一方面使企业的资产——银行存款增加，应记入“银行存款”账户的借方；另一方面使所有者权益——实收资本增加，应记入“实收资本”账户的贷方。

其登账结果如下。

借方	银行存款	贷方
(1)	800 000	

借方	实收资本	贷方
	(1)	800 000

【例 4—2】 飞达公司用银行存款 100 000 元偿还前欠某企业账款。

这项经济业务一方面使企业的资产——银行存款减少，应记入“银行存款”账户的贷方：另一方面使企业的负债——应付账款减少，应记入“应付账款”账户的借方。其登账结果如下。

借方	银行存款		贷方
		(2)	100 000
(1)	800 000		

借方	应付账款	贷方
(2)	100 000	

【例 4—3】 飞达公司用银行存款 20 000 元购入一辆自用小汽车。

这项经济业务一方面使企业资产——固定资产增加，应记入“固定资产”账户的借方；另一方面使企业资产——银行存款减少，应记入“银行存款”账户的贷方。其登账结果如下。

银行存款

借方		贷方	
		(2)	100 000
(1)	800 000	(3)	200 000

固定资产

借方		贷方	
(3)	200 000		

【例 4—4】 飞达公司将资本公积金 160 000 元按法定程序转增资本。

这项经济业务一方面使所有者权益——资本公积减少，应记入“资本公积”账户的借方；另一方面使所有者权益——实收资本增加，应记入“实收资本”账户的贷方。

其登账结果如下。

实收资本

借方		贷方	
		(1)	800 000
		(4)	160 000

资本公积

借方		贷方	
(4)	160 000		

【例 4—5】 飞达公司签发并承兑一张面额 40 000 元、为期两个月的商业汇票，用以抵付应付账款。

这项经济业务一方面使企业的负债——应付账款减少，应记入“应付账款”账户的借方：另一方面使企业的负债——应付票据增加，应记“应付票据”账户的贷方。

其登账结果如下。

应付账款

借方		贷方	
(2)	100 000		
(5)	40 000		

应付票据

借方		贷方	
		(5)	40 000

从以上所举的几个例子可以看出，每一项经济业务发生之后，运用借贷记账法进行账务处理，都必须是在记入某一个账户借方的同时记入另一个账户的贷方，而且记入借方与记入贷方的金额总是相等。因此，我们可以总结出借贷记账法的记账规则是：有借必有贷，借贷必相等。

五、账户对应关系和会计分录

运用复式记账法处理经济业务，一笔业务所涉及的几个账户之间必然存在着某种相互依存的对应关系，这种关系称为账户对应关系。存在着对应关系的账户称为对应账户。由于账户对应关系反映了每项经济业务的内容，以及由此而引起的资金运动的来龙去脉，因此在采用借贷记账法登记某项经济业务时，应先通过编制会计分录来确定其所涉及的账户及其对应关系，从而保证账户记录的正确性。所谓会计分录（简称分录），是指预先确定每笔经济业务所涉及的账户名称，以及记入账户的方向和金额的一种记录。它是会计语言的表达方式。

编制会计分录是会计工作的初始阶段，在实际工作中，这项工作一般是通过编制记账凭证来完成的。编制会计分录，就意味着对经济业务做会计确认，为经济业务数据记入账户提供依据，所以为了确保账户记录的真实和正确，必须严格把好会计分录这一关。

现将前面所举例 4—1 至例 4—5 经济业务的会计分录列示如下。

(1)借：银行存款	800 000	
贷：实收资本		800 000
(2)借：应付账款	100 000	
贷：银行存款		100 000
(3)借：固定资产	200 000	
贷：银行存款		200 000
(4)借：资本公积	160 000	
贷：实收资本		160 000
(5)借：应付账款	40 000	
贷：应付票据		40 000

会计分录按其所运用账户的多少分为简单会计分录和复合会计分录两种。简单会计分录，是指由两个账户所组成的会计分录。以上每笔会计分录，都只有一“借”一“贷”，故均属于简单会计分录。复合会计分录，是指由两个以上账户所组成的会计分录，实际上它是由几个简单会计分录组成的，因而必要时可将其分解为若干个简单会计分录。编制复合会计分录，既可以简化记账手续，又能集中反映某项经济业务的全面情况。现举例说明如下。

【例 4—6】 飞达公司购进 30 000 元原材料，其中 20 000 元货款已用银行存款支付，余 10 000 元货款尚未支付(暂不考虑增值税)。

这项经济业务一方面使企业资产——原材料增加，应记入“原材料”账户的借方；另一方面使企业的资产——银行存款减少，以及企业的负债——应付账款增加，应记入“银行存款”和“应付账款”账户的贷方。其会计分录为

借：原材料	30 000	
贷：银行存款		20 000
应付账款		10 000

【例 4—7】 飞达公司以银行存款 60 000 元偿还银行短期借款 40 000 元和前欠某单位货款 20 000 元。

这项经济业务一方面使企业资产——银行存款减少，应记入“银行存款”账户的贷方；另一方面使企业的负债——短期借款和应付账款减少，应记入“短期借款”和“应付账款”账户的借方。其会计分录为

借：短期借款	40 000	
应付账款	20 000	
贷：银行存款		60 000

应该指出，为了使账户对应关系一目了然，在借贷记账法下，只应编制一“借”一“贷”、一“借”多“贷”和一“贷”多“借”的会计分录，一般不编制多“借”多“贷”的会计分录。这是因为，多“借”多“贷”的会计分录容易使账户之间的对应关系模糊不清，难以据此分析经济业务的实际情况。

六、借贷记账法的试算平衡

试算平衡是指为了验证会计记录的正确性，根据会计等式和复式记账原理，对本期各账

户的全部记录进行汇总、计算，以检验其正确与否的一种专门方法。在借贷记账法下，试算平衡的方法有两种：发生额平衡法和余额平衡法。

（一）发生额平衡法

发生额平衡法是依据借贷记账法的记账规则“有借必有贷，借贷必相等”来试算平衡的，在借贷记账法下，每一笔业务均以相等的金额记入两个或两个以上相关账户的借方和贷方，且计入借方的金额与计入贷方的金额相等。这样，当一定时期的全部经济业务都记入有关账户后，所有账户的借方发生额合计数必然等于所有账户的贷方发生额合计数。发生额平衡法正是基于这一原理来判断一定时期内会计记录是否正确的。运用发生额平衡法来试算平衡，可以按照下列公式进行。

全部账户借方发生额合计＝全部账户贷方发生额合计

（二）余额平衡法

在借贷记账法下，资产账户的期末余额在借方，负债和所有者权益账户的期末余额在贷方，由于存在“资产＝负债＋所有者权益”的平衡关系，所以全部账户的借方期末余额合计数应当等于全部账户的贷方期末余额合计数。余额平衡法主要是通过各种账户余额来检查、推断账务处理的正确性，其试算公式如下。

全部账户期初借方余额合计＝全部账户期初贷方余额合计

全部账户期末借方余额合计＝全部期末账户贷方余额合计

工作中，以上两种方法分别是通过编制“总分类账户本期发生额试算平衡表”和“总分类账户期末余额试算平衡表”来进行的。也可以将它们合并为一张表，即“总分类账户本期发生额及余额试算平衡表”。

现将以上所举飞达公司的7笔经济业务记入有关总分类账户，并结出各账户本期发生额和期末余额，分别编制总分类账户发生额试算平衡表和总分类账户余额试算平衡表。

假设飞达公司本期期初余额如表4—6所示。

表4—6　　飞达公司全部账户期初余额表

账户名称	期初余额	
	借　方	贷　方
银行存款	6 000 000	
固定资产	160 000	
原材料	60 000	
应付账款		160 000
应付票据		60 000
短期借款		5 660 000
实收资本		100 000
资本公积		240 000
合　计	6 220 000	6 220 000

现结合例4—1至 例4—7的资料，将飞达公司7项经济业务的会计分录计入各账户，归纳如下。

借方 银行存款 贷方

借方		贷方	
期初余额	6 000 000	(2)	100 000
(1)	800 000	(3)	200 000
		(6)	20 000
		(7)	60 000
本期借方发生额	800 000	本期贷方发生额	380 000
期末余额	6 420 000		

借方 固定资产 贷方

借方		贷方	
期初余额	160 000		
(3)	200 000		
本期借方发生额	200 000	本期贷方发生额	0
期末余额	360 000		

借方 原材料 贷方

借方		贷方	
期初余额	60 000		
(6)	30 000		
本期借方发生额	30 000	本期贷方发生额	0
期末余额	90 000		

借方 短期借款 贷方

借方		贷方	
(7)	40 000	期初余额	5 660 000
本期借方发生额	40 000	本期贷方发生额	0
		期末余额	5 620 000

借方 应付账款 贷方

借方		贷方	
(2)	100 000	期初余额	160 000
(5)	40 000	(6)	10 000
(7)	20 000		
本期借方发生额	160 000	本期贷方发生额	10 000
		期末余额	10 000

借方 应付票据 贷方

借方		贷方	
		期初余额	60 000
		(5)	40 000
本期借方发生额	0	本期贷方发生额	40 000
		期末余额	100 000

借方 实收资本 贷方

借方		贷方	
		期初余额	100 000
		(1)	800 000
		(4)	160 000
本期借方发生额	0	本期贷方发生额	960 000
		期末余额	1 060 000

借方	资本公积		贷方
(4)	160 000	期初余额	240 000
本期借方发生额	160 000	本期贷方发生额	0
		期末余额	80 000

表 4—7　　**总分类账户发生额试算平衡表**　　单位:元

账户名称	本期发生额	
	借　方	贷　方
银行存款	800 000	380 000
固定资产	200 000	0
原材料	30 000	0
应付账款	160 000	10 000
应付票据	0	40 000
短期借款	40 000	0
实收资本	0	960 000
资本公积	160 000	0
合　计	1 390 000	1 390 000

表 4—8　　**总分类账户余额额试算平衡表**　　单位:元

账户名称	期末余额	
	借　方	贷　方
银行存款	6 420 000	
固定资产	360 000	
原材料	90 000	
应付账款		10 000
应付票据		100 000
短期借款		5 620 000
实收资本		1 060 000
资本公积		80 000
合　计	6 870 000	6 870 000

表 4—9　　**总分类账户发生额及余额试算平衡表**　　单位:元

账户名称	期初余额		本期发生额		期末余额	
	借方	贷方	借方	贷方	借方	贷方
银行存款	6 000 000		800 000	380 000	6 420 000	
固定资产	160 000		200 000	0	360 000	

续表

账户名称	期初余额		本期发生额		期末余额	
	借方	贷方	借方	贷方	借方	贷方
原材料	60 000		30 000	0	90 000	
应付账款		160 000	160 000	10 000		10 000
应付票据		60 000	0	40 000		100 000
短期借款		5 660 000	40 000	0		5 620 000
实收资本		100 000	0	960 000		1 060 000
资本公积		240 000	160 000	0		80 000
合　　计	6 220 000	6 220 000	1 390 000	1 390 000	6 870 000	6 870 000

从表4—9中可以看出期初余额、本期发生额、期末余额三栏中，借方合计数都等于贷方合计数，表明本期账户的记录是基本正确的。试算平衡只是检查账户记录是否正确的一种基本方法。如果借贷不平衡，可以肯定账户记录或计算有错误，应进一步查明原因，予以纠正。如果借贷平衡了，也并不意味着账户记录完全正确，因此有些账户记录错误，不会影响借贷双方的平衡关系。

在编制试算平衡表的过程中，我们可以检查账户记录的准确性，还可以利用它所提供的资料了解企业经济活动的概况，为编制资产负债表提供方便。但是应该注意的是，即使试算平衡表实现了期初余额、本期发生额和期末余额之间的平衡关系，也不表明账户记录就完全正确，因为有些错误并不影响试算平衡表中有关三栏的平衡关系。例如：(1)某笔经济业务重记或漏记将使借、贷双方的发生额等额增加或减少，这种情况下借贷仍然平衡。(2)会计分录中借贷发生额相等，但与实际金额不符，借贷双方仍然平衡。(3)某笔经济业务在账户的记录中，颠倒了记账方向，用错了会计科目，记错了账户，试算结果仍然平衡。(4)借方或贷方发生额错记金额，偶然发生某笔业务多记而另一笔业务等额少记，一多一少，恰好相互抵消，借贷仍然平衡。

基于此，试算平衡只能是通过借贷金额是否平衡来检查账户记录是否正确，并不能查出记账过程中的全部错误，因为有些错误对于借贷双方的平衡并不发生影响，而对于这些错误，应使用合理的方法和技巧查找错账，并采用规范的方法予以更正。

第四节　总分类账户和明细分类账户

一、总分类账户和明细分类账户的设置

在会计核算工作中，为了适应经济管理的需要，对于一切经济业务都要在有关账户中进行登记，既要提供总括的核算资料，又要提供详细的核算资料。各会计主体日常使用的账户，按提供资料的详细程度不同，可以分为总分类账户和明细分类账户两种。

总分类账户(又称一级账户)，是按照总分类科目设置，仅以货币计量单位进行登记，用来提供总括核算资料的账户。前面例子中的账户，都是总分类账户。通过总分类账户提供的各

种总括核算资料，可以概括地了解一个会计主体各项资产、负债及所有者权益等会计要素增减变动的情况和结果。但是，总分类账户并不能提供关于各项会计要素增减变动过程及其结果的详细资料，也就难以满足经济管理上的具体需要。因此，各会计主体在设置总分类账户的同时，还应根据实际需要，在某些总分类账户的统驭下，分别设置若干明细分类账户。

明细分类账户是按照明细分类科目设置，用来提供详细核算资料的账户。例如，为了解各种材料的收、发、结存情况，就有必要在"原材料"总分类账户下，按照材料的品种分别设置明细分类账户。又如，为了具体掌握企业与各往来单位之间的货款结算情况，就应在"应付账款"总分类账户下，按各债权单位的名称分别设置明细分类账户。在明细分类账户中，除了以货币计量单位进行金额核算外，必要时还要运用实物计量单位进行数量核算，以便通过提供数量方面的资料，对总分类账户进行必要的补充。

二、总分类账户与明细分类账户的平行登记

总分类账户是所属明细分类账户的统驭账户，对所属明细分类账户起着控制作用；而明细分类账户则是某一总分类账户的从属账户，对其所隶属的总分类账户起着辅助作用。

某一总分类账户及其所属明细分类账户的核算对象是相同的，它们所提供的核算资料互相补充，只有把二者结合起来，才能既总括又详细地反映同一核算内容。因此，总分类账户和明细分类账户必须平行登记。

(1)同内容。凡在总分类账户下设有明细分类账户的，对于每一项经济业务，一方面要记入有关总分类账户，另一方面要记入各总分类账户所属的明细分类账户。

(2)同方向。在某一总分类账户及其所属的明细分类账户中登记经济业务时，方向必须相同。在总分类账户中记入借方，在它所属的明细分类账户中也应记入借方；在总分类账户中记入贷方，在其所属的明细分类账户中也应记入贷方。

(3)同金额。记入某一总分类账户的金额必须与记入其所属的一个或几个明细分类账户的金额合计数相等。

三、总分类账户与明细分类账户平行登记的方法

下面分别以"原材料"和"应付账款"两个账户为例，说明总分类账户和明细分类账户平行登记的方法。

1."原材料"总分类账户和明细分类账户的平行登记

假设华夏公司"原材料"总分类账户所属明细分类账户的期初余额为

甲材料 50 吨每吨 300 元	共计 15 000 元
乙材料 200 件每件 400 元	共计 80 000 元
合计 95 000 元	

该企业本期有关材料的收入和发出业务如下。

【例 4—8】 购入下列各种原材料，货已验收入库，款项尚未支付(暂不考虑增值税)。

甲材料 40 吨每吨 300 元	共计 12 000 元
乙材料 100 件每件 400 元	共计 40 000 元
丙材料 20 箱每箱 500 元	共计 10 000 元
合计 62 000 元	

对于这项经济业务,应编制会计分录如下。

借:原材料——甲材料　　12 000

　　　　　　乙材料　　40 000

　　　　　　丙材料　　10 000

　贷:应付账款　　62 000

【例 4—9】 仓库发出下列各种材料直接用于产品生产。

甲材料	60 吨	每吨 300 元	共计 18 000 元
乙材料	150 件	每件 400 元	共计 60 000 元
丙材料	8 箱	每箱 500 元	共计 4 000 元

合计 82 000 元

对于这项经济业务,应编制会计分录如下。

借:生产成本　　82 000

　贷:原材料——甲材料　　18 000

　　　　　——乙材料　　60 000

　　　　　——丙材料　　4 000

根据以上资料,在“原材料”总分类账户及其所属的“甲材料”“乙材料”和“丙材料”三个明细分类账户中进行登记的程序如下。

(1)将原材料的期初余额 95 000 元记入“原材料”总分类账户的借方;同时,在“甲材料”和“乙材料”明细分类账户的收入方(即借方)分别登记甲、乙两种材料的期初结存数量和金额,并注明计量单位和单价。

(2)将本期入库的材料总额 6 200 元记入“原材料”总分类账户的借方;同时,将入库的甲、乙、丙三种材料的数量、金额分别记入有关明细分类账户的收入方(即借方)。

(3)将本期发出的材料总额 82 000 元记入“原材料”总分类账户的贷方;同时,将发出的甲、乙、丙三种材料的数量、金额分别记入有关明细分类账户的发出方(即贷方)。

(4)期末,根据“原材料”总分类账户和有关明细分类账户的记录,结出本期发生额和期末余额。按照上述步骤,在“原材料”总分类账户及其所属的明细分类账户中进行登记的结果见表 4—10 至表 4—13。

表 4—10　　**总分类账户**

账户名称:原材料　　单位:元

2×19 年		摘　要	借方	贷方	借或贷	余额
月	日					
		期初余额			借	95 000
		购入材料	62 000		借	157 000
		发出材料		82 000	借	75 000
		本期发生额及余额	62 000	82 000	借	75 000

表 4—11 **“原材料”明细分类账户**

材料名称:甲材料

单位:元

2×19 年		摘要	计量单位	单价	收入		发出		余额	
月	日				数量	金额	数量	金额	数量	金额
		期初余额	吨	300					50	15 000
		购入材料	吨	300	40	12 000			90	27 000
		发出材料	吨	300			60	18 000	30	9 000
		本期发生额及余额	吨	300	40	12 000	60	18 000	30	9 000

表 4—12 **“原材料”明细分类账户**

材料名称:乙材料

单位:元

2×19 年		摘要	计量单位	单价	收入		发出		余额	
月	日				数量	金额	数量	金额	数量	金额
		期初余额	件	400					200	80 000
		购入材料	件	400	100	40 000			300	120 000
		发出材料	件	400			150	60 000	150	60 000
		本期发生额及余额	件	40	100	40 000	150	60 000	150	60 000

表 4—13 **“原材料”明细分类账户**

材料名称:丙材料

单位:元

2×19 年		摘要	计量单位	单价	收入		发出		余额	
月	日				数量	金额	数量	金额	数量	金额
		购入材料	箱	500	20	10 000			20	10 000
		发出材料	箱	500			8	4 000	12	6 000
		发生额及余额	箱	500	20	10 000	8	4 000	12	6 000

从以上“原材料”总分类账户及其所属明细分类账户平行登记的结果中可以看出,“原材料”总分类账户的期初余额 9 500 元,借方本期发生额 62 000 元,贷方本期发生额 82 000 元,期末余额 75 000 元,分别与其所属的三个明细分类账户的期初余额之和 95 000 元(15 000+80 000),借方本期发生额之和 62 000 元(12 000+40 000+10 000),贷方本期发生额之和 82 000 元(18 000+60 000+4 000),以及期末余额之和 75 000 元(9 000+60 000+6 000)完全相等。

2.“应付账款”总分类账户及其所属明细分类账户的平行登记

假设华夏公司“应付账款”总分类账户所属明细分类账户的期初余额为

新华公司 30 000 元

光明公司 6 000 元

长风公司 4 000 元

合计 40 000 元

该企业本期发生以下往来结算业务。

【例 4－10】 企业以银行存款偿还前欠新华公司货款 26 000 元、光明公司货款 4 000 元。

对于这项经济业务，应编制会计分录如下。

借：应付账款——新华公司 26 000

——光明公司 4 000

贷：银行存款 30 000

【例 4－11】 向下列单位购入材料，货款尚未支付(暂不考虑增值税)。

新华公司 12 000 元

光明公司 40 000 元

长风公司 10 000 元

合计 62 000 元

对于这项经济业务，应编制会计分录如下。

借：原材料 62 000

贷：应付账款——新华公司 12 000

——光明公司 40 000

——长风公司 10 000

【例 4－12】 企业以银行存款偿还前欠新华公司货款 15 000 元、光明公司货款 40 000 元以及长风公司货款 11 000 元。

对于这项经济业务，应编制会计分录如下。

借：应付账款——新华公司 15 000

——光明公司 40 000

——长风公司 11 000

贷：银行存款 66 000

根据以上资料，将期初余额在“应付账款”总分类账户及其所属的各明细分类账户中进行登记，然后将本期发生的与有关单位的往来结算业务分别记入“应付账款”总分类账户及其所属的明细分类账户，并结出本期发生额和期末余额，见表 4－14 至表 4－17。

表 4－14 **总分类账户**

账户名称：应付账款 单位：元

2×19 年		摘　要	借方	贷方	借或贷	余额
月	日					
		期初余额			贷	40 000
		偿还货款	30 000		贷	10 000
		欠购货款		62 000	贷	72 000
		偿还货款	66 000		贷	6 000
		本期发生额及余额	96 000	62 000	贷	6 000

表 4—15 **“应付账款”明细分类账户**

单位名称:新华公司 单位:元

2×19 年		摘　要	借方	贷方	借或贷	余额
月	日					
		期初余额			贷	30 000
		偿还货款	26 000		贷	4 000
		欠购货款		12 000	贷	16 000
		偿还货款	15 000		贷	1 000
		本期发生额及余额	41 000	12 000	贷	1 000

表 4—16 **“应付账款”明细分类账户**

单位名称:光明公司 单位:元

2×19 年		摘　要	借方	贷方	借或贷	余额
月	日					
		期初余额			贷	6 000
		偿还货款	4 000		贷	2 000
		欠购货款		40 000	贷	42 000
		偿还货款	40 000		贷	2 000
		本期发生额及余额	44 000	40 000	贷	2 000

表 4—17 **“应付账款”明细分类账户**

单位名称:长风公司 单位:元

2×19 年		摘　要	借方	贷方	借或贷	余额
月	日					
		期初余额		贷	4 000	
		欠购货款		10 000	贷	14 000
		偿还货款	11 000		贷	3 000
		本期发生额及余额	11 000	10 000	贷	3 000

从以上“应付账款”总分类账户及其所属明细分类账户平行登记的结果中可以看出,“应付账款”总分类账户的期初余额 40 000 元,借方本期发生额 96 000 元,贷方本期发生额 62 000 元,期末余额 6 000 元,分别与其所属的三个明细分类账户的期初余额之和 40 000 元(30 000+6 000+4 000),借方本期发生额之和 96 000 元(41 000+44 000+11 000),贷方本期发生额之和 62 000 元(12 000+40 000+10 000),期末余额之和 6 000 元(1 000+2 000+3 000)完全相等。

利用总分类账户与其所属明细分类账户平行登记所形成的有关数字必然相等的关系,我们还可以通过定期核对双方有关数字,检查账户的记录是否正确、完整。如果通过核对发现有关数字不等,则表明账户的登记必有差错,应及时查明原因,予以更正。在实际工作中,这项核对工作通常采用月末编制“明细分类账户本期发生额及余额表”的形式来进行。例如,根据前面例示的原材料明细分类账户的记录，编制其本期发生额及余额表，见表4—18。

表4—18 **“原材料”明细分类账户本期发生额及余额表**

2×19年×月31日

单位：元

材料名称	计量单位	单价	期初余额		本期发生额				期末余额	
			数量	金额	收入		发出		数量	金额
					数量	金额	数量	金额		
甲材料	吨	300	50	15 000	40	12 000	60	18 000	30	9 000
乙材料	件	400	200	80 000	100	40 000	150	60 000	150	60 000
丙材料	箱	500			20	10 000	8	4 000	12	6 000
合 计				95 000		62 000		82 000		75 000

由表4—12可以看出，表中合计栏各项数额分别与“原材料”总分类账户的期初余额、本期发生额、期末余额相等，表明“原材料”总分类账户与其所属明细分类账户的平行登记未发生差错。

思政园地

科学记账方法，蕴含账户对应关系

目标 理解会计复式记账原理，体会会计核算方法的应用，不断提高会计核算技能，遵守会计法律法规。

案例 小王办了一家个体加工厂，他没有接受过会计知识培训，认为只要“一借一贷”就可以，于是他对本厂的业务是这样记录的。

1. 赊购原材料，价值10 000元，用于生产产品

借：生产成本　　10 000

　　贷：应收账款　　10 000

2. 向银行贷款50 000元，购买机器一台

借：固定资产　　50 000

　　贷：银行存款　　50 000

3. 收到投资人投入现金100 000

借：现金　　100 000

　　贷：资本公积　　100 000

4. 支付业务招待费1 000

借：财务费用　　1 000

　　贷：银行存款　　1 000

请向小王解释记录的错误，并帮助改正。

思考：

1. 什么是复式记账法？
2. 解释对应账户？

3. 经济业务的发生对会计恒等式的影响类型有哪些？

4. 上例中业务处理的不当之处有哪些？

感悟：

利用复式记账法，尤其是借贷记账法进行会计核算时，不仅要遵循“有借必有贷，借贷必相等”的原则，还有满足同一笔业务中要在两个或者两个以上相互练习的对应账户等额登记的要求。上例中业务的处理，主要是使用会计账户错误，每一会计分录中，账户的对应关系无法展示经济业务的原貌，也没有遵循经济业务影响会计等式的变化类型。

本章小结

本章介绍了会计账户的设置以及在依托于借贷记账法下的账户登记原理。在上一章的基础上，要进行具体的会计核算，必须将会计要素细分为不同的会计科目，对每一个会计科目进行核算，即设置每个会计科目的会计账户，至此完成了会计核算的第一步——设置会计账户。会计核算的第二步就是进行复式记账，目前主流的记账方法为借贷记账法。在借贷记账法下，记账方向分为“借”“贷”，每一类会计科目的借方和贷方登记金额的含义各不相同，因此核心的要领是掌握每一类甚至是每一个会计科目的账户结构，在此基础上，针对经济业务的本质，按照准确的金额分别记入正确的会计账户及其方向。

思考题

1. 什么是账户？设置账户应遵循哪些原则？
2. 账户的基本结构如何？账户中各项金额要素之间的关系是怎样的？
3. 什么是会计科目？会计科目与账户有何异同？
4. 什么是复式记账？其理论依据是什么？
5. 借贷记账法下各类账户的结构是怎样的？
6. 什么是会计分录？其一般表达形式是怎样的？

练习题

一、单项选择题

1. 会计科目是对(　　)的具体内容进行分类核算的项目。

A. 经济业务　　B. 会计主体　　C. 会计要素　　D. 会计报表

2. 会计科目是(　　)。

A. 记账的依据　　B. 账户的名称

C. 会计要素　　D. 资产负债表的项目

3. 负债类账户和所有者权益类账户的期末余额一般在(　　)。

A. 借方　　B. 贷方　　C. 无余额　　D. 借方或贷方

4. 某企业本期期初资产总额为140 000元，本期期末负债总额比期初增加20 000元，所有者权益总额比期初减少10 000元，则企业期末资产总额为(　　)。

A. 170 000元　　B. 130 000元　　C. 150 000元　　D. 120 000元

5. 下列经济业务发生使得资产和权益项目同时增加的是(　　)。

A. 生产产品领用材料　　B. 以现金发放工资

C. 以资本公积转增资本　　D. 收到购货单位预付货款,款项存入银行

6. 借贷记账法下的会计账户,在结构上分为(　　)。

A. 左右两方　　B. 借贷两方　　C. 增减两方　　D. 收支两方

7. 下列项目中,与管理费用属于同一类会计科目的是(　　)。

A. 制造费用　　B. 营业外支出　　C. 本年利润　　D. 利润分配

8. 下列经济业务的发生,不会导致会计等式两边总额发生变化的有(　　)。

A. 从银行提现　　B. 偿还前欠货款　　C. 上缴税金　　D. 接受投资

9. 下列事项中,不需要进行会计核算的是(　　)。

A. 将多余现金存入银行　　B. 签订销售合同

C. 预收销货款　　D. 结算销售货款

10. 某企业期初“短期借款”账户余额为 150 000 元,本期短期借款贷方发生额为 50 000 元,借方发生额为 100 000 元,则期末“短期借款”账户余额为(　　)元。

A. 150 000　　B. 50 000　　C. 200 000　　D. 100 000

二、多项选择题

1. 以下属于资产类会计科目的有(　　)。

A. 预付账款　　B. 应收账款　　C. 预收账款　　D. 固定资产

2. 借贷记账法下,账户借方登记的内容有(　　)。

A. 资产增加　　B. 负债减少

C. 所有者权益增加　　D. 费用增加

3. 复式记账法能够(　　)。

A. 简化账簿登记工作　　B. 了解经济业务的来龙去脉

C. 检查记账的正确性　　D. 进行试算平衡

4. 下列会计科目,期末余额一般在贷方的有(　　)。

A. 实收资本　　B. 短期借款　　C. 应收账款　　D. 应付账款

5. 总分类账户和明细分类账户平行登记的要点包括(　　)。

A. 内容相同　　B. 方向相同

C. 金额相同　　D. 会计科目相同

6. 下列各项中,属于损益类会计科目的有(　　)。

A. 所得税费用　　B. 长期待摊费用

C. 制造费用　　D. 管理费用

7. 以下会计科目属于损益类的有(　　)。

A. 本年利润　　B. 主营业务收入

C. 管理费用　　D. 营业外支出

8. 采用借贷记账法,其贷方登记的金额有(　　)。

A. 资产的增加　　B. 资产的减少

C. 所有者权益的增加　　D. 收入的减少

9. 借贷记账法的试算平衡包括(　　)。

A. 明细账平衡法　　B. 总账平衡法

C. 发生额平衡法　　D. 余额平衡法

10. 会计分录的三大要素包括(　　)。

A. 记账符号　　B. 记账科目

C. 记账金额　　D. 记账方法

三、判断题

1. 借贷记账法的"借"表示借出,"贷"表示贷入。　(　　)
2. 借贷记账法下,借方登记增加额,贷方登记减少额。　(　　)
3. 通过试算平衡检查账户记录后,如果平衡则说明记账肯定没有错误。　(　　)
4. 所有的总分类核算都要进行明细分类核算。　(　　)
5. 资产类账户的期末余额一定在借方。　(　　)
6. 会计分录可以划分为一借一贷会计分录和多借多贷会计分录两种。　(　　)
7. 所有账户都是依据会计科目开设的。　(　　)
8. 企业用银行存款购买股票导致资产和所有者权益一增一减。　(　　)
9. 所有者权益在数额上相当于企业的净资产大小。　(　　)
10. 预付账款和预收账款都是资产类账户。　(　　)

四、业务题

账户名称	期初余额	
	借　方	贷　方
银行存款	500 000	
原材料	100 000	
固定资产	1 200 000	
短期借款		280 000
应付账款		180 000
实收资本		1 100 000
资本公积		240 000
合计	1 800 000	1 800 000

该公司 6 月份发生下列经济业务:

(1)收到某单位投入的资本金 600 000 元存入银行;

(2)用银行存款 80 000 元偿还前欠某企业账款;

(3)用银行存款 300 000 元购入一台全新机器设备;

(4)将资本公积 120 000 元按法定程序转增资本;

(5)签发一张为期两个月的、面额为 40 000 元的商业汇票,用以抵付应付账款;

(6)购进原材料 45 000 元,其中 30 000 元货款已用银行存款付讫,其余 15 000 元货款尚未支付(不考虑增值税)；

(7)以银行存款75 000元偿还银行短期借款60 000元和前欠某单位货款15 000元。

要求：

1. 根据上述业务编制会计分录；
2. 将上述会计分录记入有关账户；
3. 根据账户发生额及余额编制试算平衡表。

第五章

企业主要经济业务的核算

○ **学习目标**

知识目标

1. 了解企业基本经济业务的内容。
2. 熟知企业应运用相关账户对基本业务进行核算的内容。
3. 掌握筹集资金、生产准备、产品生产、产品销售及财务成果业务核算的内容及方法。

能力目标

1. 能够根据企业筹集资金过程中发生的经济业务进行相应会计处理。
2. 能够根据采购过程中发生的经济业务进行相应的会计处理。
3. 能够根据生产过程中发生的经济业务进行相应的会计处理。
4. 能够根据销售过程中发生的经济业务进行相应的会计处理。
5. 能够根据企业利润形成以及分配过程中发生的经济业务进行相应的会计处理。
6. 能够根据资金退出过程中发生的经济业务进行相应的会计处理。

○ **案例导入**

百元电气有限公司是一家生产、销售电水壶的公司，主要产品为普通热水壶和电子智能控制两大类电水壶。随着市场拓展的深化，公司产品的销售网络越来越大，客户数量不断增加，生产规模需要扩大。企业必须：(1)购买材料、更新设备、扩大经营等筹集资金。(2)筹集到资金后采购生产所需的材料、设备。(3)有了所需的材料、设备等以然后开始生产，生产出产品进行销售。(4)通过销售实现利润并将其进行分配或继续扩大规模进入下一轮资金循环。

假设你是该制造业企业的会计人员，企业当期发生了筹资、采购、生产、销售等不同类型的经济业务，思考各个环节之间的联系，并分析每一个环节如何进行账务处理。

第一节　企业主要经济业务概述

企业这个组织的存在主要是通过对各种资源的组合和处理向其他单位或个人(企业的顾客)提供所需要的产品或服务。企业能够将最原始的投入转变为顾客所需要的商品或服务，这个转变不仅需要自然资源、人力资源，而且还需要资本。作为一种重要的企业组织类型，现代企业制度下的产品制造企业，不仅要将原始的材料转换为可以销售给单位或个人消费者的商品,而且要在市场经济的竞争中不断谋求发展,使其拥有的资产保值增值。这就决定并要求企业的管理是复杂且完善的。对过去的交易、事项的结果和计划中未来经营的可能效果进行分析、评价,是管理职能的精粹所在,而企业的会计作为一个为其内、外部利益相关者提供信息的职能部门,通过对企业经营过程进行核算,必定有助于这个过程的完善。

制造业企业是产品的生产单位,其完整的生产经营过程由供应过程、生产过程和销售过程所构成。企业为了进行生产经营活动,生产出适销对路的产品,必须拥有一定数量的经营资金,而这些经营资金都是从一定的渠道取得的。经营资金在生产经营过程中被具体运用时表现为不同的占用形态,一般可以分为货币资金、固定资金、储备资金、生产资金和成品资金等形态,而且随着生产经营过程的不断进行,这些资金形态不断转化,形成经营资金的循环与周转。

首先,企业要从各种渠道筹集生产经营所需要的资金,其筹资的渠道主要包括接受投资者的投资和向债权人借入各种款项,即接受投资或形成负债,资金筹集业务的完成意味着资金投入企业,因而,企业就可以运用筹集到的资金开展正常的经营业务,进入供、产、销过程。企业筹集到的资金最初一般表现为货币资金形态,也可以说,货币资金形态是资金运动的起点。

企业筹集到的资金首先进入供应过程。供应过程是企业产品生产的准备过程,在这个过程中,企业用货币资金购买机器设备等劳动工具形成固定资金,购买原材料等劳动对象形成储备资金,为生产产品做好物资上的准备,货币资金分别转化为固定资金形态和储备资金形态。由于劳动工具大多是固定资产,一旦购买完成将长期供企业使用,因而供应过程的主要核算内容是用货币资金(或形成结算债务)购买原材料的业务,包括支付材料价款和税款、发生采购费用、计算采购成本、材料验收入库结转成本等。完成了供应过程的核算内容,为生产产品做好了各项准备,企业就可以进入生产过程。

生产过程是制造业企业经营过程的中心环节。在生产过程中,劳动者借助劳动工具对劳动对象进行加工,生产出各种各样适销对路的产品,以满足社会的需要。生产过程既是产品的制造过程,又是物化劳动和劳动的耗费过程,即费用、成本的发生过程。从消耗或加工对象的实物形态及其变化过程看,原材料等劳动对象通过加工形成在产品,随着生产过程的不断进行,在产品终究要转化为产成品;从价值形态来看,生产过程中发生的各种耗费形成企业的生产费用,具体而言,为生产产品耗费材料就形成材料费用,耗费劳动就形成工资及福利等人工费用,使用厂房、机器设备等劳动资料就形成折旧费用等。生产过程中发生的这些生产费用总和构成产品的生产成本(亦称制造成本)。其资金形态从固定资金、储备资金和一部分货币资金形态转化为生产资金形态,随着生产过程的不断进行,产成品生产出来并验收入库之后,其资金形态又转化为成品资金形态。生产费用的发生、归集和分配,以及完工产品生产成本的计算等构成了生产过程核算的基本内容。

销售过程是产品价值的实现过程。在销售过程中,企业通过销售产品,并按照销售价格与购买单位办理各种款项的结算,收回货款,从而使得成品资金形态转化为货币资金形态,回到了资金运动的起点状态,完成了一次资金的循环。另外,销售过程中还要发生各种诸如包装费、广告费等销售费用,需要计算并及时缴纳各种销售税金,结转销售成本这些都属于销售过程的核算内容。

对于企业而言,生产并销售产品是其主要的经营业务,即主营业务。在主营业务之外,企业还要发生一些诸如销售材料、出租固定资产等附营业务，以及进行对外投资以获得收益的投资业务。主营业务、其他业务以及投资业务构成了企业的全部经营业务。在营业活动之外，企业还会经常发生非营业业务，从而获得营业外的收入或发生营业外的支出。企业在生产经营过程中所获得的各项收入遵循配比的要求抵偿了各项成本、费用之后的差额，形成企业的所得，即利润。企业实现的利润，一部分要以所得税的形式上缴国家，形成国家的财政收入，另一部分即税后利润，要按照规定的程序在各有关方面进行合理的分配，如果是发生了亏损，还要按照规定的程序进行弥补。通过利润分配，一部分资金要退出企业，一部分资金要以公积金等形式继续参加企业的资金周转。

综合上述内容可以看出，企业在经营过程中发生的主要经济业务内容包括：(1)资金筹集业务。(2)供应过程业务。(3)生产过程业务。(4)销售过程业务。(5)财务成果形成与分配业务。

第二节　资金筹集业务的核算

一个企业的生存和发展，离不开资产要素，资产是企业进行生产经营活动的物质基础。对于任何一个企业而言，形成其资产的资金来源主要有两条渠道：一是投资者的投资及其增值，形成投资者的权益，该部分业务可以称为所有者权益资金筹集业务；二是向债权人借入的资金，形成债权人的权益，该部分业务可以称为负债资金筹集业务。投资者将资金投入企业进而对企业资产所形成的要求权为企业的所有者权益，债权人将资金借给企业进而对企业资产所形成的要求权为企业的负债。在会计上，我们虽然将债权人的要求权和投资者的要求权统称为权益，但由于二者存在着本质上的区别，所以这两种权益的会计处理也必然有着显著的差异。

一、所有者权益资金筹集业务的核算

企业从投资者处筹集到的资金形成企业所有者权益的重要组成部分，企业的所有者权益包括所有者投入的资本、直接计入所有者权益的利得和损失、留存收益等。所有者投入的资本包括实收资本和资本公积；直接计入所有者权益的利得和损失是指不应计入当期损益的、会导致所有者权益发生增减变动的、与所有者投入资本或者与向所有者分配利润无关的利得或者损失；留存收益是企业在经营过程中所实现的利润留存于企业的部分，包括盈余公积和未分配利润。在本节的学习中我们将着重介绍所有者权益中的实收资本和资本公积业务的核算，至于留存收益的内容将在本章第六节《财务成果形成与分配业务的核算》中进行阐述。

(一)实收资本业务的核算

1. 实收资本的含义

实收资本，是指企业的投资者按照企业章程或合同、协议的约定，实际投入企业的资本金以及按照有关规定由资本公积、盈余公积转为资本的资金。实收资本代表着一个企业的实力，是创办企业的“本钱”，也是一个企业维持正常的经营活动、以本求利、以本负亏最基本的条件和保障，是企业独立承担民事责任的资金保证。它反映了企业的不同所有者通过投资而投入企业的外部资金来源，这部分资金是企业进行经营活动的原动力，正是有了这部分资金的投入，才有了企业的存在和发展。

2. 实收资本的分类

所有者向企业投入资本，即形成企业的资本金。企业的资本金按照投资主体的不同可以分为：国家资本金——企业接受国家投资而形成的资本金；法人资本金——企业接受其他企业或单位的投资而形成的资本金；个人资本金——企业接受个人包括企业内部职工的投资而形成的资本金；外商资本金——企业接受外国及中国香港、澳门、台湾地区企业的投资而形成的资本金。企业的资本金按照投资者投入资本的不同物质形态又分为货币资金出资，以及实物、知识产权、土地使用权等可以用货币估价并可以依法转让的非货币财产作价出资等。

我国目前实行的是注册资本制度，要求企业的实收资本应与注册资本相一致。

【知识链接】

实收资本与注册资本

目前我国实行的是 2023 年 12 月 29 日第 14 届全国人民代表大会常务委员会第七次会议修订通过的《中华人民共和国公司法》，于 2024 年 7 月 1 日起执行。

企业筹集的资金如果是一次筹集的，账面上的投入资本应等于注册资本；如果是分期筹集的，在所有者最后一次缴入资本以后，投入资本应等于注册资本。注册资本是公司的法定资本，是公司制企业章程规定的全体股东或发起人认缴的出资额或者是认购的股本总额，并在公司的登记机关依法登记，应与股本总额相等；实收资本是指公司已收缴入账的股本，只有足额缴入后，实收资本才会等于注册资本，如果法律规定注册资本可以分次缴足。则注册资本在缴足前就不等于实收资本。企业实收资本比原注册资金数额增减超过 20%时，应持资金使用证明或验资证明，向原登记主管机关申请变更登记。企业接受各方投资者投入的资本金应遵守资本保全制度的要求。除法律、法规另有规定者外，不得随意抽回。若在企业成立后有抽逃行为的，责令改正，并处以所逃资金 5%以上、10%以下的罚款；构成犯罪的，依法追究刑事责任。

3. 实收资本入账价值的确定

企业收到各方投资者投入资本金的入账价值的确定是实收资本核算中的一个比较重要的问题。总体来说，投入资本是按照实际收到的投资额入账的，对于收到的货币资金投资，应以实际收到的货币资金额入账；对于收到的实物等其他形式投资，应以投资各方确认的价值入账；对于实际收到的货币资金额或投资各方确认的资产价值超过其在注册资本中所占的份额的部分，应作为超面额缴入资本，计入资本公积。

为了反映实收资本的形成及其以后的变化情况，在会计核算上应设置“实收资本”账户。“实收资本”账户的性质是所有者权益类，用来核算所有者投入企业的资本金变化过程及其结果，其贷方登记所有者投入企业资本金的增加，其借方登记所有者投入企业资本金的减少，期末余额在贷方，表示所有者投入企业资本金的结余额。企业应按照投资者的不同设置明细账户，进行明细分类核算。

“实收资本”账户的结构如下。

实收资本

实收资本的减少额	实收资本的增加额
	期末余额：实收资本的实有额

【例 5—1】　飞达有限责任公司接受某单位的投资 2 000 000 元，通过银行划转。

这项经济业务的发生，一方面使得公司的银行存款增加 2 000 000 元，另一方面使得公司所有者对公司的投资增加 2 000 000 元。因此该项经济业务涉及“银行存款”和“实收资本”两个账户。银行存款的增加是资产的增加，应记入“银行存款”账户的借方；所有者对公司投资的增加是所有者权益的增加，应记入“实收资本”账户的贷方。编制的会计分录如下。

借：银行存款　　2 000 000

　贷：实收资本　　2 000 000

【例 5－2】 飞达有限责任公司接受某投资方投入的一台全新设备，确定的价值为 100 000 元，设备投入使用（假设该设备不涉及增值税）。

这项经济业务的发生，一方面使得公司的设备增加 100 000 元，另一方面使得公司所有者对公司的投资增加 100 000 元。因此该项业务涉及“固定资产”和“实收资本”两个账户。设备的增加属于资产的增加，应记入“固定资产”账户的借方；所有者对公司的投资增加是所有者权益的增加，应记入“实收资本”账户的贷方。编制的会计分录如下。

借：固定资产　　100 000

　贷：实收资本　　100 000

【例 5－3】 飞达有限责任公司接受某单位以一块土地使用权作为投资，经投资双方共同确认价值为 3 600 000 元，已办完各种手续。首先应明确，土地使用权属于无形资产。这项经济业务的发生，一方面使得公司的无形资产（土地使用权）增加 3 600 000 元，另一方面使得公司的所有者对公司的投资增加 3 600 000 元。因此该项业务涉及“无形资产”和“实收资本”两个账户。土地使用权的增加属于资产的增加，应记入“无形资产”账户的借方；所有者对公司投资的增加是所有者权益的增加，应记入“实收资本”账户的贷方。编制的会计分录如下。

借：无形资产　　3 600 000

　贷：实收资本　　3 600 000

（二）资本公积业务的核算

1. 资本公积的含义

资本公积是投资者或者他人投入企业、所有权归属投资者并且金额上超过法定资本部分的资本，是企业所有者权益的重要组成部分。由此可见，资本公积从本质上讲属于投入资本的范畴，其形成的主要原因是由于我国采用注册资本制度，限于法律的规定而无法将资本公积直接以实收资本（或股本）的名义入账。所以，资本公积从其实质上看是一种准资本，它是资本的一种储备形式。

2. 资本公积的来源

由于资本公积是所有者权益的重要组成部分，而且它通常会直接导致企业净资产的增加。因此，资本公积信息对于投资者、债权人等会计信息使用者做出正确的决策十分重要。企业的资本公积的主要来源是所有者投入资本中超过法定资本份额的部分。

3. 资本公积的用途

公司在经营过程中出于种种考虑，诸如增加资本的流动性，改变公司所有者投入资本的结构，体现公司稳健、持续发展的潜力等，对于形成的资本公积可以按照规定的用途予以使用。资本公积的主要用途就在于转增资本，即在办理增资手续后用资本公积转增实收资本，按所有者原有投资比例增加投资者的实收资本。

4. 资本公积的核算

公司的资本公积一般都有其特定的来源。为了核算和监督资本公积的增减变动及其结余情况，会计上应设置“资本公积”账户，并设置“资本(或股本)溢价”明细账户。“资本公积”属于所有者权益类账户，其贷方登记从不同渠道取得的资本公积，即资本公积的增加数，借方登记用资本公积转增资本等资本公积的减少数，期末余额在贷方，表示资本公积的期末结余数。

“资本公积”账户的结构如下。

资本公积	
资本公积的减少数(使用数)	资本公积的增加数
	期末余额:资本公积的实有额

下面举例说明资本公积的核算过程。

【例 5—4】　飞达有限责任公司接受某投资者的投资 500 000 元，其中 400 000 元作为实收资本，另 100 000 元作为资本公积，公司收到该投资者的投资后存入银行，其他手续已办妥。这是一项接受投资而又涉及超过法定份额资本的业务。其中属于法定份额部分应计入实收资本，超过部分作为资本公积。该项业务涉及“银行存款”“实收资本”和“资本公积”三个账户。银行存款的增加是资产的增加，应记入“银行存款”账户的借方，实收资本和资本公积的增加是所有者权益的增加，应分别记入“实收资本”“资本公积”账户的贷方。这项业务所编制的会计分录如下。

借:银行存款　　500 000

　　贷:实收资本　　400 000

　　　　资本公积——资本溢价　　100 000

【例 5—5】　飞达有限责任公司经股东大会批准，将公司的资本公积 200 000 元转增为资本。这是一项所有者权益内部转化的业务。这项经济业务的发生，一方面使得公司的实收资本增加 200 000 元，另一方面使得公司的资本公积减少 200 000 元，因此该项业务涉及“资本公积”和“实收资本”两个账户。资本公积的减少是所有者权益的减少，应记入“资本公积”账户的借方，实收资本的增加是所有者权益的增，应记入“实收资本”账户的贷方。该项业务所编制的会计分录如下。

借:资本公积——资本溢价　　200 000

　　贷:实收资本　　200 000

二、负债资金筹集业务的核算

企业从债权人那里筹集到的资金形成企业的负债，它表示企业的债权人对企业资产的要求权，即债权人权益。当企业为了取得生产经营所需的资金、商品或劳务等向银行借款或向其他单位赊购材料、商品时，就形成了企业同其他经济实体之间的债务关系。所谓负债，是指企业过去的交易或者事项形成的、预期会导致经济利益流出企业的现时义务。负债按其偿还期限的长短可以分为流动负债和非流动负债。作为一项负债必须要有确切的债权人到期日和确切的金额。到期必须还本付息是负债不同于所有者权益的一个明显特征。根据负债的定义及其扩展内容我们可以看出，负债的形成和偿还与某些资产所有者权益、收入、费用或利润等要素都有着密切的关系，因而正确地确认与计量负债是会计核算过程中非常重要的一部分内容。我们这里仅以流动负债中的短期借款和非流动负债中的长期借款为例介绍负债资金筹集业务的核算内容。

(一)短期借款业务的核算

1. 短期借款的含义

短期借款是指企业为了满足其生产经营活动对资金的临时需要而向银行或其他金融机构等借入的、偿还期限在1年以内(含1年)的各种借款。一般情况下企业取得短期借款是为了维持正常的生产经营活动或者是为了抵偿某项债务。企业取得各种短期借款时，应遵守银行或其他金融机构的有关规定，根据企业的借款计划及确定的担保形式，经贷款单位审核批准并订立借款合同后方可取得借款。每笔借款在取得时可根据借款合同上的金额来确认和计量。

2. 短期借款利息的确认与计量

短期借款必须按期归还本金并按时支付利息。短期借款的利息支出属于企业在理财活动过程中为筹集资金而发生的一项耗费，在会计核算中，企业应将其作为期间费用(财务费用)加以确认。由于短期借款利息的支付方式和支付时间不同，会计处理的方法也有一定的区别。如果银行对企业的短期借款按月计收利息，或者虽在借款到期收回本金时并收回利息，但利息数额不大，企业可以在收到银行的计息通知或在实际支付利息时，直接将发生的利息费用计入当期损益(财务费用)；如果银行对企业的短期借款采取按季或半年等较长期间计收利息，或者是在借款到期收回本金时一并计收利息且利息数额较大，为了正确地计算各期损益额，保持各个期间损益额的均衡性，企业通常按权责发生制核算基础的要求，采取预提的方法按月预提借款利息，计入预提期间损益(财务费用)，待季度或半年等结息期终了或到期支付利息时，再冲销应付利息这项负债。短期借款利息的计算公式为

$$短期借款利息=借款本金\times利率\times期限$$

由于按照权责发生制核算基础的要求，应于每月末确认当月的利息费用，因而这里的“期限”是一个月，而利率往往都是年利率，所以应将其转化为月利率，方可计算出一个月的利息额，年利率除以12即为月利率。如果在月内的某一天取得的借款，则该日作为计息的起点时间，对于借款当月和还款月则应按实际经历天数计算(不足整月)，此时应将月利率转化为日利率。在将月利率转化为日利率时，为简化起见，一个月一般按30天计算，一年按360天计算。

3. 短期借款的会计处理

在进行短期借款本金和利息核算时需要设置“短期借款”“财务费用”和“应付利息”3个主要的账户。

(1)“短期借款”账户。该账户的性质是负债类，用来核算企业向银行或其他金融机构借入的、期限在1年以内(含1年)的各种借款(本金)的增减变动及其结余情况。该账户的贷方登记取得的短期借款，即短期借款本金的增加，借方登记短期借款的偿还，即短期借款本金的减少，期末余额在贷方，表示企业尚未偿还的短期借款的本金结余额。短期借款应按照债权人的不同设置明细账户，并按照借款种类进行明细分类核算。

“短期借款”账户的结构如下。

短期借款

短期借款的偿还(减少)	短期借款的取得(增加)
	期末余额:短期借款结余额

(2)“财务费用”账户。该账户的性质是损益类账户,用来核算企业为筹集生产经营所需资金等而发生的各种筹资费用,包括利息支出(减利息收入)、佣金、汇兑损失(减汇兑收益)以及相关的手续费、企业发生的现金折扣或收到的现金折扣等。财务费用账户的借方登记发生的财务费用,贷方登记发生的应冲减财务费用的利息收入、汇兑收益以及期末转入“本年利润”账户的财务费用净额(即财务费用支出大于收入的差额,如果收入大于支出则进行反方向的结转)。经过结转之后,该账户期末没有余额。“财务费用”账户应按照费用项目设置明细账户,进行明细分类核算。

“财务费用”账户的结构如下。

财务费用

发生的费用: 利息支出、手续费、汇兑损失	利息收入、汇兑收益
	期末转入“本年利润”账户的财务费用额

“应付利息”账户。该账户的性质属于负债类,用来核算企业已经发生但尚未实际支付的利息费用。其贷方登记预先按照一定的标准提取的应由本期负担的利息费用,借方登记实际支付的利息费用。期末余额在贷方,表示已经预提但尚未支付的利息费用。该账户应按照费用种类设置明细账户,进行明细分类核算。“应付利息”账户的结构如下。

应付利息

以后实际支付的利息费用	预先提取计入损益的利息费用
	期末余额:已预提未支付的利息费用

企业取得短期借款时,借记“银行存款”账户,贷记“短期借款”账户,期末计算借款利息时,借记“财务费用”账户,贷记“银行存款”或“应付利息”账户;偿还借款本金、支付利息时,借记“短期借款”“应付利息”账户,贷记“银行存款”账户。采用预提的办法核算短期借款利息费用时,如果实际支付的利息与预提的利息之间有差额,按已预提的利息金额,借记“应付利息”账户,按实际支付的利息金额与预提的金额的差额(尚未提取的部分),借记“财务费用”账户,按实际支付的利息金额,贷记“银行存款”账户。

下面举例说明短期借款的借入、计息和归还的核算过程。

【例5－6】 飞达有限责任公司因生产经营的临时性需要,于2018年4月15日向银行申请取得期限为6个月的借款1 000 000元,存入银行。

这项经济业务的发生,一方面使得公司的银行存款增加1 000 000元,另一方面使得公司的短期借款增加1 000 000元,因此这项经济业务涉及“银行存款”和“短期借款”两个账户。银行存款的增加是资产的增加,应记入“银行存款”账户的借方,短期借款的增加是负债的增加,应记入“短期借款”账户的贷方。所以这项经济业务编制的会计分录如下。

借:银行存款　　　　1 000 000

　贷:短期借款　　　　1 000 000

【例 5—7】 承例 5—6,假如上述飞达有限责任公司取得的借款年利率为 6%,利息按季度结算,经计算其 4 月份应负担的利息为 2 500 元。

这项经济业务的发生,首先应按照权责发生制核算基础的要求,计算本月应负担的利息额,本月应负担的借款利息为 2 500 元(1 000 000×6%÷12×15÷30)。借款利息属于企业的一项财务费用,由于利息是按季度结算的,所以本月的利息虽然在本月计算并由本月来负担,但却不在本月实际支付,因而一方面形成企业本月的一项费用(财务费用),另一方面形成企业的一项负债,这项负债属于企业的应付利息。因此,这项经济业务涉及"财务费用"和"应付利息"两个账户,财务费用的增加属于费用的增加,应记入"财务费用"账户的借方,应付利息的增加属于负债的增加,应记入"应付利息"账户的贷方。这项经济业务应编制的会计分录如下:

借:财务费用　　　　2 500

　贷:应付利息　　　　2 500

【例 5—8】 承例 5—7,飞达有限责任公司在 6 月末用银行存款 12 500 元支付本季度的银行借款利息(5、6 月份的利息计算和处理方法基本同于 4 月份,只是时间为 1 个月,故这里略)。

该项经济业务实际上是偿还银行借款利息这项负债的业务。一方面使得公司的银行存款减少 12 500 元,另一方面使得公司的应付利息减少 12 500 元,因此这项经济业务涉及"银行存款"和"应付利息"两个账户。银行存款的减少是资产的减少,应记入"银行存款"账户的贷方,应付利息的减少是负债的减少,应记入"应付利息"账户的借方。所以这项经济业务应编制的会计分录如下。

借:应付利息　　　　12 500

　贷:银行存款　　　　12 500

7～9 月每月按照权责发生制计提财务费用 5 000 元,三个月共 15 000 元,会计处理同上一季度会计核算;10 月归还短期借款时还需归还借款 2 500 元。

【例 5—9】 飞达有限责任公司在 10 月 16 日用银行存款 1 000 000 元偿还到期的银行临时借款本金(假如利息另外处理)。

这项经济业务的发生,一方面使得公司的银行存款减少 1 000 000 元,另一方面又使得公司的短期借款减少 1 000 000 元,因此这项经济业务涉及"银行存款"和"短期借款"两个账户。银行存款的减少是资产的减少,应记入"银行存款"账户的贷方,短期借款的减少是负债的减少,应记入"短期借款"账户的借方。所以这项经济业务应编制的会计分录如下。

借:短期借款　　　　1 000 000

　贷:银行存款　　　　1 000 000

(二)长期借款业务的核算

长期借款是企业向银行及其他金融机构借入的、偿还期限在 1 年以上或超过 1 年的一个营业周期以上的各种借款。一般来说,企业举借长期借款,主要是为了增添大型固定资产、购置地产、增添或补充厂房等,也就是为了扩充经营规模而增加各种长期耐用的固定资产的需要。在会计核算中,应当区分长期借款的性质按照申请获得贷款时实际收到的贷款数额进行确认和计量，并按照规定的利率和使用期限定期计息并确认为长期借款入账(注意此处与短期借款的区别)。贷款到期，企业应当按照借款合同的规定按期清偿借款本息。

关于长期借款利息费用的处理，按照会计制度的规定，长期借款的利息费用等，应按照权责发生制核算基础的要求，按期计算提取计入所购建资产的成本(即予以资本化)或直接计入当期损益(财务费用)。具体地说，就是在该长期借款所进行的长期工程项目完工之前发生的利息，应将其资本化，计入该工程成本；在工程完工达到预定可使用状态之后产生的利息支出应停止借款费用资本化而予以费用化，在利息费用发生的当期直接计入当期损益(财务费用)。

为了核算长期借款本金及利息的取得和偿还情况，需要设置“长期借款”账户。该账户的性质属于负债类，用来核算企业从银行或其他金融机构取得的长期借款的增减变动及其结余情况。其贷方登记长期借款的增加数(包括本金和各期计算出来的到期支付的未付利息)，借方登记长期借款的减少数(偿还的借款本金和利息)。期末余额在贷方，表示尚未偿还的长期借款本息结余额。该账户应按贷款单位设置明细账户，并按贷款种类进行明细分类核算。

“长期借款”账户的结构如下。

长期借款

长期借款本息的偿还(减少)	长期借款本金的取得和未付利息的计算(增加)
	期末余额：尚未偿还长期借款本息的结余

企业取得长期借款时，借记“银行存款”账户，贷记“长期借款”账户，计算利息时，如果是到期还本付息的未付利息，则借记“在建工程”或“财务费用”等账户，贷记“长期借款”账户；如果是分期付息的未付利息，则借记“在建工程”或“财务费用”等账户，贷记“应付利息”账户。偿还借款、支付利息时借记“长期借款”账户、“应付利息”账户，贷记“银行存款”账户。

下面举例说明长期借款本金和利息的核算过程。

【例5－10】 飞达有限责任公司为购建一条新的生产线(工期2年)，于2013年1月向中国银行取得期限为3年的人民币借款5 000 000元，存入银行。飞达有限责任公司当即将该借款投入生产线的购建工程中。

这项经济业务的发生，一方面使得公司的银行存款增加5 000 000元，另一方面使得公司的长期借款增加5 000 000元，因此该项经济业务涉及“银行存款”和“长期借款”两个账户。银行存款的增加是资产的增加，应记入“银行存款”账户的借方，长期借款的增加是负债的增加，应记入“长期借款”账户的贷方。这项经济业务应编制的会计分录如下。

借：银行存款　　5 000 000

　贷：长期借款　　5 000 000

【例5－11】 承例5－10，假如上述借款年利率为8%，合同规定到期一次还本付息，单利计息。计算确定2013年应由该工程负担的借款利息。

在固定资产建造工程交付使用之前，用于工程的借款利息计入固定资产建造工程成本。单利计息的情况下，其利息的计算方法与短期借款利息计算方法相同，即2013年的利息为400 000元(5 000 000×8%)。所以，这项经济业务的发生方面使得公司的在建工程成本增加400 000元，另一方面使得公司的长期借款利息负债增加400 000元，因此该项经济业务涉及“在建工程”和“长期借款”两个账户。工程成本的增加是资产的增加，应记入“在建工程”账户的借方,借款利息的增加是负债的增加,应记入"长期借款"账户的贷方。编制的会计分录如下。

借:在建工程 400 000

贷:长期借款 400 000

【例 5—12】 承例 5—10 和例 5—11 假如飞达有限责任公司在 2015 年年末全部偿还该笔借款的本金和利息。

该笔长期借款在存续期间的利息共计为 1 200 000 元(注意:由于工程已经在 2014 年年末完工,所以 2015 年的利息不能计入工程成本,而应计入当年财务费用,关于 2014 年和 2015 年利息费用的处理略),借款本金 5 000 000 元,合计为 6 200 000 元,在 2015 年年末一次付清。这项经济业务的发生,一方面使得公司的银行存款减少 6 200 000 元,另一方面使得公司的长期借款(包括本金和利息)减少 6 200 000 元,因此该项经济业务涉及"银行存款"和"长期借款"两个账户。银行存款的减少是资产的减少,应记入"银行存款"账户的贷方,长期借款的减少是负债的减少,应记入"长期借款"账户的借方。编制的会计分录为

借:长期借款 6 200 000

贷:银行存款 6 200 000

以上我们的举例是以长期借款单利计息的方式来说明问题的。在实际工作中,长期借款也可以采用复利计息的方法。在长期借款复利计息的情况下,尽管长期借款的本金、利率和偿还期限可能都相同,但在不同的偿付条件下(到期一次还本付息、分期偿还本息和分期付息到期还本三种方式),企业实际真正使用长期借款的时间长短是不同的,所支付的利息费用也就不同(有时可能差别很大),因此,长期借款到底采用哪种还本付息方式以及能否按时还清借款本息,就成为企业的一项重要的财务决策。

第三节 供应过程业务的核算

资金在企业经营过程的不同阶段,其运动的方式和表现的形态是不同的,因而核算的内容也就不同。我们一般将企业的经营过程划分为供应过程、生产过程和销售过程。其中供应过程是为生产产品做准备的过程。为了生产产品,就要做好多方面的物资准备工作,其中较为重要的就是准备劳动工具,即购建固定资产和准备劳动对象即购买原材料等。

一、固定资产购置业务的核算

(一)固定资产的含义

固定资产是企业经营过程中使用的长期资产,包括房屋建筑物、机器设备、运输车辆以及工具、器具等。我国的《企业会计准则第 4 号——固定资产》中对固定资产的定义是,固定资产是指同时具有下列两个特征的有形资产:为生产商品、提供劳务、出租或经营管理而持有的;使用寿命超过一个会计年度的。这里的使用寿命是指企业使用固定资产的预计期间,或者该固定资产所能生产产品或提供劳务的数量。从固定资产的定义可以看出,固定资产具有以下三个特征:第一,固定资产是为生产商品、提供劳务、出租或经营管理而持有;第二,固定资产的使用寿命超过一个会计年度;第三,固定资产为有形资产。

固定资产是企业资产中比较重要的一部分内容,从一定程度上说它代表着企业的生产能

力和生产规模，因此，对其正确地加以确认与计量就成为会计核算过程中一个非常重要的内容。固定资产是企业的劳动资料，从其经济用途来看，固定资产是用于生产经营活动的而不是为了出售，这一特征是区别固定资产与商品、产品等流动资产的重要标志。由于固定资产要长期地参加企业的生产经营活动，因而其价值周转与其实物补偿并不同步，固定资产的这一特点显然也不同于流动资产。固定资产的价值一部分随其磨损，脱离其实物形态，而另一部分仍束缚在使用价值形态上这一特点，使得固定资产的计价可以按取得时的实际成本和经磨损之后的净值同时表现。

（二）企业取得固定资产时入账价值的确定

《企业会计准则第 4 号——固定资产》规定，固定资产应当按照成本进行初始计量。固定资产取得时的实际成本是指企业购建固定资产达到预定可使用状态前所发生的一切合理的、必要的支出，它反映的是固定资产处于预定可使用状态时的实际成本。是否达到"预定可使用状态"是衡量可否作为固定资产进行核算和管理的标志，而不再拘泥于"竣工决算"这个标准，这也是实质重于形式原则的一个具体应用。企业的固定资产在达到预定可使用状态前发生的一切合理的、必要的支出中，既有直接发生的，如支付的固定资产的买价、包装费、运杂费、安装费等，也有间接发生的，如固定资产建造过程中应予以资本化的借款利息等，这些直接的和间接的支出对形成固定资产的生产能力都有一定的作用，理应计入固定资产的价值。一般来说，构成固定资产取得时实际成本的具体内容包括买价、运输费、保险费、包装费和安装成本等。

固定资产取得时的入账价值应根据具体情况和涉及的具体内容分别确定。其中，外购固定资产的成本，包括购买价款、进口关税和其他税费（购买机器设备涉及的增值税应作为进项税额记入"应交税费"账户），使固定资产达到预定可使用状态前所发生的可归属于该项资产的场地整理费、运输费、装卸费、安装费和专业人员服务费等（以一笔款项购入多项没有单独标价的固定资产，应当按照各项固定资产公允价值比例对总成本进行分配，分别确定各项固定资产的成本）。

购买固定资产的价款超过正常信用条件而延期支付，实质上具有融资性质的，固定资产的成本以购买价款的现值为基础确定，实际支付的价款与购买价款之间的差额除应资本化的以外，应当在信用期间内计入当期损益；自行建造完成的固定资产，按照建造该项固定资产达到预定可使用状态前所发生的一切合理的、必要的支出作为其入账价值。至于其他途径诸如接受投资取得固定资产、接受抵债取得固定资产等的入账价值的确定将在其他有关专业课程中介绍。

（三）固定资产的核算

为了核算企业购买和自行建造完成固定资产价值的变动过程及其结果，需要设置以下账户。

（1）"固定资产"账户。该账户的性质属于资产类，用来核算企业拥有或控制的固定资产原价的增减变动及其结余情况。该账户的借方登记固定资产原价的增加，贷方登记固定资产原价的减少，期末余额在借方，表示固定资产原价的结余额。该账户应按照固定资产的种类设置明细账户，进行明细分类核算。在使用该账户时，必须注意只有固定资产达到预定可使用状态时，其原价已经形成，才可以记入"固定资产"账户。

"固定资产"账户的结构如下。

固定资产

固定资产取得成本的增加	固定资产取得成本的减少
期末余额：原价的结余	

(2)“在建工程”账户。该账户的性质属于资产类，用来核算企业为进行固定资产基建、安装、技术改造以及大修理等工程而发生的全部支出（包括安装设备的支出），并据以计算确定该工程各成本的账户。该账户的借方登记工程支出的增加，贷方登记结转完工工程的成本。期末余额在借方，表示未完工工程的成本。“在建工程”账户应按工程内容，如建筑工程、安装工程、在安装设备、待摊支出以及单项工程等设置明细账户，进行明细核算。

“在建工程”账户的结构如下。

在建工程

工程发生的全部支出	结转完工工程成本
期末余额：未完工工程成本	

企业购置的固定资产，对于其中需要安装的部分，在交付使用之前，也就是达到预定可使用状态之前，由于没有形成完整的取得成本（原始价值），因而必须通过“在建工程”账户进行核算。在购建过程中所发生的全部支出，都应归集在“在建工程”账户，待工程达到预定可使用状态形成固定资产之后，方可将该工程成本从“在建工程”账户转入“固定资产”账户。

企业购买的固定资产，有的购买完成之后当即可以投入使用，也就是当即达到预定可使用状态，因而可以立即形成固定资产；而有的固定资产，在购买之后，还需要经过安装过程，安装之后方可投入使用，这两种情况在核算上是有区别的，所以我们在对固定资产进行核算时，一般将其区分为不需要安装固定资产和需要安装固定资产分别进行处理。

下面分别举例说明企业购买的不需要安装和需要安装固定资产的核算内容。

【例5－13】 飞达有限责任公司购入一台不需要安装的生产设备，该设备的买价125 000元，增值税16 250元，包装运杂费等2 000元，全部款项使用银行存款支付，设备当即投入使用。

这是一台不需要安装的设备，购买完成之后就意味着达到了预定可使用状态，在购买过程中发生的货款和包装运杂费支出，即127 000元（125 000＋2 000）形成固定资产的取得成本，增值税应作为进项税额记入应交税费账户。这项经济业务的发生，一方面使得公司固定资产取得成本增加127 000元，增值税进项税额增加16 250元，另一方面使得公司的银行存款减少143 250元，因此该项经济业务涉及“固定资产”“应交税费”和“银行存款”三个账户。固定资产的增加是资产的增加，应记入“固定资产”账户的借方，增值税进项税额的增加是负债的减少，应记入“应交税费”账户的借方，银行存款的减少是资产的减少，应记入“银行存款”账户的贷方。这项经济业务应编制的会计分录如下。

借：固定资产 127 000

　　应交税费——应交增值税（进项税额） 16 250

　贷：银行存款 143 250

【例5－14】 飞达有限责任公司用银行存款购入一台需要安装的设备，有关发票等凭证显示其买价480 000元，增值税62 400元，包装运杂费等5 000元，设备投入安装。

由于这是一台需要安装的设备，因而购买过程中发生的货款和包装运杂费支出构成购置固定资产安装工程成本，在设备达到预定可使用状态前的这些支出应先在“在建工程”账户中进行归集。这项经济业务的发生，一方面使得公司的在建工程增加 485 000 元，(480 000＋5 000)，增值税进项税额增加 62 400 元，另一方面使得公司的银行存款减少 547 400 元，因此该项经济业务涉及“在建工程”“应交税费”和“银行存款”三个账户。在建工程支出的增加是资产的增加，应记入“在建工程”账户的借方，增值税进项税额的增加是负债的减少，应记入“应交税费”账户的借方，银行存款的减少是资产的减少，应记入“银行存款”账户的贷方。所以这项经济业务应编制的会计分录如下。

借：在建工程	485 000	
应交税费——应交增值税（进项税额）	62 400	
贷：银行存款		547 400

【例 5－15】 承例 5－14，飞达有限责任公司的上述设备在安装过程中发生的安装费如下：领用本企业的原材料价值 12 000 元，应付本企业安装工人的薪酬 22 800 元。

设备在安装过程中发生的安装费也构成固定资产安装工程支出。这项经济业务的发生，一方面使得公司固定资产安装工程支出（安装费）增加 34 800 元(12 000＋22 800)，另一方面使得公司的原材料成本减少 12 000 元，应付职工薪酬增加 22 800 元，因此该项经济业务涉及“在建工程”“原材料”“应付职工薪酬”三个账户。在建工程支出的增加是资产的增加，应记入“在建工程”账户的借方，原材料的减少是资产的减少，应记入“原材料”账户的贷方，应付职工薪酬的增加是负债的增加，应记入“应付职工薪酬”账户的贷方。所以这项经济业务应编制的会计分录如下。

借：在建工程	34 800	
贷：原材料		12 000
应付职工薪酬		22 800

【例 5－16】 承例 5－14 和例 5－15，上述设备安装完毕，达到预定可使用状态，并经验收合格办理竣工决算手续，现已交付使用，结转工程成本。

工程安装完毕，交付使用，意味着固定资产的取得成本已经形成，于是就可以将该工程全部支出转入“固定资产”账户，工程的全部成本为 519 800 元(485 000＋34 800)这项经济业务的发生，一方面使得公司固定资产取得成本增加 519 800 元，另一方面使得公司的在建工程成本减少 519 800 元，因此该项经济业务涉及“固定资产”和“在建工程”两个账户。固定资产取得成本的增加是资产的增加，应记入“固定资产”账户的借方，在建工程成本的结转是资产的减少，应记入“在建工程”账户的贷方。这项经济业务应编制的会计分录如下。

借：固定资产	519 800	
贷：在建工程		519 800

【例 5－17】 飞达有限责任公司购入一台不需要安装的设备，其购买价款 1 200 000 元，增值税进项税额 156 000 元，款项尚未支付。

此时，一方面企业的固定资产增加，增值税进项税额增加，另一方面企业的应付账款增加。固定资产的增加是资产的增加，应记入“固定资产”账户的借方，增值税进项税额的增加是负债的减少，应记入“应交税费”账户的借方，应付账款的增加是负债的增加，应记入“应付账款”账户的贷方。编制的会计分录如下。

借:固定资产 1 200 000
　　应交税费——应交增值税(进项税额) 156 000
　　贷:应付账款 1 356 000

二、材料采购业务的核算

企业要进行正常的产品生产经营活动,就必须购买和储备一定品种和数量的原材料。原材料是产品制造企业生产产品不可缺少的物质要素,在生产过程中,材料经过加工而改变其原来的实物形态,构成产品实体的一部分,或者实物消失而有助于产品的生产。因此,产品制造企业要有计划地采购材料,既要保证及时、按质、按量地满足生产上的需要,同时又要避免储备过多,造成不必要的资金占用。

企业储存备用的材料,通常都是向外单位采购而得的。在材料采购过程中一方面是企业从供应单位购进各种材料,计算购进材料的采购成本,另一方面企业要按照经济合同和约定的结算办法支付材料的买价和各种采购费用,并与供应单位形成货款结算关系。在材料采购业务的核算过程中,还涉及增值税进项税额的计算与处理问题。为了完成材料采购业务的核算,需要设置一系列的账户。

按照《企业会计准则第 1 号——存货》中的规定,存货应当按照成本进行初始计量,存货的成本包括采购成本、加工成本和其他成本。其中存货的采购成本是指在采购过程中所发生的支出,包括购买价款、相关税费、运输费、装卸费、保险费以及其他可归属于存货采购成本的费用。对于企业原材料的核算,其中一个非常重要的问题就是原材料成本的确定,包括取得原材料成本的确定和发出原材料成本的确定。关于取得原材料成本的确定,不同方式取得的原材料,其成本确定的方法不同,成本构成的内容也不同。其中购入的原材料,其实际采购成本由以下几项内容组成:(1)购买价款,是指购货发票所注明的货款金额;(2)采购过程中发生的运杂费(包括运输费、包装费、装卸费、保险费、仓储费等,不包括按规定根据运输费的一定比例计算的可抵扣的增值税税额);(3)材料在运输途中发生的合理损耗;(4)材料入库之前发生的整理挑选费用(包括整理挑选中发生的人工费支出和必要的损耗,并减去回收的下脚废料价值);(5)按规定应计入材料采购成本中的各种税金,如为国外进口材料支付的关税、购买材料发生的消费税以及不能从增值税销项税额中抵扣的进项税额等;(6)其他费用,如大宗物资的市内运杂费等(但这里需要注意的是市内零星运杂费,采购人员的差旅费以及采购机构的经费等不构成材料的采购成本,而是计入期间费用)。以上第(1)项应当直接计入所购材料的采购成本,第(2)(3)(4)(5)(6)项,凡能分清是某种材料直接负担的,可以直接计入材料的采购成本,不能分清的,应按材料的重量等标准分配计入材料采购成本。

对于材料采购过程中发生的物资毁损、短缺等,合理损耗部分应当作为材料采购费用计入材料的采购成本,其他损耗不得计入材料采购成本,如从供应单位、外部运输机构等收回的物资短缺、毁损赔款,则应冲减材料采购成本。

按照我国会计规范的规定,企业的原材料可以按照实际成本计价组织收发核算,也可以按照计划成本计价组织收发核算,具体采用哪一种方法,由企业根据具体情况自行决定。

(一)原材料按实际成本计价的核算

当企业的经营规模较小,原材料的种类不是很多,而且原材料的收、发业务的发生也不是很频繁的情况下,企业可以按照实际成本计价方法组织原材料的收、发核算。原材料按照实际成本计价方法进行日常的收、发核算，其特点是从材料的收、发凭证到材料明细分类账和总分类账全部按实际成本计价。

购入材料的实际采购成本＝实际买价＋采购费用

原材料按实际成本计价组织收、发核算时应设置以下几个账户。

(1)“在途物资”账户。该账户的性质属于资产类，用来核算企业采用实际成本进行材料物资日常核算时外购材料的买价和各种采购费用，据以计算、确定购入材料的实际采购成本，其借方登记购入材料的买价和采购费用(实际采购成本)，贷方登记结转完成采购过程、验收入库材料的实际采购成本，期末余额在借方，表示尚未运达企业或者已经运达企业但尚未验收入库的在途材料的成本。“在途物资”账户应按照供应单位和购入材料的品种或种类设置明细账户，进行明细分类核算。

“在途物资”账户的结构如下。

在途物资

购入材料：买价、采购费用等	结转验收入库材料的实际采购成本
期末余额：在途材料成本	

对于“在途物资”账户，在具体使用时，要注意以下两个问题。

其一，企业对于购入的材料，不论是否已经付款，一般都应该先记入该账户，在材料验收入库结转成本时，再将其成本转入“原材料”账户。

其二，购入材料过程中发生的除买价之外的采购费用，如果能够分清是某种材料直接负担的，可直接计入该材料的采购成本，否则就应进行分配。分配时，首先根据材料的特点确定分配的标准，一般来说可以选择的分配标准有材料的重量、体积、买价等，然后计算材料采购费用分配率，最后计算各种材料的采购费用负担额，即

材料采购费用分配率＝共同性采购费用额÷分配标准的合计数

某材料应负担的采购费用额＝该材料的分配标准×材料采购费用分配率

(2)“原材料”账户。该账户的性质属于资产类，用来核算企业库存材料实际成本的增减变动及其结存情况。其借方登记已验收入库材料实际成本的增加，贷方登记发出材料的实际成本(即库存材料实际成本的减少)，期末余额在借方，表示库存材料实际成本的期末结余额。“原材料”账户应按照材料的保管地点、材料的种类或类别设置明细账户，进行明细分类核算。

“原材料”账户的结构如下。

原材料

验收入库材料实际成本的增加	库存材料实际成本的减少
期末余额：库存材料实际成本	

(3)“应付账款”账户。该账户的性质属于负债类，用来核算企业因购买原材料、商品和接受劳务供应等经营活动应支付的款项。其贷方登记应付供应单位款项(买价、税金和代运杂费等)的增加，借方登记应付供应单位款项的减少(即偿还)。期末余额一般在贷方，表示尚未偿还的应付款的结余额。该账户应按照供应单位的名称设置明细账户，进行明细分类核算。

应付账款”账户的结构如下。

应付账款

应付供应单位款项的减少	应付供应单位款项的增加
	期末余额：尚未偿还的应付款

（4）“预付账款”账户。该账户的性质属于资产类，用来核算企业按照合同规定向供应单位预付购料款而与供应单位发生的结算债权的增减变动及其结余情况（企业进行在建工程预付的工程价款，也在该账户核算）。其借方登记结算债权的增加，即预付款的增加，贷方登记收到供应单位提供的材料物资而应冲销的预付款债权，即预付款的减少。期末余额一般在借方，表示尚未结算的预付款的结余额，如果该账户期末余额出现在贷方，则表示企业尚未补付的款项。该账户应按照供应单位的名称设置明细账户，进行明细分类核算。

“预付账款”账户的结构如下。

预付账款

预付供应单位款项的增加	冲销预付供应单位的款项
期末余额：尚未结算的预付款	

如果企业预付款项的情况不多时，也可以不设置本科目，将预付的款项直接记入“应付账款”账户。

（5）“应付票据”账户。该账户的性质属于负债类，用来核算企业采用商业汇票结算方式购买材料物资等而开出、承兑商业汇票的增减变动及其结余情况。其贷方登记企业开出、承兑商业汇票的增加，借方登记到期商业汇票的减少。期末余额在贷方，表示尚未到期的商业汇票的期末结余额。该账户应按照债权人设置明细账户，进行明细分类核算，同时设置“应付票据备查簿”，详细登记商业汇票的种类、号数、出票日期、到期日、票面金额、交易合同号和收款人姓名或收款单位名称以及付款日期和金额等资料。应付票据到期结清时，在备查簿中注销。

“应付票据”账户的结构如下。

应付票据

到期应付票据的减少（不论是否已经付款）	开出、承兑商业汇票的增加
	期末余额：尚未到期商业汇票的结余额

（6）“应交税费”账户。该账户的性质属于负债类，用来核算企业按税法规定应缴纳的各种税费（印花税等不需要预计税额的税种除外）的计算与实际缴纳情况。其贷方登记计算出的各种应交而未交税费的增加，包括计算出的增值税、消费税、城市维护建设税、所得税、资源税、房产税、城镇土地使用税、车船税、教育费附加以及矿产资源补偿费等，借方登记实际缴纳的各种税费，包括支付的增值税进项税额等。期末余额方向不固定，如果在贷方，表示未交税费的结余额；如果在借方，表示多交的税费。“应交税费”账户应按照税费品种设置明细账户，进行明细分类核算。

在材料采购业务中设置“应交税费”账户主要是为了核算增值税。增值税是对在中华人民共和国境内销售货物或者提供加工、修理修配劳务以及进口货物的单位和个人，就其取得的货物或应税劳务销售额计算税款，并实行税款抵扣制的一种流转税。由于增值税是对商品生产或流通各个环节的新增价值或商品附加值进行征税，所以称之为增值税，是一种价外税，采取两段征收法，分为增值税进项税额和销项税额。

当期应纳税额＝当期销项税额－当期进项税额

其中销项税额是指纳税人销售货物或提供应税劳务，按照销售额和规定的税率计算并向购买方收取的增值税税额。

销项税额＝销售货物或提供应税劳务价款×增值税税率

进项税额是指纳税人购进货物或接受应税劳务所支付或负担的增值税税额。

进项税额＝购进货物或接受应税劳务价款×增值税税率

增值税的进项税额与销项税额是相对应的，销售方的销项税额就是购买方的进项税额。

“应交税费”账户的结构如下。

应交税费

实际缴纳的各种税费（包括增值税进项税额）	计算出的应交而未交的税费（包括增值税销项税额）
期末余额：多交的税费	期末余额：未交的税费

下面举例说明原材料按实际成本计价业务的总分类核算。

【例5－18】　飞达有限责任公司从友谊公司购入下列材料：甲材料5 000千克，单价24元；乙材料2 000千克，单价19元，增值税税率13%，全部款项用银行存款付清。

对于这项经济业务，首先要计算购入材料的买价和增值税进项税额。甲材料的买价为120 000元（24×5 000），乙材料的买价为38 000元（19×2 000），甲、乙两种材料的买价共计为158 000元，增值税进项税额为20 540元（158 000×13%）。这项经济业务的发生，一方面使得公司购入甲材料的买价增加120 000元，乙材料的买价增加38 000元，增值税进项税额增加20 540元，另一方面使得公司的银行存款减少178 540元（120 000＋38 000＋20 540），因此该项经济业务涉及“在途物资”“应交税费——应交增值税”“银行存款”三个账户。材料买价的增加是资产的增加，应记入“在途物资”账户的借方，增值税进项税额的增加是负债的减少，应记入“应交税费——应交增值税”明细账户的借方，银行存款的减少是资产的减少，应记入“银行存款”账户的贷方。所以这项业务应编制的会计分录如下。

借：在途物资——甲材料	120 000	
——乙材料	38 000	
应交税费——应交增值税（进项税额）	20 540	
贷：银行存款		178 540

【例5－19】　飞达有限责任公司用银行存款7 000元支付上述购入甲、乙材料的外地运杂费，按照材料的重量比例进行分配。

首先需要对甲、乙材料应共同负担的7 000元外地运杂费进行分配。

分配率＝7 000÷（5 000＋2 000）＝1（元/千克）

甲材料负担的采购费用＝5 000×1＝5 000（元）

乙材料负担的采购费用＝2 000×1＝2 000（元）

这项经济业务的发生，一方面使得公司的材料采购成本增加7 000元，其中甲材料采购成本增加5 000元，乙材料采购成本增加2 000元，另一方面使得公司的银行存款减少7 000元，因此该项经济业务涉及“在途物资”和“银行存款”两个账户。材料采购成本的增加是资产的增加，应记入“在途物资”账户的借方，银行存款的减少是资产的减少，应记入“银行存款”账户的贷方。所以这项业务应编制的会计分录如下。

借:在途物资——甲材料 5 000
——乙材料 2 000
贷:银行存款 7 000

【例 5－20】 飞达有限责任公司从红星公司购进丙材料 7 200 千克,发票注明的价款 216 000 元,增值税税额 28 080 元(216 000×13%),红星公司代飞达有限责任公司垫付材料的运杂费 4000 元。账单、发票已到,但材料价款、税金及运杂费尚未支付。

这项经济业务的发生,一方面使得公司的材料采购成本增加 220 000 元,其中材料买价 216 000 元、运杂费 4 000 元,增值税进项税额增加 28 080 元;另一方面使得公司应付供应单位款项增加 248 080 元(220 000＋28 080)。因此该项经济业务涉及"在途物资""应交税费——应交增值税"和"应付账款"三个账户。材料采购成本的增加是资产的增加,应记入"在途物资"账户的借方,增值税进项税额的增加是负债的减少,应记入"应交税费——应交增值税"账户的借方,应付账款的增加是负债的增加,应记入"应付账款"账户的贷方。所以这项经济业务应编制的会计分录如下。

借:在途物资——丙材料 220 000
应交税费——应交增值税(进项税额) 28 080
贷:应付账款——红星公司 248 080

【例 5－21】 飞达有限责任公司按照合同规定用银行存款预付给胜利公司货款 180 000 元。

这项经济业务的发生,一方面使得公司预付的订货款增加 180 000 元,另一方面使得公司的银行存款减少 180 000 元,因此该项经济业务涉及"预付账款"和"银行存款"两个账户。预付订货款的增加是资产(债权)的增加,应记入"预付账款"账户的借方,银行存款的减少是资产的减少,应记入"银行存款"账户的贷方。所以这项经济业务应编制的会计分录如下。

借:预付账款——胜利公司 180 000
贷:银行存款 180 000

【例 5－22】 飞达有限责任公司收到胜利公司发运来的已预付货款的丙材料,随货物附来的发票注明该批丙材料的价款 420 000 元,增值税进项税额 54 600 元,除冲销原预付款 180 000 元外,不足款项立即用银行存款支付。另发生运杂费 5 000 元,用现金支付。这项经济业务的发生,一方面使得公司的材料采购支出(丙材料的买价和采购费用)增加共计 425 000 元(420 000＋5 000),增值税进项税额增加 54 600 元,另一方面使得公司的预付款减少 180 000 元,银行存款减少 294 600 元(420 000＋54 600－180 000),库存现金减少 5 000 元,因此该项经济业务涉及"在途物资""应交税费——应交增值税""预付账款""银行存款"和"库存现金"五个账户。材料采购支出的增加是资产的增加,应记入"在途物资"账户的借方,增值税进项税额的增加是负债的减少,应记入"应交税费——应交增值税"账户的借方,预付款的减少是资产的减少,应记入"预付账款"的贷方,银行存款的减少是资产的减少,应记入"银行存款"的贷方,现金的减少是资产的减少,应记入"库存现金"的贷方。所以这项经济业务应编制的会计分录如下。

借:在途物资——丙材料 425 000
应交税费——应交增值税(进项税额) 54 600

贷：预付账款——胜利公司 180 000

银行存款 294 600

库存现金 5 000

应该注意，这项经济业务所编制的会计分录是多借多贷的会计分录，要结合经济业务内容理解所涉及的各个账户之间的对应关系。实务中，一般收货和付款分别做会计分录核算。

【例 5—23】 飞达有限责任公司签发并承兑一张商业汇票购入丁材料，该批材料的含税总价款 404 540 元，增值税税率 13%。

这笔业务中出现的是含税总价款 404 540 元，应将其分解为不含税价款和税额两部分：

不含税价款＝含税价款÷(1＋税率)＝404 540÷(1＋13%)＝358 000(元)

增值税税额＝404 540－358 000＝46 540(元)

编制会计分录如下。

借：在途物资——丁材料 358 000

应交税费——应交增值税(进项税额) 46 540

贷：应付票据 404 540

【例 5—24】 飞达有限责任公司答应并承兑一张商业汇票，用以抵付本月(例 5—20)从红星公司购入丙材料的价税款和代垫付的运杂费。

编制的会计分录如下。

借：应付账款——红星公司 248 080

贷：应付票据 248 080

【例 5—25】 本月购入的甲、乙、丙、丁材料已经验收入库，结转各种材料的实际采购成本，首先计算本月购入的各种材料的实际采购成本。

甲材料实际采购成本＝120 000＋5 000＝125 000(元)

乙材料实际采购成本＝38 000＋2 000＝40 000(元)

丙材料实际采购成本＝21 600＋4 000＋420 000＋5 000＝645 000(元)

丁材料实际采购成本＝358 000(元)

这项经济业务的发生，一方面使得公司已验收入库材料的实际采购成本增加 1 168 000 元，另一方面使得公司的材料采购支出结转 1 168 000 元，因此该项经济业务涉及“原材料”和“在途物资”两个账户。库存材料实际成本的增加是资产的增加，应记入“原材料”账户的借方，材料采购支出的结转是资产的减少，应记入“在途物资”账户的贷方。所以这项经济业务应编制的会计分录如下。

借：原材料——甲材料 125 000

——乙材料 40 000

——丙材料 645 000

——丁材料 358 000

贷：在途物资——甲材料 125 000

——乙材料 40 000

——丙材料 645 000

——丁材料 358 000

(二)原材料按计划成本计价的核算

前面我们已经对原材料按实际成本计价核算的内容做了比较全面的介绍。材料按照实际成本进行计价核算，能够比较全面、完整地反映材料资金的实际占用情况，可以准确地计算出生产过程所生产产品的成本中的材料费用额。但是，在企业材料的种类比较多、收发次数又比较频繁的情况下，其核算的工作量就比较大，而且也不便于考核材料采购业务成果，分析材料采购计划的完成情况。所以在我国一些大、中型企业里，材料就可以按照计划成本计价组织收、发核算。

材料按计划成本计价进行核算，就是材料的收、发凭证，按计划成本计价，材料总账及明细账均按计划成本登记，通过增设"材料成本差异"账户来核算材料实际成本与计划成本之间的差异额，并在会计期末对计划成本进行调整以确定库存材料的实际成本和发出材料应负担的差异额，进而确定发出材料的实际成本。具体地说，材料按计划成本组织收、发核算的基本程序如下。

首先，企业应结合各种原材料的特点、实际采购成本等资料确定原材料的计划单位成本，计划单位成本一经确定，在年度内一般不进行调整。其次，平时购入或通过其他方式取得的原材料，按其计划成本和计划成本与实际成本之间的差异额分别在有关账户中进行分类登记。

最后，平时发出的材料按计划成本核算，月末再将本月发出材料应负担的差异额进行分摊，随同本月发出材料的计划成本记入有关账户，其目的就在于将不同用途消耗的原材料的计划成本调整为实际成本。

发出材料应负担的差异额必须按月分摊，不得在季末或年末一次分摊。另外，企业会计准则规定，对于发出材料应负担的成本差异，除委托外部加工物资而发出的材料可按上月（即月初）差异率计算外，其余都应使用当月的差异率，除非当月差异率与上月差异率相差不大。计算方法一经确定，不得随意变更。

原材料按计划成本组织收、发核算时，应设置以下几个账户。

（1）"原材料"账户。原材料按计划成本核算所设置的"原材料"账户与按实际成本核算设置的"原材料"账户基本相同，只是将其实际成本改为计划成本，即"原材料"账户的借方、贷方和期末余额均表示材料的计划成本。

（2）"材料采购"账户。该账户的性质是资产类，用来核算企业购入材料的实际成本和结转入库材料的计划成本，并据以计算、确定购入材料成本差异额。其借方登记购入材料的实际成本和结转入库材料实际成本小于计划成本的节约差异，贷方登记入库材料的计划成本和结转入库材料的实际成本大于计划成本的超支差异。期末余额在借方，表示在途材料的实际采购成本。该账户应按照供应单位和材料的种类设置明细账户，进行明细分类核算。

"材料采购"账户的结构如下。

材料采购

购入材料的实际采购成本	结转入库材料的计划成本
结转入库材料的节约差异额	结转入库材料的超支差异额
期末余额：在途材料的实际采购成本	

（3）"材料成本差异"账户，该账户的性质是资产类（比较特殊，注意理解！），用来核算企业库存材料实际成本与计划成本之间的超支或节约差异额的增减变动及其结余情况。其借方登记结转入库材料的超支差异额和结转发出材料应负担的节约差异额（实际成本小于计划成

本的差异)，贷方登记结转入库材料的节约差异额和发出材料应负担的超支差异额(实际成本大于计划成本的差异额)。期末余额如果在借方，表示库存材料实际成本大于计划成本的超支差异额，如果在贷方，表示库存材料实际成本小于计划成本的节约差异额。

"材料成本差异"账户的结构如下。

材料成本差异

结转入库材料的超支差异额	结转入库材料的节约差异额
结转发出材料应负担的节约差异额	结转发出材料负担的超支差异额
期末余额：库存材料的超支差异额	期末余额：库存材料的节约差异额

材料按计划成本计价核算，除上述三个账户外，其他的账户与材料按实际成本计价核算所涉及的相关账户相同。

下面举例说明原材料按计划成本计价的总分类核算。

【例 5－26】 飞达有限责任公司用银行存款购入甲材料 3 000 千克，发票注明其价款 120 000 元，增值税税额 15 600 元。另用现金 3 000 元支付该批甲材料的运杂费。

这项经济业务的发生，一方面使得公司的材料采购支出增加计 123 000 元，其中买价 120 000 元、采购费用 3 000 元，增值税进项税额增加 15 600 元，另一方面使得公司的银行存款减少 135 600 元，现金减少 3 000 元，因此该项经济业务涉及"材料采购""应交税费""银行存款""库存现金"四个账户。材料采购支出的增加是资产的增加，应记入"材料采购"账户的借方，增值税进项税额的增加是负债的减少，应记入"应交税费——应交增值税"账户的借方，银行存款的减少是资产的减少，应记入"银行存款"账户的贷方，现金的减少是资产的减少，应记入"库存现金"账户的贷方。所编制的会计分录如下。

借：材料采购——甲材料　　123 000
　　应交税费——应交增值税(进项税额)　　15 600
　　贷：银行存款　　135 600
　　　　库存现金　　3 000

【例 5－27】 承例 5－26，上述甲材料验收入库，其计划成本为 120 000 元，结转该批甲材料的计划成本和差异额。由于该批甲材料的实际成本为 123 000 元，计划成本为 120 000 元，因而可以确定甲材料成本的超支差异额为 3 000 元(123 000－120 000)。结转验收入库材料的计划成本时，使得公司的材料采购支出(计划成本)减少 120 000 元，库存材料计划成本增加 120 000 元；结转入库材料成本超支差异额，使得库存材料成本超支差异额增加 3 000 元，材料采购支出减少 3 000 元，因此该项经济业务涉及"原材料""材料采购"和"材料成本差异"三个账户，库存材料成本的增加是资产的增加，应记入"原材料"账户的借方，材料采购成本的结转是资产的减少，应记入"材料采购"账户的贷方。该项经济业务应编制如下的两笔会计分录。

(1)借：原材料——甲材料　　120 000
　　　　贷：材料采购——甲材料　　120 000
(2)借：材料成本差异　　3 000
　　　　贷：材料采购——甲材料　　3 000

假如本例中甲材料的计划成本为 12 500 元，则可以确定甲材料成本的节约差异额 2 000

元(123 000－125 000),其会计分录为

借:原材料——甲材料　125 000

　　贷:材料采购——甲材料　125 000

借:材料采购——甲材料　2 000

　　贷:材料成本差异　2 000

或者将上述两笔分录合并为:

借:原材料——甲材料　125 000

　　贷:材料采购——甲材料　123 000

　　　　材料成本差异　2 000

【例 5－28】 飞达有限责任公司本月生产产品领用甲材料计划成本总额为 150 000 元(领用材料的会计分录略)。月末计算确定发出甲材料应负担的差异额,并予以结转。假设期初库存甲材料计划成本为 300 000 元,成本差异额为超支差异 5 400 元。

为了计算产品的实际生产成本,在会计期末需要将计划成本调整为实际成本,其方法是运用差异率对计划成本进行调整,以求得实际成本。材料成本差异率的计算方法有两种,即

月初材料成本差异率＝月初库存材料成本差异额÷月初库存材料的计划成本×100%

本月材料成本差异率＝(月初库存材料成本差异额＋本月购入材料成本差异额)

÷(月初库存材料计划成本＋本月购入材料计划成本)×100%

发出材料应负担的差异率＝本月材料成本差异率×发出材料的计划成本

根据本例资料,采用本月差异率,我们的计算如下。

本月材料成本差异率＝(5 400＋3 000)÷(300 000＋120 000)×100%＝2%

发出材料应负担的差异额＝150 000×2%＝3 000(元)

结转发出材料应负担的差异额时,一方面应记入"生产成本"等账户的借方(超支用蓝字,节约用红字),另一方面应记入"材料成本差异"账户的贷方(超支用蓝字,节约用红字)。本例编制的会计分录如下。

借:生产成本　3 000

　　贷:材料成本差异　3 000

第四节　生产过程业务的核算

一、生产过程业务概述

企业的主要经济活动是生产符合社会需要的产品,产品的生产过程同时也是生产的耗费过程。企业在生产经营过程中发生的各项耗费,是企业为获得收入而预先垫支并需要得到补偿的资金耗费,因而也是收入形成、实现的必要条件。企业要生产产品就要发生各种生产耗费,包括生产资料中的劳动工具(如机器设备)和劳动对象(如原材料)的耗费,以及劳动力等方面的耗费。企业在生产过程中发生的、用货币形式表现的生产耗费叫作生产费用。这些费用最终都要归集、分配到一定种类的产品上去,从而形成各种产品的成本。换言之,企业为生产一定种类、一定数量产品所支出的各种生产费用的总和对象化于产品就形成了这些产品的成本。由此可见,费用与成本有着密切的联系,费用的发生过程也就是成本的形成过程,费用

是产品成本形成的基础。但是，费用与成本也有一定的区别，费用是在一定期间为了进行生产经营活动而发生的各项耗费，费用与发生的期间直接相关，即费用强调“期间”，而成本则是为生产某一产品或提供某一劳务所消耗的费用，成本与负担者直接相关，即成本强调“对象”。

生产费用按其计入产品成本的方式不同，可以分为直接费用和间接费用。直接费用是指企业生产产品过程中实际消耗的直接材料和直接人工。间接费用是指企业为生产产品和提供劳务而发生的各项间接支出，通常称为制造费用。上述各个项目是生产费用按其经济用途所进行的分类，在会计上我们一般将其称为成本项目。各个产品成本项目的具体构成内容可以分述如下。

直接材料是指企业在生产产品和提供劳务的过程中所消耗的、直接用于产品生产构成产品实体的各种原材料、主要材料、外购半成品以及有助于产品形成的辅助材料等。

直接人工是指企业在生产产品和提供劳务过程中，直接从事产品生产的工人工资、津贴、补贴和福利费等薪酬内容。

制造费用是指企业为生产产品和提供劳务而发生的各项间接费用，其构成内容比较复杂，包括间接的职工薪酬、折旧费、修理费、办公费、水电费、机物料消耗、季节性停工损失等。

在会计核算过程中，必须按照划分收益性支出和资本性支出、历史成本和权责发生制核算基础的要求对各项费用的发生额及其应归属的期间加以确认与计量，并按照各项费用的构成内容和经济用途正确地进行反映。因此，在产品生产过程中费用的发生、归集和分配以及产品成本的形成，就构成了产品生产业务核算的主要内容。

二、生产费用的归集与分配

(一)材料费用的归集与分配

产品制造企业通过供应过程采购的各种原材料，经过验收入库之后，就形成了生产品的物资储备，生产产品及其他方面领用时，就形成了材料费。完整意义上的材料费包括消耗的原材料、主要材料和辅助材料等，在确定材料费用时，应在根据领料凭证区分车间、部门和不同用途后，按照确定的结果将发出材料的成本分别记入“生产成本”“制造费用”“管理费用”等账户和产品生产成本明细账。对于直接用于某种产品生产的材料费，应直接计入该产品生产成本明细账中的直接材料项目；对于由几种产品共同耗用、应由这些产品共同负担的材料费，应选择适当的标准在各种产品之间进行分配之后，计入各有关成本计算对象；对于为创造生产条件等需要而间接消耗的各种材料费，应先在“制造费用”账户中进行归集，然后再同其他间接费用一起分配计入有关产品成本中。总而言之，材料是构成产品实体的一个重要组成部分，对材料费的归集与分配的核算是生产过程核算的一部分非常重要的内容。

为了核算和监督产品在生产过程中各项材料费用的发生、归集和分配情况，正确地计算产品生产成本中的材料费用，应设置以下的账户。

(1)“生产成本”账户。该账户的性质属于成本类，用来归集和分配企业进行工业性生产所发生的各项生产费用，进而根据该账户可以正确地计算产品生产成本。其借方登记应计入产品生产成本的各项费用，包括直接计入产品生产成本的直接材料费、直接人工费和期末按照一定的方法分配计入产品生产成本的制造费用；贷方登记结转完工入库产成品的生产成本。期末如有余额在借方，表示尚未完工产品(在产品)的成本，即生产资金的占用额。该账户应按产品种类或类别设置明细账户，进行明细分类核算。

“生产成本”账户的结构如下。

生产成本

发生的生产费用：	结转完工验收入库产成品成本
直接材料	
直接人工	
制造费用	
期末余额：在产品成本	

(2)“制造费用”账户。该账户的性质属于成本类，用来归集和分配企业生产车间(基本生产车间和辅助生产车间)范围内为组织和管理产品的生产活动而发生的各项间接生产费用，包括车间范围内发生的管理人员的薪酬、折旧费、修理费、办公费、水电费、机物料消耗和季节性停工损失等。其借方登记实际发生的各项制造费用，贷方登记期末经分配转入“生产成本”账户借方(应计入产品制造成本)的制造费用额。期末在费用结转后该账户一般没有余额(季节性生产企业除外)。该账户应按不同车间设置明细账户，按照费用项目设置专栏进行明细分类核算。

“制造费用”账户的结构如下。

制造费用

归集车间范围内发生的各项间接费用	期末分配转入“生产成本”账户的制造费用

产品制造企业采购到的材料，经验收入库，形成生产的物资储备。生产部门领用时，填制领料单，向仓库办理领料手续，领取所需材料。仓库发出材料后，要将领料凭证传递到会计部门。会计部门将领料单汇总，编制“发出材料汇总表”，据以将本月发生的材料费用按其用途分配计入生产费用和其他有关费用。

下面举例说明材料费用归集与分配的总分类核算过程。

【例 5—29】 飞达有限责任公司本月仓库发出材料，其用途见表 5—1 所示。

表 5—1 **发出材料汇总表金额单位**

用　途	甲材料		乙材料		材料耗用合计(元)
	数量(千克)	金额(元)	数量(千克)	金额(元)	
制造产品领用					
A 产品耗用	8 000	200 000	6 000	120 000	320 000
B 产品耗用	10 000	250 000	4 000	80 000	330 000
小计	18 000	450 000	10 000	200 000	650 000
车间一般耗用	5 000	125 000	2 000	40 000	165 000
合　计	23 000	575 000	12 000	240 000	815 000

从表 5—1 所列资料可以看出，该企业的材料费用可以分为两个部分：一部分为直接用于产品生产的直接材料费用，A、B 两种产品共耗用 650 000 元，其中 A 产品耗用 320 000 元，B

产品耗用 330 000 元。另一部分为车间一般性消耗的材料费 165 000 元。这项经济业务的发生，一方面使得公司生产产品的直接材料费增加 650 000 元，间接材料费增加 165 000 元，另一方面使得公司的库存材料减少 815 000 元，因此该项经济业务涉及“生产成本”“制造费用”“原材料”三个账户。生产产品的直接材料费和间接材料费的增加是费用的增加，应分别记入“生产成本”和“制造费用”账户的借方，库存材料的减少是资产的减少，应记入“原材料”账户的贷方。所以这项经济业务应编制的会计分录如下。

借:生产成本——A 产品	320 000	
——B 产品	330 000	
制造费用	165 000	
贷:原材料——甲材料		575 000
——乙材料		240 000

(二)人工费用的归集与分配

工人为企业劳动，理应从企业获得一定的报酬，也就是企业应向职工支付一定的薪酬。《企业会计准则第 9 号——职工薪酬》(2014)(以下简称职工薪酬准则)将职工薪酬界定为“企业为获得职工提供的服务或解除劳动关系而给予的各种形式的报酬或补偿。企业提供给职工配偶、子女、受赡养人、已故员工遗属及其他受益人等的福利，也属于“职工薪酬”。也就是说，从性质上凡是企业为获得职工提供的服务给予或付出的各种形式的对价，都构成职工薪酬，作为一种耗费构成人工成本，与这些服务产生的经济利益相匹配，与此同时，企业与职工之间因职工提供服务形成的关系，大多数构成企业的现时义务，将导致企业未来经济利益的流出，从而形成企业的一项负债。

职工薪酬准则所称的“职工”与《中华人民共和国劳动法》中所指的职工相比，既有重合，又有拓展，具体包括以下三类人员：①与企业订立劳动合同的所有人员，含全职、兼职和临时工，即与企业订立了固定期限、无固定期限和以完成一定的工作量作为期限的劳动合同的所有人员。②未与企业订立劳动合同、但由企业正式任命的人员，如董事会成员、监事会成员等。按照《中华人民共和国公司法》规定，公司应当设立董事会和监事会，董事会和监事会成员为企业的战略发展提出建议、进行相关监督等，目的是提高企业整体经营管理水平，对其支付的津贴、补贴等报酬从性质上看属于职工薪酬。③在企业的计划和控制下，虽未与企业订立劳动合同或未由企业正式任命，但为企业提供与职工类似服务的人员，也属于职工薪酬准则所称的“职工”。如企业与有关中介机构签订劳务用工合同所涉及的相关务工人员。

职工薪酬是企业因职工提供服务而支付或放弃的所有对价。企业在确定应当作为职工薪酬进行确认和计量的项目时，需要综合考虑，确保企业人工成本核算的完整性和准确性。职工薪酬准则所确定的职工薪酬主要包括以下几项内容。

(1)短期薪酬是指企业预期在职工提供相关服务的年度报告期间结束后十二个月内将全部予以支付的职工薪酬，因解除与职工的劳动关系给予的补偿除外。短期薪酬具体包括：职工工资、奖金、津贴和补贴。企业按照短期奖金计划向职工发放的奖金属于短期薪酬，按照中长期奖金计划向职工发放的奖金属于其他长期职工福利。②职工福利费，是指企业向职工提供的生活困难补助、丧葬补助费、抚恤费、职工异地安家费和防暑降温费等职工福利支出。③医疗保险费、工伤保险费和生育保险费等社会保险费，是指企业按照国家规定的基准和比例计算，向社会保险经办机构缴纳的医疗保险费、养老保险费、失业保险费、工伤保险费和生育保险费等。④住房公积金，是指企业按照国家规定的基准和比例计算，向住房公积金管理机构缴存的住房公积金。⑤工会经费和职工教育经费，是指企业为了改善职工文化生活，为职工学习先进技术，提高文化水平和业务素质，开展工会活动和职工教育及职业技能培训等的相关支出。⑥短期带薪缺勤，是指职工虽然缺勤但企业仍向其支付报酬的安排，包括年休假、病假、婚假、产假、丧假和探亲假等。⑦短期利润分享计划，是指因职工提供服务而与职工达成的基于利润或其他经营成果提供薪酬的协议。③其他短期薪酬，是指除上述薪酬以外的其他为获得职工提供的服务而给予的短期薪酬。

(2)离职后福利是指企业为获得职工提供的服务而在职工退休或与企业解除劳动关系后，提供的各种形式的报酬和福利，短期薪酬和辞退福利除外。

(3)辞退福利是指企业在职工劳动合同到期之前解除与职工的劳动关系，或者为鼓励职工自愿接受裁减而给予职工的补偿。辞退福利主要包括：①在职工劳动合同到期前，不论职工本人是否愿意，企业决定解除与职工的劳动关系而给予的补偿；②在职工劳动合同尚未到期前，为鼓励职工自愿接受裁减而给予的补偿，职工有权利选择继续在职或接受补偿离职。另外，职工虽然没有与企业解除劳动合同，但未来不再为企业提供服务，不能为企业带来经济利益，企业承诺提供实质上具有辞退福利性质的经济补偿的，如发生“内退”的情况，在其正式退休日期之前应当比照辞退福利处理，在其正式退休日期之后，应当按照离职后福利处理。

(4)其他长期职工福利，是指除短期薪酬、离职后福利、辞退福利之外所有的职工薪酬，包括长期带薪缺勤、长期残疾福利、长期利润分享计划等。

总而言之，职工薪酬的具体范围包括在职和离职后提供给职工的所有货币性和非货币性薪酬；能够量化给职工本人和提供给职工集体享有的福利；提供给职工本人、配偶、子女或其他赡养人福利；以商业保险形式提供给职工的保险待遇等。在对企业职工的薪酬进行核算时，应根据工资结算汇总表或按月编制的“职工薪酬分配表”的内容登记有关的总分类账户和明细分类账户，进行相关的账务处理。

应由生产产品、提供劳务负担的职工薪酬，计入产品成本或劳务成本。生产产品、提供劳务的直接生产人员和直接提供劳务人员发生的职工薪酬，根据《企业会计准则第 1 号——存货》的规定，计入存货成本，但非正常消耗的直接生产人员和直接提供劳务人员的职工薪酬，应在发生时确认为当期损益；应由在建工程、无形资产负担的职工薪酬，计入固定资产或无形资产成本；除直接生产人员、直接提供劳务人员、建造固定资产人员、开发无形资产人员以外的职工，包括公司总部管理人员、董事会成员、监事会成员等人员相关的职工薪酬，因难以确定直接对应的受益对象，所以均应在发生时确认为当期损益。下面仅以短期薪酬中的工资、福利费为例说明短期薪酬的确认与计量。为了核算职工薪酬的发生和分配的内容，需要设置“应付职工薪酬”账户。“应付职工薪酬”账户的性质是负债类，用来核算企业职工薪酬的确认与实际发放情况，并核算和监督企业与职工薪酬结算情况。该账户贷方登记本月计算的应付职工薪酬总额，包括各种工资、奖金、津贴和福利费等，同时应付的职工薪酬应作为一项费用按其经济用途分别记入有关的成本、费用账户；借方登记本月实际支付的职工薪酬数。月末如为贷方余额，表示本月应付职工薪酬大于实付职工薪酬的数额，即应付未付的职工薪酬。“应付职工薪酬”账户可以按照“工资”“职工福利”“社会保险费”“住房公积金”等进行明细分类核算。

“应付职工薪酬”账户的结构如下。

应付职工薪酬

实际支付的职工薪酬	月末计算分配的职工薪酬
	期末余额:应付未付的职工薪酬

企业发生的职工薪酬的用途是不同的,有的直接用于产品的生产,有的用于管理活动等,所以,在确定本月应付职工薪酬时,就应该按用途分别在有关的账户中进行核算,特别是对于生产多种产品的企业,其共同性的职工薪酬应在各种产品之间按照一定的标准进行分配,其分配的具体过程将在经济业务的处理中详细说明。这里需要特别说明的是对于职工福利费,企业应当根据历史经验数据和当期福利费列支计划,预计当期应计入职工薪酬的福利费金额,在会计期末,企业应对实际发生的福利费金额和预计金额进行适当的调整。关于职工薪酬核算的具体程序包括支付工薪、分配职工薪酬等环节。

下面举例说明生产过程中发生的工资等职工薪酬的归集与分配业务的总分类核算。

【例 5—30】 飞达有限责任公司开出现金支票,从银行提取现金 3 600 000 元,准备发放工资。这项经济业务的发生方面使得公司的库存现金增加 3 600 000 元,另一方面使得公司的银行存款减少 3 600 000 元,因此该项经济业务涉及"库存现金"和"银行存款"两个账户。现金的增加是资产的增加,应记入"库存现金"账户的借方,银行存款的减少是资产的减少,应记入"银行存款"账户的贷方。所以这项经济业务应编制的会计分录如下。

借:库存现金　　3 600 000

　贷:银行存款　　3 600 000

【例 5—31】 飞达有限责任公司用现金 3 600 000 元发放工资。

这项经济业务的发生,一方面使得公司的现金减少 3 600 000 元,另一方面使得公司的应付职工薪酬减少 3 600 000 元,因此该项经济业务涉及"库存现金"和"应付职工薪酬"两个账户。现金的减少是资产的减少,应记入"库存现金"账户的贷方,应付职工薪酬的减少是负债的减少,应记入"应付职工薪酬"账户的借方。所以这项经济业务应编制的会计分录如下。

借:应付职工薪酬——工资　　3 600 000

　贷:库存现金　　3 600 000

【例 5—32】 飞达有限责任公司根据当月的考勤记录和产量记录等,计算确定本月职工的工资如下。

A 产品生产工人工资　　1 640 000 元

B 产品生产工人工资　　1 430 000 元

车间管理人员工资　　320 000 元

厂部管理人员工资　　210 000 元

这项经济业务的发生,一方面使得公司应付职工薪酬增加了 3 600 000 元,另一方面使得公司的生产费用和期间费用增加了 3 600 000 元。其中 A 产品生产工人的工资 1 640 000 元,B 产品生产工人的工资 1 430 000 元,车间管理人员的工资 320 000 元,厂部管理人员的工资 210 000 元。车间生产工人和管理人员的工资作为一种生产费用应分别记入产品的生产成本(直接计入)和制造费用,厂部管理人员的工资应记入期间费用,因此该项经济业务涉及"生产成本""制造费用""管理费用""应付职工薪酬"四个账户。生产工人的工资作为直接生产费用应记入"生产成本"账户的借方,车间管理人员的工资作为间接生产费用应记入"制造费用"账户的借方,厂部管理人员的工资作为期间费用应记入"管理费用"账户的借方,上述职工工资尚未支付形成企业负债的增加，应记入“应付职工薪酬”账户的贷方。所以这项经济业务应编制的会计分录如下。

借：生产成本——A产品　　1 640 000
　　　　　　——B产品　　1 430 000
　　制造费用　　320 000
　　管理费用　　210 000
　　贷：应付职工薪酬——工资　　3 600 000

【例5—33】 飞达有限责任公司本月以银行存款支付职工福利费504 000元，其中生产工人的福利费429 800元(A产品生产工人229 600元，B产品生产工人200 200元)，车间管理人员的福利费44 800元，厂部管理人员的福利费29 400元。企业为了保证职工的身体健康和提高职工的福利待遇，根据国家规定，企业可以按照职工工资总额的一定比例在成本费用中列支职工福利费。支付职工福利费时，一方面使得银行存款等资产减少，另一方面使得应付职工薪酬这项负债减少，所以这笔业务首先应记入“应付职工薪酬”账户的借方和“银行存款”账户的贷方。列支职工福利费时，一方面使得公司当期的费用成本增加，另一方面使得公司的应付职工薪酬增加。对于费用成本的增加应区分不同人员的福利费，分别在不同的账户中列支。其中A产品生产工人的福利费为229 600元，B产品生产工人的福利费为200 200元，属于产品生产成本的增加应记入“生产成本”账户的借方，车间管理人员的福利费为44 800元，属于生产产品所发生的间接费用的增加，应记入“制造费用”账户的借方，厂部管理人员的福利费为29 400元属于期间费用的增加，应记入“管理费用”账户的借方，同时，应记入“应付职工薪酬”账户的贷方。所以这项经济业务应编制的会计分录如下。

(1)列支福利费时：

借：生产成本——A产品　　229 600
　　　　　　——B产品　　200 200
　　制造费用　　44 800
　　管理费用　　29 400
　　贷：应付职工薪酬——职工福利　　504 000

(2)支付福利费时：

借：应付职工薪酬——职工福利　　504 000
　　贷：银行存款　　504 000

(三)制造费用的归集与分配

制造费用是产品制造企业为了生产产品和提供劳务而发生的各种间接费用。其主要内容是企业的生产部门(包括基本生产车间和辅助生产车间)为组织和管理生产活动以及为生产活动服务而发生的费用，如车间管理人员的工资及福利费，车间生产使用的照明费、取暖费、运输费和劳动保护费等。在生产多种产品的企业里，制造费用在发生时一般无法直接判定其应归属的成本核算对象，因而不能直接计入所生产的产品成本中，必须将上述各种费用按照发生的不同空间范围在“制造费用”账户中予以归集、汇总，然后选用一定的标准(如生产工人工资、生产工时等)，在各种产品之间进行合理的分配，以便于准确地确定各种产品应负担的制造费用额。在制造费用的归集过程中，要按照权责发生制核算基础的要求，正确地处理跨期间的各种费用，使其分摊于应归属的会计期间。

制造费用包括的具体内容又可以分为三部分。

第一部分是间接用于产品生产的费用，如机物料消耗费用，车间生产用固定资产的折旧费、修理费、保险费，车间生产用的照明费以及劳动保护费等。

第二部分是直接用于产品生产，但管理上不要求或者不便于单独核算，因而没有单独设置成本项目进行核算的某些费用，如生产工具的推销费、设计制图费、试验费以及生产工艺用的动力费等。

第三部分是车间用于组织和管理生产的费用，如车间管理人员的工资及福利费，车间管理用的固定资产折旧费、修理费，车间管理用具的摊销费，车间管理用的水电费、办公费、差旅费等。

为了归集和分配各种间接费用，需要设置以下几个与间接费用的发生有关的账户。

(1)“长期待摊费用”账户。首先应明确长期待摊费用是指企业已经支出但应由本期和以后各期分别负担，且分摊期在1年以上的各项费用。为了符合权责发生制核算基础的要求核算这些先付款后推销的费用，设置了“长期待摊费用”账户。该账户的性质属于资产类，用来核算企业预先付款、应由本期和以后各期分别负担的推销期超过1年的各种费用。其借方登记预先支付的各种款项，如预付的房租、开办费、设备大修理费等，贷方登记应摊销计入本期成本或损益的各种费用。期末余额在借方，表示已经支出但尚未摊销的费用。该账户应按照费用的种类设置明细账户，进行明细分类核算。“长期待摊费用”账户的结构如下。

长期待摊费用

预先支付的款项	应计入本期成本或损益的费用
期末余额：已支出但未推销的费用	

(2)“累计折旧”账户。该账户的性质是资产类，用来核算企业固定资产已提折旧的累计情况。其贷方登记按月提取的折旧额，即累计折旧的增加，借方登记因减少固定资产而减少的累计折旧。期末余额在贷方，表示已提折旧的累计额。该账户只进行总分类核算，不进行明细分类核算。如果要查明某项固定资产已提折旧的具体情况，可以通过固定资产卡片(台账)来了解。

“累计折旧”账户的结构如下。

累计折旧

固定资产折旧的减少(注销)	提取的固定资产折旧的增加
	期末余额、现有固定资产累计折旧额

关于固定资产的折旧需要注意：为了给固定资产的管理提供有用的会计信息，真实、准确地反映企业固定资产价值的增减变动及其结存情况，在会计核算过程中设置了“固定资产”账户。由于固定资产在其较长的使用期限内保持原有实物形态，而其价值却随着固定资产的损耗而逐渐减少，但其实物未被报废清理之前，总有一部分价值相对固定在实物形态上。固定资产管理要求原价与实物口径相一致，以考核固定资产的原始投资规模。固定资产由于损耗而减少的价值就是固定资产的折旧。固定资产的折旧应该作为折旧费用计入产品成本和期间费用，这样做不仅是为了使企业在将来有能力重置固定资产，更主要的是为了实现期间收入与费用的正确配比。计提固定资产折旧，通常是根据期初固定资产的原价和规定的折旧率

按月计算提取的。

基于固定资产的上述特点，为了使“固定资产”账户能按固定资产的取得成本反映其增减变动和结存情况，并便于计算和反映固定资产的账面净值(折余价值)，需要专门设置一个用来反映固定资产损耗价值(即折旧额)的账户，即“累计折旧”账户。每月计提的固定资产折旧记入该账户的贷方，表示固定资产因损耗而减少的价值；对于固定资产因出售报废等原因引起的取得成本的减少，在注销固定资产的取得成本时，贷记“固定资产”账户，同时还应借记“累计折旧”账户，注销其已提取的折旧额。“累计折旧”账户期末应为贷方余额，表示现有固定资产已提取的累计折旧额。将“累计折旧”账户的贷方余额抵减“固定资产”账户的借方余额即可求得固定资产的净值。

下面举例说明制造费用的归集(部分业务)与分配的总分类核算。

【例5－34】 飞达有限责任公司用银行存款100 800元预付今、明两年的车间用房租金。

本例中按照权责发生制的要求，企业应按支出的义务是否属于本期来确认费用的入账时间，也就是凡是本期发生的费用，不论款项是否在本期支付，都应作为本期的费用入账；凡不属本期的费用，即使款项在本期支付，也不应作为本期的费用处理。公司用银行存款预付两年的房租，款项虽然在本期支付，但其付款的义务显然不在本期发生，而是在今、明两年产生付款责任，所以本期付款时，应将其作为一种等待摊销的费用处理。因此，这项经济业务的发生，一方面使得公司等待摊销的费用增加了，属于资产增加，应记入“长期待摊费用”账户的借方，另一方面用银行存款支付款项，意味着银行存款这项资产的减少，应记入“银行存款”账户的贷方。所以这项经济业务应编制的会计分录如下。

借：长期待摊费用　　100 800

　贷：银行存款　　100 800

【例5－35】 承例5－34，飞达有限责任公司月末摊销应由本月负担的上项已付款的车间用房的房租4 200元。这项经济业务实际上是一笔权责发生制核算基础应用的业务。题中房租的款项虽然在本月已经支付，但其责任却是在含本月在内的24个月产生，因而由本月负担的部分应将其作为本期的费用入账。所以摊销车间房租时方面使得公司的制造费用增加4 200元，另一方面使得公司的前期付款等待摊销的费用减少4 200元，因此该项经济业务涉及“制造费用”和“长期待摊费用”两个账户。制造费用的增加是费用的增加，应记入“制造费用”账户的借方，长期待摊费用的减少是资产的减少，应记入“长期待摊费用”账户的贷方。所以这项经济业务应编制的会计分录如下。

借：制造费用　　4 200

　贷：长期待摊费用　　4 200

【例5－36】 飞达有限责任公司用银行存款支付应由本月负担的车间设备修理费3 500元。在该项经济业务的发生，一方面使得公司的制造费用增加3 500元，另一方面银行存款减少3 500元，因此该项经济业务涉及“制造费用”和“银行存款”两个账户。制造费用的增加是费用的增加，应记入“制造费用”账户的借方，银行存款的减少是资产的减少，应记入“银行存款”账户的贷方。所以这项经济业务应编制的会计分录如下。

借：制造费用　　3 500

　贷：银行存款　　3 500

【例5－37】 飞达有限责任公司于月末计提本月固定资产折旧，其中车间固定资产折旧额 8 600 元，厂部固定资产折旧额 4 500 元。企业的固定资产由于使用等原因会被磨损，其磨损价值即折旧，因而对固定资产应通过提取折旧的方式将其磨损的价值计入当期成本或损益中去。提取固定资产折旧时，一方面意味着当期的费用成本增加，应区分不同的空间范围记入不同的费用成本类账户，其中车间固定资产提取的折旧额应记入“制造费用”账户的借方，厂部用固定资产提取的折旧额应记入“管理费用”账户的借方，另一方面，固定资产已提折旧额的增加，实际上是固定资产价值的减少，本应记入“固定资产”账户，但是由于“固定资产”账户只能记录固定资产的取得成本（在固定资产使用期内，一般是不变的），所以，对于固定资产提取的折旧额应记入“累计折旧”账户的贷方，表示固定资产已提折旧的增加。所以这项经济业务应编制的会计分录如下。

借：制造费用　　8 600
　　管理费用　　4 500
　　贷：累计折旧　　13 100

【例 5－38】 飞达有限责任公司用现金 900 元购买车间的办公用品。这项经济业务的发生，使得公司车间的办公用品费增加 900 元，同时现金减少 900 元，因此该项经济业务涉及“制造费用”和“库存现金”两个账户。其中，车间办公用品费的增加是费用的增加，应记入“制造费用”账户的借方，现金的减少是资产的减少，应记入“库存现金”账户的贷方。所以这项经济业务应编制的会计分录如下。

借：制造费用　　900
　　贷：库存现金　　900

【例 5－39】 飞达有限责任公司在月末将本月发生的制造费用按照生产工时比例分配计入 A、B 产品生产成本。其中 A 产品生产工时 6 000 个，B 产品生产工时 4 000 个。企业发生的制造费用属于间接费用，所以需要采用一定的标准在各种产品之间进行合理的分配。制造费用可以采用的分配标准有：按生产工人工资比例分配；按生产工时比例分配；按机器设备运转台时分配；按耗用原材料的数量或成本分配；按产品产量分配等。企业可以根据自身管理的需要、产品的特点等选择采用某种标准，但是标准一经确定，应按照可比性的要求，不得随意变更。

对于这项经济业务，首先归集本月发生的制造费用额，即根据材料费用归集、人工费用归集、制造费用归集等业务内容可以确定公司本月发生的制造费用为 547 000 元。

（165 000＋320 000＋44 800＋4 200＋3 500＋8 600＋900）；然后按照生产工时比例进行分配，即

制造费用分配率＝制造费用总额/生产工时总和＝547 000÷（6 000＋4 000）＝54.70（元/工时）

A 产品负担的制造费用额＝6 000×54.7＝328 200（元）

B 产品负担的制造费用额＝4 000×54.7＝218 800（元）

将分配的结果计入产品成本时，一方面使得产品生产费用增加 547 000 元，另一方面使得公司的制造费用减少 547 000 元。因此该项经济业务涉及“生产成本”和“制造费用”两个账户。产品生产费用的增加作为间接费用应记入“生产成本”账户的借方，制造费用的减少是费用的结转，应记入“制造费用”账户的贷方。所以这项经济业务应编制的会计分录如下。

借：生产成本——A 产品　　328 200

——B产品　　　　218 800

贷:制造费用　　　　547 000

(四)完工产品生产成本的计算与结转

在将制造费用分配由各种产品成本负担之后,“生产成本”账户的借方归集了各种产品所发生的直接材料、直接工资、其他直接支出和制造费用的全部内容。在此基础上就可以进行产品成本的计算了。进行产品生产成本的计算就是将企业生产过程中为制造产品所发生的各种费用按照生产产品的品种、类别等(即成本计算对象)进行归集和分配,以便计算各种产品的总成本和单位成本。计算产品生产成本既为入库产成品提供了计价的依据,又满足了确定各会计期间盈亏的需要。

企业应设置产品生产成本明细账,用来归集应计入各种产品的生产费用。在以产品品种为成本计算对象的企业或车间,如果只生产一种产品,计算产品成本时,只需为这种产品开设一本明细账,账内按照成本项目设立专栏或专行。在这种情况下发生的生产费用全部都是直接计入的费用,可以直接记入产品成本明细账,而不存在在各成本计算对象之间分配费用的问题。

如果生产的产品不止一种,就应按照产品品种分别开设产品生产成本明细账。生产过程中发生的费用凡能分得清被哪种产品所消耗的,应根据有关凭证直接记入该种产品成本明细账;凡分不清的,如制造费用或几种产品共同耗用的某种原材料费用、生产工人的计时工资等,则应采取适当的分配方法在各成本计算对象之间进行分配,然后记入各产品成本明细账。产品生产成本的计算应在生产成本明细账中进行。如果月末某种产品全部完工,该种产品生产成本明细账所归集的费用总额,就是该种完工产品的总成本,用完工产品总成本除以该种产品的完工总产量即可计算出该种产品的单位成本。如果月末某种产品全部未完工,该种产品生产成本明细账所归集的费用总额就是该种产品在产品的总成本。如果月末某种产品一部分完工,一部分未完工,这时归集在产品成本明细账中的费用总额还要采取适当的分配方法,在完工产品和在产品之间进行分配,然后才能计算出完工产品的总成本和单位成本。生产费用如何在完工产品和在产品之间进行分配,是成本计算中的一个既重要而又复杂的问题,关于这方面的具体内容将在第七章中进行具体介绍。

完工产品成本的简单计算公式为

完工产品生产成本＝期初在产品成本＋本期发生的生产费用－期末在产品成本

企业生产的产品经过了各道工序的加工生产之后,就成为企业的产成品。产成品是指已经完成全部生产过程并已验收入库、符合标准规格和技术条件,可以按照合同规定的条件送交订货单位,或可以作为商品对外销售的产品。根据完工产品生产成本计算单的资料就可以结转完工、验收入库产品的生产成本。

为了核算完工产品的成本结转及其库存商品的成本情况,需要设置“库存商品”账户,该账户的性质是资产类账户,用来核算企业库存的外购商品、自制产品即产成品、自制半成品、存放在门市部准备出售的商品、发出展览的商品以及寄存在外的商品等的实际成本(或计划成本)的增减变动及其结余情况。其借方登记验收入库商品成本的增加,包括外购、自产、委外加工等;贷方登记库存商品成本的减少(发出)。期末余额在借方,表示库存商品成本的期末结余额。“库存商品”账户应按照商品的种类、品种和规格等设置明细账,进行明细分类核算。

“库存商品”账户的结构如下。

库存商品

验收入库商品成本的增加	库存商品成本的减少
期末余额:结存的商品成本	

下面举例说明完工入库产品成本结转的总分类核算。

【例5—40】 飞达有限责任公司生产车间本月生产完工A、B两种产品,其中A产品完工总成本为1 842 000元,B产品完工总成本为1 265 000元。A、B产品现已验收入库结转成本。产品完工入库结转成本时,一方面使得公司的库存商品成本增加,其中A产品成本增加1 842 000元,B产品成本增加1 265 000元。另一方面由于结转入库商品实际成本而使生产过程中占用的资金减少3 107 000元(1 842 000+1 265 000),因此该项经济业务涉及“生产成本”和“库存商品”两个账户,库存商品成本的增加是资产的增加,应记入“库存商品”账户的借方,结转入库产品成本使生产成本减少,应记入“生产成本”账户的贷方。所以这项经济业务应编制的会计分录如下。

借:库存商品——A产品　　1 842 000
　　　　　　——B产品　　1 265 000
　贷:生产成本——A产品　　1 842 000
　　　　　　——B产品　　1 265 000

第五节　销售过程业务的核算

企业经过了产品生产过程,生产出符合要求、可供对外销售的产品,形成了商品存货,接下来就要进入销售过程。通过销售过程,将生产出来的产品销售出去,实现它们的价值。销售过程是企业经营过程的最后一个阶段。产品制造企业在销售过程中,通过销售产品,按照销售价格收取产品价款,形成商品销售收入,在销售过程中结转的商品销售成本,以及发生的运输、包装、广告等销售费用,按照国家税法的规定计算缴纳的各种销售税金等都应该从销售收入中得到补偿,补偿之后的差额即为企业销售商品的业务成果即利润或亏损。企业在销售过程中除了发生销售商品、自制半成品以及提供工业性劳务等业务,即主营业务外,还可能发生一些其他业务,如销售材料、出租包装物、出租固定资产等,所以我们在这一节中主要介绍企业主营业务收支和其他业务收支的核算内容。

一、主营业务收支的核算

企业的主营业务范围包括销售商品、自制半成品、代制品、代修品以及提供工业性劳务等。主营业务核算的主要内容就是主营业务收入的确认与计量、主营业务成本的计算与结转、销售费用的发生与归集、税金的计算与缴纳以及货款的收回等。

(一)营业收入的确认与计量

1. 营业收入的范围

营业收入是指企业在从事销售商品、提供劳务和让渡资产使用权等(以下简称销售商品等)日常经营业务过程中取得的收入。在日常会计处理中,营业收入

知识链接

可分为主营业务收入和其他业务收入两部分。主营业务收入是指企业进行经常性业务取得的收入，是利润形成的主要来源。不同行业主营业务收入的表现形式有所不同。工业企业的主营业务收入是指销售商品（产成品）、自制半成品以及提供代制、代修等工业性劳务取得的收入，称为产品销售收入；商品流通企业的主营业务收入是销售商品取得的收入，称为商品销售收入，其他业务收入是指企业在生产经营过程中取得的除主营业务收入以外的各项收入，如转让无形资产使用权的收入等。

2. 营业收入的确认

企业应当履行合同中的履约义务，即在客户取得相关商品控制权时确认收入。履约义务是指合同中企业向客户转让商品等的承诺，既包括合同中明确的承诺，也包括由于企业已公开宣布的政策、特定声明或以往的习惯做法等导致合同订立时客户合理预期企业将履行的承诺。客户取得相关商品等控制权，是指能够主导该商品的使用并从中获得几乎全部的经济利益。

(1)营业收入的确认条件

当企业与客户之间的合同同时满足下列条件时，企业应当在客户取得相关商品等控制权时确认营业收入。

①合同各方已批准该合同并承诺将履行各自义务。

②该合同明确了合同各方与所销售商品等相关的权利和义务。

③该合同有明确的与所销售商品等相关的支付条款。

④该合同具有商业实质，即履行该合同将改变企业未来现金流量的风险、时间分布或金额。

⑤企业因向客户销售商品等而有权取得的对价很可能收回。

同时满足上述条件，说明企业取得了内容完整、合法有效的具有商业实质的合同，且很可能收到相关价款，在这种情况下，企业履行了合同中的履约义务，即客户取得相关商品等控制权时，企业可以确认营业收入。

需要说明的是，大多数企业在经营活动中均需与客户签订销售合同，如施工企业与客户签订承接建造合同、生产企业与客户签订销售商品合同等，在这种情况下，应按照规定在履行了合同中的履约义务，即在客户取得相关商品等控制权时确认营业收入。但是，商品零售企业等的商品销售大多在客户付款后直接发货，不需要签订合同，在这种情况下，按照实质重于形式的要求，可以视为履行了合同中的履约义务，可以直接确认营业收入。

(2)营业收入的确认时间

营业收入的确认，根据履约义务的时间，分为在某一时段内分期确认和在某一时点确认。

知识链接

①在某一时段内分期确认营业收入。合同开始日，企业应当对合同进行评估，识别该合同所包含的履约义务。满足下列条件之一的，属于在某一时段内履行履约义务；否则，属于在某一时点履行履约义务：

a. 客户在企业履约的同时即取得并消耗企业履约所带来的经济利益。

b. 客户能够控制企业履约过程中在建的商品等。

c. 企业在履约过程中所产出的商品等具有不可替代用途，且该企业在整个合同期间内有权就累计至今已完成的履约部分收取款项。具有不可替代用途，是指因合同限制或实际可行性限制,企业不能轻易地将商品等用于其他用途;有权就累计至今已完成的履约部分收取款项,是指由于客户或其他方原因在终止合同的情况下,企业有权就累计至今已完成的履约部分收取能够补偿其已发生成本和合理利润的款项,并且该权利具有法律约束力。

例如,企业与客户签订一项为期一年的劳务合同,该劳务仅为该客户提供,具有不可替代性;合同规定客户每个季度按照劳务完工程度付款,客户对劳务的质量具有控制的权利。根据上述条件,该劳务合同属于在某一时段内履行履约义务,企业应当在该段时间内按照履约进度确认营业收入,但是,履约进度不能合理确定的除外。

②在某一时点确认营业收入

对于在某一时点履行的履约义务,企业应当在客户取得相关商品控制权的时点确认收入。在判断客户是否已取得商品等的控制权时,企业应当考虑下列迹象。

a. 企业就该商品等享有现时收款权利,即客户就该商品等负有现时付款义务。

b. 企业已将该商品等的法定所有权转移给客户,即客户已拥有该商品等的法定所有权。

c. 企业已将该商品实物转移给客户,即客户已实物占有该商品。

d. 企业已将该商品等所有权上的主要风险和报酬转移给客户,即客户已取得该商品等所有权上的主要风险和报酬。

e. 客户已接受该商品等。

f. 其他表明客户已取得商品等控制权的迹象。

需要说明的是,"企业已将该商品实物转移给客户""客户已接受该商品",需要根据具体情况确定。如果企业已公开宣布的政策、特定声明或以往的习惯做法等能够证明业务发生时企业能够履行承诺的履约义务,则可以视为客户已接受该商品,否则应在客户签收商品时才能确认履行了承诺的履约义务。例如,商品零售企业销售空调等大型商品,客户付款后由企业负责送货、安装,在这种情况下,企业尚未将该商品实物转移给客户。如果该商品属于标准产品,根据以往的经验,几乎未出现过客户拒收商品的现象,则可以视为客户已接受该商品,在收款时可以确认营业收入;如果该商品属于客户特殊定制的商品,且客户能否接受该商品尚不能确定,则收款时不应确认营业收入,应在商品安装调试完成且客户签收商品时确认营业收入。

3. 营业收入的计量

企业应当按照各单项履约义务的交易价格计量营业收入。交易价格是指企业因向客户销售商品等而预期有权收取的对价金额,企业代第三方收取的款项以及企业预期将退还给客户的款项,应当作为负债进行会计处理,不计入交易价格。

企业应当根据合同条款,并结合其以往的习惯做法确定交易价格,在确定交易价格时,企业应当考虑合同中存在的可变对价、重大融资成分、应付客户对价等因素的影响。

(1)存在可变对价。合同中存在可变对价的,企业应当按照期望发生金额确定可变对价的最佳估计数。每一资产负债表日,企业应当重新估计计入交易价格的可变对价金额。可变对价金额发生变动的,对于已履行的履约义务,后续变动额应当调整变动当期的收入。例如,企业 5 月 25 日采用赊销方式销售商品,赊销期为 90 天,不含增值税的价款为 200 万元,现金折扣条件为"2/30,1/60,n/90",赊销当日企业已履行承诺的履约义务。该企业根据经验等判断,客户很可能在 30 天内付款,则该项业务的交易价格为 196 万元(200－200×2%),确认营业收入 196 万元;6 月 30 日,该客户尚未付款,预计客户将于合同签订后 60 天付款,则企业将交易价格调整为198万元(200－200×1%)，企业当期调增营业收入2万元，反之，企业根据经验等判断，客户很可能不会提前付款，则该项业务的交易价格为200万元，确认营业收入200万元；6月20日，该客户支付货款，取得现金折扣4万元，则企业将交易价格调整为196万元(200－200×2%)，企业当期调减营业收入4万元。

(2)存在重大融资成分。企业与客户签订的合同中存在重大融资成分的，企业应当按照假定客户在取得商品控制权时即以现金支付的应付金额确定交易价格。该交易价格与合同对价之间的差额，应当在合同期间内采用实际利率法摊销。例如，企业与客户签订一项分期收款商品销售合同，不含增值税的总价为500万元，收款期为5年，每年末收款100万元；该商品的现销价格为430万元，则该合同存在重大融资成分，其交易价格不应按照分期收款总价500万元确定，而应按照其现销价格430万元确定。

但是，合同开始日，企业预计客户取得商品控制权与客户支付价款间隔不超过一年的，根据重要性要求，可以不考虑合同中存在的融资成分，分期收款总额即为交易价格。

(3)应付客户对价。企业与客户签订的合同含有应付客户对价的，应当将该应付对价冲减交易价格，并在确认相关收入与支付客户对价的时点冲减当期收入。例如，某商场规定，客户在本商场购买商品总价500元以上，可以随机抽取现金奖券；客户30天之内在本商场购买任何商品，该现金奖券均可以直接抵扣商品价款。4月10日，某客户在该商场购买商品的总价为600元，抽取现金奖券20元；5月8日该客户又在该商场购买商品，总价100元，现金奖券抵扣20元，该客户实际付款80元，该商场4月份确认的商品交易价格为600元，确认营业收入600元；5月确认营业收入100元，同时由于客户使用现金奖券抵扣20元，冲减营业收入20元。

需要说明的是，如果应付客户对价是为了向客户取得其他可明确区分的商品，则企业应当采用与本企业采购其他商品相一致的方式确认所取得的商品。企业应付客户对价超过向客户取得可明确区分商品公允价值的，超过金额应当冲减交易价格。向客户取得的可明确区分商品公允价值不能合理估计的，企业应当将应付客户对价全额冲减交易价格。例如，某商场采用以旧换新方式销售A商品售价为2 000元，承诺回收旧商品的对价为100元。如果回收旧商品的公允价值为100元，则企业销售A商品的交易价格为2 000元，回收旧商品的对价100元为旧商品的采购价格；如果回收旧商品价格的公允价值为60元，则应付客户对价超过其公允价值的40元应冲减销售价格，企业销售A商品的交易价格为1 960元，回收旧商品的采购价格为60元。

(二)销售商品业务的会计处理

销售商品业务属于企业的主营业务，为了核算这种主营业务收入的实现、销售成本转向结转、销售税金的计算等内容，在会计上，一般需要设置“主营业务收入”“主营业务成本”“税金及附加”等账户，分别核算收入的实现及其结转、成本的发生及其转销、税金的计算及其转销的具体内容。对于货款的结算还应设置“应收账款”等往来账户。具体说明其核算过程如下

1. 主营业务收入的核算

为了核算和监督企业销售商品和提供劳务所实现的收入以及因销售商品而与购买单位之间发生的货款结算业务，应设置下列账户。

(1)“主营业务收入”账户。该账户的性质是损益类，用来核算企业销售商品和提供工业

性劳务所实现的收入。其贷方登记企业实现的主营业务收入(即主营业务收入的增加),借方登记发生销售退回和销售折让时应冲减本期的主营业务收入和期末转入“本年利润”账户的主营业务收入额(按净额结转),结转后该账户月末应没有余额。“主营业务收入”账户应按照主营业务的种类设置明细账户,进行明细分类核算。

“主营业务收入”账户的结构如下。

主营业务收入

销售退回等 期末转入“本年利润”账户的净收入	实现的主营业务收入(增加)

(2)“应收账款”账户。该账户的性质是资产类,用来核算因销售商品和提供劳务等而应向购货单位或接受劳务单位收取货款的结算情况(结算债权),代购货单位垫付的各种款项也在该账户中核算。其借方登记由于销售商品以及提供劳务等而发生的应收账款(即应收账款的增加),包括应收取的价款、税款和代垫款等,贷方登记已经收回的应收账款(即应收账款的减少)。期末余额如在借方,表示尚未收回的应收账款;期末余额如在贷方,表示预收的账款。该账户应按不同的购货单位或接受劳务单位设置明细账户,进行明细分类核算。

“应收账款”账户的结构如下。

应收账款

发生的应收账款(增加)	收回的应收账款(减少)
期末余额:应收未收款	期末余额:预收款

(3)“预收账款”账户。该账户的性质是负债类,用来核算企业按照合同的规定预收购货单位订货款的增减变动及其结余情况。其贷方登记预收购买单位订货款的增加,借方登记销售实现时冲减的预收货款。期末余额如在贷方,表示企业预收款的结余额,期末余额如在借方,表示购货单位应补付给本企业的款项。本账户应按照购货单位设置明细账户,进行明细分类核算。

“预收账款”账户的结构如下。

预收账款

预收货款的减少	预收货款的增加
期末余额:购货单位应补付的款项	期末余额:预收款的结余

需要注意的是,对于预收账款业务不多的企业,可以不单独设置“预收账款”账户,而将预收的款项直接记入“应收账款”账户,此时,“应收账款”账户就成为双重性质的账户。

(4)“应收票据”账户。该账户的性质是资产类,用来核算企业销售商品而收到购货单位开出并承兑商业承兑汇票或银行承兑汇票的增减变动及其结余情况。企业收到购货单位开出并承兑的商业汇票,表明企业票据应收款的增加,应记入“应收票据”账户的借方;票据到期收回购货单位货款表明企业应收票据款的减少,应记入“应收票据”账户的贷方,期末该账户如有余额应在借方,表示尚未到期的票据应收款项的结余额。该账户不设置明细账户。为了了解每张应收票据的结算情况,企业应设置“应收票据备查簿”逐笔登记每张商业汇票的种类、号数和出票日、票面金额、交易合同号和付款人、承兑人、背书人的姓名或单位名称、到期日、背书转让日，贴现日贴现率和贴现净额以及收款日和收回金额、退票情况等资料。商业汇票到期结清票款或退票后在备查簿中注销。

“应收票据”账户的结构如下。

应收票据

本期收到的商业汇票(增加)	到期(或提前贴现)票据(减少)
期末余额：尚未收回的票据应收款	

对于正常的销售商品活动，应按照收入确认的条件进行确认和计量，然后对计量的结果进行会计处理。按确认的收入金额与应收取的增值税税额，借记“银行存款”“应收账款”或“应收票据”等账户，按确定的收入金额，贷记“主营业务收入”账户，按应收取的增值税税额，贷记“应交税费——应交增值税”账户。

增值税销项税额＝销售货物的不含税售价×增值税税率

增值税的销项税额计算出来之后，应在“应交税费——应交增值税”账户的贷方反映，以便用以抵扣其借方的增值税进项税额，确定增值税的应交额。为了核算增值税的进、销项税额以及增值税的已交和未交情况，需要在应交增值税明细账中设置“进项税额”“已交税金”“销项税额”“出口退税”“进项税额转出”“转出未交增值税”“转出多交增值税”等专栏对其进行明细核算。应交税费——应交增值税明细账的格式如表5－2所示。

表5－2　应交税费——应交增值税明细账

年		凭证号数	内容摘要	借方				贷方				借或贷	余额
月	日			进项税额	已交税额	……	合计	销项税额	进项税额转出	……	合计		

下面举例说明主营业务收入的实现及其有关款项结算的核算过程。

【例5－41】　飞达有限责任公司向长岭工厂销售A产品50台，每台售价4 800元，发票注明该批A产品的价款240 000元，增值税税额31 200元，收到一张已承兑的含全部款项的商业汇票。

这项经济业务的发生，一方面使得公司的应收票据款增加271 200元(240 000＋31 200)，另一方面使得公司的商品销售收入增加240 000元、应交增值税销项税额增加40 800元，因此该项经济业务涉及“应收票据”“主营业务收入”“应交税费——应交增值税(销项税额)”三个账户。应收票据款的增加是资产的增加，应记入“应收票据”账户的借方，商品销售收入的增加是收入的增加，应记入“主营业务收入”账户的贷方，增值税销项税额的增加是负债的增加，应记入“应交税费——应交增值税”账户的贷方。所以这项经济业务应编制的会计分录如下。

借：应收票据　　　　　　　　　　　　　　　　271 200

贷:主营业务收入　　240 000

应交税费——应交增值税(销项税额)　　31 200

【例 5—42】 飞达有限责任公司按照合同规定预收正大工厂订购 B 产品的货款 500 000 元,存入银行。

这项经济业务的发生,一方面使得公司的银行存款增加 500 000 元,另一方面使得公司的预收款增加 500 000 元,因此该项经济业务涉及“银行存款”和“预收账款”两个账户。银行存款的增加是资产的增加,应记入“银行存款”账户的借方,预收款的增加是负债的增加,应记入“预收账款”账户的贷方。所以这项经济业务应编制的会计分录如下。

借:银行存款　　500 000

贷:预收账款——正大工厂　　500 000

【例 5—43】 飞达有限责任公司赊销机车厂 A 产品 120 台,发票注明的价款 576 000 元,增值税税额 74 880 元。

这项经济业务的发生,一方面使得公司的应收款增加 650 880 元(576 000+74 880),另一方面使得公司的商品销售收入增加 576 000 元、增值税销项税额增加 74 880 元。因此,该项经济业务涉及“应收账款”“主营业务收入”和“应交税费——应交增值税”三个账户。应收款的增加是资产的增加,应记入“应收账款”账户的借方,商品销售收入的增加是收入的增加,应记入“主营业务收入”账户的贷方,增值税销项税额的增加是负债的增加,应记入“应交税费——应交增值税”账户的贷方。所以这项经济业务应编制的会计分录如下。

借:应收账款——机车厂间　　650 880

贷:主营业务收入　　576 000

应交税费——应交增值税(销项税额)　　74 880

【例 5—44】 承例 5—42,飞达有限责任公司向正大工厂发出 B 产品 70 台,发票注明的价款 1 400 000 元,增值税销项税额 182 000 元。原预收款不足,其差额部分当即收到并存入银行。公司原预收正大工厂的货款 500 000 元,而现在发货的价税款为 1 582 000 元(1 400 000+182 000),不足款项的差额为 1 082 000 元(1 582 000—500 000)。这项经济业务的发生,一方面使得公司的预收款减少 50 000 元,银行存款增加 1 082 000 元,另一方面使得公司的商品销售收入增加 1 400 000 元,增值税销项税额增加 182 000 元,因此该项经济业务涉及“预收账款”“银行存款”“主营业务收入”和“应交税费——应交增值税”四个账户。预收款的减少是负债的减少,应记入“预收账款”账户的借方,银行存款的增加是资产的增加,应记入“银行存款”账户的借方,商品销售收入的增加是收入的增加,应记入“主营业务收入”账户的贷方,增值税销项税额的增加是负债的增加,应记入“应交税费——应交增值税”账户的贷方。所以这项经济业务应编制的会计分录如下。

借:预收账款——正大工厂　　500 000

银行存款　　1 082 000

贷:主营业务收入　　1 400 000

应交税费——应交增值税(销项税额)　　182 000

【例 5—45】 飞达有限责任公司收到机车厂开出并承兑的商业汇票 650 880 元,用以抵偿其前欠该企业的货款。

这项经济业务的发生,一方面使得公司的应收票据款增加 650 880 元,另一方面使得公司的应收款减少 650 880 元,因此该项经济业务涉及“应收票据”和“应收账款”两个账户。应收票据款的增加是资产的增加,应记入“应收票据”账户的借方,应收款的减少是资产的减少,应记入“应收账款”账户的贷方。所以这项经济业务应编制的会计分录如下。

借:应收票据　　650 880

　贷:应收账款——机车厂　　650 880

对于收到的机车厂的商业汇票,应在“应收票据备查簿”中进行备查登记。

【例 5－46】 飞达有限责任公司赊销给大明商店 52 台 A 产品,发票注明的货款 258000 元,增值税销项税额 33 540 元。另外,公司用银行存款为大明商店垫付 A 商品运费 1 500 元。

这项经济业务的发生,一方面使得公司的应收款增加 293 040 元(258 000＋33 540＋1 500),另一方面使得公司的商品销售收入增加 258 000 元,增值税销项税额增加 335 400 元,银行存款减少 1 500 元,因此该项经济业务涉及“应收账款”“主营业务收入”“应交税费——应交增值税”“银行存款”四个账户。应收款的增加是资产的增加,应记入“应收账款”账户的借方,商品销售收入的增加是收入的增加,应记入“主营业务收入”账户的贷方,增值税销项税额的增加是负债的增加,应记入“应交税费——应交增值税”账户的贷方,银行存款的减少是资产的减少,应记入“银行存款”账户的贷方。所以这项业务应编制的会计分录如下。

借:应收账款——大明商店　　293 040

　贷:主营业务收入　　258 000

　　应交税费——应交增值税(销项税额)　　33 540

　　银行存款　　1 500

【例 5－47】 飞达有限责任公司上个月销售给创业集团的 B 产品由于质量问题本月被退回 10 台,按照规定应冲减本月的收入 200 000 元和增值税销项税额 26 000 元,有关款项通过银行付清。假设该批 B 产品的单位销售成本与本月相同。由于上个月销售给创业集团的 B 产品在本月被退回,这批产品虽然在上个月确认了收入和增值税销项税额,但按照规定应冲减退回月的有关账项,因此应在退货时冲减本月的商品销售收入和增值税税额。所以,这项经济业务的发生,一方面使得公司的商品销售收入减少 200 000 元,增值税销项税额减少 26 000 元,另一方面使得公司的银行存款减少 226 000 元,因此该项经济业务涉及“主营业务收入”“应交税费——应交增值税”和“银行存款”三个账户。商品销售收入的减少是收入的减少,应记入“主营业务收入”账户的借方,增值税销项税额的减少是负债的减少,应记入“应交税费——应交增值税账户的借方,银行存款的减少是资产的减少,应记入“银行存款”账户的贷方。所以这项经济业务应编制的会计分录如下。

借:主营业务收入　　200 000

　应交税费——应交增值税(销项税额)　　26 000

　贷:银行存款　　226 000

2. 主营业务成本的核算

企业在销售过程中销售商品,一方面减少了库存的存货,另一方面作为取得主营业务收入而垫支的资金,表明企业发生了费用,我们把这项费用称为主营业务成本(亦称商品销售成本)。将销售发出的商品成本转为主营业务成本,应遵循配比的要求,也就是说,不仅主营业务成本的结转应与主营业务收入在同一会计期间加以确认,而且应与主营业务收入在数量上保持一致。主营业务成本的计算确定公式如下：本期应结转的主营业务成本＝本期销售商品的数量×单位商品的生产成本。例5—47中单位商品生产成本的确定，应考虑期初库存的商品成本和本期入库的商品成本情况。

可以分别采用先进先出法、一次加权平均法和个别计价法等来确定，方法一经确定，不得随意变动。为了核算主营业务成本的发生和结转情况，需要设置“主营业务成本”账户，该账户的性质是损益类，用来核算企业经营主营业务而发生的实际成本及其结转情况，其借方登记主营业务发生的实际成本，贷方登记期末转入“本年利润”账户的主营业务成本。经过结转之后，该账户期末没有余额。“主营业务成本”账户应按照主营业务的种类设置明细账户，进行明细分类核算。

“主营业务成本”账户的结构如下。

主营业务成本

发生的主营业务成本	期末转入“本年利润”账户的主营业务成本

下面举例说明主营业务成本的总分类核算。

【例5—48】 飞达有限责任公司在月末结转本月已销售的A、B产品的销售成本。其中A产品的单位成本为3 200元，B产品的单位成本为13 600元。

首先需要计算确定已销售的A、B产品的销售成本。由于本期销售A产品计222台(52＋120＋50)，其销售总成本为710 400元(3 200×222)，本期销售B产品70台，其销售成本为952 000元(13 600×70)，另外，本月还发生B产品退货10台，应冲减本月的销售成本136 000元(13 600×10)，因而本月应结转的B产品销售成本为816 000元(952 000－136 000)。这项经济业务的发生，一方面使得公司的商品销售成本增加1 526 400元(710 400＋952 000－136 000)，另一方面使得公司的库存商品成本减少1 526 400元，因此该项经济业务涉及“主营业务成本”和“库存商品”两个账户。商品销售成本的增加是费用成本的增加，应记入“主营业务成本”账户的借方，库存商品成本的减少是资产的减少，应记入“库存商品”账户的贷方。所以这项经济业务应编制的会计分录如下。

借：主营业务成本	1 526 400	
贷：库存商品——A商品		710 400
——B商品		816 000

3. 税金及附加的核算

企业在销售商品过程中，实现了商品的销售额，就应该向国家税务机关缴纳各种税金及附加，包括消费税、城市维护建设税(简称城建税)、资源税、教育费附加，以及车船税、房产税、城镇土地使用税和印花税等相关税费。这些税金及附加一般是根据有关计税基数，按照规定的税率计算缴纳。其中

应交消费税＝应税消费品的销售额×消费税率

应交城建税＝(应交消费税＋应交增值税)×城建税税率

教育费附加的计算方式与城建税相同，只是比例不同。由于这些税金及附加大多是在当月计算而在下个月缴纳的，因而计算税金及附加时，一方面作为企业发生的一项费用支出，另一方面形成企业的一项负债。为了核算企业销售商品的税金及附加情况，需要设置“税金及

附加”账户。该账户的性质是损益类，用来反映企业负担的各种税金及附加的计算及其结转情况。其借方登记按照有关的计税依据计算出的各种税金及附加额，贷方登记期末转入“本年利润”账户的税金及附加额。经过结转之后，该账户期末没有余额。

“税金及附加”账户的结构如下。

税金及附加

按照计税依据计算出的消费税、城建税及教育费附加等	期末转入“本年利润”账户的税金及附加额

下面举例说明税金及附加业务的总分类核算。

【例 5－49】 飞达有限责任公司经计算，本月应缴纳的消费税 35 000 元，城建税 14 000 元，教育费附加 6 000 元，车船税 1 500 元，房产税 3 000 元。这项经济业务的发生，一方面使得公司的税金及附加增加 59 500 元(35 000＋14 000＋6 000＋1 500＋3 000)，另一方面使得公司的应交税费增加 59 500 元，因此该项经济业务涉及“税金及附加”“应交税费”两个账户。税金及附加的增加是费用支出的增加，应记入“税金及附加”账户的借方，应交税费的增加是负债的增加，应记入“应交税费”账户的贷方。所以这项经济业务应编制的会计分录如下。

借：税金及附加　　59 500

　贷：应交税费——应交消费税　　35 000

　　　　　　——应交城建税　　14 000

　　　　　　——应交教育费附加　　6 000

　　　　　　——应交车船税　　1 500

　　　　　　——应交房产税　　3 000

【例 5－50】 飞达有限责任公司以银行存款支付印花税 500 元。

印花税是对经营活动中书立、领受凭证行为征收的一种税。这项经济业务的发生，一方面，使得公司应负担的税金增加 500 元，另一方面，使得公司银行存款减少 500 元。税金的增加是费用的增加，应记入“税金及附加”账户的借方，银行存款的减少是资产的减少，应记入“银行存款”账户的贷方。因此，这项经济业务应编制的会计分录如下。

借：税金及附加　　500

　贷：银行存款　　500

企业在销售过程中，为了销售产品，还要发生各种销售费用，如广告费等，按照企业会计准则的规定，销售费用不作为销售收入的抵减项目，而是作为期间费用直接计入当期损益，因而，关于销售费用的核算，我们将在下一节关于期间费用的核算内容中进行介绍。

二、其他业务收支的核算

企业在经营过程中，除了要发生主营业务之外，还会发生一些非经常性的、具有兼营性的其他业务。其他业务(也称附营业务)是指企业在经营过程中发生的除主营业务以外的其他销售业务，包括销售材料、出租包装物、出租固定资产、出租无形资产、出租商品、用材料进行非货币性资产交换或债务重组等活动。对于不同的企业而言，主营业务和其他业务的内容划分并不是绝对的，一个企业的主营业务可能是另一个企业的其他业务，即便在一个企业里，不同期间的主营业务和其他业务的内容也不是固定不变的。由于其他业务不属于企业主要的经营业务范围，按照重要性的要求，对其他业务的核算采取比较简单的方法。其他业务收入和支出的确认原则和计量方法与主营业务基本相同，但相对而言，没有主营业务的要求严格。

（一）其他业务收入的核算

关于其他业务的范围前已述及，由于发生其他业务而实现的收入称为其他业务收入。在会计核算过程中，对于其他业务实现的收入是通过“其他业务收入”账户进行核算的，“其他业务收入”账户的性质是损益类，用来核算企业除主营业务以外的其他业务收入的实现及其结转情况。其贷方登记其他业务收入的实现，即增加，借方登记期末转入“本年利润”账户的其他业务收入额，经过结转之后，期末没有余额。本账户应按照其他业务的种类设置明细账户，进行明细分类核算。“其他业务收入”账户的结构如下。

其他业务收入

期末转入“本年利润”账户的其他业务收入	其他业务收入的实现（增加）

下面举例说明其他业务收入的核算。

【例 5－51】 飞达有限责任公司销售一批原材料，价款 28 000 元，增值税 3 640 元，款项收到存入银行。

按照规定，销售材料的收入属于其他业务收入。这项经济业务的发生，一方面使得公司的银行存款增加 31 640 元（28 000＋3 640），另一方面使得公司的其他业务收入增加 28 000 元，增值税销项税额增加 3 640 元，因此该项经济业务涉及“银行存款”“其他业务收入”和“应交税费——应交增值税”三个账户。银行存款的增加是资产的增加，应记入“银行存款”账户的借方，其他业务收入的增加是收入的增加，应记入“其他业务收入”账户的贷方，增值税销项税额的增加是负债的增加，应记入“应交税费——应交增值税”账户的贷方。所以这项经济业务应编制的会计分录如下。

借：银行存款	31 640	
贷：其他业务收入		28 000
应交税费——应交增值税（销项税额）		3 640

【例 5－52】 飞达有限责任公司向某单位转让专有技术的使用权，获得收入 100 000 元，存入银行。

转让专有技术的使用权，实质上就是让渡资产的使用权，这与处置无形资产的账务处理是不同的。转让无形资产使用权的收入属于其他业务收入的范围。这项经济业务的发生，一方面使得公司的银行存款增加 1 000 元。另一方面使得公司的其他业务收入增加 1 000 元，因此该项经济业务涉及“银行存款”和“其他业务收入”两个账户。银行存款的增加是资产的增加，应记入“银行存款”账户的借方，其他业务收入的增加是收入的增加，应记入“其他业务收入”账户的贷方。所以这项经济业务应编制的会计分录如下。

借：银行存款	100 000	
贷：其他业务收入		100 000

【例 5－53】 飞达有限责任公司出租一批包装物，收到租金 6 780 元存入银行。出租包装物的租金收入同样属于让渡资产的使用权收入，应列入其他业务收入。由于租金中包括增

值税销项税额，因此应进行分离，即不含税租金为 6 000 元[6 780÷(1+13%)]，增值税销项税额为 780 元。这项经济业务的发生，一方面使得公司的其他业务收入增加 6 000 元，增值税销项税额增加 780 元，另一方面使得公司的银行存款增加 6 780 元，因此该项经济业务涉及“银行存款”“其他业务收入”和“应交税费——应交增值税”三个账户。银行存款的增加是资产的增加，应记入“银行存款”账户的借方，其他业务收入的增加是收入的增加，应记入“其他业务收入”账户的贷方，增值税销项税额的增加是负债的增加，应记入“应交税费——应交增值税”账户的贷方。所以这项经济业务应编制的会计分录如下。

借：银行存款　　6 780
　贷：其他业务收入　　6 000
　　应交税费——应交增值税(销项税额)　　780

(二)其他业务成本的核算

企业在实现其他业务收入的同时，往往还要发生一些其他业务支出，即与其他业务有关的成本和费用，包括销售材料的成本、出租固定资产的折旧额、出租无形资产的推销额、出租包装物的成本或推销额等。为了核算这些支出，需要设置“其他业务成本”账户。该账户的性质属于损益类，用来核算企业除主营业务以外的其他业务成本的发生及其转销情况。其借方登记其他业务成本包括材料销售成本、提供劳务的成本费用的发生，即其他业务成本的增加，贷方登记期末转入“本年利润”账户的其他业务成本额，经过结转后，期末没有余额。本账户应按照其他业务的种类设置明细账户，这里需要注意的是除主营业务活动以外的其他经营活动发生的相关税费，在“税金及附加”账户核算。

“其他业务成本”账户的结构如下。

其他业务成本

其他业务成本的发生(增加)	期末转入“本年利润”账户的其他业务成本

下面举例说明其他业务成本的总分类核算过程。

【例 5—54】 飞达有限责任公司月末结转本月销售材料的成本 16 000 元。

这项经济业务的发生，一方面使得公司的其他业务成本增加 16 000 元，另一方面使得公司的库存材料成本减少 16 000 元，因此该项经济业务涉及“其他业务成本”和“原材料”两个账户。其他业务成本的增加是费用成本的增加，应记入“其他业务成本”账户的借方，库存材料成本的减少是资产的减少，应记入“原材料”账户的贷方。所以这项经济业务应编制的会计分录如下。

借：其他业务成本　　16 000
　贷：原材料　　16 000

【例 5—55】 飞达有限责任公司结转本月出租包装物的成本，企业出租包装物的成本属于其他业务成本的内容。这项经济业务的发生一方面使得公司的其他业务成本增加 4 680 元，另一方面使得公司的库存包装物成本减少 4 680 元，因此该项经济业务涉及“其他业务成本”和“周转材料”两个账户。包装物成本的摊销是费用支出的增加，应记入“其他业务成本”账户的借方，库存包装物成本的减少是资产的减少，应记入“周转材料”账户的贷方。所以这项业务应编制的会计分录如下。

借:其他业务成本　　　　　　　　　　　　　　　　4 680
　　贷:周转材料　　　　　　　　　　　　　　　　　　　4 680

第六节　财务成果形成与分配业务的核算

企业作为一个独立的经济实体,其经营活动的主要目的就是要不断地提高企业的盈利水平,增强企业的获利能力。利润就是一个反映企业获利能力的综合指标,利润水平的高低不仅反映企业的盈利水平,而且还反映企业向整个社会所做贡献的大小,同时还是各有关方面对本企业进行财务预测和投资决策的重要依据。

一、财务成果的含义

财务成果是指企业在一定会计期间所实现的最终经营成果,也就是企业所实现的利润或亏损总额。利润是按照配比的要求,将一定时期内存在因果关系的收入与费用进行配比而产生的结果,收入大于费用支出的差额部分为利润,反之则为亏损。利润是综合反映企业在一定时期生产经营成果的重要指标。一个企业的获利与否,不仅关系到企业的稳定发展和职工生活水平的提高问题,而且也会影响到社会的积累与发展,所以企业必须采取一切措施,增收节支,增强企业的盈利能力,提高经济效益。

二、利润的形成与计算

按照我国会计准则及会计制度的规定,制造业企业的利润一般包括营业利润和营业外收支等内容。也就是说,企业在生产经营过程中通过销售活动将商品卖给购买方,实现收入,扣除当初的投入成本以及其他一系列费用,再加减非经营性质的收支等,就形成了企业的利润或亏损总额。有关利润指标各个层次的计算公式表达如下。

利润(或亏损)总额＝营业利润＋营业外收入－营业外支出

上式中的营业利润是企业利润的主要来源,营业利润这一指标能够比较恰当地反映企业管理者的经营业绩。

营业利润用公式表示即

营业利润＝营业收入－营业成本－税金及附加－销售费用－管理费用－财务费用－资产减值损失－信用减值损失＋公允价值变动收益(－公允价值变动损失)＋投资收益(－投资损失)＋资产处置收益(－资产处置损失)＋其他收益

资产减值损失是指企业存货、长期股权投资、固定资产、在建工程、工程物资、无形资产、投资性房地产等发生减值时确认的减值损失。

信用减值损失是指金融资产中应收账款、债权投资、其他债权投资等资产价值下跌发生的损失。

公允价值变动损益是指交易性金融资产等以公允价值计量且其变动计入当期损益的资产由于公允价值变动形成的损益。

投资收益是指企业从事各项对外投资活动取得的收益。

资产处置损益是指处置固定资产、在建工程以及无形资产等资产产生的损益。

营业外收入,是指与企业在营业利润以外取得的收入,包括捐赠收入、罚款收入等。营业外收入是企业的一种纯收入，不需要也不可能与有关费用进行配比，事实上企业为此并没有付出代价，因此在会计核算中应严格区分营业外收入与营业收入的界限。发生营业外收入时，应按其实际发生数进行核算，并直接增加企业的利润总额。

营业外支出，是指企业在营业利润以外发生的支出，包括固定资产盘亏支出、毁损和报废的净损失、非常损失、罚款支出、债务重组损失、对外捐赠支出、赔偿金和违约金支出等。

营业外收入与营业外支出应当分别核算，不能以营业外支出直接冲减营业外收入，同样，也不能以营业外收入直接冲减营业外支出。在实际发生营业外支出时，直接冲减企业当期的利润总额。企业实现了利润总额之后，首先应向国家缴纳所得税费用，扣除所得税费用后的利润即为净利润，净利润的计算公式为

利润总额＝营业利润＋营业外收入－营业外支出

净利润＝利润总额－所得税费用

利润总额和净利润的构成式中的营业利润的内容，我们在销售过程的核算中已经做了部分介绍，接下来我们要对营业利润构成项目中的期间费用、投资收益以及净利润构成中的营业外收支、所得税费用的核算内容进行阐述，以便说明企业在一定时期内的净利润的形成过程，并在此基础上，进一步讨论净利润分配的核算内容。

三、营业利润形成过程的核算

（一）期间费用的核算

期间费用是指不能直接归属于某个特定的产品成本，而应直接计入当期损益的各种费用。它是企业在经营过程中随着时间的推移而不断发生的与产品生产活动的管理和销售有一定的关系，但与产品的制造过程没有直接关系的各种费用。一般来说，我们能够很容易地确定期间费用应归属的会计期间，但难以确定其应归属的产品。也就是说，难以确定其直接的负担者，所以期间费用不计入产品制造成本，而是从当期损益中予以扣除，期间费用包括为管理企业的生产经营活动而发生的管理费用，为筹集资金而发生的财务费用，为销售商品而发生的销售费用等。这些费用的发生对企业取得收入有很大的作用，但很难与各类收入直接配比，所以将其视为与某一期间的营业收入相关的期间费用按其实际发生额予以确认。有关期间费用中的财务费用的具体内容在本章第二节即负债资金筹集业务中已经做了详细的阐述，这里只对期间费用中的管理费用和销售费用的内容进行介绍。

管理费用是指企业行政管理部门为组织和管理企业的生产经营活动而发生的各种费用，包括企业在筹建期间内发生的开办费、董事会和行政管理部门在企业的经营管理中发生的或者应由企业统一负担的公司经费（包括行政管理部门的职工薪酬、物料消耗、低值易耗品摊销、办公费和差旅费等）、工会经费、董事会费（包括董事会成员津贴、会议费和差旅费等）、聘请中介机构费、咨询费（含顾问费）、诉讼费、业务招待费、技术转让费、矿产资源补偿费、研究费用以及排污费等。销售费用是指企业在销售商品和材料、提供劳务等日常经营过程中发生的各项费用，包括保险费、包装费、展览费和广告费、商品维修费、预计产品质量保证损失、运输费、装卸费以及为销售本企业的商品而专设的销售机构（含销售网点、售后服务网点等）的职工薪酬、业务费、折旧费等经营费用。

为了核算期间费用的发生情况，除“财务费用”账户外，企业还需要设置以下账户。

(1)“管理费用”账户。该账户的性质是损益类，用来核算企业行政管理部门为组织和管

理企业的生产经营活动而发生的各项费用。其借方登记发生的各项管理费用，贷方登记期末转入“本年利润”账户的管理费用额，经过结转之后，本账户期末没有余额。“管理费用”账户应按照费用项目设置明细账户，进行明细分类核算。

“管理费用”账户的结构如下。

管理费用

发生的管理费用	期末转入“本年利润”账户的管理费用

(2)“销售费用”账户，该账户的性质是损益类，用来核算企业在销售商品过程中发生的各项销售费用及其结转情况。其借方登记发生的各项销售费用，贷方登记期末转入“本年利润”账户的销售费用额，经结转后，该账户期末没有余额。“销售费用”账户应按照费用项目设置明细账户，进行明细分类核算“销售费用”账户的结构如下。

销售费用

发生的销售费用	期末转入“本年利润”账户的销售费用额

下面举例说明期间费用的总分类核算。

【例 5—56】 飞达有限责任公司的公出人员李好出差归来报销差旅费 2 460 元，原借款 3 000 元，余额退回现金。

差旅费属于企业的期间费用，在“管理费用”账户核算。这项经济业务的发生，一方面使得公司的管理费用增加 2 460 元，库存现金增加 540 元(3 000—2 460)，另一方面使得公司的其他应收款项债权减少 3 000 元，因此该项经济业务涉及“管理费用”“库存现金”和“其他应收款”三个账户。管理费用的增加是费用的增加，应记入“管理费用”账户的借方，现金的增加是资产的增加，应记入“库存现金”账户的借方，其他应收款的减少是资产(债权)的减少，应记入“其他应收款”账户的贷方。所以这项经济业务应编制的会计分录如下。

借：管理费用	2 460	
库存现金	540	
贷：其他应收款——李好		3 000

【例 5—57】 飞达有限责任公司用现金支付董事会成员津贴及咨询费 126 320 元。这项经济业务的发生，一方面使得公司的管理费用增加 126 320 元，另一方面使得公司的现金减少 126 320 元，因此该项经济业务涉及“管理费用”和“库存现金”两个账户。管理费用的增加是费用的增加，应记入“管理费用”账户的借方，现金的减少是资产的减少，应记入“库存现金”账户的贷方。所以这项经济业务应编制的会计分录如下。

借：管理费用	126 320	
贷：库存现金		126 320

【例 5—58】 飞达有限责任公司月末推销以前已经付款且摊销期超过 1 年的行政管理部门房租 2 010 元。

行政管理部门房租属于企业的管理费用，由于这笔费用以前付款时已经记入“长期待摊费用”账户，因此现在摊销应冲减预付费用。这项经济业务的发生，一方面使得公司的管理费用增加 2 010 元，另一方面使得公司的长期待摊费用减少 2 010 元，因此该项经济业务涉及“管理费用”和“长期待摊费用”两个账户。管理费用的增加是费用的增加，应记入“管理费用”账户的借方，预付费用的减少是资产的减少，应记入“长期待摊费用”账户的贷方。所以这项经济业务应编制的会计分录如下。

借：管理费用　　2 010

　贷：长期待摊费用　　2 010

【例 5－59】 飞达有限责任公司用银行存款 5 200 元支付销售产品的运输费。

这项经济业务的发生，一方面使得公司的销售费用增加 5 200 元，另一方面使得公司的银行存款减少 5 200 元，因此该项经济业务涉及“销售费用”和“银行存款”两个账户。销售费用的增加是费用的增加，应记入“销售费用”账户的借方，银行存款的减少是资产的减少，应记入“银行存款”账户的贷方。所以这项经济业务应编制的会计分录如下。

借：销售费用　　5 200

　贷：银行存款　　5 200

【例 5－60】 飞达有限责任公司下设一个销售网点，经计算确定该网点销售人员的工资为 41 610 元。销售机构人员的工资属于销售费用。这项经济业务的发生一方面使得公司的销售费用增加 41 610 元，另一方面使得公司的应付职工薪酬增加 41 610 元，因此该项经济业务涉及“销售费用”和“应付职工薪酬”两个账户。销售费用的增加是费用的增加，应记入“销售费用”账户的借方，应付职工薪酬的增加是负债的增加，应记入“应付职工薪酬”账户的贷方。所以这项经济业务应编制的会计分录如下。

借：销售费用　　41 610

　贷：应付职工薪酬　　41 610

【例 5－61】 飞达有限责任公司以银行存款支付行政管理部门办公费 21 000 元。

根据管理费用所包括的具体内容可知，这项经济业务的发生，一方面使得公司的管理费用增加 21 000 元，另一方面使得公司银行存款减少 21 000 元，因此该项经济业务涉及“管理费用”和“银行存款”两个账户。管理费用的增加是费用的增加，应记入“管理费用”账户的借方，银行存款的减少是资产的减少，应记入“银行存款”账户的贷方。所以这项经济业务应编制的会计分录如下。

借：管理费用　　21 000

　贷：银行存款　　21 000

综合上述业务可以确定，本月发生的期间费用共计 445 000 元。其中：管理费用 395 690 元(210 000＋29 400＋4 500＋2 460＋126 320＋2 010＋21 000)，财务费用 2 500 元，销售费用 46 810 元(5 200＋41 610)。

(二)投资收益的核算

企业为了合理有效地使用资金以获取更多的经济利益，除了进行正常的生产经营活动外，还可以将资金投放于债券、股票或其他财产等，形成企业的对外投资。投资收益的实现或投资损失的发生都会影响企业当期的经营成果。为了核算投资损益的发生情况，需要设置“投资收益”账户，该账户的性质是损益类，用来核算企业对外投资所获得收益的实现或损失的发生及其结转情况。其贷方登记实现的投资收益和期末转入“本年利润”账户的投资净损失，借方登记发生的投资损失和期末转入“本年利润”账户的投资净收益。经过结转之后该账户期末没有余额。“投资收益”账户应按照投资的种类设置明细账户，进行明细分类核算。

“投资收益”账户的结构如下。

投资收益

发生的投资损失 期末转入“本年利润”账户的投资净收益	实现的投资收益 期末转入“本年利润”账户的投资净损失

下面举例说明投资收益的总分类核算。

【例 5－62】 飞达有限责任公司将日前购入的某一为了交易目的而持有的股票抛出，买价为 550 000 元，卖价为 579 280 元，所得款项存入银行。

持有的目的是交易的有价证券属于交易性金融资产，出售价格与交易性金融资产账面余额之间的差额应确认为企业的投资收益。这项经济业务的发生，一方面使得公司的银行存款增加 579 280 元，另一方面使得公司的交易性金融资产减少 550 000 元，投资收益增加 29 280 元，因此该项经济业务涉及“银行存款”“交易性金融资产”和“投资收益”三个账户。银行存款的增加是资产的增加，应记入“银行存款”账户的借方，交易性金融资产的减少是资产的减少，应记入“交易性金融资产”账户的贷方，投资收益的增加是收入的增加，应记入“投资收益”账户的贷方。所以这项经济业务应编制的会计分录如下。

借：银行存款　　579 280

　贷：交易性金融资产　　550 000

　　投资收益　　29 280

【例 5－63】 飞达有限责任公司的某项长期股权投资采用成本法核算，该被投资单位宣告分配本年的现金股利，其中飞达公司应得 50 000 元。这项经济业务的发生，一方面使得公司的应收股利增加 50 000 元，另一方面使得公司的投资收益增加 50 000 元。应收股利的增加是资产（债权）的增加，应记入“应收股利”账户的借方，投资收益的增加是收入的增加，应记入“投资收益”账户的贷方。所以这项经济业务应编制的会计分录如下。

借：应收股利　　50 000

　贷：投资收益　　50 000

根据上述经济业务内容可以计算确定公司的投资净收益为 79 280 元（50 000＋29 280）。

通过前述各项经营业务内容的核算，我们就可以计算确定企业的营业利润。在销售过程的核算中，飞达有限责任公司通过销售 A、B 商品，实现的主营业务收入为 2 274 000 元（240 000＋576 000＋258 000＋1 400 000－200 000），结转的主营业务成本为 1 526 400 元，发生的税金及附加为 60 000 元（59 500＋500）；另外，公司在其他业务活动中实现其他业务收入为 134 000 元（28 000＋100 000＋6 000），发生其他业务成本为 20 680 元（16 000＋4 680）；公司的期间费用共计 445 000 元，其中管理费用为 395 690 元，财务费用为 2 500 元，销售费用为 46 810 元；公司的投资业务获得投资净收益为 79 280 元（50 000＋29 280）。将上述主营业务收支、其他业务收支、期间费用以及投资收益的内容综合起来，就可以计算出飞达有限责任公司的营业利润。

营业利润＝2 274 000＋134 000－1 526 400－20 680－60 000－46 810－395 690－2 500＋79 280

＝435 200（元）

四、净利润形成过程的核算

（一）营业外收支的核算

企业的营业外收支是指与企业正常的生产经营业务没有直接关系的各项收入和支出，包括营业外收入和营业外支出。营业外收入是指与企业正常的生产经营活动没有直接关系的各种收入。这种收入不是由企业经营资金耗费所产生的，一般不需要企业付出代价，因而无法与有关的费用支出相配比。营业外支出是指与企业正常的生产经营活动没有直接关系的各项支出。这种支出不属于企业的生产经营费用。

营业外收支虽然与企业正常的生产经营活动没有直接关系，但从企业主体考虑，营业外收支同样能够增加或减少企业的利润，对利润或亏损总额乃至净利润会产生一定的影响。在会计核算过程中，一般按照营业外收支具体项目发生的时间，按其实际数额在当期作为利润的加项或减项分别予以确认和计量。

为了核算营业外收支的具体内容，需要设置以下的账户。

(1)“营业外收入”账户。该账户的性质是损益类，用来核算企业各项营业外收入的实现及其结转情况。其贷方登记营业外收入的实现(即营业外收入的增加)，借方登记期末转入“本年利润”账户的营业外收入额，经过结转之后，该账户期末没有余额。营业外收入账户应按照收入的具体项目设置明细账户，进行明细分类核算。“营业外收入”账户的结构如下。

营业外收入

期末转入“本年利润”账户的营业外收入	实现的营业外收入(增加)

(2)“营业外支出”账户。该账户的性质是损益类，用来核算企业各项营业外支出的发生及其转销情况。其借方登记营业外支出的发生(即营业外支出的增加)，贷方登记期末转入“本年利润”账户的营业外支出额，经过结转之后，该账户期末没有余额。营业外支出账户应按照支出的具体项目设置明细账户，进行明细分类核算。“营业外支出”账户的结构如下：

营业外支出

营业外支出的发生(增加)	期末转入“本年利润”账户的营业外支出

下面举例说明营业外收支的总分类核算。

【例5－64】 飞达有限责任公司收到某单位的违约罚款收入84 800元，存入银行。罚款收入属于企业的营业外收入。这项经济业务的发生，一方面使得公司的银行存款增加84 800元，另一方面使得公司的营业外收入增加84 800元，因此该项经济业务涉及“银行存款”和“营业外收入”两个账户。银行存款的增加是资产的增加，应记入“银行存款”账户的借方，营业外收入的增加是收益的增加，应记入“营业外收入”账户的贷方。所以这项经济业务应编制的会计分录如下：

借：银行存款　　84 800

　　贷：营业外收入　　84 800

【例5－65】 飞达有限责任公司用银行存款20 000元支付一项公益性捐赠。

企业的公益性捐赠属于营业外支出。这项经济业务的发生，一方面使得公司的银行存款减少 20 000 元，另一方面使得公司的营业外支出增加 20 000 元，因此该项经济业务涉及“银行存款”和“营业外支出”两个账户。营业外支出的增加是费用支出的增加，应记入“营业外支出”账户的借方，银行存款的减少是资产的减少，应记入“银行存款”账户的贷方。所以这项经济业务应编制的会计分录如下：

借：营业外支出　　20 000

　贷：银行存款　　20 000

根据上述业务内容可知，公司实现的营业外收入为 84 800 元，发生的营业外支出为 20 000 元，因而营业外收支净额为 64 800 元（84 800－20 000）。

（二）所得税费用的核算

企业的净利润是由利润总额减去所得税费用计算而得的，利润总额的各个构成项目已在前面做了全面的阐述，在利润总额的基础上，进行适当的纳税调整，依据所得税税率就可以计算所得税费用，进而计算确定净利润。

1. 利润总额的计算

前已述及，企业在一定时期内所实现的经营成果即利润或亏损总额是由营业利润、营业外收入和营业外支出等几项内容所组成，而对于这几项构成内容，我们已在前面通过具体经济业务的实例做了说明，把这些具体经济业务综合起来，就可以计算确定飞达有限责任公司在本期所实现的利润总额。

飞达有限责任公司本期实现的营业利润为 435 200 元，营业外收入为 84 800 元，营业外支出为 20 000 元。其利润总额为

利润总额＝435 200＋84 800－20 000＝500 000（元）

利润总额计算出来之后，形成了企业在一定会计期间的所得，针对这个所得要按照税法的规定计算缴纳所得税费用。

2. 所得税费用的核算

所得税费用是企业按照国家税法的有关规定，对企业某一经营年度实现的经营所得和其他所得，按照规定的所得税税率计算缴纳的一种税款。所得税费用是企业使用政府所提供的各种服务而向政府应尽的义务。

所得税是根据企业的所得额征收的，而企业的所得额又可以依据不同的标准分别计算确定，即所谓的会计所得和纳税所得。会计所得是由企业根据会计准则、制度等的要求确认的收入与费用进行配比计算得出的税前会计利润，纳税所得是根据税收法规规定的收入和准予扣除的费用计算得出的企业纳税所得，即应税利润。由于会计法规和税收法规是两个不同的经济范畴，两者的适度分离被认为是允许的，实际上它们分别遵循着不同的原则和方法，规范着不同的对象。会计的最终目标是提供财务报告，全面、真实、完整地反映。企业的财务状况和经营成果，为会计信息的使用者提供有用的会计信息；税法的目的是确保税收收入。两者目标上的不同导致了收益确定上的差异。因此，按照会计法规计算确定的会计利润与按照税收法规计算确定的应税利润对同一个企业的同一个会计期间来说，其计算的结果往往不一致，在计算口径和确认时间方面存在一定的差异，即计税差异，我们一般将这个差异称为纳税调整项目。

企业所得税通常是按年计算、分期预交、年末汇算清缴的，其计算公式为

应交所得税＝应纳税所得额×所得税税率

应纳税所得额＝利润总额±所得税前利润中予以调整的项目

公式中的所得税前利润中的调整项目包括纳税调整增加项目和纳税调整减少项目两部分。纳税调整增加项目主要包括税法规定不允许扣除项目，企业已计入当期费用但超过税法规定扣除标准的金额，如超过税法规定标准的工资支出、业务招待费支出、税收罚款滞纳金、非公益性捐赠支出等；纳税调整减少项目主要包括按税法规定允许弥补的亏损和准予免税的项目，如5年内未弥补完的亏损、国债的利息收入等。由于纳税调整项目的内容比较复杂，在本教材中，为了简化核算，我们一般假设纳税调整项目为零，因而就可以以会计上的利润总额为基础计算所得税税额。企业的所得税税率通常为25%，各期预交所得税的计算公式为

当前期累计应交所得税＝当前期累计应纳税所得额×所得税税率

当前期应交所得税＝当前期累计应交所得税－上期累计已交所得税

为了核算所得税费用的发生情况，在会计上需要设置“所得税费用”账户，该账户的性质是损益类，用来核算企业按照有关规定应在当期损益中扣除的所得税费用的计算及其结转情况。其借方登记按照应纳税所得额计算出的所得税费用额，贷方登记“期末转入本年利润”账户的所得税费用额，经过结转之后，该账户期末没有余额。“所得税费用”账户的结构如下。

所得税费用

计算出的所得税费用额	期末转入“本年利润”账户的所得税费用额

【例5－66】 根据前述内容，我们已经确定飞达有限责任公司本期实现的利润总额为500 000元，按照25%的税费计算本期的所得税费用。

本期应交所得税为125 000元(500 000×25%)。所得税计算出来之后，一般在当期并不实际缴纳，所以在形成所得税费用的同时也产生了企业的一项负债。这项经济业务的发生，一方面使得公司的所得税费用增加125 000元，另一方面使得公司的应交税费增加125 000元，因此该项经济业务涉及“所得税费用”和“应交税费——应交所得税”两个账户。所得税费用的增加是费用的增加，应记入“所得税费用”账户的借方，应交税费的增加是负债的增加，应记入“应交税费——应交所得税”账户的贷方。所以这项经济业务应编制的会计分录如下。

借：所得税费用　　125 000

　　贷：应交税费——应交所得税　　125 000

企业在经营过程中实现了各项收入，相应地也发生了各项支出，对于这些收入和支出都已经在各有关的损益类账户中得到了相应的反映。根据前面介绍的内容我们已经知道企业的利润总额、净利润额是由企业的收益与其相关的支出进行配比、抵减而确定的，这里就涉及何时配比、抵减和怎样配比、抵减的问题。

按照我国会计制度的要求，企业一般应当按月核算利润，按月核算利润有困难的，经批准，也可以按季或者按年核算利润。企业计算确定本期利润总额、净利润和本年累计利润总额、累计净利润的具体方法有“账结法”和“表结法”两种。其中账结法是对每个会计期末(一般是指月末)将各损益类账户记录的金额全部转入“本年利润”账户，通过“本年利润”账户借、贷方的记录结算出本期损益总额和本年累计损益额，在这种方法下需要在每个会计期末通过编制结账分录，结清各损益类账户；表结法是在每个会计期末(月末)各损益类账户余额不进行转账处理，而是通过编制利润表进行利润的结算，根据损益类项目的本期发生额、本年累计数额填报会计报

表(主要是指利润表),在会计报表中直接计算确定损益额,即利润总额、净利润额,年终,在年度会计决算时再用账结法,将各损益类账户全年累计发生额通过编制结账分录转入"本年利润"账户。"本年利润"账户集中反映了全年累计净利润的实现或亏损的发生情况。

为了核算企业一定时期内财务成果的具体形成情况,在会计上需要设置"本年利润"账户,该账户的性质是所有者权益类,用来核算企业一定时期内净利润的形成或亏损的发生情况。其贷方登记会计期末转入的各项收入,包括主营业务收入、其他业务收入、投资净收益和营业外收入等,借方登记会计期末转入的各项费用,包括主营业务成本、税金及附加、其他业务成本、管理费用、财务费用、销售费用、投资净损失、营业外支出和所得税费用等。该账户年内期末余额如果在贷方,表示实现的累计净利润,如果在借方,表示累计发生的亏损。年末应将该账户的余额转入"利润分配"账户(如果是净利润,应自该账户的借方转入"利润分配"账户的贷方,如果是亏损应自该账户的贷方转入"利润分配"账户的借方),经过结转之后,该账户年末没有余额。关于"本年利润"账户的核算内容,应结合利润形成核算的"账结法"和"表结法"加以理解"本年利润"账户的结构如下。

本年利润

期末转入的各项费用	期末转入的各项收入
主营业务成本	主营业务收入
其他业务成本	投资净收益
税金及附加	营业外收入
管理费用	
财务费用	
销售费用	
投资净损失	
营业外支出	
所得税费用	
期末余额:累计亏损	期末余额:累计净利润

会计期末(月末或年末)结转各项收入时,借记"主营业务收入""其他业务收入""投资收益""营业外收入"等账户,贷记"本年利润"账户;结转各项费用时,借记"本年利润"账户,贷记"主营业务成本""税金及附加""其他业务成本""管理费用""财务费用""销售费用""营业外支出""所得税费用"等账户。如果"投资收益"账户反映的为投资净损失,则应进行相反的结转。

下面举例说明利润总额和净利润形成业务的总分类核算。

【例 5－67】 飞达有限责任公司在会计期末将本期实现的各项收入包括主营业务收入 2 274 000 元、其他业务收入 134 000 元、投资净收益 79 280 元、营业外收入 84 800 元转入"本年利润"账户。

会计期末,企业未结转各种损益类账户之前,本期实现的各项收入以及与之相配比的成本费用是分散反映在不同的损益类账户上的,为了遵循配比的要求,使本期的收支相抵减,以便确定本期经营成果,就需要编制结账分录,结清各损益类账户。这项经济业务的发生,一方面使得公司的有关损益类账户所记录的各种收入减少了,另一方面使得公司的利润额增加了，因此该项经济业务涉及“主营业务收入”“其他业务收入”“投资收益”“营业外收入”“本年利润”五个账户。各项收入的结转是收入的减少，应记入“主营业务收入”“其他业务收入”“投资收益”“营业外收入”账户的借方，利润的增加是所有者权益的增加，应记入“本年利润”账户的贷方。所以这项经济业务应编制的会计分录如下。

借：主营业务收入	2 274 000	
其他业务收入	134 000	
投资收益	79 280	
营业外收入	84 800	
贷：本年利润		2 572 080

【例 5－68】 飞达有限责任公司在会计期末将本期发生的各项费用，包括主营业务成本 1 526 400 元、税金及附加 60 000 元、其他业务成本 20 680 元、管理费用 395 690 元、财务费用 2 500 元、销售费用 46 810 元、营业外支出 20 000 元转入“本年利润”账户。

这项经济业务的发生，一方面需要将记录在有关损益类账户中的各项费用予以转销，另一方面结转费用会使得公司的利润减少，因此该项经济业务涉及“本年利润”“主营业务成本”“税金及附加”“其他业务成本”“管理费用”“财务费用”“销售费用”“营业外支出”八个账户。各项支出的结转是费用支出的减少，应记入“主营业务成本”“税金及附加”“其他业务成本”“管理费用”“财务费用”“销售费用”“营业外支出”账户的贷方，利润的减少是所有者权益的减少，应记入“本年利润”账户的借方。这项经济业务应编制的会计分录如下。

借：本年利润	2 072 080	
贷：主营业务成本		1 526 400
税金及附加		60 000
其他业务成本		20 680
管理费用		395 690
财务费用		2 500
销售费用		46 810
营业外支出		20 000

通过上项结转，本月的各项收入和费用(不包括所得税)都汇集于“本年利润”账户，遵循配比要求将收入与费用进行抵减，我们就可以根据“本年利润”账户的借、贷方的记录确定利润总额。飞达有限责任公司本期实现的利润总额为 500 000 元(2 572 080－2 072 080)。根据利润总额就可以计算应交所得税，所得税作为一项费用还应在会计期末转入“本年利润”账户，以便计算净利润。

【例 5－69】 飞达有限责任公司在会计期末将计算出的所得税费用转入“本年利润”账户。

飞达有限责任公司本期计算出的所得税费用为 125 000 元。这项经济业务的发生，一方面使得公司的所得税费用减少 125 000 元，另一方面使得公司的利润额减少 125 000 元。所得税费用的减少是费用支出的减少，应记入“所得税费用”账户的贷方，利润的减少是所有者权益的减少，应记入“本年利润”账户的借方。所以这项经济业务应编制的会计分录如下。

借：本年利润	125 000	
贷：所得税费用		125 000

所得税费用转入“本年利润”账户之后，就可以根据“本年利润”账户的借、贷方记录的各项收入和费用计算确定企业的净利润额，即

净利润＝500 000－125 000＝375 000(元)

企业通过净利润形成过程的核算，形成了一定时期内的财务成果，即净利润。对于实现的净利润应按照国家的有关规定在各相关方面进行合理的分配。

五、企业利润分配业务的核算

投资者投入企业的资金，作为股本或实收资本，参与企业的生产经营活动。企业在生产经营活动的过程中取得各种收入，补偿了各项耗费之后形成盈利，并按照国家规定缴纳所得税费用，形成企业的净利润，即税后利润，对于税后利润需要按照规定在各有关方面进行合理的分配。

利润分配就是企业根据股东大会或类似权力机构批准的、对企业可供分配利润指定其特定用途和分配给投资者的行为。股份公司实现的净利润应按公司法、公司章程以及股东大会决议的要求进行分配，利润分配的过程和结果不仅关系到每个股东的权益是否得到保障，而且关系到企业的未来发展问题，所以必须做好企业利润分配工作，正确地对利润分配的具体内容进行会计核算。

(一)利润分配的顺序

企业实现的净利润应按照国家的规定和投资者的决议进行合理的分配。企业净利润的分配涉及各个方面的利益关系，包括投资者、企业以及企业内部职工的经济利益，所以必须遵循兼顾投资者利益、企业利益以及企业职工利益的原则对净利润进行分配。其分配的去向主要有以利润的形式分配给投资者，作为投资者对企业投资的回报；以公积金的形式留归企业，用于企业扩大生产经营；以未分配利润的形式留存于企业。

根据《公司法》等有关法律、法规的规定，企业当年实现的净利润，首先应弥补以前年度尚未弥补的亏损，对于剩余部分，应按照下列顺序进行分配。

(1)提取法定盈余公积，法定盈余公积金应按照本年实现净利润的一定比例提取，《公司法》规定公司制企业按净利润的10％提取；其他企业可以根据需要确定提取比例，但不得低于10％。企业提取的法定盈余公积金累计额超过注册资本50％以上的，可以不再提取。

(2)提取任意盈余公积，任意盈余公积一般按照股东大会决议提取。

(3)向投资者分配利润或股利。企业实现的净利润在扣除上述项目后，再加上年初未分配利润和其他转入数(公积金弥补的亏损等)，形成可供投资者分配的利润。

可供投资者分配的利润，应按下列顺序进行分配。

①支付优先股股利。它是指企业按照利润分配方案分配给优先股股东的现金股利，优先股股利是按照约定的股利率计算支付的。

②支付普通股现金股利。它是指企业按照利润分配方案分配给普通股股东的现金股利，普通股现金股利一般按各股东持有股份的比例进行分配。如果是非股份制企业则为分配给投资者的利润。

③转作资本(或股本)的普通股股利。它是指企业按照利润分配方案以分派股票股利的形式转作的资本(或股本)。可供投资者分配的利润经过上述分配之后，为企业的未分配利润(或未弥补亏损)。年末未分配利润可按下式计算。

本年末未分配利润＝可供投资者分配的利润－优先股股利－普通股股利

未分配利润是企业留待以后年度进行分配的利润或等待分配的利润，它是所有者权益的一个重要组成部分。相对于所有者权益的其他部分来说，企业对于未分配利润的使用有较大的自主权。

利润分配的具体顺序前已述及，由于利润分配的核算内容比较复杂，政策性较强，其中有些内容如弥补亏损等的核算将在财务会计等课程中进行介绍，所以我们这里仅介绍利润分配中的提取盈余公积金和向投资者分配利润的核算内容。

为了核算企业利润分配的具体过程及结果，全面贯彻企业利润分配政策，以便于更好地进行利润分配业务的核算，需要设置以下几个账户。

(1)“利润分配”账户。该账户的性质是所有者权益类，用来核算企业一定时期内净利润的分配或亏损的弥补以及历年结存的未分配利润(或未弥补亏损)情况。其借方登记实际分配的利润额，包括提取的盈余公积金和分配给投资者的利润以及年末从“本年利润”账户转入的全年累计亏损额；贷方登记用盈余公积金弥补的亏损额等其他转入数以及年末从“本年利润”账户转入的全年实现的净利润额。年内期末余额如果在借方表示已分配的利润额，年末余额如果在借方，表示未弥补的亏损额；期末余额如果在贷方，表示未分配利润额。“利润分配”账户一般应设置以下几个主要的明细账户：“盈余公积补亏”“提取法定盈余公积”“提取任意盈余公积”“应付现金股利或利润”“转作资本(或股本)的股利”“未分配利润”等。年末，应将“利润分配”账户下的其他明细账户的余额转入“未分配利润”明细账户，经过结转后余额外，其他各个明细账户均无余额。

“利润分配”账户的结构如下。

利润分配

实际分配的利润额 提取法定盈余公积 应付现金股利 转作资本的股利 年末转入的亏损	盈余公积补亏 年末从“本年利润”账户转入的全年净利润
年内余额：已分配利润额 年末余额：未弥补亏损额	期末余额：未分配利润

需要注意的是，企业对实现的净利润进行利润分配，意味着企业实现的净利润这项所有者权益的减少，本应在“本年利润”账户的借方进行登记，表示直接冲减本年已实现的净利润额。但是如果这样处理，“本年利润”账户的期末贷方余额就只能表示实现的利润额减去已分配的利润额之后的差额，即未分配利润额，而不能提供本年累计实现的净利润额这项指标，而累计净利润指标又恰恰是企业管理上需要提供的一个非常重要的指标。因此，为了使“本年利润”账户能够真实地反映企业一定时期内实现的净利润数据，同时又能够通过其他账户提供企业未分配利润数据，在会计核算中，我们专门设置了“利润分配”账户，用以提供企业已分配的利润额。这样就可以根据需要，将“本年利润”账户的贷方余额(即累计净利润)与“利润分配”账户的借方余额(即累计已分配的利润额)相抵减，以求得未分配利润这项管理上所需要的指标。因而，对于“利润分配”账户，一定要结合“本年利润”账户加以深刻理解。

(2)“盈余公积”账户。该账户的性质是所有者权益类，用来核算企业从税后利润中提取的盈余公积金，包括法定盈余公积、任意盈余公积的增减变动及其结余情况。其贷方登记提取的盈余公积金，即盈余公积金的增加，借方登记实际使用的盈余公积金，即盈余公积金的减少。期末余额在贷方，表示结余的盈余公积金。“盈余公积”应设置下列明细账户：“法定盈余公积”“任意盈余公积”等。“盈余公积”账户的结构如下。

盈余公积

实际使用的盈余公积金(减少)	年末提取的盈余公积金(增加)
	期末余额：结余的盈余公积金

(3)“应付股利”账户。该账户的性质是负债类，用来核算企业按照股东大会或类似权力机构决议分配给投资者股利(现金股利)或利润的增减变动及其结余情况。其贷方登记应付给投资人股利(现金股利)或利润的增加，借方登记实际支付给投资人的股利(现金股利)或利润，即应付股利的减少。期末余额在贷方，表示尚未支付的股利(现金股利)或利润。这里需要注意的是企业分配给投资人的股票股利不在本账户核算。

“应付股利”账户的结构如下。

应付股利

实际支付的利润或股利	应付未付的利润或股利
	期末余额：未支付的利润或股利

下面举例说明利润分配业务的总分类核算。

【例 5－70】 飞达有限责任公司经股东大会批准，按净利润的 10%提取法定盈余公积金。

根据前述业务可知，飞达有限责任公司本年实现的净利润为 375 000 元。因而提取的法定盈余公积金为 37 500 元(375 000×10%)。公司提取盈余公积金业务的发生，一方面使得公司已分配的利润额增加 37 500 元，另一方面使得公司的盈余公积金增加了 37 500 元，因此该项经济业务涉及“利润分配”和“盈余公积”两个账户。已分配利润额的增加是所有者权益的减少，应记入“利润分配”账户的借方，盈余公积金的增加是所有者权益的增加，应记入“盈余公积”账户的贷方。所以这项经济业务应编制的会计分录如下。

借：利润分配——提取法定盈余公积　　37 500

　贷：盈余公积——法定盈余公积　　37 500

【例 5－71】 飞达有限责任公司按照股东大会决议，分配给股东的现金股利 80 000 元、这里首先需要说明，股票股利和现金股利是有区别的。对于现金股利，在股东大会批准股票股利 10 000 元。

准利润分配方案之后，立即进行账务处理；股票股利在股东大会批准利润分配方案并办理了增资手续之后，才能进行相应的账务处理。这项经济业务的发生，需要处理两部分内容：对于现金股利的分配，一方面使得公司的已分配利润额增加 180 000 元(100 000＋80 000)，另一方面，现金股利虽然已决定分配给股东，但在分配的当时并不实际支付，所以形成公司的一项负债，使得公司的应付股利增加 80 000 元，因此该项经济业务涉及“利润分配”和“应付股利”两个账户。已分配利润的增加是所有者权益的减少，应记入“利润分配”账户的借方，应付股利的增加是负债的增加，应记入“应付股利”账户的贷方；对于股票股利，在分配时，应按面值记入"实收资本"账户(如有超面值部分应增加资本公积)。这项业务应编制的会计分录如下。

(1)对于现金股利

借:利润分配——应付现金股利　　80 000

　贷:应付股利　　80 000

(2)对于股票股利

借:利润分配——转作资本(或股本)的股利　　100 000

　贷:实收资本　　100 000

【例 5—72】 飞达有限责任公司以前年度累计未弥补亏损 28 000 元,已经超过了用税前利润弥补的期限。经股东大会决议,用盈余公积金全额弥补。

企业发生的亏损,可以用实现的利润弥补,也可以用积累的盈余公积金弥补。用盈余公积金弥补亏损,相当于增加可供分配的利润。这项经济业务的发生,一方面使得公司的盈余公积金减少 28 000 元,另一方面使得公司的可供分配利润增加 28 000 元,因此该项经济业务涉及"盈余公积"和"利润分配"两个账户。盈余公积金的减少是所有者权益的减少,应记入"盈余公积"账户的借方,可供分配利润的增加是所有者权益的增加,应记入"利润分配"账户的贷方。所以这项经济业务应编制的会计分录如下。

借:盈余公积　　28 000

　贷:利润分配——盈余公积补亏　　28 000

【例 5—73】 飞达有限责任公司在期末结转本期实现的净利润。

飞达有限责任公司本期实现的净利润为 37 500 元。结转净利润这项经济业务的发生,一方面使得公司记录在"本年利润"账户的累计净利润减少 37 500 元,另一方面使得公司可供分配的利润增加 375 000 元,因此该项经济业务涉及"本年利润"和"利润分配"两个账户。结转净利润时,应将净利润从"本年利润"账户的借方转入"利润分配"账户的贷方(如果结转亏损,则进行相反的处理)。这项业务应编制的会计分录如下。

借:本年利润　　375 000

　贷:利润分配——未分配利润　　375 000

【例 5—74】 飞达有限责任公司在会计期末结清利润分配账户所属的各有关明细账户。

通过前述有关的经济业务的处理,可以确定飞达有限责任公司"利润分配"所属有关明细账户的记录分别为:"提取法定盈余公积"明细账户余额为 37 500 元,"应付现金股利"明细账户的余额为 80 000 元,"转作资本(或股本)的股利"明细账户余额为 100 000 元,"盈余公积补亏"明细账户的余额为 28 000 元(贷方)。结清时,应将各个明细账户的余额从其相反方向分别转入"未分配利润"明细账户中。也就是借方的余额从贷方结转,贷方的余额从借方结转。所以这项经济业务应编制的会计分录如下。

(1)借:利润分配——未分配利润　　217 500

　贷:利润分配——提取法定盈余公积　　37 500

　　　　　　——应付现金股利　　80 000

　　　　　　——转作资本(或股本)的股利　　100 000

(2)借:利润分配——盈余公积补亏　　28 000

　贷:利润分配——未分配利润　　28 000

思政园地

提高业务能力，强化信息处理

目标 掌握会计基本核算技巧，熟知财经知识，遵守会计法规，不断提高核算技能，坚持准则，做到知行合一。

案例 某企业从银行借入3个月的贷款，按合同规定，利息每月末支付1次，借款本金600 000元，月利率0.5%，有关人员根据利息通知单做了如下处理。

借：预提费用 3 000

贷：银行存款 3 000

你认为该笔业务处理是否正确？如果利息为每季度支付，应如何处理？

思考：

1. 资产的来源渠道有哪些？
2. 如何确认短期借款？
3. 思考短期借款取得和利息确认的会计处理方式？

感悟：

短期借款的业务核算有着自己独有的特征，需要对短期借款的业务核算足够的熟悉，方能对该业务进行熟练的核算。该业务主要是对利息计提时，对利息的确认存在错误的认识。短期借款的利息，按照权责发生制的核算基础，每月计入企业的"财务费用"中。

本章小结

本章以制造业企业为背景，以借贷记账法为基础，对制造业企业的资金运动即资金投入、资金的循环与周转、资金退出三大环节进行了详细的会计核算。资金投入涉及所有者权益和负债，资金的循环和周转涉及采购、生产、销售以及利润形成和利润分配，资金退出企业包括偿还借款、上缴税金等。本章结合了前面几章的内容进行综合运用，学习时需重点关注企业主要经济业务所涉及的会计科目，掌握主要账户借贷记账法的具体运用，正确编制会计分录，最后要学会计算企业利润，分配企业净利润。

思考题

1. 企业的主要经济业务内容包括哪些？
2. 短期借款利息的会计处理与长期借款利息有何区别？
3. 企业的利润总额由哪些项目组成？如何计算企业的净利润？
4. 产品生产成本由哪些成本项目所组成？
5. 什么是财务成果？反映企业财务成果的主要指标有哪些？

练习题

一、单项选择题

1. 下列费用中，不构成产品成本的有（　　）。

A. 直接材料　　B. 直接人工　　C. 管理费用　　D. 制造费用

2. 与“制造费用”账户不可能发生对应关系的账户是（　　）。

A.“生产成本”　　B.“累计折旧”

C.“应付职工薪酬”　　D.“本年利润”

3. 与“生产成本”账户不可能发生对应关系的账户是（　　）。

A.“原材料”　　B.“累计折旧”

C.“库存商品”　　D.“管理费用”

4.“固定资产”账户余额反映了固定资产的（　　）。

A. 净值　　B. 原值　　C. 账面价值　　D. 折余价值

5.“生产成本”账户的借方余额表示（　　）。

A. 完工入库产品成本　　B. 期末在产品成本

C. 本期生产费用合计　　D. 库存原材料成本

6.“税金及附加”账户中不包括企业应交纳的（　　）。

A. 城市维护建设税　　B. 消费税

C. 资源税　　D. 所得税

7. 销售部门人员的工资费用应计入（　　）。

A. 管理费用　　B. 销售费用　　C. 财务费用　　D. 制造费用

8. 企业“生产成本”账户的借方余额为150 000元，本月实际发生直接材料费300 000元，生产工人薪酬70 000元，月末转入“制造费用”账户30 000元。月末，结转完工产品成本450 000元。“生产成本”账户的期末余额为（　　）。

A. 借方40 000元　　B. 借方100 000元

C. 贷方200 000元　　D. 贷方100 000元

9.“本年利润”账户10月31日的贷方余额表示（　　）。

A. 年初至10月末累计实现的净利润　　B. 10月份实现的净利润

C. 10月31日实现的净利润　　D. 年初至10月份已分配的利润

10. 企业的营业利润加营业外收入减营业外支出后的余额为（　　）。

A. 利润总额　　B. 应纳税所得额

C. 净利润　　D. 营业利润

二、多项选择题

1. 采购的材料成本包括（　　）。

A. 买价　　B. 运费

C. 入库前的挑选整理费　　D. 可抵扣的增值税

2. M企业购入一台生产用设备并投入使用，设备价款45万元，进项税额7.65万元。M企业以银行存款支付35万元，余款以商业承兑汇票承付。对于该项经济业务的会计处理，正确的有（　　）。

A. 借记“固定资产”科目 45 万元　　B. 借记“固定资产”科目 52.65 万元

C. 贷记“银行存款”科目 35 万元　　D. 贷记“应付票据”科目 17.65 万元

3. 应记入“税金及附加”账户的税金包括(　　)。

A. 增值税　　B. 消费税

C. 城市维护建设税　　D. 进口关税

4. 生产成本的组成项目有(　　)。

A. 直接材料　　B. 直接人工　　C. 制造费用　　D. 财务费用

5. 下列各项中,影响营业利润的有(　　)。

A. 主营业务收入　　B. 营业外收入

C. 管理费用　　D. 主营业务成本

6. 下列项目可以作为营业收入的是(　　)。

A. 出售产品取得的收入　　B. 购买债券取得的利息收入

C. 对外单位罚款所取得的收入　　D. 出售材料取得的收入

7. 下列账户中、可能与“本年利润”账户发生对应关系的有(　　)。

A.“库存商品”　　B.“主营业务成本”

C.“主营业务收入”　　D.“所得税费用”

8. 某项经济业务发生后引起银行存款减少 5 000 元,则相应的有可能引起(　　)。

A. 应付职工薪酬减少 5 000 元　　B. 固定资产增加 5 000 元

C. 应付利息减少 5 000 元　　D. 短期借款增加 5 000 元

9. 下列项目属于营业外支出的有(　　)。

A. 非常损失　　B. 罚款支出

C. 公益救济性捐赠　　D. 固定资产处置损失

10. 在借贷记账法下,期末结账后,一般有余额的会计账户有(　　)。

A. 应收账款　　B. 本年利润　　C. 短期借款　　D. 主营业务收入

三、判断题

1. 制造费用属于期间费用。(　　)

2. 生产成本账户期末无余额。(　　)

3. 制造费用账户期末无余额。(　　)

4. 本年利润属于损益类科目。(　　)

5. 本年利润账户年末无余额。(　　)

6. 累计折旧属于资产类账户,因此它的账户结构为借增贷减。(　　)

7. 利得和损失可能直接计入所有者权益,也可能直接计入当期损益。(　　)

8. 预收账款与预付账款都属于企业的资产。(　　)

9. 基本生产车间管理人员的工资及福利费属于直接人工费用,因此在发生时记入“生产成本”账户。(　　)

10. 增值税对企业的营业成本和损益核算没有影响。(　　)

四、业务题

1. 企业收到投资人甲以一项专利技术作为对价的投资，价值为20万，约定占注册资本的5%，企业的注册资本为300万元。

2. 企业向银行借入三个月的短期借款，金额为10万元，约定到期一次还本付息。

3. 企业购入一台需要安装的生产用设备，相关增值税专用发票上注明价款为125 000元，增值税为16 250元，包装运杂费等2 000元，上述所有价款以银行存款支付。

4. 上述设备在安装过程中发生了200元的安装费用，以现金支付；设备安装完毕，达到预定可使用状态。

5. 购进甲材料1 000千克，取得的增值税专用发票上列示价款为10 000元，相应的增值税为1 300元，代垫运杂费1 000元，货款未付，材料未验收入库。

6. 上述材料如数验收入库。

7. 支付上述材料货款。

8. 企业本月领用上述甲材料共600千克，其中为生产A产品耗用500千克，生产车间一般耗用60千克，管理行政部门耗用40千克。

9. 管理部门的李华因公出差借款1 500元，经批准出纳以现金支付。

10. 李华出差回来报销差旅费合计1 000元，并交回多余现金500元。

11. 按照规定的折旧率，计提本月固定资产折旧4 000元。其中，车间使用的房屋、机器设备等的折旧为3 600元，行政管理部门使用的房屋、器具等的折旧400元。

12. 计提本月的职工薪酬，其中属于产品生产工人部分100 000元，车间管理人员工资50 000元，行政管理人员工资50 000元。

13. 与客户签订A产品的销售合同，收取销售定金50 000元。

14. 按照上述合同要求销售A产品1 000件，每件80元，增值税专用发票上注明的增值税款为10 400元，余款已收到。

15. 结转上述A产品的销售成本，每件50元。

16. 计提本月短期借款的利息1 500元。

17. 计提本年度所得税50 000元。

18. 企业本年实现净利润30万元，将本年的净利润转入未分配利润。

19. 按上述净利润的10%提取法定盈余公积，按5%提取任意盈余公积。

20. 经股东大会决议，将50 000元作为现金股利分配给投资者。

21. 向投资者发放上述现金股利。

22. 经股东大会决议，将资本公积50万元转增资本。

第六章

账户的分类

○ **学习目标**

知识目标

1. 掌握会计账户的分类标准和具体类别。
2. 理解账户分类的作用。
3. 理解各个会计账户之间的关联，并学会应用。

能力目标

1. 能准确对账户进行分类。
2. 能运用账户的不同分类更加深入了解账户在会计核算中的作用。

○ **案例导入**

会计账户是存放会计信息的最小储存器，而每一个账户反映的具体内容各不相同，因此每一个账户代表的经济内容为何，用途和结构是什么，如何使用等问题是必须掌握的内容。

第一节　账户分类的意义

一、账户分类的目的与标志

为了满足会计信息使用者的信息需求，需要运用会计科目在账簿中开设一系列的账户。每一个账户都有其特定的核算内容，只能运用于特定的经济业务核算，只能对某项经济业务中某一方面的会计数据进行分类记录，只能从某一个侧面来反映会计要素的变化及结果。每个账户都有它独特的经济性质、用途和结构，一般不能用其他账户来替代。正因为这样，每个账户才有区别于其他账户的特征。但我们知道，就某一个会计要素而言，它不是孤立存在的，这一要素与它的对应账户及其他五个会计要素的对应账户是不可分割的统一体。六个会计要素之间虽有区别，但联系密切，无论是在静止状态还是在运动状态，会计要素内部或相互之间都存在着联系。对六个会计要素的科学核算，能提供完整而系统的会计信息。因此，作为反映各种会计要素手段的账户之间，也必然不是相互孤立的，它们之间必然相互依存，互为条件，它们的增减变动在数量金额上是互相关联的关系。也就是说，账户之间存在着某种共性。账户的整体集合构成一个完整的有机体系。只有完整地运用这个体系，才能核算和监督会计对象的全部内容。为了正确地设置和运用账户，就需要从理论上进一步认识各个账户的经济内容、用途结构及其在整个账户体系中的地位和作用。在了解各账户特性的基础上,了解各账户的共性和相互之间的联系,掌握各账户在提供会计信息方面的规律性。会计应按账户的共性有机地对其分类,进一步了解各账户的具体内容,明确和掌握各账户之间的内在联系与区别,掌握账户的使用方法,正确地设置和运用账户,以满足会计信息使用者的信息需求。

凡在提供会计信息方面有共同性的账户,就它们的共同性而言属于一类账户。而它们之间的共性也成为该类账户的共同性标志。为了进一步研究账户各自的特性和它们的共同性,应研究和掌握账户的分类标志。账户的分类标志一般有三种:按经济内容分类,按用途和结构分类,按与会计报表的关系分类。

二、账户分类的作用

(一)便于设置完整的账户体系,全面反映企业经营活动情况

科学地进行账户分类具有以下作用。由于各单位的经营活动特点不同,资金运动的内容不同,所涉及的账户体系也就不同。要想有效地核算和监督单位的经营活动,就要从本单位经营活动的特点出发,选择能够反映本单位经营活动的账户体系。它要求会计工作者必须了解不同类型的账户包括哪些具体的账户,它们反映的具体经济内容是什么,这些账户的发生额和余额能提供什么样的核算资料。只有这样,才能选择合适的账户建立本单位的账户体系。使它们能全面系统地记录本单位的经济活动过程和结果,为会计信息使用者提供所需的信息。

(二)便于设计会计账簿的格式

在单位内部会计管理中,由于不同经营活动各具特点,对不同性质的会计要素的信息披露方式是不一样的。如对于一般的有形资产的增减变动以及结余额,不仅要向有关管理当局披露有关金额方面的信息,而且还应适当披露有关实物量方面的信息;对于像负债和所有者权益类的会计要素,就只能披露有关时间和金额方面的信息了;另外,对于一些费用类要素,不仅要反映费用的总额,还要按项目反映费用构成的详细情况。上述不同的会计信息,要通过账户在会计账簿中体现出来。对于既要提供金额又要提供实物方面信息的账户,在相应的会计账簿格式设计时,应设置和运用数量金额式账页格式;对于只需披露有关时间和金额方面信息的账户,在相应的会计账簿格式设计时,应设置和运用三栏式账页格式;对于不仅要反映费用的总额,还要反映费用构成的详细信息的账户,在相应的会计账簿格式设计时,应设置和运用多栏式账页格式。会计账户的设置,应考虑便于设计会计账簿格式的问题。

(三)便于编制会计报表

会计六要素的增减变动过程及其结果,最终要以会计报表的形式反映出来。编制会计报表所需的相关数据资料是由各个相应的账户提供的。不同的会计报表反映的经济内容不同,其相关数据资料的来源也不相同。为了及时、正确地编制会计报表,要根据特定会计报表所反映的经济内容,正确确定编制每张会计报表所需的数据资料是来自哪些账户,这些账户能提供什么样的会计信息。例如,资产负债表是用来反映某一时点的财务状况的,是对某一时点企业现存经济资源和它们的来源的说明。它的数据资料由资产、负债和所有者权益三类账户提供。若不能正确确定为编制会计报表提供数据资料的账户,就不能正确编制会计报表。因此,掌握账户分类及账户的经济内容、用途和结构,有利于正确编制会计报表。

第二节 账户按经济内容分类

一、账户按经济内容分类的意义

账户的经济内容是指账户所反映的会计对象的具体内容，按账户的经济内容对账户进行分类，就是按账户所反映的会计对象的具体内容对账户进行分类。在借贷记账法下，不同会计对象增减变动的记账方向是不同的，不同的会计对象有不同的账户结构和用途。明确了账户的经济内容，就为明确账户的用途和结构打下了一个良好的基础；另外，不同的会计报表，包含不同的会计要素，明确了账户的经济内容，就能正确掌握会计账户和相应会计报表之间的关系。因此，通过对账户按经济内容分类，可以为更好地运用借贷记账法，更确切地了解每类和每个账户具体应核算和监督的内容，为设置能适应本单位经营管理需要、科学完整的账户体系，同时为学习账户的其他分类打下基础。

二、账户按经济内容的分类

如前所述，按账户的经济内容分类，实质上是按会计对象的具体内容进行分类。企业的会计对象就是资金运动，资金运动可分为静态和动态两种运动形式。资产、负债、所有者权益构成资金静态运动，而收入、费用和利润则构成资金动态运动，于是按经济内容分类建立的账户体系，应包括反映资金运动的静态账户和反映资金运动的动态账户两类。反映资金运动的静态账户应由反映资产、负债和所有者权益的账户所组成；反映资金运动的动态账户应由反映收入、费用和利润的账户所组成。现分别说明如下。

(一)资产类账户

资产类账户是核算企业各种资产增减变动及结余额的账户。资产按流动性不同，又可以分为流动资产和非流动资产两类，因而资产类账户也可分为反映流动资产的账户和反映非流动资产的账户两类：反映流动资产的账户有“库存现金”“银行存款”“应收账款”“其他应收款”“原材料”“库存商品”等账户；反映非流动资产的账户有“长期股权投资”“固定资产”“累计折旧”“在建工程”“无形资产”“长期待摊费用”等账户。

(二)负债类账户

负债类账户是核算企业各种负债增减变动及结余额的账户。按照负债的还款期不同，又可以分为核算流动负债的账户和核算非流动负债的账户两类：核算流动负债的账户有“短期借款”“应付账款”“其他应付款”“应付职工薪酬”“应交税费”“应付利息”“应付股利”等账户；核算非流动负债的账户有“长期借款”“应付债券”“长期应付款”等账户。

(三)所有者权益类账户

所有者权益类账户是核算企业所有者权益增减变动及结余额的账户。按照所有者权益的来源和构成，又可分为核算所有者原始投资的账户、核算经营积累的账户及核算所有者权益其他来源的账户三类：核算所有者原始投资的账户“实收资本”(或“股本”)账户；核算经营积累的账户有“盈余公积”等账户；核算所有者权益其他来源的账户有“资本公积”等账户。

(四)收入类账户

这里的收入是指广义的收入。收入类账户是核算企业在生产经营过程中所取得的各种经济利益的账户。按照收入的不同性质和内容，又可以分为核算营业收入的账户和核算非营业收入的账户两类：核算营业收入的账户有“主营业务收入”“其他业务收入”等账户；核算非营业收入的账户有“营业外收入”账户。

（五）费用类账户

这里的费用是指广义的费用。费用类账户是核算企业在生产经营过程中发生的各种费用支出的账户。按照费用的不同性质和内容，费用账户又可以分为核算经营费用的账户和核算非经营费用的账户两类：核算经营费用的账户有“生产成本”“制造费用”“主营业务成本”“税金及附加”“其他业务成本”“销售费用”“管理费用”“财务费用”“资产减值损失”等账户；核算非经营费用的账户有“营业外支出”“所得税费用”等账户。

（六）利润类账户

利润类账户是核算利润的形成和分配情况的账户。可分为核算利润形成情况的账户和核算利润分配情况的账户两类：核算利润形成情况的账户有“本年利润”账户；核算利润分配情况的账户有“利润分配”账户。

第三节　账户按用途和结构分类

一、账户按用途和结构分类的意义

账户按经济内容分类，可以使我们了解完整的账户体系包括哪些账户，各类账户所核算的会计对象的具体内容是什么。这对于正确区分账户的经济性质，合理地设置和运用账户以满足经营管理的需要具有重要意义。但是，仅按经济内容对账户进行分类，还不能使我们了解各种账户的作用，以及它们是如何向会计信息的使用者提供所需的信息的。为了运用账户来记录经济业务，掌握账户在提供会计信息方面的规律性，就需要在按经济内容分类的基础上，进一步研究账户按用途和结构分类。

账户的用途是指设置和运用账户的目的是什么，通过账户记录能够提供什么核算指标。如我们设置“固定资产”“原材料”等实物资产账户的目的是反映相应的实物资产，通过这些账户记录能够提供相应的实物资产的增减变动及结余额方面的核算资料。

账户的结构是指在账户中如何记录经济业务，以取得各种必要的核算指标。在不同的记账方法下，记录经济业务的具体方法是不同的，即反映会计要素的增减变动及结余额（如果有余额的话）的方法不同。在借贷记账法下，账户的结构具体是指账户的借方核算什么内容，账户的贷方核算什么内容，期末余额（如果有余额的话）在哪方，具体表示什么内容。

企业错综复杂的经济活动所涉及的会计数据资料都需要通过账户来加以记录和反映，而每一个账户都是根据经营管理和对外报告会计信息的需要而设置的，都有其特定的用途和结构。因而按账户的用途和结构分类的账户体系与按经济内容分类的账户体系，就可能不完全一致。一方面，按经济内容归为一类的账户，可能具有不同的用途和结构；另一方面，具有相同或相似用途和结构的账户，就其反映的经济内容而言可能归属于不同的类别。因此，尽管账户的用途和结构都直接或间接地依存于账户的经济内容，但按账户的经济内容分类的账户体系并不能代替按用途和结构分类的账户体系。按经济内容分类是账户的基本分类方法，按用途和结构分类的账户体系是对按经济内容分类的账户体系的必要补充。

二、账户按用途和结构分类

现以制造企业为例，说明在借贷记账法下，按用途和结构分类的账户体系。按用途和结构分类的账户体系，包括基本账户、调整账户、成本账户和损益计算账户四大类。基本账户具体又可分为盘存账户、投资权益账户、结算账户和跨期摊配账户；调整账户根据调整方式不同，又可分为抵减账户和抵减附加账户；成本账户具体又可分为集合分配账户、成本计算账户和对比账户；损益计算账户具体又可分为收入计算账户、费用计算账户和财务成果计算账户。下面简要说明各类账户的用途、结构和特点。

（一）盘存账户

盘存账户是用来核算、监督各项财产物资和货币资金（包括库存有价证券）的增减变动及其实有数的账户。它是任何企业单位都必须设置的基本账户。在这类账户中，借方登记各项财产物资和货币资金的增加数，贷方登记其减少数；余额总是在借方，表示期末各项财产物资和货币资金的实有数。这类账户一般都可以通过盘点方式进行清查，核对账实是否相符。盘存账户的基本结构如下。

盘存账户

期初余额：财产物资或货币资金的期初实有数 本期发生额：财产物资或货币资金的本期增加数	本期发生额：财产物资或货币资金的本期减少数
期末余额：财产物资或货币资金的期末实有数	

属于盘存类的账户有：“库存现金”“银行存款”“原材料”“库存商品”“固定资产”等账户。盘存账户的特点是：可以通过财产清查的方法，即实地盘点和对账的方法，核对货币资金和实物资产的实际结存数与账面结存数是否相符，并检查其经营管理上存在的问题。除“库存现金”和“银行存款”账户外，其他盘存账户普遍运用数量金额式等明细分类账，可以提供实物和价值两种指标。

（二）投资权益账户

投资权益账户是用来核算投资者投资的增减变动及实有额的账户。它是任何企业单位都必须设置的基本账户。在这类账户中，贷方登记投资者投资的增加数或其他所有者权益的增值额，借方登记投资者投资的减少数或其他所有者权益的抵减额。若其余额在贷方表示投资者权益的实有数额；若没有余额或其余额在借方，在有限责任公司的企业组织形式下，表示投资者的权益已降至零。投资权益账户的基本结构如下。

投资权益账户

本期发生额：本期所有者权益的抵减数	期初余额：期初所有者权益余额 本期发生额：本期所有者权益的增加数
	期末余额：期末所有者权益余额

属于这一类账户的有：“实收资本”“资本公积”“盈余公积”等。

资本公积产生的主要原因在于资本溢价，属于资本的非经营性积累；盈余公积是留存收益形成的公积金，是企业经营活动中产生的资本增值。这两部分，由于所有权属于企业的投资者，本质上是投资者对企业的一种权益性投入。因此，将“资本公积”“盈余公积”账户归入投资权益账户。

投资权益账户的特点是：有的账户（如“实收资本”）应按照企业的投资者分别设置明细分类账户，以便反映各投资者对企业实际拥有的所有者权益数额；投资权益账户只提供价值指标。

(三)结算账户

结算账户是用来核算和监督企业与其他单位或个人之间往来账款结算业务的账户。由于结算业务性质的不同，决定了结算账户具有不同的用途和结构，结算账户按用途和结构分类，具体又可分为债权结算账户、债务结算账户和债权债务结算账户三类。

1. 债权结算账户

债权结算账户又称资产结算账户，是用来核算和监督企业债权的增减变动和实有数额的账户。在这类账户中、借方登记债权的增加数，贷方登记其减少数；余额在借方，表示债权的实有数。债权结算账户的基本结构如下。

债权结算账户

期初余额：债权的期初实有数 本期发生额：债权的本期增加数	本期发生额：债权的本期减少数
期末余额：债权的期末实有数	

属于这一类的账户有：“应收账款”“其他应收款”“应收票据”“预付账款”等账户。

2. 债务结算账户

债务结算账户也称负债结算账户，是用来核算和监督本企业债务的增减变动和实有数额的账户。在这类账户中，贷方登记债务的增加数，借方登记其减少数；余额在贷方，表示债务的实有数。债务结算账户的基本结构如下。

债务结算账户

	期初余额：债务的期初实有数
本期发生额：债务的本期减少数	本期发生额：债务的本期增加数
	期末余额：债务的期末实有数

属于债务结算类账户的有：“应付账款”“其他应付款”“应付职工薪酬”“应交税费”“应付股利”“短期借款”“长期借款”“应付债券”“长期应付款”等账户。

3. 债权债务结算账户

债权债务结算账户又称资产负债结算账户，是用来核算和监督本企业与其他单位或个人以及企业内部各单位相互往来结算业务的账户。由于这种相互之间的往来结算业务经常发生变动，企业有时处于债权人的地位，有时则处于债务人的地位。为了能在同一个账户中反映本企业与其他单位的债权、债务的增减变化，借以减少会计科目的使用，简化核算手续，在借贷记账法下，可设置同时具有债权债务双重性质的结算账户，在这类账户中，借方登记债权的增加或债务的减少，贷方登记债务的增加或债权的减少；若期末余额在借方，为企业债权减掉债务后的净债权，若期末余额在贷方，为企业债务减掉债权后的净债务。债权债务结算账户的基本结构如下。

债权债务结算账户

期初余额:债权大于债务的期初差额 本期发生额:本期债权的增加或债务的减少数	期初余额:债务大于债权的期初差额 本期发生额:本期债务的增加或债权的减少数
期末余额:净债权	期末余额:净债务

这类账户所属的各明细账,有时是借方余额,表示尚未收回的净债权;有时是贷方期末余额,表示尚未偿还的净债务。所有明细账借方余额之和与贷方余额之和的差额,应同有关总账的余额相等。由于在总分类账户中,债权和债务能自动抵减,所以总分类账户的余额不能明显反映企业与其他单位债权债务的实际结余情况,这样,资产负债表的有关项目必须根据总分类账户所属明细账的余额分析计算填列,将属于债权部分的余额以"应收账款"或"预付账款"项目列在资产负债表的资产方,将属于债务部分的余额以"应付账款"或"预收账款"项目列在资产负债表的负债和所有者权益方,以便如实反映债权债务的实际状况。

如果企业不单独设置"预收账款"账户,而用"应收账款"账户同时核算企业应收账款和预收账款的增减变动情况和结果,这时的"应收账款"账户就是一个债权债务结算账户。同理,如果企业不单独设置"预付账款"账户,而用"应付账款"账户同时核算企业应付账款和预付账款的增减变动情况和结果,则此时的"应付账款"账户就是个债权债务结算账户。在借贷记账法下,可以将"其他应收款"账户和"其他应付款"账户合并,设置一个"其他往来"账户,用来核算其他应收款和其他应付款的增减变动情况和结果,此时,"其他往来"账户也是一个债权债务结算账户。

结算账户的特点是:按照结算业务的对方单位或个人,设置明细分类账户,以便及时进行结算和核对账目;结算账户只提供价值指标;结算账户要根据期末余额的方向来判断其性质,当余额在借方时,是债权结算账户,当余额在贷方时,是债务结算账户。

(四)跨期摊配账户

跨期摊配账户是用来核算和监督应由若干个会计期间共同负担的费用,并将这些费用摊配于各个相应的会计期间的账户。企业在生产经营过程中所发生的费用,有些是应由几个会计期间共同负担的,按权责发生制要求,必须严格划分费用的归属期,把应由若干个会计期间共同负担的费用,合理地分摊到各个会计期间。为此,需要设置跨期摊配账户来实现权责发生制的要求,"长期待摊费用"账户是典型的跨期摊配账户。跨期摊配账户的借方用来登记跨期费用的实际支出数,贷方用来登记由各个会计期间负担的费用摊配数。跨期摊配账户的基本结构如下。

跨期摊配账户

期初余额:已支付但尚未摊配的待摊费用数 本期发生额:本期增加的待摊费用数	本期发生额:待摊费用的本期摊销数
期末余额:已支付但尚未摊配的待摊费用数	

跨期摊配账户的特点是:只提供价值指标。

(五)抵减账户

抵减账户又称备抵账户,是用抵减相关被调整账户金额的方法反映被调整账户的实际余额的账户。其调整可用下列公式表示：

被调整账户余额一备抵账户余额＝被调整账户的实际余额

由于备抵账户对被调整账户的调整，实际上是对被调整账户余额的抵减，因此，被调整账户余额的方向与备抵账户的余额方向必定相反。如果被调整账户的余额方向在借方（或贷方），则备抵账户的余额方向一定在贷方（或借方）。

“累计折旧”“固定资产减值准备”“坏账准备”“存货跌价准备”等账户是较典型的抵减账户。“累计折旧”“固定资产减值准备”账户是用来调整“固定资产”账户的。用“固定资产”账户的账面余额（原始价值）与“累计折旧”“固定资产减值准备”账户的账面余额相抵减，可以取得有关固定资产耗损和减值方面的数据，其差额就是固定资产现有的实际价值（实际净值）。通过这三个账户余额的对比分析，可以了解固定资产的新旧程度、资金占用状况、减值情况和生产能力。“坏账准备”账户是用来抵减“应收账款”等账户的，用“应收账款”等账户的账面余额与“坏账准备”账户的账面余额相抵减，可以取得有关可收回相关债权方面的数据，其差额就是可收回的相关债权额。“存货跌价准备”账户是用来抵减存货项目的，用存货项目的账面余额与“存货跌价准备”账户的账面余额相抵减，可以取得有关存货的实际价值方面的数据，其差额就是存货的实际价值。

“长期股权投资减值准备”“累计摊销”“无形资产减值准备”等账户也属于抵减账户。

（六）抵减附加账户

抵减附加账户又称备抵附加账户，是既用来抵减、又用来增加被调整账户的余额，以求得被调整账户的实际余额的账户。抵减附加账户既可以作为抵减账户，又可以作为附加账户来发挥作用，兼有两种账户的功能（所谓附加账户，是用来增加被调整账户的余额，以求得被调整账户的实际余额的账户。在实际工作中，很少设置单纯的附加账户）。这类账户在某一时刻执行的是哪种功能，取决于该账户的余额与被调整账户的余额在方向上是否一致，当其余额与被调整账户余额在不同方向时，它所起的是抵减作用；当其余额与被调整账户余额在相同方向时，它所起的是附加作用。

“材料成本差异”账户就是“原材料”账户的抵减附加调整账户。当“材料成本差异”账户是借方余额时，表示实际成本大于计划成本的超支数。用“原材料”账户的借方余额加上“材料成本差异”账户的借方余额，就是原材料的实际成本。当“材料成本差异”账户是贷方余额时，表示实际成本小于计划成本的节约数，用“原材料”账户的借方余额减去“材料成本差异”账户的贷方余额，即为原材料的实际成本。

（七）集合分配账户

集合分配账户是用来汇集和分配经营过程中某一阶段所发生的某种间接费用，借以核算、监督有关间接费用计划执行情况，以及间接费用分配情况的账户。设置这类账户一方面可以将某一经营过程中实际发生的间接费用和计划指标进行比较，考核间接费用的超支和节约情况，另一方面也便于将这些费用摊配出去。集合分配账户，借方登记费用的发生额，贷方登记费用的分配额，在一般情况下，登记在这类账户中的费用，期末应全部分配出去，通常没有余额。集合分配账户的基本结构如下。

集合分配账户

本期发生额:汇集经营过程中间接费用的本期发生额	本期发生额:本期分配到有关成本计算对象上的间接费用额

属于这类的账户有“制造费用”账户。

集合分配账户的特点是:具有明显的过渡性质,平时用它来归集那些不能直接计入某个成本计算对象的间接费用,期末将费用全部分配出去,由有关成本计算对象负担;这类账户期末费用分配后一般应无余额。

(八)成本计算账户

成本计算账户是用来核算和监督经营过程中应计入特定成本计算对象的经营费用,并确定各成本计算对象实际成本的账户。设置和运用成本计算账户,对于正确计算材料采购、产品生产和产品销售的实际成本,考核有关成本计划的执行和完成情况具有重要的作用。成本计算账户的借方汇集应计入特定成本计算对象的全部费用(其中部分是在费用发生时直接记入的,另一部分是先记入集合分配账户,在会计期末通过一定的分配方法转到成本计算账户)。贷方反映转出的某一成本计算对象的实际成本。期末余额一般在借方,表示尚未完成的某一阶段成本对象的实际成本。如“生产成本”账户,借方余额表示尚未完成生产过程的在产品的实际成本。成本计算账户的基本结构如下。

成本计算账户

期初余额:未转出成本计算对象的实际成本 本期发生额:经营过程中发生的应由成本计算对象承担的费用	本期发生额:转出成本计算对象的实际成本
期末余额:期末未转出成本计算对象的实际成本	

属于成本计算类的账户有:“材料采购”“在途物资”“生产成本”等账户。

成本计算账户的特点是:除了设置总分类账户外,还应按照各个成本计算对象和成本项目设置专栏,分别设置明细分类账户,进行明细分类核算:既提供实物指标,又提供价值指标。

(九)对比账户

对比账户是用来核算经营过程中某一阶段某项经济业务按照两种不同的计价标准进行对比,借以确定其业务成果的账户。

按计划成本进行材料日常核算的企业所设置的“材料采购”账户,就属于对比账户。该账户的借方登记材料的实际成本,贷方登记按照计划价格核算的材料的计划成本,通过借贷双方两种计价对比,可以确定材料采购业务成果。对比账户的基本结构(以“材料采购”账户为例)如下。

对比账户

期初余额:未入库材料的实际成本 本期发生额:本期未入库材料的实际成本及转入"材料成本差异"账户贷方的实际成本小于计划成本的节约差	本期发生额:入库材料的计划成本及转入"材料成本差异"账户借方的实际成本大于计划成本的超支差
期末余额:在途材料的实际成本	

这类账户的特点是:借贷两方的计价标准不一致;期末确定业务成果转出后,该账户的借方余额是剔除了计价差异后的按借方计价方式计价的资产价格。例如"材料采购"账户的借方余额表示按实际成本计价的在途材料成本。

(十)收入计算账户

收入计算账户是用来核算和监督企业在一定时期(月、季或年)内所取得的各种收入和收益的账户。收入计算账户的贷方登记取得的收入和收益,借方登记收入和收益的减少数和期末转入"本年利润"账户的收入和收益额。

由于当期实现的全部收入和收益都要在期末转入"本年利润"账户,所以收入计算账户期末无余额。收入计算账户的基本结构如下。

收入计算账户

本期发生额:收入和收益的减少数及期末转入"本年利润"账户的收入和收益额	本期发生额:本期收入和收益的增加额

属于这一类账户的有:"主营业务收入""其他业务收入"等账户。

收入计算账户的特点:除了设置总分类账户外,还应按照业务类别设置明细分类账,进行明细分类核算;收入计算账户只提供价值指标。

(十一)费用计算账户

费用计算账户是用来核算和监督企业在一定时期(月、季或年)由所发生的应记入当期损益的各项费用、成本和支出的账户。费用计算账户的借方登记费用支出的增加额,贷方登记费用支出的减少数和期末转入"本年利润"账户的费用支出数。由于当期发生的全部费用支出数都要于期末转入"本年利润"账户,所以该类账户期末无余额。费用计算账户的基本结构如下。

费用计算账户

本期发生额:本期费用支出的增加数	本期发生额:本期费用支出的减少或转销数和期末转入"本年利润"账户的费用支出款

属于这一类的账户有:"主营业务成本""税金及附加""其他业务成本""销售费用""管理费用""财务费用""营业外支出""所得税费用"等账户。费用计算账户的特点是:除了设置总分类账户外,还应按业务内容、费用支出项目等设置明细分类账户,进行明细分类核算;费用

计算账户只提供价值指标。

(十二)财务成果计算账户

财务成果计算账户是用来核算和监督企业在一定时期(月、季或年)内全部经营活动最终成果的账户。“本年利润”账户属于典型的财务成果计算账户。财务成果计算账户的贷方登记期末从收入计算账户转入的各种收入和收益数,借方登记期末从费用计算账户转入的各种费用支出数。平常月份(1～11月份),贷方余额表示企业所实现的利润数,借方余额表示企业所发生的亏损数。年终时将实现的利润或亏损转入“利润分配”账户,结转后应无余额。财务成果计算账户的基本结构如下。

本期发生额:本期从费用计算账户转入的各项成本、费用支出数	本期发生额:本期从收入计算账户转入的各项收入、收益数
期末余额:(1～11月份)发生的亏损数	期末余额:(1～11月份)实现的利润数
	年末无余额

财务成果计算账户的特点是:借方和贷方所登记的内容,应遵循权责发生制和配比要求。贷方所登记的各项收入、收益数与借方所登记的各项费用支出数,一方面要与相应的会计期间相配合,另一方面从事某类业务活动所得的收入与相应的成本费用相配比。也就是说借方登记的各项费用、成本,是为取得贷方所登记的各项收入、收益而发生的;相反,贷方登记的各项收入、收益数是因为支付了借方所登记的各项费用、成本而取得的两者在时间和受益关系上相互配比,会计期间的财务成果才是真实准确的。财务成果计算账户只提供价值指标。1～11月份期末有余额,在贷方即是利润数,在借方则是亏损数,年终结账后无余额。

以上重点介绍了按经济内容及按用途和结构分类的账户体系,这对于我们正确地设置和运用账户来核算、监督经营过程和经营成果,为管理提供有用的会计信息具有重要意义。

①“生产成本”账户若期末有余额,也是盘存账户。

②“材料采购”账户既是对比账户,也是成本计算账户。

此外,按账户与会计报表的关系,还可将账户分为资产负债表账户、利润表账户和制造成本表账户。

资产负债表是反映企业某一特定日期财务状况的会计报表,表中各项目所反映的是企业某一特定日期资产、负债和所有者权益的实有数额,是根据资产类账户、负债类账户和所有者权益类账户的期末余额直接填列或分析计算填列的。资产类账户、负债类账户和所有者权益类账户是编制资产负债表的主要依据。为此,在会计上把资产类账户、负债类账户和所有者权益类账户亦称为资产负债表账户。

利润表是反映企业在一定时期财务成果的报表,表中各项目所反映的是企业一定会计期间所取得的收入、发生的费用,以及实现的利润(或亏损),是根据收入类账户、费用类账户和利润类账户的本期发生额直接填列或分析计算填列的。收入类账户、费用类账户和利润类账户是编制利润表的主要依据。为此,在会计上把收入类账户、费用类账户和利润类账户亦称为利润表账户。

制造成本表是反映企业在一定时期产品生产成本及其构成的报表。制造成本表属于不对外公开披露的报表。由于成本类账户的发生额是编制制造成本表的直接依据,所以“生产成本”“制造费用”账户通常被称为制造成本表账户。这种账户分类,对于正确运用各类账户所提供的数据资料编制会计报表具有重要作用。

本章小结

本章对会计账户的分类做了详细的介绍。按经济内容、用途和结构以及与会计报表的关系，会计账户被划分成了不同的种类，在会计核算的过程中，必须明确会计账户的归类，在此基础上，对各个会计账户进行登记，并且区分不同会计账户的具体内容，以及各个会计账户之间的异同，为正确登记会计账户打下基础。

思考题

1. 账户分类的作用有哪些？
2. 账户按照经济内容可以分为哪些类别？
3. 收入计算账户、费用计算账户和财务成果计算账户之间存在什么关系？
4. 资产负债表账户、利润表账户各包括哪些内容？
5. 抵减账户设置的意义是什么？都包括哪些？

练习题

一、单项选择题

1. 会计科目是(　　)。

A. 会计要素的名称　　B. 会计报表的项目名称
C. 账簿的名称　　D. 账户的名称

2. 企业的本期增加发生额是指(　　)。

A. 本期某一增加的数额　　B. 本期增加金额合计－本期减少金额合计
C. 本期期初余额＋本期增加合计　　D. 本期增加金额合计

3. (　　)不属于损益类的会计科目。

A. 管理费用　　B. 生产成本
C. 主营业务成本　　D. 其他业务支出

4. 假如某企业本期期初余额为 5 600 元，本期期末余额为 5 700 元，本期减少发生额为 800 元，则该企业本期增加发生额为(　　)元。

A. 900　　B. 10 500　　C. 700　　D. 12 100

5. 建立账户体系的基础是(　　)。

A. 账户的用途　　B. 账户的经济内容
C. 账表关系　　D. 账户的结构

6. 盘存类账户属于(　　)。

A. 负债账户　　B. 资产账户　　C. 收入账户　　D. 利润账户

7. (　　)账户具有明显的过渡性质。

A. 集合分配类　　B. 财务成果类
C. 计价对比类　　D. 结算类

8. 资产结算类账户的贷方登记(　　)。

A. 应收账款的减少　　B. 应收账款的增加

C. 预收账款的增加　　D. 预收账款的减少

9. 财务成果类账户的余额在贷方表示(　　)。

A. 实现的利润总额　　B. 发生的费用总额

C. 实现的净利润　　D. 发生的亏损总额

10. 下列账户中,属于集合分配类账户的是(　　)账户。

A. 利润分配　　B. 制造费用　　C. 管理费用　　D. 材料采购

二、多项选择题

1. 下列属于盘存账户的有(　　)账户。

A. 原材料　　B. 库存商品　　C. 银行存款　　D. 固定资产

2. 下列账户期末如有余额在借方的有(　　)。

A. 债权结算账户　　B. 投资权益账户

C. 盘存账户　　D. 成本计算账户

3. 下列账户期末一般没有余额的有(　　)。

A. 收入计算类账户　　B. 费用计算类账户

C. 盘存类账户　　D. 集合分配类户

4. 账户的结构应该包括(　　)。

A. 账户借方登记的内容　　B. 账户贷方登记的内容

C. 账户期末余额的方向　　D. 账户余额反映的内容

5. 调整类账户按调整方式的不同,可分为(　　)。

A. 附加类账户　　B. 抵减附加类账户

C. 递减类账户　　D. 资产类账户

6. 下列盘存账户中,(　　)账户通过设置明细账户可以提供数量和金额两种指标。

A. 银行存款　　B. 原材料　　C. 库存商品　　D. 库存现金

7. 下列账户中,属于资产抵减类账户的有(　　)账户。

A. 累计摊销　　B. 坏账准备　　C. 利润分配　　D. 累计折旧

8. "材料成本差异"账户是(　　)账户。

A. 资产类　　B. 负债类　　C. 抵减附加类　　D. 损益表

9. 在生产过程中,用来归集制造产品的生产费用,计算产品成本的有(　　)账户。

A. 制造费用　　B. 库存商品　　C. 生产成本　　D. 主营业务成本

10. 账户按其用途和结构分类,下列属于成本计算类账户的有(　　)账户。

A. 制造费用　　B. 材料采购　　C. 生产成本　　D. 主营业务成本

三、判断题

1. 在所有账户中,左方均登记增加额,右方均登记减少额。(　　)

2. 所有经济业务的发生都会引起会计等式两边发生变化。(　　)

3. 一般来说,各类账户的期末余额方向与记录增加额的方向保持一致。(　　)

4. 会计科目与账户都是对会计对象具体内容的科学分类，两者口径一致，性质相同，格式结构也相同。（　）

5. 费用(成本)类账户结构与资产类账户结构相同，收入类账户结构与权益类账户相同。（　）

6. 权益类账户发生增加额时登记在该账户的贷方，发生减少额时登记在该账户的借方，其余额一般出现在账户的借方。（　）

7. 对每一个账户来说，期初余额只可能在账户的一方，即借方或贷方。（　）

8. 企业只能编制一借一贷、一借多贷、多借一贷的会计分录，而不能编制多借多贷的会计分录。（　）

9. 账户之间最本质的差别在于其用途和结构的不同。（　）

10."材料采购"账户既可以归入资产类账户，也可以归入成本类账户。（　）

四、业务题

(一)目的：练习"固定资产"账户和"累计折旧"账户之间的调整关系。

1. 资料：

某企业"固定资产"账户的期末余额为250 000元，"累计折旧"账户期末余额为70 000元。

2. 要求：

(1)计算固定资产净值。

(2)说明"固定资产"账户和"累计折旧"账户之间的关系。

(二)目的：练习集合分配类账户及成本计算类账户的运用。

1. 资料：

假设新华公司有关会计核算资料如下。

(1)生产A产品耗用甲材料500吨，计40 000元；生产B产品耗用乙材料200吨，计20 000元，车间耗用甲材料50吨，乙材料10吨，共计5 000元。

(2)计算应付职工工资，其中，A产品生产工人工资50 000元，B产品生产工人工资25 000元，车间管理员工工资3 000元。

(3)计提生产用固定资产折旧7 000元。

(4)全月投产A产品10台，B产品5台，已全部完工。

2. 要求：

(1)根据上述资料汇集全月制造费用。

(2)将制造费用按A、B生产工人工资比例在A、B产品之间分配。

(3)计算完工产品的总成本及单位成本。

第七章

会计凭证

○ **学习目标**

知识目标

1. 了解会计凭证的概念及作用。
2. 了解会计凭证的传递程序和保管方法。
3. 熟悉原始凭证与记账凭证的种类。
4. 掌握原始凭证与记账凭证的填制方法。
5. 掌握原始凭证与记账凭证的审核方法。

能力目标

1. 能够正确填制并审核原始凭证。
2. 能够正确编制并审核记账凭证。
3. 会独立地装订会计凭证。

○ **案例导入**

2022 年 1 月 12 日，诚信公司采购员李某到超市为单位购买一批办公用品，共支付了 300 元，需要到财务室报销。那么，李某如何能够证明可以报销 300 元呢？这就需要李某在购买后取得相应发票作为证明，而该张发票就是一张会计凭证。那么，什么是会计凭证呢？让我们一起来学习吧。

第一节 会计凭证的作用和种类

一、会计凭证的作用

会计凭证简称凭证，是记录经济业务、明确经济责任和据以登记账簿的书面证明。会计主体办理任何一项经济业务，都必须办理凭证手续，由执行和完成该项经济业务的有关人员取得或填制会计凭证，记录经济业务的发生日期、具体内容以及数量和金额，并在凭证上签名或盖章，对经济业务的合法性、真实性和正确性负完全责任。所有会计凭证都要由会计部门审核无误后才能作为记账的依据。因此，填制和审核会计凭证，是会计信息处理的重要方法之一，同时也是整个会计核算工作的起点和基础。

会计凭证具有以下几个方面的作用。

(一)会计凭证是提供原始资料、传导经济信息的工具

会计信息是经济信息的重要组成部分。它一般是通过数据,以凭证、账簿、报表等形式反映出来的。随着生产的发展,及时准确的会计信息在企业管理中的作用愈来愈重要。任何一项经济业务的发生,都要编制或取得会计凭证。会计凭证是记录经济活动的最原始资料,是经济信息的载体。通过会计凭证的加工、整理和传递,可以直接取得和传导经济信息,既协调了会计主体内部各部门、各单位之间的经济活动,保证生产经营各个环节的正常运转,又为会计分析和会计检查提供了基础资料。

(二)会计凭证是登记账簿的依据

任何单位,每发生一项经济业务,如现金的收付、商品的进出以及往来款项的结算等,都必须通过填制会计凭证来如实记录经济业务的内容、数量和金额,然后经过审核无误,才能登记入账。如果没有合法的凭证作依据,任何经济业务都不能登记到账簿中去。因此,做好会计凭证的填制和审核工作,是保证会计账簿资料真实性、正确性的重要条件。

(三)会计凭证是加强经济责任制的手段

由于会计凭证记录了每项经济业务的内容,并要由有关部门和经办人员签章,这就要求有关部门和有关人员对经济活动的真实性、正确性、合法性负责。这样,无疑会增强有关部门和有关人员的责任感,促使他们严格按照有关政策、法令、制度、计划或预算办事。如有发生违法乱纪或经济纠纷事件,也可借助会计凭证确定各经办部门和人员所负的经济责任,并据以进行正确的裁决和处理,从而加强经营管理岗位责任制的安全完整,维护投资者、债权人和有关各方的合法权益。

(四)会计凭证是实行会计监督的条件

通过会计凭证的审核,可以查明各项经济业务是否符合法规的规定,有无贪污盗窃、铺张浪费和损公肥私行为,从而发挥会计的监督作用,维护各会计主体所拥有的资产。

二、会计凭证的种类

会计凭证按其填制程序和用途的不同,可以分为原始凭证和记账凭证两大类。

(一)原始凭证

原始凭证是在经济业务发生时取得或填制,载明经济业务具体内容和完成情况的书面证明。它是进行会计核算的原始资料和主要依据。

原始凭证按其来源不同,可分为自制原始凭证和外来原始凭证两种。

自制原始凭证是由本单位经办业务的部门和人员在执行或完成某项经济业务时所填制的凭证。自制原始凭证按其填制程序和内容不同,又可分为一次凭证、累计凭证和汇总原始凭证三种。

一次凭证又称一次有效凭证,是指只记载一项经济业务或同时记载若干项同类经济业务,填制手续一次完成的凭证。例如,领料单、发票等都是一次凭证。一次凭证只能反映一笔业务的内容,使用方便灵活,但数量较多,核算较麻烦。

累计凭证又称多次有效凭证,是指连续记载一定时期内不断重复发生的同类经济业务,填制手续是在一张凭证中多次进行才能完成的凭证。例如,限额领料单就是一种累计凭证。使用累计凭证,由于平时随时登记发生的经济业务,并计算累计数、期末计算总数后作为记账的依据,所以能减少凭证数量,简化凭证填制手续。

汇总原始凭证又称原始凭证汇总表，是根据许多同类经济业务的原始凭证定期加以汇总而重新编制的凭证。例如，月末根据月份内所有领料单汇总编制的领料单汇总表，亦称发料汇总表，就是汇总原始凭证。汇总原始凭证可以简化编制记账凭证的手续，但它本身不具备法律效力。

外来原始凭证是指在经济业务发生时，从其他单位或个人取得的凭证。例如，供货单位开来的发票，运输部门开来的运费收据，银行开来的收款或付款通知等都属于外来原始凭证。外来原始凭证一般都是一次凭证。

(二)记账凭证

记账凭证是根据原始凭证进行归类、整理编制的会计分录凭证。它是登记账簿的直接依据。由于原始凭证种类繁多、格式不一，不便于在原始凭证上编制会计分录，据以记账，所以有必要将各种原始凭证反映的经济内容加以归类整理，确认为某一会计要素后，编制记账凭证。从原始凭证到记账凭证是经济信息转换成会计信息的过程，是会计的初始确认阶段。

1. 记账凭证按其用途不同，可以分为专用记账凭证和通用记账凭证两类

专用记账凭证是指分类反映经济业务的记账凭证。这种记账凭证按其反映经济业务的内容不同，又可分为收款凭证、付款凭证和转账凭证。收款凭证和付款凭证是用来反映货币资金收入、付出业务的凭证。货币资金的收入、付出业务就是直接引起库存现金或银行存款增减变动的业务，如用现金发放职工工资、以银行存款支付费用、收到销货款存入银行等。转账凭证是用来反映非货币资金业务的凭证。非货币资金业务亦称转账业务，是指不涉及货币资金增减变动的业务，如向仓库领料、产成品交库、分配费用等。

通用记账凭证是指用来反映所有经济业务的记账凭证。

专用记账凭证的一般格式见表7—1至表7—3。至于通用记账凭证，其一般格式与转账凭证相同。

表7—1　　**(企业名称)**

收款凭证

借方科目：　　　　年　　月　　日　　　　收字第　号

摘　要	贷方科目		金　额	记　账
	一级科目	二级或明细科目		
合　计				

附件　张

会计主管：　　记账：　　出纳：　　审核：　　填制：

表 7—2

(企业名称)

付款凭证

贷方科目： 年 月 日 付字第 号

摘 要	借方科目		金 额	记 账
	一级科目	二级或明细科目		
合 计				

附件 张

会计主管： 记账： 出纳： 审核： 填制：

表 7—3

(企业名称)

转账凭证

年 月 日 转字第 号

摘 要	一级科目	二级或明细科目	借方金额	贷方金额	记 账
合 计					

附件 张

会计主管： 记账： 出纳： 审核： 填制：

2. 记账凭证按其填列会计科目的数目不同，可分为单式记账凭证和复式记账凭证两类

单式记账凭证是在一张记账凭证上只填列每笔会计分录中的一方科目，其对应科目只作参考，不据以记账。填列借方科目的称为借项记账凭证，填列贷方科目的称为贷项记账凭证。这样，每笔会计分录至少要填制两张单式记账凭证，用编号将其联系起来，以便查对。设置单式记账凭证的目的：一是便于汇总，即每张凭证只汇总一次，并且可减少差错；二是为了实行会计部门内部的岗位责任制，即每个岗位人员都应对与其有关的账户负责；三是利于贯彻内部控制制度，防止差错和舞弊。但由于凭证张数多，不易保管，填制凭证的工作量较大，故使用的单位较少。

复式记账凭证是在一张凭证上完整地列出每笔会计分录所涉及的全部科目。上述专用记账凭证和通用记账凭证均为复式记账凭证。复式记账凭证的优点是在一张凭证上就能完整地反映一笔经济业务的全貌，且填写方便，附件集中，便于凭证的分析及审核。其缺点是不便于分工记账及科目汇总。

3. 记账凭证按其包括的内容不同，可以分为单一记账凭证、汇总记账凭证和科目汇总表(亦称记账凭证汇总表、账户汇总表)三类。

单一记账凭证是指只包括一笔会计分录的记账凭证。上述的专用记账凭证和通用记账凭证，均为单一记账凭证。

汇总记账凭证是指根据一定时期内同类单一记账凭证定期加以汇总而重新编制的记账凭证。其目的是简化总分类账的登记手续。汇总记账凭证又可进一步分为汇总收款凭证、汇总付款凭证和汇总转账凭证。

科目汇总表是指根据一定时期内所有的记账凭证定期加以汇总而重新编制的记账凭证。其目的也是简化总分类账的登记手续。

综上所述，会计凭证的分类如图 7—1 所示。

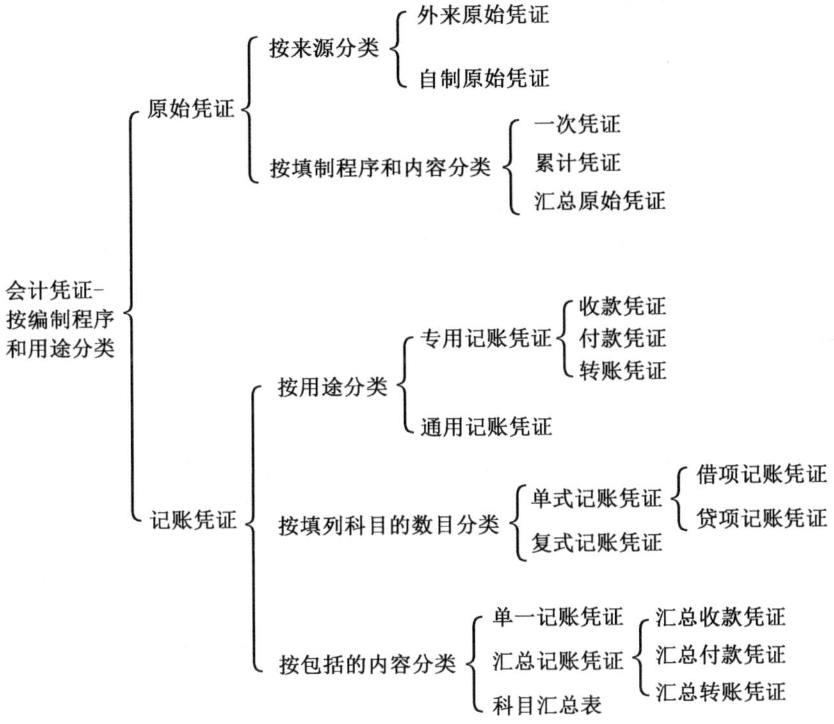

图 7—1　会计凭证分类示意

第二节　原始凭证

知识链接

一、原始凭证的基本内容

经济业务的内容是多种多样的，记录经济业务的原始凭证所包括的具体内容也各不相同。但每一种原始凭证都必须客观地、真实地记录和反映经济业务的发生、完成情况，都必须明确有关单位、部门及人员的经济责任。这些共同的要求，决定了每种原始凭证都必须具备以下几方面的基本内容：(1)原始凭证的名称；(2)填制凭证的日期及编号；(3)接受凭证的单位名称；(4)经济业务的数量和金额；(5)填制凭证单位的名称和有关人员的签章。

有些原始凭证除了包括上述基本内容以外，为了满足计划、统计等其他业务工作的需要，还要列入一些补充内容。例如，在有些原始凭证上，还要注明与该笔经济业务有关的计划指标、预算项目和经济合同等。

各会计主体根据会计核算和管理的需要，按照原始凭证应具备的基本内容和补充内容，即可设计和印制适合本主体需要的各种原始凭证。但是，为了加强宏观管理，强化监督，堵塞偷税、漏税的漏洞，各有关主管部门应当为同类经济业务设计统一的原始凭证格式。例如，由中国人民银行设计统一的银行汇票、本票、支票；由交通部门设计统一的客运、货运单据；由税务部门设计统一的发票、收款收据等。这样，不但可使反映同类经济业务的原始凭证内容在全国统一，便于加强监督管理，而且也可以节省各会计主体的印刷费用。

二、原始凭证的填制

自制原始凭证的填制有三种形式：(1)根据实际发生或完成的经济业务，由经办人员直接填制，如“入库单”“领料单”等；(2)根据账簿记录对有关经济业务加以归类、整理填制，如月末编制的制造费用分配表、利润分配表等；(3)根据若干张反映同类经济业务的原始凭证定期汇总填制，如各种汇总原始凭证等。

外来原始凭证，虽然是由其他单位或个人填制，但它同自制原始凭证一样，也必须具备为证明经济业务完成情况和明确经济责任所必需的内容。

尽管各种原始凭证的具体填制依据和方法不完全一致，但就原始凭证应反映经济业务、明确经济责任而言，其填制的一般要求有以下几个方面。

(一)记录真实

凭证上记载的经济业务必须与实际情况相符合，决不允许有任何歪曲或弄虚作假。对于实物的数量、质量和金额，都要经过严格的审核，确保凭证内容真实可靠。从外单位取得的原始凭证如有丢失，应取得原签发单位盖有“财务专用章”的证明，并注明原始凭证的号码、所载金额等内容，由经办单位负责人批准后，可代作原始凭证：对于确实无法取得证明的，如火车票、轮船票、飞机票等，可由当事人写出详细情况，由经办单位负责人批准后，也可代作原始凭证。

(二)手续完备

原始凭证的填制手续必须符合内部控制的要求。凡是填有大写和小写金额的原始凭证，大写与小写金额必须相符；购买实物的原始凭证，必须有实物的验收证明；支付款项的原始凭证，必须有收款方的收款证明。一式几联的凭证，必须用双面复写纸套写，单页凭证必须用钢笔填写；销货退回时，除填制退货发票外，必须取得对方的收款收据或开户行的汇款凭证，不得以退货发票代替收据；各种借出款项的收据，必须附在记账凭证上，收回借款时，应另开收据或退回收据副本，不得退回原借款收据；经有关部门批准办理的某些特殊业务，应将批准文件作为原始凭证的附件或在凭证上注明批准机关名称、日期和文件字号。

(三)内容齐全

凭证中的基本内容和补充内容都要详尽地填写齐全，不得漏填或省略不填。如果项目填写不全，则不能作为经济业务的合法证明，也不能作为有效的会计凭证。为了明确经济责任，原始凭证必须由经办部门和人员签章。从外单位取得的原始凭证，必须有填制单位的公章或财务专用章；从个人取得的原始凭证，必须有填制人员的签名或盖章。自制原始凭证必须有经办部门负责人或其指定人员的签名或盖章。对外开出的原始凭证，必须加盖本单位的公章或财务专用章。

(四)书写规范

原始凭证上的文字，要按规定书写，字迹要工整、清晰，易于辨认，不得使用未经国务院颁布的简化字。合计的小写金额前要冠以人民币符号“￥”(用外币计价、结算的凭证,金额前要加注外币符号,如“HK＄”“US＄”等),币值符号与阿拉伯数字之间不得留有空白;所有以元为单位的阿拉伯数字,除表示单价等情况外,一律填写到角分,无角分的要以“0”补位。汉字大写金额数字,一律用正楷字或行书字书写,如壹、贰、叁、肆、伍、陆、柒、捌、玖、拾、佰、仟、万、亿、元(圆)、角、分、零、整(正)大写金额最后为“元”的应加写“整”(或“正”)字断尾。

阿拉伯金额数字中间有“0”时,汉字大写金额要写“零”字,如￥1 409.50,汉字大写金额应写成“人民币壹仟肆佰零玖元伍角”。阿拉伯金额数字中间连续有几个“0”时,汉字大写金额中可以只写一个“零”字,如￥6 007.14,汉字大写金额应写成“人民币陆仟零柒元壹角肆分”。阿拉伯金额数字万位或元位是“0”,或者数字中间连续有几个“0”,元位也是“0”,但千位、角位不是“0”时,汉字大写金额中可以只写一个“零”字,也可以不写“零”字,如￥1 580.32,应写成“人民币壹仟伍佰捌拾元零叁角贰分”,或者写成“人民币壹仟伍佰捌拾元叁角贰分”;又如￥107 000.53,应写成“人民币壹拾万柒仟元零伍角叁分”,或者写成“人民币壹拾万零柒仟元伍角叁分”。阿拉伯金额数字角位是“0”,而分位不是“0”时,汉字大写金额“元”后面应写“零”字,如￥16 409.02,应写成“人民币壹万陆仟肆佰零玖元零贰分”。

原始凭证记载的各项内容均不得涂改。原始凭证有错误的应当由出具单位重开或者更正,更正处应当加盖出具单位印章。对于支票等重要的原始凭证若填写错误,一律不得在凭证上更正,应按规定的手续注销留存,另行重新填写。

(五)填制及时

每笔经济业务发生或完成后,经办业务的有关部门和人员必须及时填制原始凭证,做到不拖延、不积压,并要按规定的程序将其送交会计部门。

三、原始凭证的审核

为了保证原始凭证内容的真实性和合法性,防止不符合填制要求的原始凭证影响会计信息的质量,必须由会计部门对一切外来的和自制的原始凭证进行严格的审核。审核内容主要包括以下两个方面。

(一)审核原始凭证所反映的经济业务是否合法、合规、合理

审核时应以国家颁布的现行财经法规、财会制度以及本单位制定的有关规则、预算和计划为依据,审核经济业务是否符合有关规定,有无弄虚作假、违法乱纪、贪污舞弊的行为;审核经济活动的内容是否符合规定的开支标准,是否履行规定的手续,有无背离经济效益原则和内部控制制度的要求。

(二)审核原始凭证的填制是否符合规定的要求

首先应审核原始凭证是否具备作为合法凭证所必需的基本内容,所有项目是否填写齐全,有关单位和人员是否已签字盖章;其次要审核凭证中所列数字的计算是否正确,大小写金额是否相符,数字和文字是否清晰等。

原始凭证的审核是一项十分细致而严肃的工作,必须坚持原则,依法办事。对于不真实、不合法的原始凭证,会计人员有权不予受理,并要向单位负责人报告;对于记载不准确、不完整的原始凭证应予以退回,并要求按照国家统一的会计制度规定更正、补充原始凭证经审核无误后,才能作为编制记账凭证和登记明细分类账的依据。

知识链接

第三节 记账凭证

一、记账凭证的基本内容

记账凭证虽然种类不一，编制依据各异，但各种记账凭证的主要作用都在于对原始凭证进行归类整理，运用账户和复式记账方法，编制会计分录，为登记账簿提供直接依据。因此，所有记账凭证都应满足记账的要求，都必须具备下列基本内容：(1)记账凭证的名称；(2)填制凭证的日期和凭证的编号；(3)经济业务的内容摘要；(4)记账符号、账户(包括一级、二级或明细账户)名称和金额；(5)所附原始凭证的张数；(6)填制单位的名称及有关人员的签章。

二、记账凭证的填制

采用专用记账凭证时，收款凭证和付款凭证是根据有关库存现金、银行存款和其他货币资金收付业务的原始凭证填制。涉及银行存款和其他货币资金的收付业务，一般应以经银行盖章的单据(如送款单、收款通知、支款通知等)作为原始凭证。这样做是为了保证收付业务的可靠性，也便于同银行账目核对。对于库存现金、银行存款和其他货币资金之间的收付业务(亦称相互划转业务)，如从银行提取现金、把现金送存银行、开设外埠存款账户等，为免重复记账，一般只编制付款凭证，而不再编制收款凭证。出纳人员对于已经收讫的收款凭证和已经付款的付款凭证及其所附的各种原始凭证，都要加盖"收讫"和"付讫"的戳记，以免重收重付。

转账凭证除了根据有关转账业务的原始凭证填制外，还有的是根据账簿记录填制，如根据有关资产账户提取减值准备，将收入、费用类账户的月末余额转入"本年利润"账户，将"本年利润"账户的年末余额转入"利润分配"账户，以及更正账簿错误等。根据账簿记录编制的记账凭证一般没有原始凭证，所以并非所有的记账凭证都附原始凭证。

在本章第一节已经提到，大中型企业经济业务繁杂，记账凭证数量较多，为了简化登记分类账的手续，可以在月内分数次把记账凭证进行汇总，编制汇总记账凭证或科目汇总表，然后据以登记总分类账。汇总记账凭证分为汇总收款凭证、汇总付款凭证和汇总转账凭证三种。汇总收款凭证是根据收款凭证分别按库存现金和银行存款账户的借方设置，并按对应的贷方账户归类汇总。汇总付款凭证是根据付款凭证分别按库存现金和银行存款账户的贷方设置，并按对应的借方账户归类汇总。汇总转账凭证是根据转账凭证按账户的贷方设置，并按对应的借方账户归类汇总。这三种汇总记账凭证都应定期(如每五天或每旬)汇总一次，每月填制一张。为了便于汇总，对转账凭证的对应关系，要求保持一"借"一"贷"或一"贷"多"借"，而不宜采用一"借"多"贷"。汇总记账凭证可以反映账户的对应关系，便于了解经济业务的来龙去脉，有利于分析和检查。但是，汇总的工作量也较繁重。汇总记账凭证的一般格式见表7—4至表7—6。

表 7—4

汇总收款凭证

借方账户：　　　　　　　年　　月　　　　　　　　　第　　号

贷方账户	金　额				记　账	
	(1)	(2)	(3)	合 计	借 方	贷 方

附注：(1)自____日至____日　　收款凭证共计____张

(2)自____日至____日　　收款凭证共计____张

(3)自____日至____日　　收款凭证共计____张

表 7—5

汇总付款凭证

贷方账户：　　　　　　　年　　月　　　　　　　　　第　　号

借方账户	金　额				记　账	
	(1)	(2)	(3)	合 计	借 方	贷 方

附注：(1)自____日至____日　　收款凭证共计____张

(2)自____日至____日　　收款凭证共计____张

(3)自____日至____日　　收款凭证共计____张

表 7—6

汇总转账凭证

贷方账户：　　　　　　　年　　月　　　　　　　　　第　　号

借方账户	金　额				记　账	
	(1)	(2)	(3)	合 计	借 方	贷 方

附注：(1)自____日至____日　　收款凭证共计____张

(2)自____日至____日　　收款凭证共计____张

(3)自____日至____日　　收款凭证共计____张

科目汇总表是根据收款凭证、付款凭证和转账凭证，按照相同的会计科目归类，定期(每五天或每旬)汇总填制。为了便于填制科目汇总表，所有记账凭证的账户对应关系应保持一借一贷，转账凭证在填制时最好复写两联，一联作为借方账户的转账凭证，另一联作为贷方账户的转账凭证。这样可简化汇总的手续，也能减少差错。同汇总记账凭证相比较，科目汇总表既可简化总分类账的登记手续，又能起到全部账户发生额的试算平衡作用，汇总的工作比较简单，它最大的缺点是无法反映账户的对应关系。科目汇总表的一般格式如表 7—7 所示。

表 7—7

科目汇总表

年 月 日至 日

账户名称	总账页数	本期发生额		记账凭证起讫号码
		借 方	贷 方	

各种记账凭证的填制，除严格按原始凭证的填制要求填制外，还应注意以下几点。

（一）摘要简明

记账凭证的摘要应用简明扼要的语言，概括出经济业务的主要内容。既要防止简而不明，又要避免过于繁琐。为了满足登记明细分类账的需要，对不同性质的账户，其摘要填写应有所区别。例如，反映原材料等实物资产的账户，摘要中应注明品种、数量、单价；反映库存现金、银行存款或借款的账户，摘要中应注明收付款凭证和结算凭证的号码，以及款项增减原因、收付款单位名称等。

（二）科目运用准确

必须按会计制度统一规定的会计科目填写，不得任意简化或改动，不得只写科目编号，不写科目名称；同时，二级和明细科目也要填列齐全。应“借”、应“贷”的记账方向和账户对应关系必须清楚，编制复合会计分录，应是一“借”多“贷”或一“贷”多“借”，一般不编多“借”多“贷”的会计分录。

（三）连续编号

采用通用记账凭证，可按全部经济业务发生的先后顺序编号，每月从第 1 号编起；采用专用记账凭证，可按凭证类别分类编号，每月从收字第 1 号、付字第 1 号和转字第 1 号编起。若一笔经济业务需填制多张记账凭证，可采用“分数编号法”，即按该项经济业务的记账凭证数量编列分号。例如，某笔经济业务需编制三张转账凭证，凭证的顺序号为 58 时，这三张凭证的编号应分别为转字第 58 1/3 号、58 2/3 号、58 3/3 号。每月月末最后一张记账凭证的编号旁边要加注“全”字，以免凭证散失。

（四）附件齐全

记账凭证所附的原始凭证必须完整无缺，并在凭证上注明所附原始凭证的张数，以便核对摘要及所编会计分录是否正确无误。若两张或两张以上的记账凭证依据同一原始凭证编制，则应在未附原始凭证的记账凭证上注明“原始凭证×张，附于第×号凭证之后”，以便日后查阅。

三、记账凭证的审核

记账凭证是登记账簿的直接依据，为了保证账簿记录的正确性，以及会计信息的质量，记账前必须由专人对已编制的记账凭证进行认真、严格的审核。审核的内容主要有以下几方面：

首先，审核记账凭证是否附有原始凭证，记账凭证的内容与所附原始凭证的内容是否相符，金额是否一致。

其次，审核凭证中会计科目的使用是否正确，二级或明细科目是否齐全；账户对应关系是否清晰;金额计算是否准确无误。

最后,审核记账凭证中有关项目是否填列齐全,有关人员是否签名盖章。在审核中若发现记账凭证填制有错误,应查明原因,予以重填或按规定方法及时更正。只有经审核无误的记账凭证,才能据以记账。

【知识链接】

1. 原始凭证与记账凭证之间存在着密切的联系。原始凭证是记账凭证的基础,记账凭证是根据原始凭证编制的。在实际工作中,原始凭证附在记账凭证后面,作为记账凭证的附件;记账凭证是对原始凭证内容的概括和说明;原始凭证有时是登记明细账户的依据。

2. 记账凭证和原始凭证同属于会计凭证,但二者存在差别:(1)原始凭证是由经办人员填制的,记账凭证一律由会计人员填制;(2)原始凭证是根据发生或完成的经济业务填制,记账凭证是根据审核后的原始凭证填制;(3)原始凭证仅用以记录、证明经济业务已经发生或完成,记账凭证要依据会计科目对已经发生或完成的经济业务进行归类、整理;(4)原始凭证是填制记账凭证的依据,记账凭证是登记账簿的依据。

知识链接

第四节　会计凭证的传递与保管

一、会计凭证的传递

会计凭证的传递是指凭证从取得或填制时起,经过审核、记账、装订到归档保管时止,在单位内部各有关部门和人员之间按规定的时间、路线办理业务手续和进行处理的过程。

正确、合理地组织会计凭证的传递,对于及时处理和登记经济业务,协调单位内部各部门、各环节的工作,加强经营管理的岗位责任制,实行会计监督,具有重要作用。例如,对材料收入业务的凭证传递,应明确规定:材料运达企业后,需多长时间验收入库,由谁负责填制收料单,又由谁在何时将收料单送交会计及其他有关部门;会计部门由谁负责审核收料单,由谁在何时编制记账凭证和登记账簿,又由谁负责整理或保管凭证等。这样,既可以把材料收入业务从验收入库到登记入账的全部工作在本单位内部进行分工,并通过各部门的协作来共同完成,同时也便于考核经办业务的有关部门和人员是否按照规定的会计手续办事。

会计凭证的传递主要包括凭证的传递路线、传递时间和传递手续三个方面的内容。

各单位应根据经济业务的特点、机构设置、人员分工情况,以及经营管理上的需要明确规定会计凭证的联次及其流程。既要使会计凭证经过必要的环节进行审核和处理,又要避免会计凭证在不必要的环节停留,从而保证会计凭证沿着最简捷、最合理的路线传递。

会计凭证的传递时间是指各种凭证在各经办部门、环节所停留的最长时间。它应考虑各部门和有关人员,在正常情况下办理经济业务所需时间来合理确定。明确会计凭证的传递时间,能防止拖延处理和积压凭证,保证会计工作的正常秩序,提高工作效率。一切会计凭证的传递和处理,都应在报告期内完成。否则,将会影响会计核算的及时性。

会计凭证的传递手续是指在凭证传递过程中的衔接手续。应该做到既完备严密,又简便易行。凭证的收发、交接都应按一定的手续制度办理,以保证会计凭证的安全和完整。

会计凭证的传递路线、传递时间和传递手续,还应根据实际情况的变化及时加以修改,以确保会计凭证传递的科学化、制度化。

二、会计凭证的保管

知识链接

会计凭证是各项经济活动的历史记录，是重要的经济档案。为了便于随时查阅利用，各种会计凭证在办理好各项业务手续，并据以记账后，应由会计部门加以整理、归类，并送交档案部门妥善保管。

（一）会计凭证的整理归类

会计部门在记账以后，应定期（一般为每月）将会计凭证加以归类整理，即把记账凭证及其所附原始凭证，按记账凭证的编号顺序进行整理，在确保记账凭证及其所附原始凭证完整无缺后，将其折叠整齐，加上封面、封底，装订成册，并在装订线上加贴封签以防散失和任意拆装。在封面上要注明单位名称、凭证种类、所属年月和起讫日期、起讫号码、凭证张数等。会计主管或指定装订人员要在装订线封签处签名或盖章，然后入档保管。

对于那些数量过多或各种随时需要查阅的原始凭证，可以单独装订保管，在封面上注明记账凭证的日期、编号、种类，同时在记账凭证上注明“附件另订”。各种经济合同和重要的涉外文件等凭证，应另编目录，单独登记保管，并在有关记账凭证和原始凭证上注明。

（二）会计凭证的造册归档

每年的会计凭证都应由会计部门按照归档的要求，负责整理立卷或装订成册。当年的会计凭证，在会计年度终了后，可暂由会计部门保管 1 年，最长不超过 3 年，期满后，原则上应由会计部门编造清册移交本单位档案部门保管。档案部门接收的会计凭证，原则上要保持原卷册的封装，个别需要拆封重新整理的，应由会计部门和经办人员共同拆封整理，以明确责任。会计凭证必须做到妥善保管，存放有序，查找方便，并要严防毁损、丢失和泄密。

（三）会计凭证的借阅

会计凭证原则上不得借出，如有特殊需要，须报请批准，但不得拆散原卷册，并应限期归还。需要查阅已入档的会计凭证时，必须办理借阅手续。其他单位因特殊原因需要使用原始凭证时，经本单位负责人批准，可以复制。但向外单位提供的原始凭证复印件，应在专设的登记簿上登记，并由提供人员和收取人员共同签名或盖章。

（四）会计凭证的销毁

会计凭证的保管期限，一般为 30 年。保管期未满，任何人都不得随意销毁会计凭证。按规定销毁会计凭证时，必须开列清单，报经批准后，由档案部门和会计部门共同委派人员监销。在销毁会计凭证前，监督销毁的人员应认真清点核对，销毁后，在销毁清册上签名或盖章，并将监销情况报告本单位负责人。

思政园地

会计通过 P 图伪造财务凭证，虚增收入 6.77 亿元

目标 了解会计凭证在会计档案中的重要性，坚守准则，依法保证会计信息的真实性和安全性。

案例 2022 年北京市高级人民法院民事判决书公布，2012 年下半年，经致富皮业公司实际控制人周立康决定，致富皮业公司对外发行私基债券融资。为实现债券发行目标，公司委托中信证券担任承销商和受托管理人，由使用亚太（集团）会计师事务所有限公司北京分所名义的王乐刚负责发债现场审计工作。致富皮业公司总经理林永敏及财务经理叶云龙负责向王乐刚提供发债所需的财务资料。

现场审计过程中，王乐刚认为致富皮业公司实际财务情况不符合发债1.5亿元的要求，跟公司负责人和财务经理沟通，得知致富皮业公司还有账外收入后，提出可将账外收入调整至财务报表中，增加公司的营业收入和净利润数据。而后，公司负责人将其管理的账外收入出库单、收款凭证交给财务经理叶云龙，并授意叶云龙配合王乐刚的需要篡改财务账套数据，编制虚假的纳税申报表等财务凭证。

为了使现场审计底稿通过，亚太（集团）会计师事务所有限公司北京分所的内控质量审核，王乐刚要求致富公司提供与虚假财务数据相配套的缴税凭证和增值税专用发票等财务凭证，并向叶云龙介绍了制作虚假凭证的平面设计师。

通过王乐刚介绍的平面设计师，采用电脑修图等手法伪造了与虚增财务数据相对应的电子缴税付款凭证和增值税专用发票，并加盖公章，再由王乐刚提交给亚太（集团）会计师事务所有限公司北京分所应对审核。

依据上述虚假财务数据制作内容不实的现场审计底稿，将致富皮业公司2010年和2011年两年度的营业收入从5.8亿余元虚增6.77亿余元至12.57亿余元，净利润从0.16亿余元虚增1.03亿余元至1.2亿余元。通过造假手段，收入翻倍，净利润更是直接虚增了近10倍。

系列造假下，亚太（集团）会计师事务所有限公司北京分所根据王乐刚提供的内容不实的现场审计底稿及上述虚假财务凭证，出具了内容严重失实的审计报告。后债券违约，涉案财务全部被判刑，同时债券认购方东方证券资管一纸诉状将会计师事务所告上法院。经法院最终审理，判决会计师事务所向东方证券赔偿1571万元、利息和违约金。

思考：

1. 什么是会计凭证，有哪些种类？
2. 会计凭证在会计核算中的作用是什么？
3. 如何审核会计凭证造假？

感悟：

伪造会计凭证的行为，是指以虚假的经济业务或者资金往来为前提，编造虚假的会计凭证的行为；变造会计凭证的行为，是指采取涂改、挖补以及其他方法改变会计凭证真实内容的行为；隐匿或者故意销毁依法应当保存的会计凭证、会计账簿、财务会计报告，构成犯罪的，依法追究刑事责任。有前款行为，尚不构成犯罪的，由县级以上人民政府财政部门予以通报，可以对单位并处五千元以上十万元以下的罚款；对其直接负责的主管人员和其他直接责任人员，可以处三千元以上五万元以下的罚款；属于国家工作人员的，还应当由其所在单位或者有关单位依法给予撤职直至开除的行政处分；对其中的会计人员，五年内不得从事会计工作。

本章小结

会计凭证是记录经济业务发生和完成的书面证明，是登记账簿的依据。本章主要介绍会计凭证相关知识：会计凭证的意义与种类，原始凭证与记账凭证的含义与填制、审核，会计凭证的传递与保管，以帮助读者了解会计凭证的具体分类和注意事项。

思考题

1. 什么是会计凭证？它有何重要作用？
2. 原始凭证应具备哪些基本内容？
3. 记账凭证应具备哪些基本内容？
4. 如何组织会计凭证的传递？
5. 会计凭证保管的一般要求是什么？

练习题

一、单项选择题

1. 会计凭证按其(　　)不同，分为原始凭证和记账凭证。

A. 填制用途和手续　　B. 填制程序和人员
C. 填制程序和时间　　D. 填制程序和用途

2. 下列项目中，属于原始凭证的有(　　)。

A. 入库单　　B. 生产计划　　C. 购销合同　　D. 银行对账单

3. 下列各项属于一次凭证的是(　　)。

A. 固定资产卡片　　B. 收料单
C. 限额领料单　　D. 发料凭证汇总表

4. 关于会计凭证的表述正确的是(　　)。

A. 记账凭证是记录经济业务发生或完成情况的书面证明，也是登记账簿的依据
B. 自制原始凭证是从本单位取得的，由本单位会计人员填制的
C. 复式凭证是将经济业务事项所涉及的全部会计科目及其发生额均在同一张记账凭证中反映的一种凭证
D. 企业与外单位发生的任何经济业务中，取得的各种书面证明都是原始凭证

5. 下列属于记账凭证必须具备而原始凭证不具备的内容是(　　)。

A. 填制凭证的日期　　B. 经济业务内容
C. 经办人员的签名或者盖章　　D. 经济业务摘要

6. 下列各项中，金额的表示方法正确的是(　　)。

A. ￥1 006.00　　B. 人民币拾陆元整
C. 人民币伍拾陆元捌角伍分整　　D. ￥508.0

7. 记账凭证填制完毕加计合计数后，如有空行应(　　)。

A. 闲置不填　　B. 盖章注销　　C. 划线注销　　D. 签字注销

8. 企业接受的原始凭证有错误，应采用的处理方法是(　)。

A. 本单位代替出具单位进行更正
B. 退回出具单位，不予接受
C. 通过涂改、刮擦、挖补等办法进行更正
D. 由出具单位重开或更正

9. 对金额有错误的原始凭证，正确的做法是(　)。

A. 由出具单位在原始凭证上更正

B. 由出具单位在原始凭证上更正，并加盖出具单位印章
C. 由出具单位重开
D. 应当不予接受，并向单位负责人报告
10. 下列业务，应该填制银行存款收款凭证的是（　）。
A. 出售材料一批，款未收　　B. 将现金存入银行
C. 出租设备，收到一张转账支票　　D. 报废一台电脑，出售残料收到现金

二、多项选择题

1. 关于原始凭证表述正确的有（　　）。
A. 凡是不能证明经济业务发生或完成情况的各种单证不能作为原始凭证
B. 累计凭证是指根据一定时期内若干相同的原始凭证汇总编制成的原始凭证
C. 差旅费报销单属于累计凭证
D. 银行转账结算凭证、发票属于通用原始凭证
2. 关于会计凭证的表述正确的有（　　）。
A. 原始凭证按手续和内容不同，分为通用凭证和专用凭证
B. 原始凭证按填制格式分类，分为一次凭证、累计凭证和汇总凭证
C. 记账凭证按填列方式可分为单式凭证和复式凭证
D. 记账凭证按其所反映的经济内容不同分为收款凭证、付款凭证和转账凭证
3. 下列关于汇总凭证表述正确的有（　　）。
A. 汇总凭证是指在会计的实际工作日，为了简化记账凭证的填制工作，将一定时期记录同类经济业务的原始凭证汇总编制的一张汇总凭证
B. 发料凭证汇总表属于汇总凭证
C. 限额领料单属于汇总凭证
D. 汇总凭证可以将两类或两类以上的经济业务汇总在一起，填列在一张汇总原始凭证上
4. 原始凭证的基本内容包括（　　）。
A. 凭证的名称、填制凭证的日期　　B. 应借应贷科目
C. 所附原始凭证张数　　D. 经办人员的签字或者盖章
5. 下列内容属于原始凭证必须具备而记账凭证不具备的包括（　　）。
A. 填制原始凭证单位名称或者填制人姓名
B. 所附原始凭证张数
C. 接受凭证单位名称
D. 数量、单价和金额
6. 在原始凭证上书写阿拉伯数字时，正确的有（　　）。
A. 所有以元为单位的，一律填写到角分
B. 无角分的，角位和分位可写“00”，或者符号“—”
C. 有角无分的，分位应当写“0”
D. 有角无分的，分位也可以用符号“—”代替
7. 下列项目中符合填制会计凭证要求的有（　　）。
A. 阿拉伯数字前面的人民币符号写为“￥”

B. 汉字大小写金额必须相符且填写规范
C. 阿拉伯数字连笔书写
D. 大写金额有分的，分字后面不写“整”或“正”字

8. 关于会计凭证表述正确的有（　　）。
A. 可以使用未经国务院公布的简化汉字
B. 填制原始凭证，汉字大写金额数字一律用正楷或草书书写
C. 从外单位取得的原始凭证加盖出具凭证单位公章才有效
D. 记账凭证和原始凭证发挥的作用不同

9. 下列属于记账凭证审核内容的是（　　）。
A. 业务是否合法
B. 记账凭证的金额与所附原始凭证的金额是否一致
C. 业务是否符合有关计划和预算
D. 会计科目、借贷方向使用是否正确

10. 付款凭证左上方的“贷方科目”中可以填写的会计科目有（　）。
A. 库存现金　　B. 固定资产　　C. 原材料　　D. 银行存款

三、判断题

1. 从会计工作的程序来看，取得、填制和审核会计凭证是会计工作的开始环节。（　　）
2. 单式记账凭证和复式记账凭证相比，前者便于分工记账，而后者不便于分工记账。（　　）
3. 原始凭证仅是填制记账凭证的依据，记账凭证才是登记账簿的依据。（　　）
4. 企业每项交易或事项的发生都必须从外部取得原始凭证。（　　）
5. 自制原始凭证必须由单位会计人员自行填制。（　　）
6. 会计凭证的意义是记录经济业务，提供记账依据；明确经济责任，强化内部控制；监督经济活动，控制经济运行。（　　）
7. 原始凭证如果有一式几联，应当注明各联的用途，以其中一联作为报销凭证。（　　）
8. 对不真实、不合法的原始凭证，会计人员有权不予接受，对记载不准确、不完整的原始凭证，会计人员有权要求其重填。（　　）
9. 收付款记账凭证既是出纳人员收付款项的依据，也是登记总账、库存现金和银行存款日记账及有关明细账的依据。（　　）
10. 保管期满的原始凭证，单位可自行销毁。（　　）

四、业务题

1. 大华公司2023年8月份发生以下经济业务：
（1）企业购进甲材料一批40 000元，进项税额6 800元，材料已验收入库，款项用银行存款支付。
（2）周玲出差借支差旅费2 000元，以现金支付。
（3）销售产品一批，售价50 000元，销项税额8 500元，款项已收存银行。
（4）用现金购进办公用品950元，其中，车间使用350元，厂部行政管理部门用600元。

(5)周玲出差返回,报销差旅费1 800元,余款交回现金。

(6)发出甲材料8 000元,其中,生产A产品领用3 000元,生产B产品领用4 500元,车间一般耗用500元。

(7)收回所欠货款15 000元,存入银行。

(8)结转已售产品成本40 000元。

要求:

根据以上业务判断应编制收款凭证、付款凭证还是转账凭证,并编制会计凭证。

2. 海华公司为增值税一般纳税人,增值税税率13%,2023年9月份发生如下经济业务:

(1)9月2日财务科长刘伟出差预借差旅费2 500元,付给现金。

(2)9月3日收到金帝公司投入的货币资金600 000元,已办理银行进账手续。

(3)9月4日向黄山公司购入A材料2 000千克,单价1.40元;向泰山公司购入B材料3 000千克,单价2.50元。材料入库,货款尚未支付。

(4)9月10日销售产品30台,每台售价500元,单位成本400元,价款已存入银行。

(5)9月21日以银行存款支付本月水电费12 000元,其中,生产车间耗用8 300元,行政管理部门耗用3 700元。

(6)9月29日从银行提取现金80 000元,备发工资。

(7)9月30日以现金支付本月工资。

要求:

根据以上经济业务,分别编制记账凭证。

第八章

会计账簿

○ 学习目标

知识目标

1. 了解会计账簿的概念和分类。
2. 了解会计账簿的更换和保管。
3. 理解会计账簿的启用和登记要求。
4. 掌握日记账、总分类账及有关明细分类账的登记方法。
5. 掌握总分类账与明细分类账平行登记的要点。
6. 掌握错账查找与更正的方法。
7. 掌握对账与结账的方法。

能力目标

1. 会根据不同的企业选择使用各种不同的会计账簿。
2. 能运用会计账簿的启用和登记要求登记各种会计账。
3. 会查找错账，并对发生的错账选择正确的更正方法进行更正。
4. 能够根据账簿资料进行对账和结账。
5. 能够熟练运用会计账簿的更换与保管。

○ 案例导入

宏达公司 2024 年 1 月初银行存款余额为 60 000 元、本月有关银行存款的经济业务(涉及经济业务均不考虑增值税)如下表所示。

银行存款经济业务

序号	经济业务	凭证种类及编号	会计分录
1	3 日，从银行提取现金 800 元备用		
2	5 日，采购材料一批，价值 60 000 元，材料已验收入库，用银行存款支付 40 000 元，其余暂欠		
3	8 日，用银行存款支付广告费 10 000 元		
4	10 日，销售产品一批，货款 80 000 已存入银行		
5	12 日，从银行借入 3 个月的临时借款 50 000 元，存入银行		
6	15 日，销售产品一批，货款 100 000 元，收回 70 000 元存入银行，其余尚未收回		

续表

序号	经济业务	凭证种类及编号	会计分录
7	16日,以银行存款90 000元购买一辆汽车		
8	18日,以银行存款支付前欠材料款20 000元		
9	20日,从银行提取现金18 000元,准备发放工资		
10	26日,采用委托收款方式收回外单位所欠货款30 000元,已到银行账户		

根据上表完成以下问题:

(1)说出编制记账凭证的种类和编号;

(2)做出有关的会计分录;

(3)思考以上记账凭证是否提供连续、系统、全面的“银行存款”增减变化及其结果。

通过会计凭证的填制和审核,可以核算和监督公司每项经济业务的发生和完成情况。但是由于会计凭证数量多,格式不一,所提供的资料比较分散,缺乏系统性,每张凭证一般只能反映个别经济业务的内容。为了连续、系统、全面地反映公司在一定时期内的某一类和全部经济业务及其引起的资产与权益的增减变化情况,给经济管理提供完整而系统的会计核算资料,并为编制财务报表提供依据,就需要设置会计账簿,把分散在会计凭证中的大量核算资料加以集中和归类整理,分门别类地记录在账簿中。下面就让我们来认识会计账簿。

第一节 账簿的意义与种类

一、账簿的含义

在会计核算工作中,每项经济业务发生以后,首先要取得或填制会计凭证,并加以审核确认,然后据以在有关账户中进行登记。而账户则是按照规定的会计科目在账簿中分别设立的,根据会计凭证把经济业务记入有关的账户,就是指把经济业务记入设立在会计账簿中的账户。所谓账簿是指以会计凭证为依据,序时、连续、系统、全面地记录和反映企业、机关和事业等单位经济活动全部过程的簿籍。这种簿籍是由若干具有专门格式,又相互联结的账页组成的。账页一旦标明会计科目,这个账页就成为用来记录该科目所核算内容的账户。也就是说,账页是账户的载体,账簿则是若干账页的集合。根据会计凭证在有关账户中进行登记,就是指把会计凭证所反映的经济业务内容记入设立在账簿中的账户即通常所说的登记账簿,也称记账。

二、账簿的作用

设置账簿是会计工作的一个重要环节,登记账簿则是会计核算的一种专门方法。科学地设置账簿和正确地登记账簿对于全面完成会计核算工作具有重要意义。

(一)会计账簿是对凭证资料的系统总结

在会计核算中,通过会计凭证的填制和审核,可以核算和监督每项经济业务的完成情况。

然而一张会计凭证只能反映一项或几项经济业务，所提供的信息是零星的、片段的、不连续的，不能把某一时期的全部经济活动完整地反映出来。账簿既能够提供总括的核算资料，又能够提供详细的资料；既能够提供分类核算资料，又能够提供序时核算资料，进而反映经济活动的轨迹，这对于企业、单位加强经济核算、提高管理水平、探索资金运动的规律具有重要的作用。

（二）会计账簿是考核企业经营情况的重要依据

通过登记账簿，可以发现整个经济活动的运行情况，完整地反映企业的经营成果和财务状况，评价企业的总体经营情况；同时，可以监督和促进各企业、单位遵纪守法、依法经营。

（三）会计账簿是会计报表资料的主要来源

企业定期编制的资产负债表、利润表、现金流量表等会计报表的各项数据均来源于账簿的记录。企业在编制财务报表及其附注时，对于生产经营状况、利润实现和分配情况、税金缴纳情况、各种财产物资变动情况如欲说明的，也主要以账簿记录的数据为依据。从这个意义上说，账簿的设置和登记是否准确、真实、齐全，直接影响财务报告的质量。

三、账簿的种类

账簿的种类繁多，不同的账簿，其用途、形式、内容和登记方法都各不相同。为了更好地了解和使用各种账簿，有必要对账簿进行分类。在实际工作中，人们使用最多的有以下两种分类方法。

（一）按照账簿的用途分类

账簿按照用途的不同可以分为三大类，即序时账簿、分类账簿和备查账簿。

（1）序时账簿，又称日记账。它是按照经济业务完成时间的先后顺序进行逐日逐笔登记的账簿。在古代会计中也把它称为“流水账”。日记账又可分为普通日记账和特种日记账。普通日记账是将企业每天发生的所有经济业务，不论其性质如何，按其先后顺序，编成会计分录记入账簿；特种日记账是按经济业务性质单独设置的账簿，它只把特定项目按经济业务顺序记入账簿，反映其详细情况，如库存现金日记账和银行存款日记账。特种日记账的设置，应根据业务特点和管理需要而定，特别是那些发生频繁、需严加控制的项目，应予以设置。

（2）分类账簿。它是对全部经济业务按总分类账和明细分类账进行分类登记的账簿。总分类账簿，简称总账，是根据总账科目开设账户，用来分类登记全部经济业务，提供总括核算资料的账簿。明细分类账簿，简称明细账，是根据总账科目所属明细科目开设账户用以分类登记某一类经济业务，提供明细核算资料的账簿。

（3）备查账簿，又称辅助账簿。它是对某些在日记账和分类账等主要账簿中未能记载的会计事项或记载不全的经济业务进行补充登记的账簿。所以，备查账簿也叫补充登记簿。它可以对某些经济业务的内容提供必要的参考资料。备查账簿的设置应视实际需要而定，并非一定要设置，而且没有固定格式。

（二）按照账簿的形式分类

纸质账簿按照形式的不同可以分为订本式账簿、活页式账簿和卡片式账簿等。

（1）订本式账簿，简称订本账。它是把具有一定格式的账页加以编号并订成固定本册的账簿。它可以避免账页的散失或被抽换，但不能根据需要增减账页。一本订本账同一时间只能由一人记账，不便于会计人员分工协作记账，也不便于计算机打印记账，但特种日记账，如库存现金日记账、银行存款日记账以及总分类账必须采用订本账。

(2)活页式账簿,简称活页账。它是把零散的账页装在账夹内,可以随时增添账页的账簿。它可以根据需要灵活添页或排列,但账页容易散乱丢失。活页账由于账页并不事先固定装订在一起,同一时间可以由若干会计人员分工记账,也便于计算机打印记账。一般明细账都采用活页账。

(3)卡片式账簿,简称卡片账。它是将硬卡片作为账页,存放在卡片箱内保管的账。它实际上是一种活页账。为了防止因经常抽取造成破损而采用硬卡片形式,可以跨年度使用,如固定资产明细账常采用卡片账。

知识链接

第二节　账簿的设置与登记

一、账簿的设置要求与基本内容

(一)账簿的设置要求

每一个会计主体需要设置哪些账簿,应当根据经济业务的特点和管理上的需要来确定。设置账簿应当符合以下要求。

(1)账簿的设置要能保证系统、全面地核算和监督经济活动的情况,满足经济管理的需要,为经济管理提供总括的和明细的核算资料。

(2)账簿的设置要能保证组织严密,各账簿之间既要有明确的分工,又要有密切的联系,考虑人力和物力的节约,力求避免重复或遗漏。

(3)账簿的格式应简便适用,便于登记、查找、更正错误和保管。

【知识链接】

如何建立账簿?

1. 从事生产、经营的纳税人应当在领取营业执照之日起十五日内按照规定设置总账、明细账、日记账以及其他辅助性账簿,其中总账、日记账必须采用订本式。

生产经营规模小又确无建账能力的个体工商业户,可以聘请注册会计师或者经主管国家税务机关认可的财会人员代为建账和办理账务;聘请注册会计师或者经主管国家税务机关认可的财会人员有实际困难的,经县(市)以上国家税务局批准,可以按照国家税务机关的规定,建立收支凭证粘贴簿、进货销货登记簿等扣缴义务人应当自税收法律、行政法规规定的扣缴义务发生之日起十日内,按照所代扣、代收的税种,分别设置代扣代缴、代收代缴税款账簿。

2. 纳税人、扣缴义务人采用电子计算机记账的,对于会计制度健全,能够通过电子计算机正确、完整计算其收入、所得的,其电子计算机储存和输出的会计记录,可视同会计账簿,但应按期打印成书面记录并完整保存;对于会计制度不健全,不能通过电子计算机正确、完整反映其收入、所得的,应当建立总账和与纳税或者代扣代缴、代收代缴税款有关的其他账簿。

3. 从事生产、经营的纳税人应当自领取税务登记证件之日起十五日内,将其财务、会计制度或者财务、会计处理办法报送主管国家税务机关备案。纳税人、扣缴义务人采用计算机记账的,应当在使用前将其记账软件、程序和使用说明书及有关资料报送主管国家税务机关备案。

（二）账簿的基本内容

由于管理的要求不同，所设置的账簿也不同，各种账簿所记录的经济业务也不同，其形式也多种多样，但所有账簿一般都应具备以下基本内容。

（1）封面，写明账簿名称和记账单位名称。

（2）扉页，填明启用的日期和截止的日期、页数、册次、经管账簿人员一览表和签章、会计主管签章、账户目录等。

（3）账页，账页的基本内容包括：①账户的名称（一级科目、二级科目或明细科目）。②记账日期。③凭证种类和号数栏。④摘要栏。⑤金额栏。⑥总页次和分户页次等。

知识链接

二、日记账的格式与登记

（一）普通日记账的格式与登记

普通日记账一般只设置借方和贷方两个金额栏，以便分别记录各项经济业务所确定的账户名称及其借方和贷方的金额，也称为两栏式日记账，或叫分录簿，其格式见表8－1所示。

表8－1　　**普通日记账**　　单位：元

2×17年		凭证号数	摘　要	对应账户	金　额		过 账
月	日				借 方	贷 方	
5	6	略	购入材料，价税款未付	在途物资	50 000		
				应交税费	8 500		
				应付账款		58 500	
			偿还前欠款	应付账款	58 500		
				银行存款		58 500	
……							

采用这种日记账，每天应按照经济业务完成时间的先后顺序，逐笔进行登记。登记时，首先，记入经济业务发生的具体时间，如2017年5月6日等；其次，在摘要栏里写下经济业务的简要说明；再次，在对应账户栏里记入应借或应贷的账户名称即会计科目；最后，将借方金额和贷方金额分别记入两个金额栏内。除了上述登记外，每天还应根据日记账中应借和应贷的账户名称和金额登记总分类账。

（二）特种日记账的格式与登记

特种日记账是专门用来登记某一类经济业务的日记账，它是普通日记账的进一步发展。常用的特种日记账主要有库存现金日记账和银行存款日记账。

1. 库存现金日记账

库存现金日记账是序时登记库存现金收、付业务的日记账。它由出纳人员根据审核无误的有关收款凭证和付款凭证，序时逐日逐笔地登记。其中，根据现金收款凭证（如果是到银行提取现金业务，应是根据银行存款的付款凭证）登记收入金额，根据现金付款凭证登记支出金额。每日业务终了应分别计算库存现金收入和支出合计数并结出账面余额。其计算公式为

日余额＝上日余额＋本日收入额－本日支出额

结出日余额后，还应将账面余额数与库存现金实有数相核对，检查每日库存现金收、支、

存的情况，做到日结日清。对于从银行提取现金这样的业务，为了避免重复记账，可以规定填制减少方的凭证，即银行存款付款凭证，并根据银行存款付款凭证登记库存现金日记账的收入金额。

库存现金日记账除了三栏式外，也可采用多栏式，即在收入和支出栏内进一步设贷方科目，即在收入栏内设应贷科目（借方为库存现金），在支出栏内设应借科目（贷方为库存现金）。库存现金日记账的格式如表8—2所示。

表8—2　　**库存现金日记账**　　单位：元

2×17年		凭证号数	摘　要	贷方账户	收 入	付 出	结 余
月	日						
5	1	略	月初余额				500
	6	略	从银行提取现金	银行存款	16 000		16 500
	10	略	购买办公用品	管理费用		10 000	6 500
			……				

2. 银行存款日记账

银行存款日记账是用来序时反映企业银行存款的增加、减少和结存情况的账簿。该账簿由出纳人员根据银行存款的收款和付款凭证序时逐日逐笔登记，每日终了结出该账户全日的银行存款收入、支出合计数和余额，并定期与银行对账单对账（核对方法是通过编制银行存款余额调节表来进行的，详见本书第十章）。银行存款日记账的登记方法与库存现金日记账的登记方法基本相同。银行存款日记账的格式一般为三栏式，但也可以采用多栏式。三栏式银行存款日记账的格式如表8—3所示。

表8—3　　**银行存款日记账**　　单位：元

2×17年		凭证号数	摘　要	贷方账户	收 入	付 出	结 余
月	日						
5	1	略	月初余额				80 000
	6	略	从银行提取现金	库存现金		16 000	64 000
	7	略	收回货款	应收账款	30 000		94 000
	10	略	归还短期借款	短期借款		40 000	54 000
			……				

设置特种日记账既能减少根据日记账记入总分类账的过账工作量，又能减少登记总账的工作量，还可以根据管理的不同要求设置相关的日记账，而且这些日记账同一时间可以由不同的会计人员进行登记，既便于会计人员分工协作，还可以提高记账效率和明确记账责任。

三、分类账簿的格式与登记

分类账分为总分类账和明细分类账两种。

（一）总分类账

总分类账是按一级会计科目设置，提供总括资料的账簿，总分类账簿只能以货币作为计量单位。其最常用的格式为三栏式,即分为借方金额、贷方金额、余额三栏。总分类账可以按记账凭证逐笔登记,也可以将记账凭证汇总进行登记,还可以根据多栏式日记账在月末汇总登记。总之,其登记方法主要取决于所采用的会计核算组织程序。三栏式总分类账的格式如表 8—4 所示。

表 8—4　　**原材料总分类账**　　单位:元

2×17 年		凭证		摘要	借方	贷方	借或贷	余额
月	日	种类	号数					
5	1			月初余额			借	120 000
	6			入库	20 000		借	140 000
	10			领用		5 000	借	135 000
				……				
	31			本月合计	40 000	44 000		
	31			月末余额			借	116 000

(二)明细分类账

明细分类账是登记某类经济业务详细情况的账簿,它既可以反映资产、负债、所有者权益、收入、费用等价值变动情况,又可以反映资产等实物量增减情况。明细分类账的格式主要是根据它所反映的经济业务的特点,以及实物管理的不同要求来设计的,明细分类账应根据原始凭证或原始凭证汇总表登记,也可以根据记账凭证登记。其主要格式有以下三种。

1. 三栏式明细账

三栏式明细账主要适用于只反映金额的经济业务,它一般记录只有金额而没有实物量的经济业务,如应收账款、应付账款、其他应收款、长期待摊费用等。三栏式明细账的格式如表 8—5 所示。

表 8—5　　**其他应收款明细账**　　单位:元

二级科目或明细科目:张三

2×17 年		凭证		摘要	借方	贷方	借或贷	余额
月	日	种类	号数					
5	1			月初余额			借	400
	6			报销差旅费		350	借	50
	6			报销差旅费		50	平	0
	31			本月发生额及月末余额		400	平	0

2. 数量金额式明细账

数量金额式明细账在收入、支出、结存三栏内,再增设数量、单价等栏目,分别登记实物的数量和金额。所以,它适用于既需要反映金额,又需要反映数量的经济业务,如原材料、库存商品、自制半成品等科目的明细核算。数量金额式明细账实质上是在三栏式明细账基础上发展起来的,是三栏式明细账的扩展,其格式如表 8—6 所示。

表 8－6　　**原材料明细账**

二级科目：原料及主要材料　　计量单位：元/千克

材料名称：H 材料　　最高储备

材料规格　　最低储备

2017 年		摘要	收入			发出			结存		
月	日		数量	单价	金额	数量	单价	金额	数量	单价	金额
5	1	月初余额							500	2	1 000
	6	车间领用				100	2	200	400	2	800
	10	入库	1 000	2	2 000				1 400	2	2 800
	12	车间领用				500	2	1 000	900	2	1 800
		……									
5	31	本月发生额及期末余额	4 000	2	8 000	3 600	2	7 200	900	2	1 800

3. 多栏式明细账

多栏式明细账是根据经济业务的特点和经营管理的要求，在某一总分类账项目下，对属于同一级科目或二级科目的明细科目设置若干栏目，用以在同一张页上集中反映各有关明细项目的详细资料。它主要适用于费用、成本、收入和利润等科目的明细核算。由于各种多栏式明细账所记录的经济业务内容不同，所需要核算的指标也不同，因此，栏目的设置也不尽相同。多栏式明细账的格式如表 8－7 所示。

表 8－7　　**生产成本明细账**

产品名称：甲产品　　单位：元

2017 年		凭证		摘要	成本项目			
月	日	种类	号数		直接材料	直接人工	制造费用	合计
6	1			月初余额	6 000	3 400	1 600	11 000
	30			本月领用材料	13 000			13 000
	30			生产工人薪酬		7 400		7 400
	30			本月电费	1 250			1 250
	30			本月制造费用			2 450	2 450
	30			本月发生额	14 250	7 400	2 450	24 100
	30			结转完工产品成本	20 250	10 800	4 050	35 100
	30			月末余额	0	0	0	0

知识链接

第三节 账簿的启用与错账更正

一、账簿的启用与登记

(一)账簿的启用

新的会计年度开始,每个会计主体都应该启用新的会计账簿。在启用新账簿时,应在账簿的有关位置记录以下相关信息:

(1)设置账簿的封面与封底。除订本账不另设封面以外,各种活页账都应设置封面和封底,并登记单位名称、账簿名称和所属会计年度。

(2)填写账簿启用及经管人员一览表。在启用新会计账簿时,应首先填写在扉页上印制的"账簿启用及交接表"中的启用说明,其中包括单位名称、账簿名称、账簿编号、起止日期、单位负责人、主管会计、审核人员和记账人员等项目,并加盖单位公章。在会计人员发生变更时,应办理交接手续并填写"账簿启用及交接表"中的交接说明。

(3)填写账户目录。总账应按照会计科目的编号顺序填写科目名称及启用页码。在启用活页式明细分类账时,应按照所属会计科目填写科目名称和页码,在年度结账后,撤去空白页,填写使用页码。

(4)粘贴印花税票。印花税票应粘贴在账簿的右上角,并且划线注销。在使用缴款书缴纳印花税时,应在右上角注明"印花税已缴"及缴款金额。

(二)账簿的登记

登记账簿必须按以下要求进行登记。

(1)账簿必须根据审核无误的会计凭证连续、系统地登记,不能错记、漏记和重记,并将会计凭证的序号记入账簿,在记账时必须使用会计科目、子目、细目的全称,不得简化。

(2)登记账簿时必须使用钢笔或签字笔,用蓝黑或黑墨水登记,不能使用圆珠笔和铅笔,红墨水只能在结账划线、改错和冲账时使用,以防篡改。

(3)各种账簿必须按照事先编定的页码连续登记,不能隔页、跳行,如果不慎发生类似的情况,应在空页或空行处用红墨水划对角的叉线,并注明此页或此行空白,而且要加盖印鉴,不得任意撕毁或抽换账页。

(4)登账时或登账后如果发现差错,应根据错误的具体情况,按照更正错账的方法进行更正,不得刮擦、挖补、涂改和用褪色药水更改字迹,应保持账簿和字迹清晰、整洁。

(5)摘要栏的文字应简明扼要,并采用标准的简化汉字,不能使用不规范的汉字,金额栏的数字应该采用阿拉伯数字,并且对齐位数,注意"0"不能省略和连写;数字和文字一般应书写在行距下方的1/2处,为更正错误留有余地。

(6)每登满一页账页,应该在该页的最后一行加计本页的发生额及余额,在摘要栏中注明"过次页",并在下一页的首行记入上页的发生额和余额,在摘要栏内注明"承前页",以便对账和结账。

二、错账的更正

(一)错账查找方法

错账查找的方法主要有两种:个别检查法和全面检查法。

1. 个别检查法

个别检查法是指针对错账的数字进行检查的方法。这种方法适用于检查方向记反、数字错位和数字颠倒等造成的记账错误。个别检查法又可以分为差数法、倍数法和除 9 法三种。

差数法就是记账人员首先确定错账的差数，再根据差数去查找错误的方法。这种方法对于发现漏记账目比较有效，也很简便。

倍数法也叫除 2 法，首先算出借方和贷方的差额，再根据差额的一半来查找错误的方法，这种方法适用于会计账簿因栏次错写而造成的方向错误。

除 9 法就是先算出借方与贷方的差额，再除以 9 来查找错误的方法，适用于数字错位和数字颠倒两种情况。

2. 全面检查法

全面检查法是对一定时期的账目进行全面核对的检查方法，具体又分为顺查法和逆查法两种方法。

顺查法就是按照记账的顺序，从头到尾依次检查原始凭证、记账凭证、总账、明细账以及会计科目余额表等。

逆查法是按照与记账顺序相反的顺序，也就是首先检查科目余额表中数字的计算是否正确，其次检查各账户的计算是否正确，再次核对各账簿与记账凭证是否相符，最后检查记账凭证与原始凭证是否相符。

(二)错账更正方法

在发现错账之后，要根据产生错账的不同原因，使用不同的更正方法。

1. 划线更正法

划线更正法是先将错误数字或文字全部画一条红线予以注销，并使原来的字迹仍然清晰可见，然后在红线上方空白处，做出正确的记录，并由记账人员在更正处盖章。划线更正法适用于结账前或结账时发现账簿记录中文字或金额有错误，而记账凭证没有错误，即纯属文字或数字过账时的笔误及账簿数字计算错误等情况。

2. 红字更正法

红字更正法又称赤字冲账法、红笔订正法。应用这种方法时应先用红字填制一张内容与错误的记账凭证完全相同的记账凭证，在摘要栏中注明“注销第×张凭证”，并据以用红字登记入账，冲销原有错误记录，然后再用蓝字填制一张正确的记账凭证，在摘要栏中注明“更正第×张凭证错误”，并据以登记入账。

红字更正法适用于记账凭证填错，并已经登记入账而形成的错账。适用范围可以分成两种情况：(1)记账凭证中会计科目应借应贷方向，或者会计科目有错误导致账簿记录记错的；(2)记账凭证中会计科目以及应记方向正确，但应记金额小于已记金额的。

3. 补充登记法

补充登记法是在会计科目、借贷对应关系正确时，将少记的金额填制一张记账凭证，在摘要栏中注“补记×字第×号凭证少记数”，并据以登记入账，以补充原来少记的金额。

这种方法适用于记账后发现记账凭证所填的金额小于正确的金额的情况。

第四节　结账与对账

一、结账

(一)结账的含义

结账就是把一定时期内所发生的经济业务，在全部登记入账的基础上，结算出每个账户的本期发生额和期末余额，并将期末余额转入下期或下年新账(期末余额结转到下期即为下期期初余额)。根据会计分期的不同，结账工作相应地可以在月末、季末、年末进行，但不能为减少本期的工作量而提前结账，也不能将本期的会计业务推迟到下期或编制报表之后再进行结账。对资产、负债和所有者权益等实账户可以在会计期末直接结账，而对那些收入、费用等虚账户，因为它们在结账前应按权责发生制要求先进行调整，所以，应在调整之后再结账。权责发生制要求以应收和应付为标准确认本期收入和费用，即凡是属于本期应该赚取的收入或发生的费用，不论款项是否收到或付出，均应作为本期的收入和费用入账；反之，凡是不属于本期应该赚取的收入或发生的费用，即使款项在本期收到或支付，也不应作为本期的收入或费用入账。根据权责发生制，只有将企业发生的收入和费用按照会计期间正确划分其归属后，才能真实反映企业本期的财务状况和经营成果。

为了保证结账工作的顺利进行，结账前应该做好一些准备工作，具体包括检查凭证和账簿的正确性、进行相应的账项调整，如收入的确认、成本的结转等。简单地说，结账工作主要由两部分构成：一是结出总分类账和明细分类账的本期发生额和期末余额(包括本期累计发生额)，并将余额在本期和下期之间进行结转；二是损益类账户，即收入、成本费用类账户的结转，并计算本期利润或亏损(利润的确定一般在年结时进行)。

结账有利于企业管理者定期总结生产经营情况，对不同会计期间的数据资料进行比较分析，以便发现问题，采取措施及时解决；结账也有利于编制报表，提供报表所需的数据资料，满足与企业有利益关系的投资者、债权人做出正确的投资决策，满足国家的宏观调控要求。另外，企业因撤销、合并而办理账务交接时，也需要办理结账手续。

(二)结账的步骤

(1)检查结账日以前所发生的全部经济业务是否都已经登记入账。检查账簿记录的完整性和正确性，不能漏记、重记每一项经济业务，也不能有错误的记账分录。值得注意的是，各种收入和费用应该按照权责发生制的要求进行处理。

(2)编制结账分录。在有关经济业务都已经登记入账的基础上，要将各种收入、成本和费用等账户的余额进行结转，编制各种转账分录，结转到利润账户，再编制利润分配的分录。

(3)计算发生额和余额。计算出各账户的发生额和余额，并进行结转，最终计算出资产、负债和所有者权益类账户的本期发生额和余额。

(三)结账的方法

结账分为月结、季结和年结三种。月度结账时，应该结出本月借、贷双方的月内发生额和期末余额，在摘要栏内注明“本期发生额及期末余额”，同时，在“本期发生额及期末余额”行的上、下端各画一条红线，表示账簿记录已经结束；季度结账应在本季度最后一个月的结账数字的红线下边一行，把本季度三个月的借、贷双方月结数汇总，并在摘要栏内注明“本季发生额合计及季末余额”，同样在数字下端画一条红线；年度结账时，应将四个季度的借、贷双方季结加以汇总，在摘要栏内注明“本年发生额及年末余额”，并在数字下端划双红线，表示本年度账簿记录已经结束。年度结账后，各账户的年末余额应转入下年度的新账簿。

二、对账

（一）对账的含义

对账就是核对账目。一般是在会计期间（月份、季度、年度）终了时，检查和核对账证、账账、账实、账表是否相符，以确保账簿记录的正确性。会计人员在填制凭证、登记账簿等一系列工作中出现的差错，因管理工作不善而带来的财产管理中的各种问题以及其他一些因素的影响，都可能给账簿记录的真实性、正确性带来影响。为了保证账簿记录的真实、正确、可靠，必须对账簿和账户所记录的有关数据加以检查和核对。

（二）对账的内容

对账的内容一般包括如下几个方面。

1. 账证核对

账证核对是指将各种账簿记录与会计凭证进行核对。这种核对主要是在日常编制凭证和记账过程中进行。必要时，也可以采用抽查核对和目标核对的方法进行。核对的重点是凭证所记载的业务内容、金额和分录是否与账簿中的记录一致。若发现差错，应重新对账簿记录和会计凭证进行复核，直到查出错误的原因为止，以保证账证相符。

2. 账账核对

账账核对是对各种账簿之间的有关数字进行核对。账账核对包括：(1)总分类账各账户的借方期末余额合计数与贷方期末余额合计数核对相符；(2)明细分类账各账户的余额合计数与有关的总分类账的余额核对相符；(3)日记账的余额与总分类账各账户的余额核对相符；(4)会计部门各种财产物资明细分类账的期末余额与保管或使用部门的财产物资明细分类账的期末余额核对相符；(5)本单位会计部门有关账簿的发生额和余额应该与外单位相应账簿的发生额和余额核对相符。

3. 账实核对

账实核对就是将账面数字和实际的物资、款项进行核对。账实核对包括库存现金日记账账面余额与库存现金实有数相互核对；银行存款日记账账面余额与开户银行出具的银行对账单相互核对；各种材料物资明细账账面余额与材料物资实存数额相互核对；各种应收、应付款项明细账账面余额与有关的债权、债务单位相互核对。保证账实相符一般通过财产清查来进行。

4. 账表核对

账表核对是指将账簿记录与各种会计报表相互核对。

通过上述的对账工作，就能做到账证相符、账账相符、账实相符和账表相符，使会计核算资料真实、正确、可靠。

知识链接

第五节　账簿的更换与保管

一、账簿的更换

账簿的更换是指在会计年度终了时，将上年度的账簿更换为次年度的新账簿。在每个会计年度结束，新的会计年度开始时，应按会计制度的规定，更换一次总账、日记账和大部分明细账。一小部分明细账还可以继续使用，年初可以不必更换账簿，如固定资产明细账等。

更换账簿时，应将上年度各账户的余额直接记入新年度相应的账簿中，并在旧账簿中各账户年终余额的摘要栏内加盖“结转下年”戳记。同时，在新账簿中相关账户的第一行摘要栏内加盖“上年结转”戳记，并在余额栏内记入上年余额。

二、账簿的保管

知识链接

会计账簿是会计工作的重要历史资料，也是重要的经济档案。在经营管理中具有重要作用。因此，每一个企业、单位都应按照国家有关规定，加强对会计账簿的管理，做好账簿的管理工作。

账簿的保管应该明确责任，保证账簿的安全和会计资料的完整，防止交接手续不清和可能发生的舞弊行为。在账簿交接保管时，应将该账簿的页数、记账人员姓名、启用日期、交接日期等列表附在账簿的扉页上，并由有关方面签字盖章。账簿要定期(一般为年终)收集，审查核对，整理立卷，装订成册，专人保管，严防丢失和损坏。

账簿应按照规定期限保管。各账簿的保管期限一般为30年。保管期满后，要按照会计档案管理办法的规定，由档案管理机构会同有关部门共同鉴定，报经批准后进行处理。合并、撤销单位的会计账簿，要根据不同情况，分别移交给并入单位、上级主管部门或主管部门指定的其他单位接受保管，并由交接双方在移交清册上签名盖章。

账簿日常应由各自分管的记账人员专门保管，未经领导和会计负责人或有关人员批准，不许非经管人员翻阅、查看、摘抄和复制。会计账簿除非特殊需要或司法介入要求，一般不允许携带外出。

新会计年度对更换下来的旧账簿应进行整理、分类，对有些缺少手续的账簿，应补办必要的手续，然后装订成册，并编制目录，办理移交手续，按期归档保管。

对会计账簿的保管既是会计人员应尽的职责，又是会计工作的重要组成部分。

思政园地

烧毁账簿，害人害己

目标 了解会计账簿在会计档案中的重要性，依法保证会计信息的真实性和安全性。

案例 2018年8月4日，江苏省射阳县人民法院依法审结了一起故意销毁会计账簿案。一审判处被告人许某有期徒刑1年6个月，缓刑2年，并处相应罚金。

2017年5月的一天，射阳县许某接到妻兄陈某送来的装有其承包经营射阳县宏达棉花茧丝公司2012年至2016年期间的会计账簿。数日后，陈某用电话与许某联系，称其涉税案件已暴露，如其被抓获，要许某将会计账簿销毁。为帮助陈某逃避依法查处，许某遂将陈某送来的会计账簿全部烧毁。

法院审理认为，被告人许某无视国家法律，为帮助他人逃避依法查处，故意销毁依法应当保存的会计账簿，情节严重，其行为已构成故意销毁会计账簿罪。据此，依法做出上述判决。

思考：

1. 什么是会计账簿？

2. 会计账簿与会计凭证之间有什么关系？

感悟：

《中华人民共和国刑法》第一百六十二条，隐匿或者故意销毁依法应当保存的会计凭证、会计账簿、财务会计报告，情节严重的，处五年以下有期徒刑或者拘役，并处或者单处二万元以上二十万元以下罚金。

单位犯前款罪的，对单位判处罚金，并对其直接负责的主管人员和其他直接责任人员，依照前款的规定处罚。

本章小结

会计账簿是由一定格式、相互联系的若干账页组成，以会计凭证为依据，全面、连续、系统、分类地记录各项经济业务的会计簿籍。本章通过讲解会计账簿的概念、种类、登记和设置方法，以及错账的更正方法，帮助读者迅速掌握会计账簿的核心知识，为学好会计计算奠定基础。

思考题

1. 账簿按用途可以分为哪几类？按外表形式可分为哪几类？其优缺点各是什么？
2. 会计人员在记账过程中可能发生哪些错误？
3. 错账的更正方法有哪些？每种方法适用的条件是什么？怎样使用？
4. 什么是对账？对账包括哪些内容？
5. 什么是结账？结账包括哪些内容？

练习题

一、单项选择题

1. 关于账簿分类表述正确的是(　　)。

A. 账簿按用途的不同，可以分为序时账簿、分类账簿、备查账簿

B. 账簿按时间的不同，可以分为序时账簿、分类账簿、备查账簿

C. 按照外形特征的不同，账簿可以分为两栏式、三栏式、多栏式和数量金额式

D. 账簿按账页格式不同，分为订本账、活页账和卡片账

2. 关于会计账簿的记账规则，下列描述不正确的是(　　)。

A. 账页登记满时，应办理转页手续

B. 使用活页式账簿时，应先将其装订成册，以防止散失

C. 在不设借贷等栏的多栏式账页中，登记减少数时，可以使用红字墨水记账

D. 记账时应使用蓝黑墨水的钢笔，不得用圆珠笔(银行复写账簿除外)或铅笔

3. 关于登记总分类账的做法正确的是(　　)。

A. 总分类账可以根据原始凭证逐笔登记

B. 总分类账可以根据科目汇总表或汇总记账凭证等登记

C. 月终,总分类账应当在全部经济业务事项登记入账后,结出各账户期末余额

D. 总分类账的登记方法因登记依据的不同而不同

4. 关于账簿形式选择错误的是(　　)。

A. 对库存现金明细账的核算采用活页账形式

B. 银行存款日记账应使用订本账形式

C. 各种明细分类账一般采用活页账形式

D. 总分类账一般使用订本账形式

5. 选择明细分类账格式正确的是(　　)。

A. 三栏式明细分类账是设有数量、单价和金额三个栏目

B. 三栏式明细分类账适用于收入、费用和利润分配明细账的核算

C. 数量金额式明细分类账适用于既要进行金额核算又要进行数量核算的账户

D. 多栏式明细分类账适用于应收账款、应付账款等科目的明细分类核算

6. 卡片式账簿一般适用于(　　)明细分类账。

A. 预提费用　　B. 现金　　C. 固定资产　　D. 银行存款

7. 某企业在"原材料"总分类账户下开设"甲材料""乙材料"和"丙材料"3 个明细账户。本月"原材料"总分类账户的贷方发生额为 2 500 万元,"甲材料"明细分类账户贷方发生额为 850 万元,"乙材料"明细分类账户的贷方发生额为 730 万元,则本月"丙材料"明细分类账户的贷方发生额应当是(　　)。

A. 2 620 万元　　B. 2 380 万元　　C. 920 万元　　D. 4 080 万元

8. 某会计人员在审核记账凭证时,发现误将 9 000 元写成 900 元,尚未入账,可以采用(　　)。

A. 重新编制记账凭证　　B. 红字更正法

C. 补充登记法　　D. 划线更正法

9. 更正错账时,划线更正法的适用范围是(　　)。

A. 记账凭证上会计科目或记账方向错误,导致账簿记录错误

B. 记账凭证正确,在记账时发生错误,导致账簿记录错误

C. 记账凭证上会计科目或记账方向正确,所记金额大于应记金额,导致账簿记录错误

D. 记账凭证上会计科目或记账方向正确,所记金额小于应记金额,导致账簿记录错误

10. 年终结账,将余额结转下年时,(　　)。

A. 不需要编制记账凭证,但应将上年账户的余额反向结平才能结转下年

B. 应编制记账凭证,并将上年账户的余额反向结平

C. 不需要编制记账凭证,也不需要将上年账户的余额结平,直接注明"结转下年"即可

D. 应编制记账凭证予以结转,但不需要将上年账户的余额反向结平

二、多项选择题

1. 关于会计账簿表述正确的有(　　)。

A. 账簿序时、分类地记载经济业务,是在各个账户中完成的,没有账簿,账户就无法存在

B. 账簿只是一个外在形式,账户才是它的真实内容;账簿与账户的关系,是形式和内容

的关系

C. 会计账簿是对全部经济业务事项按照会计要素的具体类别而设置的分类账户进行登记的账簿

D. 账簿的基本内容包括封面、扉页、账页、会计分录

2. 下列关于各种账簿形式优缺点的表述中，正确的有（ ）。

A. 订本账的优点是能避免账页散失和防止抽换账页

B. 活页账的缺点是不能准确为各账户预留账页，不便于分工记账

C. 活页账的优点是记账时可以根据实际需要，随时将空白账页装入账簿，或抽取不需要的账页，可根据需要增减账页

D. 订本账缺点是如果管理不善，可能会造成账页散失或故意抽换账页

3. 下列关于备查账簿表述正确的有（ ）。

A. 备查账簿不是依据会计凭证登记、没有固定的格式

B. 备查账簿用文字来记录主要账簿中没有记录的经济业务

C. 每个单位都应设置备查账簿

D. 备查账簿可以连续使用，不必每年更换

4. 下列符合登记会计账簿基本要求的有（ ）。

A. 文字和数字的书写应占格距的1/3

B. 登记后应在记账凭证上签名或盖章，并注明已经登账的符号

C. 在登记各种账簿时，应按页次顺序连续登记，不得隔页、跳行

D. 用蓝黑和碳素墨水书写，不得用圆珠笔（银行的复写账簿除外）或铅笔书写

5. 关于日记账的表述错误的有（ ）。

A. 现金日记账每日终了，应分别计算现金收入和现金支出的合计数，结出余额，同时将余额同库存现金实有数核对

B. 银行存款日记账与现金日记账格式相同，即可以采用三栏式，也可以采用多栏式，但必须都使用订本账

C. 摘要栏登记入账的收、付款凭证的种类和编号

D. 银行存款日记账由会计登记，按时间先后顺序逐日逐笔进行登记，每日结出存款余额，月终计算出全月收入、支出的合计数

6. 必须逐日结出余额、按月结计发生额的账簿包括（ ）。

A. 银行存款总账　　B. 现金日记账

C. 现金总账　　D. 银行存款日记账

7. 下列账簿中，通常采用三栏式账页格式的有（ ）。

A. 现金日记账　　B. 管理费用明细账

C. 总分类账　　D. 银行存款日记账

8. 下列各项中，关于账证核对的说法正确的包括（ ）。

A. 如果账证不符，可以将账簿记录与有关会计凭证进行核对

B. 账证核对是对会计账簿记录与原始凭证、记账凭证的各项内容进行核对

C. 是追查会计记录正确与否的最终途径

D. 通常在日常编制凭证和记账过程中进行

9. 下列属于账实核对的有(　　)。

A. 银行对账单余额与银行日记账余额核对

B. 债权债务明细账余额与贷方单位的账面记录是否相等

C. 总分类账的金额与所属明细分类账簿的金额之和核对

D. 现金日记账余额与库存现金数额是否相等

10. 记账后,发现记账凭证中的金额有错误,导致账簿记录错误,不能采用的错账更正方法是(　　)。

A. 划线更正法　　B. 红字更正法

C. 补充登记法　　D. 重新抄写法

三、判断题

1. 会计账簿的记录是编制会计报表的前提和依据,也是检查、分析和控制单位经济活动的重要依据。(　　)

2. 各单位不得违反会计法和国家统一的会计制度的规定私设会计账簿。(　　)

3. 活页式账簿便于记账人员的分工,但账页容易散失和被随意抽换。(　　)

4. 多栏式账簿主要适用于既需要记录金额,又需要记录实物数量的财产物资明细账户。(　　)

5. 日记账应逐日逐笔序时登记,总账可以逐笔登记,也可以汇总登记。(　　)

6. 登记库存现金日记账的依据是现金收付款凭证和银行收付款凭证。(　　)

7. 现金收付业务较少的单位,不必单独设置库存现金日记账,可以银行对账单或其他方法代替库存现金日记账,以简化核算。(　　)

8. 会计账簿登记中,如果不慎发生隔页,应将空页撕掉,并更改页码。(　　)

9. 如果发现以前年度记账凭证中会计科目和金额有错误并已导致账簿记录出现差错,也可以采用红字更正法予以更正。(　　)

10. 记账凭证正确,因登记时的笔误而引起的账簿记录错误,可以采用划线更正法予以更正。(　　)

四、业务题

1. 欣欣公司2021年9月30日银行存款日记账的余额为30 000元,库存现金日记账的余额为1 000元。10月份发生下列现金和银行存款收付业务:

(1)2日,收到投资者追加投资100 000元存入银行(银收1)。

(2)4日,从银行提取现金3 000元备用(银付1)。

(3)6日,从银行提取现金60 000元备发工资(银付2)。

(4)6日,以现金60 000元发放工资(现付1)。

(5)15日,职工刘华出差预借差旅费1 500元(现付2)。

(6)18日,以银行存款支付广告费5 000元(银付3)。

(7)20日,刘华报销差旅费1 200元(管理费用),余额300元退回(转账1、现收1)。

(8)22日,销售产品一批,价款及税款共计46 800元存入银行(银收2)。

(9)25日,收到某单位预付货款25 000元存入银行(银收3)。

(10)30 日,以银行存款支付电话费 4 200 元(银付 4)。

要求:

登记库存现金日记账和银行存款日记账,见表 1 和表 2。

表 1　　**库存现金日记账**　　单位:元

2021 年		凭证号数	摘 要	贷方科目	收入	支出	结余
月	日						
10	1		期初余额				

表 2　　**银行存款日记账**　　单位:元

2021 年		凭证号数	摘 要	贷方科目	收入	支出	结余
月	日						
10	1		期初余额				

第九章

成本计算

○ **学习目标**

知识目标

1. 成本的概念与作用。
2. 成本计算的意义、基本要求和一般程序。
3. 原材料采购成本的计算。
4. 产品生产成本的计算。
5. 产品销售成本的计算。

能力目标

1. 了解材料采购成本构成具体项目,并能计算材料采购成本。
2. 了解产品生产成本由哪些具体项目构成,并能计算产品生产成本。
3. 能运用加权平均法计算产品销售成本。

○ **案例导入**

2023 年 6 月 12 日,华晨公司购进甲、乙两种材料,其中购进甲材料 1 000 千克,3 元/千克,乙材料 3 000 千克,2.3 元/千克,将甲、乙两种材料运回企业共支付运杂费 760 元(不考虑运费中涉及的增值税问题),那么甲、乙材料各自应承担的运杂费是多少?甲材料与乙材料的采购成本分别是多少?让我们一起来学习吧。

第一节　成本计算的意义、原理与要求

一、成本的概念与作用

(一)成本的概念

成本属于价值的范畴,是新增(或已耗)资产价值的组成部分。一般而言,资产的价值由以下三部分组成:(1)已耗生产资料(劳动手段和劳动资料)的转移价值。(2)支付给劳动者的劳动报酬。(3)劳动者为社会做出的贡献额。前两者是构成成本价值的基础。

已耗生产资料的转移价值和支付给劳动者的劳动报酬,按受益对象不同,可以分为三个部分:一是用于工程建造,形成长期资产;二是用于存货的建造,形成各种存货;三是用于包括上述两者在内的日常经营活动,形成期间费用。第三种支出与前两种支出的区别是:前两种

支出有明确的受益对象，可以直接或间接计入受益对象，第三种支出则没有明确的受益对象，不能或不易计入相关受益对象。第一种支出，形成相关长期资产的成本；第二种支出，形成相关存货的成本；第三种支出，由于没有明确的受益对象，按权责发生制要求，全部计入相应的会计期间，直接作为当期收益的抵减项目。相关存货的成本，在存货消耗或销售后，或作为相关费用，或作为主营业务成本，由当期收益抵减。上述前两种支出按一定的计算对象归集，计入相应资产的价值，就成为新增资产的成本。

制造行业的经营过程主要包括供应、生产和销售三个阶段。供应过程的经营活动，主要为各种存货的采购。在存货的采购过程中所支付的存货买价和采购费用，按各种存货的种类分别归集、分配，就构成各种存货的采购成本。在生产过程中发生的生产费用（如已耗存货的成本、支付给生产者的薪酬等），按各种产品进行归集、分配，就构成各种产品的生产成本（又称制造成本）。制造行业的销售过程，主要是销售各种产品，已售产品的生产成本，按各种已售产品进行归集，就构成各种已售产品的主营业务成本。主营业务成本作为当期费用全部计入该会计期间，抵减当期主营业务收入。

费用和成本是既有联系又有区别的两个概念。资产的成本随着企业经营活动的展开逐步转化为某一会计期间的费用。费用是与特定的会计期间相联系的，是根据权责发生制、配比原则及划分资本性支出与收益性支出等要求来确定的，从资金循环的意义上讲，这些费用主要通过经营收入收回的资产来补偿。成本是与特定的计算对象相联系的，是根据受益性原理和重要性要求计算出来的，是计算对象的受益费用。

（二）成本的作用

成本是以价值形式反映企业工作质量，说明企业管理当局经营责任完成情况的综合性指标之一。对会计信息的使用者而言，它具有多方面的作用。

1. 成本是计量经营耗费和确定补偿尺度的重要工具

企业经营的主要目标就是以自己的收入补偿耗费后获得尽可能多的利润，并尽量不发生亏损。所谓利润，是指企业一定会计期间的经营成果，即所得的收入金额大于与其相配比的耗费金额的差额；所谓亏损，是指所得的收入金额小于与其相配比的耗费金额的差额。企业盈利的大小，是企业经营状况好坏的主要标志，也是企业能否正常持续经营的必要条件。企业的营业收入，只有能够弥补相关耗费，才能保持持续经营。成本是对象化的耗费，是企业全部耗费的主要组成部分。所以，成本是反映企业经营耗费的主要指标之一，是计量经营耗费和确定补偿尺度的重要工具。

2. 成本是决定商品价格的基础，是使产品具有竞争力的前提条件

商品价格是影响商品销售和企业盈利的重要因素之一。在商品质量一定的条件下，商品价格的高低，关系到商品是否能顺利销售出去，而商品是否能顺利销售出去，关系到企业是否能收回所垫付的资金以持续经营的问题。一般而言，在商品质量和性能稳定的情况下，商品的价格高于同类商品的社会平均价格，就难以顺利销售出去；商品的价格高低适中，或低于同类商品的社会平均价格，商品就能顺利销售出去。商品定价的高低，涉及企业盈利的大小与经济效益的高低。商品价格的高低取决于商品成本的高低，商品成本高于同类商品的社会平均成本，为了获取适当的利润，制定的商品价格相应也会高于同类商品的社会平均价格，这可能使商品销售失去竞争力；若商品成本低于同类商品的社会平均成本，制定的商品价格就可以低于同类商品的社会平均价格，从而使商品销售具有竞争力，也可以获取适当的利润。因

此，商品成本是决定商品价格的基础，是使产品具有竞争力的前提条件。

3. 成本是企业进行决策和核算经济效益的重要因素

企业管理者在履行受托责任、完成管理任务时，必须对经营活动中涉及的重大问题进行决策。要做出正确的决策，必须从各方面进行考虑、分析相关经营活动涉及的各种因素对经营活动的影响。在对各种方案进行决策时，经济效益是选择某种方案必须予以考虑的主要因素之一。而企业经济效益的核心是产品的成本问题。如上所述，在市场销售有保证的前提下，产品成本的高低决定着企业经济效益的好坏。因此，在对各种备选方案进行选择、决策时，必须把成本作为一个重要的因素进行考虑，从成本的角度对备选方案进行评价选择。只有这样，才能使所选择的方案在经济上可行，才能使经济活动产生资源消耗少、经济效益好的效果。

4. 成本是衡量企业管理水平和各方面工作成果的重要指标

成本是反映企业管理水平的综合性指标。企业各方面工作的成果，如产品设计的好坏，生产工艺的合理程度，原材料、燃料、动力等资产的消耗水平，机器设备、厂房建筑物的利用情况，劳动生产率的高低，人、财、物组织得是否合理，供、产、销是否衔接平衡等，最终都会反映到产品成本上。因此，通过对成本形成情况、构成和水平的分析，就可能发现企业管理上存在的问题和薄弱环节，为提高生产技术水平和管理水平指明方向，也为改进各方面工作找到途径。同时，为了降低成本，必然会对企业各项工作提出更高的要求，从而推动企业整体管理水平不断提高。

二、成本计算的意义

成本是会计信息的重要组成部分，同其他会计信息一样，它也是通过对相关原始数据的收集、整理和加工形成的。成本计算就是采用一系列专门的方法，把企业供应、生产销售过程中所发生的各种费用，根据受益关系，在不同的对象之间进行归集和分配，借以确定各成本计算对象的总成本和单位成本的一项会计工作。成本计算对于加强企业经营管理，提高经济效益具有重要意义。

第一，通过成本计算、可以取得企业的实际成本资料，并据以确定实际成本同计划成本的差异，考核成本计划的完成情况，分析成本升降的原因，进一步挖掘降低成本的潜力。

第二，通过成本计算，可以核算和监督企业各项费用的支出，揭露企业经营管理中存在的问题，奖优罚劣，及时采取有效措施，改善经营管理。

第三，通过成本计算，可以为企业进行下一期各项成本指标的预测和规划，提供必要的参考数据。

总之，正确地进行成本计算，对不断地改进成本管理工作，争取以更少的资源耗费取得更大的经济效益，为社会增加更多的财富等方面具有重要的意义。

三、成本计算的原理

在不同的企业，或同一企业的不同经营阶段，会产生不同的经济活动，发生不同的支出，形成不同的成本，这就造成具体成本计算在方法上的差异。如采购成本的计算与生产成本的计算方法是不相同的。不同时期企业由于经营活动的更改，成本计算的内容也不尽相同。不同时期、不同计算对象的成本在内容、构成和计算方法等方面虽说不尽相同，但它们都是经营中产生的资源消耗，都应按权责发生制、配比原则和划分收益性支出与资本性支出等要求归集、分配到受益对象上去，它们的计算原理是相同的。成本计算原理，就是不同时期、不同性质的成本的共同计算原理。

各种经营活动的目的不同，经营过程中发生的各种费用都是为相应的经营目的产生的。在某种经营活动中支付费用，目的是在这种经营活动中获取合理的经营成果。也就是说，某种经营活动的经营成果是该种经营活动中所支付费用的受益对象。如为某种产品生产而耗用的原材料费用的受益对象就是该种产品。当可以直接确定某种费用是为某项经营活动产生时，我们称这种费用为该成本计算对象的直接费用。应将直接费用直接计入受益的计算对象中，作为相应的受益计算对象的成本，由相应的受益计算对象承担，这就是所谓的直接受益直接分配原理，是成本计算的主要原理之一。

在企业的日常经营中，各种经营活动往往是交叉进行的，因此有的费用是为了若干受益计算对象而共同发生的，应由相应的若干个受益计算对象共同承担，会计上把这种由若干受益计算对象共同承担的费用称为共同性费用。共同性费用与受益计算对象的受益关系虽不如直接费用那样明显，但也可采用一定的方法来确定共同性费用与受益计算对象之间的关系，可以采用客观性较强的标准将共同性费用在各受益计算对象之间合理分配。它首先应确定可供分配的共同性费用总额和分配标准，然后按一定的方法将可供分配的共同性费用在受益计算对象之间合理分配。这就是所谓的共同受益间接分配原理，是成本计算的主要原理之二。

在企业经营活动中发生的共同性费用中，有时有些共同性费用一方面由于与受益对象的受益关系并不十分明显；另一方面费用的金额也不大，将这种共同性费用按受益原理计入受益对象的成本，一是不易确定客观的分配方法，二是这种费用计入还是不计入受益对象的成本，对受益对象的成本升降水平影响不大。在会计中，只把那些与受益对象的受益关系较为明显并易确定，费用金额较大，计入还是不计入受益对象的成本，对受益对象的成本升降水平影响较大的重要的共同性费用，才按受益关系计入受益对象的成本；把那些与受益对象的受益关系不十分明显，费用金额不大，不易确定客观的分配方法，费用计入还是不计入受益对象的成本，对受益对象的成本升降水平影响不大的共同性费用，不计入相应受益对象的成本。这就是所谓的重要性原理，是成本计算的主要原理之三。

四、成本计算的基本要求

为了正确、及时地计算成本，有关会计人员应遵循如下要求。

（一）要严格执行国家相关法律规章中规定的成本开支范围和费用开支标准成本

开支范围是根据企业经营活动中所发生费用的不同性质，依据成本的内容和加强成本核算的要求，由国家在相关法律法规（如企业所得税法、企业产品成本核算制度等）中统一制定。所谓成本开支范围，是指哪些费用允许列入成本，哪些费用不允许列入成本的规定。成本开支范围的基本内容是：一切与营业活动有关的支出，都应计入企业的成本、费用。就制造业而言，所发生的直接材料、直接人工、制造费用、管理费用、财务费用和销售费用构成企业的成本费用范围。其中，直接材料、直接人工和制造费用构成产品的制造成本（亦称生产成本）；管理费用、财务费用和销售费用则由于和产品的受益关系不太明显，分配的客观标准不易确定，不计入产品的制造成本，全部作为会计期间的费用，冲减当期收益。费用开支标准是指对某些费用支出的金额和比例做出一些限制性的规定。如允许在税前列支的职工薪酬金额、坏账提取比例和交际应酬费的提取比例等。企业应严格遵守成本开支范围和费用开支标准，在合法的前提下展开经营活动，既能保证成本、费用的真实性，内容的一致性，具有分析对比的可能性，又能正确地计算企业的损益，真实地反映企业的财务成果，提供客观、有用的会计信息。

（二）划清支出、费用和成本的界限

1．分清收益性支出和资本性支出的界限。所谓收益性支出，是指所带来的效益仅与一个会计年度相关的支出，收益性支出都应计入该会计年度的费用：所谓资本性支出，是指能在几个会计年度带来收益的支出，资本性支出应计入相关资产的成本中，并随着相关资产的消耗，合理分摊入相关的会计年度中。如购建固定资产的支出，应计入固定资产的成本，在固定资产的使用期间分摊到相关会计年度的成本、费用中。

2．分清成本与费用的界限。费用是经营活动中发生的各种各样经济利益流出的总称，而成本则是指归集到受益计算对象上去的费用。如前所述，企业经营活动中发生的费用，并非全部计入成本，有一部分是作为期间费用列为当期损益。因此，为保证成本资料的真实性，以及相应会计信息的相关有用性，在成本计算时，要划清成本与费用的界限。

3．分清本期成本费用与下期成本费用的界限。凡应由本期相关资产负担的费用，应计入本期相关资产的成本；不应由本期相关资产负担的费用，则不能计入本期相关资产的成本。

4．分清不同资产的成本界限。属于哪种资产受益的费用，应由该种资产负担，计入该种资产的成本，不能将由其他资产受益的费用，计入不相关资产的成本。

5．分清在产品成本与产成品成本的界限。制造企业对于应计入本期产品成本的费用，如应由在产品和产成品共同承担，就要采用适当的方法，将生产费用在产成品和在产品之间进行分配，分清哪些是在产品应承担的费用，哪些是产成品应承担的费用。

（三）遵循权责发生制的要求

在成本计算时遵循权责发生制的要求，主要是指在各会计期间合理划分跨期费用的问题。在成本计算时，对于已经发生的支出，如果受益期包括几个会计年度，就应将该费用在各个受益期采用适当的分配方法合理分配，而不能将受益期包括若干个会计期间的长期待摊费用计入一个会计期间。对于虽未支付但应由本会计期间承担的费用，应先行预提计入本会计期间的成本和费用中，等到支付时就不再列为成本费用。不得假借待摊和预提的方法，人为地调节某个会计期间的成本费用，即该摊的不摊，该提的不提，或者不该摊的乱摊，不该提的乱提。

（四）做好成本核算的各项基础工作

要正确、及时地计算成本，做好各项基础工作是很重要的，如果基础工作做得不好就会影响成本计算的可靠性和及时性。成本核算的基础工作主要有：定额管理工作；建立健全财产物资的计量、收发、领退制度；建立和健全各种原始记录以及收集整理制度；制定内部结算价格等。

（五）选择适当的成本计算方法

企业应结合自己的具体情况，选择适合本企业经营特点的成本计算方法进行成本计算。方法一经确定，在会计环境没有新的变化之前，一般不应经常变动。计算方法的选择，应同时考虑企业经营类型的特点和管理的要求两个方面。具体成本计算方法的选择，留待成本会计等相关课程中介绍。

知识链接

第二节　成本计算的一般程序

不同的成本计算对象，需要用不同的计算方法，因此，会计上形成了不同的成本计算方法。但不论哪种成本计算方法，它们在成本计算基本程序方面，一般是相同的。概括说来应包括以下几个方面。

一、收集、整理成本计算资料

成本计算资料的收集、整理是成本计算的前提。完整、正确地提供计算数据，是成本计算的基础。因此，企业对购进、领用的各种原材料，各项费用支出、工时动力等的消耗，产品的质量情况、在产品、半成品的内部转移和产成品的入库、出库等，都要根据各项活动的特点，分别取得或填制不同格式的原始凭证。它提供的是企业经营活动的第一手资料，是成本计算所需的原始记录。这些原始记录是否正确，提供得是否及时，直接影响到成本计算的可靠性和及时性。所以，成本计算的资料收集、整理工作很重要，必须以完整、正确的原始记录作为成本计算的依据。成本计算资料一般包括资产的形成、耗费或转出价值资料、待摊费用的形成和摊销方面的资料、预提费用的提取方面的资料等。

二、确定成本计算中心和成本计算对象

成本计算对象就是承担和归集费用的对象，即费用的受益对象，它是费用归集和分摊的依据。为了便于成本控制，落实成本责任制，进行成本考核以降低成本费用，应按成本责任环节（或单位）来计算成本，即计算各成本责任环节的成本。因此，在具体的成本计算前，应先根据不同的成本责任环节设立不同的成本核算中心，再按每一个成本核算中心来确定成本计算对象，计算成本。只有在职责能够明确划分和鉴别的部门、车间、班组和个人那里设置成本核算中心，对成本发生情况的控制和管理才能发挥作用。

在确定了成本核算中心后，就应按成本核算中心来确定成本计算对象。各个企业单位的成本计算对象的规模和复杂程度是不相同的。对于制造企业来讲，一个成本计算对象，可以包括若干种不同产品或不同的经济活动，也可以只包括一种产品或一种经济活动；可以是一个单独的产品或项目，也可以是一批相同的项目或一组相似的产品；可以是最终产品，也可以是加工到一定程度的半成品。确定成本计算对象的基本要求是所计算的成本必须是有用的会计信息。对主要的产品，应从细确定成本计算对象，对一般的产品，可以概略地确定成本计算对象。

总之，企业应根据自身的经营性质和规模的不同，结合自身的具体情况，确定自己的成本核算中心和成本计算对象，以便正确及时地归集和分配费用，计算成本，加强成本管理和控制，落实成本责任制，提高企业的经济和社会效益。

三、确定成本计算期

要及时取得成本方面的会计信息，就必须及时进行成本计算，这就要解决在什么时候计算，多长时间计算一次成本的问题。以制造企业为例，产品生产完工之时，才是产品成本完全形成之日。因此，在产品生产完工之时计算产品生产成本，以产品生产周期作为成本计算期，

是较为合理的。但是，由于有的产品生产周期过长，完全按产品生产周期来计算成本，将影响会计信息的使用者及时地取得相关的会计信息；有的产品生产周期很短，完全按产品生产周期来计算成本，将使成本计算很频繁，不适当地加大会计核算工作量。所以，成本计算期并不一定能和产品生产周期一致。如何确定成本计算期，取决于企业生产组织的特点和管理要求。如企业采用单件、小批量的生产组织方式时，可以把产品生产期作为成本计算期；如果企业的生产特点是经常反复不断地大量生产同一种或几种产品，为了及时取得成本指标，加强成本计划管理，一般以会计分期作为产品成本计算期。

四、确定成本项目

产品成本的计算是生产费用形成和分配的计算。企业发生的各项费用，可以按不同的标志进行分类。按各项费用支出的经济内容来分，可分为反映活劳动耗费的费用，如人工费用；反映劳动对象耗费的费用，如外购原材料、燃料等；反映劳动资料耗费的费用，如固定资产折旧费用等；反映用货币资金支付的费用，如差旅费、办公费、水电费等。生产费用按支出的经济内容来分类，在会计上称为费用要素，它表明企业为进行生产支付了什么费用，数额是多少，可以用来分析企业各个生产时期生产费用的支出水平。但是这种分类不能与成本计算对象联系起来说明生产费用的用途。为了取得更多的会计信息，还要将生产费用按其用途进行分类。生产费用按其用途分类，在会计上称为成本项目，一般包括直接材料、直接人工和制造费用等。借助于成本项目，可以清楚地了解费用的经济用途和成本的经济构成，提供更多有用的会计信息，通过对一定对象的成本项目的分析，可以初步查明成本升降的原因，挖掘降低成本的潜力。

五、正确地归集和分配各种费用

正确地归集和分配各种费用，是正确地进行成本计算的前提。它一方面要求根据真实的原始数据来正确地归集和分配各种费用，另一方面要求在费用的归集和分配中遵循相关性要求，并且，在费用的归集和分配中要遵守国家的相关法律及规章制度。

为正确地归集和分配各种费用，就要遵循权责发生制要求，正确地确定费用的受益期限。如对产品生产来说，对应计入产品成本的费用，还应划分为应由本期产品成本负担的费用和应由其他各期产品成本负担的费用。这对于如实反映各期生产费用，正确计算各期产品成本是十分重要的。

在费用的归集、分配和成本计算中，还应严格遵守相关法律规章规定的成本开支范围和费用开支标准。不能随意扩大成本开支范围，提高费用开支标准。凡超出开支范围和开支标准的费用，经企业权力机关认可，可以计入企业相关经营活动的成本或作为某个会计期间的期间费用，但不得从企业的应纳税所得额中扣除，要视同利润进行纳税。

六、设置和登记明细分类账、编制成本计算表

在成本计算过程中，为系统地归集、分配应计入各种成本计算对象的费用，应按成本计算对象和成本核算项目分别设置和登记费用、成本明细分类账户，然后根据这些账户资料，编制各种成本计算表，借以计算确定各种成本计算对象的总成本和单位成本，全面系统地反映各种成本指标的经济构成和形成情况。

经典例题

第三节　企业经营过程中的成本计算

制造企业的经营过程一般要经过供应、生产和销售三个阶段。各个阶段要分别计算存货采购成本、产品生产成本和产品销售成本。在存货采购成本的计算中，以原材料采购成本的计算最具代表性。关于企业经营过程中成本计算的详细方法，读者将在成本会计课程中学习，这里我们简要说明原材料采购成本、产品生产成本和产品销售成本（主营业务成本）的基本计算方法。

一、原材料采购成本的计算

计算原材料采购成本，首先应按材料的品种或类别作为成本计算对象，并在“材料采购”或“在途物资”账户下按材料的品种或类别分别设置明细分类账户，用以归集和分配应计入原材料采购成本的各种费用，然后根据这些账户资料，编制各种原材料采购成本计算表，借以计算确定各种原材料采购的总成本和单位成本。

（一）材料采购成本的构成

原材料的采购成本一般由买价和采购费用两个成本项目构成。

原材料采购成本＝买价＋采购费用

其中，买价是指供应单位开具的购货发票上标明的货物价格。

采购费用包括：(1)运杂费，包括原材料采购过程中的运输费用、装卸费用、保险费用、包装费用、仓储费用等。(2)运输途中的合理损耗。(3)入库前的挑选整理费用，如在挑选整理中扣除回收下脚残料价值后的各种费用支出和必要的损耗等。(4)购入原材料应负担的税金和其他费用。

（二）材料采购成本的计算

原材料的买价一般属于直接费用，应直接计入相应原材料的采购成本。

对于采购费用，凡是能直接分清受益对象的，应直接计入相应原材料的采购成本；凡是不能直接分清受益对象，且费用金额较大，不计入原材料的采购成本，会导致原材料采购成本不实的采购费用，应在原材料的重量、买价、体积等分配标准中选择合适的分配标准，采用一定的方法，间接计入相应原材料的采购成本。但对于企业供应部门或原材料仓库所发生的经常性费用、采购人员的差旅费、采购机构经费以及市内小额的运杂费等，这些费用一般不易分清具体的受益对象，费用金额较小，对原材料采购成本升降水平的影响不大，按重要性要求，这些费用不计入原材料的采购成本，而是作为期间费用处理，列入管理费用。

各种原材料的采购成本，应当在设置的“材料采购”或“在途物资”明细账中进行分类归集计算。现举例说明原材料采购成本的计算方法。

宏源公司分两批购进甲、乙两种材料，第一批购进甲材料 2 000 克，1.90 元/千克，乙材料 6 000 千克，1.00 元/千克，将甲、乙两种材料运回企业共支付运杂费 480 元（不考虑运费中涉及的增值税问题，下同）。第二批购进乙材料 3 000 千克，1.00 元/千克，将乙材料运回企业共支付运杂费 180 元。按审核后的会计凭证，经整理见表 9—1。

表 9—1 **材料采购成本** 单位:元

材料名称	重量（千克）	单价（元/千克）	买价	运费	
				直接	间接
甲	2 000	1.90	3 800		480
乙	6 000	1.00	6 000		
	3 000	1.00	3 000	180	

根据上述资料，材料的采购成本计算如下。

首先，将采购甲、乙两种材料所发生的直接费用，分别记入甲、乙两种材料的采购明细账中，见表 9—2 和表 9—3。

表 9—2 **在途物资明细分类账**

材料名称:甲材料 单位:元

2022 年		凭证号数	摘要	借方			贷方
月	日			买价	采购费用	合计	
略	略	1	材料买价	3 800		3 800	
			本期发生额	3 800		3 800	

表 9—3 **在途物资明细分类账**

材料名称:乙材料 单位:元

2022 年		凭证号数	摘要	借方			贷方
月	日			买价	采购费用	合计	
略	略	1	材料买价	6 000		6 000	
		2	材料买价	3 000		3 000	
		3	运杂费		180	180	
			本期发生额	9 000	180	9 180	

其次，把甲、乙两种材料共同发生的运杂费 480 元按适当的方法，分配计入甲、乙两种材料的采购成本（假定按材料的采购重量比率分配）：

分配率＝480/(2 000＋6 000)＝0.06(元/千克)

甲材料应承担的运费＝2 000×0.06＝120(元)

乙材料应承担的运费＝6 000×0.06＝360(元)

根据上述分配结果，分别将 120 元、360 元记入甲、乙材料采购成本明细账中，见表 9—4 和表 9—5。

表 9—4 **在途物资明细分类账**

材料名称:甲材料 单位:元

2022 年		凭证号数	摘要	借方			贷方
月	日			买价	采购费用	合计	
略	略	1	材料买价	3 800		3 800	
		4	运杂费		120	120	
		5	材料验收入库				3 920
			本期发生额	3 800	120	3 920	3 920

表 9-5　　　　**在途物资明细分类账**

材料名称:乙材料　　　　单位:元

2022 年		凭证号数	摘　要	借　方			贷　方
月	日			买价	采购费用	合计	
略	略	1	材料买价	6 000		6 000	
		2	材料买价	3 000		3 000	
		3	运杂费		180	180	
		4	运杂费		360	360	
		5	材料验收入库				9 540
			本期发生额	9 000	540	9 540	9 540

最后,根据明细分类账户所归集的费用资料,编制材料采购成本计算表,计算甲、乙材料的采购成本,见表 9—6。

表 9-6　　　　**材料采购成本计算表**　　　　单位:元

成本项目	甲材料(2 000 千克)		乙材料(9 000 千克)		成本合计
	总成本	单位成本(元/千克)	总成本	单位成本(元/千克)	
买价	3 800	1.90	9 000	1.00	12 800
采购费用	120	0.06	540	0.06	660
成本合计	3 920	1.96	9 540	1.06	13 460

二、产品生产成本的计算

计算产品生产成本,首先,应确定成本计算期,产品成本计算通常是定期按月进行的。对于单件小批生产,生产周期较长的产品,也可把产品生产周期作为成本计算期。其次,应按产品品种或批次确定成本计算对象,然后将生产过程中发生的应计入产品生产成本的生产费用分配计入各相应产品,计算其制造总成本和单位成本。

(一)产品成本项目的确定

生产过程中发生的应计入产品生产成本的生产费用,在计入相应产品成本时,是按生产费用的经济用途进行归集,计入相应的成本项目。产品成本计算的成本项目,一般由以下三项组成。

1. 直接材料。是指为产品生产而耗费的原材料、辅助材料、备品备件、外购半成品、燃料、动力、包装物、低值易耗品以及其他直接材料等。

2. 直接人工。是指直接从事产品生产的工人工资、奖金、津贴和福利费等薪酬。

3. 制造费用。是指企业各生产单位为组织和管理生产所发生的各项费用,包括车间管理人员薪酬、固定资产折旧费和修理费、机物料耗费、办公费、差旅费、水电费和劳动保护费等。

其中,第 1、2 项与相应产品生产的关系较为密切,可以直接确定应计入产品生产成本的金额有多少,一般应将其直接计入产品生产成本。第 3 项为应由多种产品共同负担的共同性费用,一般不能直接计入产品的生产成本,应确定适当的分配标准和合理的分配方法,分配计入各种产品生产成本。

（二）产品成本计算

企业应设置生产成本明细账，用以归集、分配生产过程中发生的应计入产品生产成本的生产费用。生产成本明细账应按产品品种、批别或类别分别设置，应采用一定的成本计算方法，计算、确定产品生产成本。

计算产品的生产成本，必须根据企业的生产类型（生产组织和工艺技术）和管理要求，采用如品种法、分批法、分步法等不同的成本计算方法。这些具体的成本计算方法在成本会计学中讲述，本课程不再涉及。

现举例说明产品生产成本的计算。下面是某企业产品生产过程中发生的相关生产费用，它们构成产品生产成本的内容，经整理，有关会计凭证归纳如下。

1. 期初在产品资料（见表9—7）

表9—7　　**期初在产品资料**　　单位：元

产品名称	直接材料	直接人工	制造费用	合　计
A	320	114	118	552
B	1 600	684	676	2 960
合　计	1 920	798	794	3 512

2. 本月发生的各项生产费用（见表9—8）

表9—8　　**各项生产费用资料**　　单位：元

产品名称	直接材料	直接人工	制造费用
A	2 000	798	2 550
B	4 400	1 140	
合　计	6 400	1 938	2 550

3. 期末产量资料

A产品50件已全部完工，B产品120件，其中，完工产品100件，在产品20件。在产品成本按定额成本标准计算。单位B在产品各成本项目的定额成本为：直接材料50元、直接人工8元、制造费用8.5元。

4. 产品生产成本的计算

（1）根据期初在产品成本资料、分别登记在A、B产品生产成本明细分类账中的相应成本项目内，见表9—9和表9—10所示。

（2）根据本月发生的成本资料，将其中的直接材料、直接人工，分别登记在A、B产品生产成本明细分类账的相应成本项目内，见表9—9和表9—10所示。

（3）根据本月发生的制造费用，采用一定的分配方法，分配计入A、B两种产品成本（假定按生产工人薪酬的比例分配）。

分配率＝2 550/(798＋1 140)＝1.316（元）

A产品应负担的制造费用＝798×1.316＝1 050（元）

B产品应负担的制造费用＝1 140×1.316＝1 500（元）

根据上述计算结果，分别登记在A、B产品生产成本明细分类账中相应项目内，见表9—9和表9—10所示。

表9—9　　**生产成本明细分类账**

产品名称：A产品　　单位：元

2022年		凭证号数	摘　要	借　方			
月	日			直接材料	直接人工	制造费用	合　计
略	略	略	期初在产品成本	320	114	118	552
			材料费用	2 000			2 000
			生产工人薪酬		798		798
			分配制造费用			1 050	1 050
			本期发生额	2 000	798	1 050	3 848
			结转完工产品成本(50件)	2 320	912	1 168	4 400

表9—10　　**生产成本明细分类账**

产品名称：B产品　　单位：元

2022年		凭证号数	摘　要	借　方			
月	日			直接材料	直接人工	制造费用	合　计
略	略	略	期初在产品成本	1 600	684	676	2 960
			材料费用	4 400			4 400
			生产工人薪酬		1 140		1 140
			分配制造费用			1 500	1 500
			本期发生额	4 400	1 140	1 500	7 040
			结转完工产品成本(100件)	5 000	1 664	2 006	8 670
			期末在产品成本	1 000	160	170	1 330

(4)根据A、B产品生产成本明细分类账中各成本项目记录和在产品资料，即可计算A、B两种产品总成本和单位成本，编制完工产品生产成本计算表，见表9—11所示。

表9—11　　**完工产品生产成本计算表**　　单位：元

成本项目	A产品(50件)		B产品(100件)	
	总成本	单位成本(元/件)	总成本	单位成本(元/件)
直接材料	2 320	46.40	5 000	50.00
直接人工	912	18.24	1 664	16.64
制造费用	1 168	23.36	2 006	20.03
成本合计	4 400	88.00	8 670	86.70

上述A、B完工产品的生产成本计算根据以下计算公式求得

完工产品生产成本＝月初在产品成本＋本月发生的生产费用－月末在产品成本

A、B两种产品生产成本计算如下。

A 产品，由于 A 产品全部完工，没有在产品，于是其总成本就是月初在产品成本与本月发生的生产费用之和，按成本项目计算如下。

A 产品成本：

直接材料＝320＋2 000＝2 320(元)

直接人工＝114＋798＝912(元)

制造费用＝118＋1 050＝1 168(元)

合计　　　　　　　4 400 元

B 产品，由于 120 件 B 产品尚有 20 件未完工，这样应将月初在产品成本与本期发生的生产费用的合计数，按一定的方法在完工产品和在产品之间进行分配。按本例所给的条件，B 在产品按定额成本计算，其计算方法和结果如下。

B 在产品成本：

直接材料＝20×50＝1 000(元)

直接人工＝20×8＝160(元)

制造费用＝20×8.5＝170(元)

合计　　　　　　1 330 元

B 成品成本：

直接材料＝1 600＋4 400－1 000＝5 000(元)

直接人工＝684＋1 140－160＝1 664(元)

制造费用＝676＋1 500－170＝2 006(元)

合计　　　　　　　　8 670 元

三、产品销售成本的计算

产品销售成本即主营业务成本，是指已售产品的生产成本。根据已售产品的数量乘以产成品平均单位成本计算求得。平均单位成本的确定，可采用加权平均法、先进先出法和个别计价法等计价方法。

现仍以上例说明产品销售成本的计算方法。根据对上述某企业销售过程业务的整理相关资料如下。

本月已售出 A 产品 50 件、B 产品 50 件。A、B 两种产成品的成本资料见表 9－12 和表 9－13 所示。

表 9－12　　　　　　　　**库存商品明细分类账**

产品名称：A 产品　　　　　　　　　　　　　　　　　　　金额单位：元

2022 年		摘　要	收　入			发　出			结　存		
月	日		数量(件)	单价	金额	数量(件)	单价	金额	数量(件)	单价	金额
	1	期初余额							30	120	3 600
		本月完工入库	50	88	4 400						
		本月销售				50	100	5 000			
	30	期末余额							30	100	3 000

表 9－13　　　　　　　　　　**库存商品明细分类账**

产品名称:B 产品　　　　　　　　　　　　　　　　　　　　　　　　金额单位:元

2022 年		摘　要	收　入			发　出			结　存		
月	日		数量(件)	单价	金额	数量(件)	单价	金额	数量(件)	单价	金额
	1	期初余额							30	101	3 030
		本月完工入库	100	86.70	8670						
		本月销售				50	90	4 500			
	30	期末余额							80	90	7 200

根据库存商品明细账资料,采用加权平均法,A、B 产品的平均单位成本计算如下。

A 产成品平均单位成本＝(3 600＋4 400)/(30＋50)＝100(元/件)

B 产成品平均单位成本＝(3 030＋8 670)/ (30＋100)＝90(元/件)

根据上述 A、B 产成品的平均单位成本和已售 A、B 两种产成品的数量,即可求得 A、B 产品的销售成本:

A 产品销售成本＝100×50＝5 000(元)

B 产品销售成本＝90×50＝4 500(元)

【知识链接】

成本会计与财务会计、管理会计的区别:

成本会计是财务会计与管理会计的混合物,是计算及提供成本信息的会计方法。

财务会计要依据成本会计所提供的有关资料进行资产计价和收益确定,而成本的形成、归集和结转程序也要纳入以复式记账法为基础的财务会计总框架中,因此,成本数据往往被企业外部信息使用者用于对企业管理当局业绩的评价,并据此做出投资决策。同样,成本会计所提供的成本数据,往往被企业管理当局作为决策的依据或用于对企业内部管理人员的业绩评价。

成本会计的职能是成本会计作为一种管理经济的活动,在生产经营过程中所能发挥的作用。由于现代成本会计与管理紧密结合,因此,它实际上包括了成本管理的各个环节。现代成本会计的主要职能有:成本预测、成本决策、成本计划、成本控制、成本核算、成本分析和成本考核。

在成本会计的各个职能中,成本核算是最基本的职能,没有成本核算就没有成本会计。成本会计的各个职能是相互联系,互为条件的,并贯穿于企业生产经营活动的全过程,在全过程中发挥作用。

知识链接

思政园地

提高技能、杜绝成本造假

目标　掌握成本核算方法,熟悉成本对企业盈利的影响,诚实守信,遵循准则,提高技能。

案例　成本造假主要有以下几种类型。

1. 基本建设领用材料,计入产品生产成本

有些企业将不属于产品成本的费用支出列入直接材料费等成本项目。如企业为调节基建工程成本和产品生产成本,通过人为多计或少计辅助生产费用的错误做法,达其目的。例如某生产企业将自营建造工程领用的材料,直接列入“直接材料费”作“借:生产成本,贷:原材料”的账务处理,这样处理,把不应计入成本、费用的支出计入了成本、费用,虚减了利润,违反了成本、费用开支范围。

2. 福利费用开支挤入成本项目

有些企业违反成本、费用开支的范围,将应由福利费开支的费用列入成本项目,加大成本、减少利润,如某企业将福利部门人员的工资,列入成本项目“直接人工费”。作“借:生产成本,贷:应付职工薪酬”的账务处理。

3. 修理费用,重复计入生产成本

根据财务会计制度的规定,固定资产的修理费采用预提的方法,计入成本费用,但有些企业为控制利润实现数额,将车间固定资产修理费用重复计入生产成本。例如某企业每月预提3万元固定资产修理费用计入生产成本,但企业为了压缩超额利润,又将实际支出的45万元设备修理费全部计入生产成本。年终将预提修理费用结转下年度。这样处理的结果,使企业生产成本虚增了36万元,利润虚减了36万元。

4. 多期材料,一期分摊

根据权责发生制的原则,会计核算应正确划分各月份的界限,但有些企业违反规定,将不属于本期产品成本负担的材料费用支出一次全部列入本期成本项目。例如,某企业购入原材料100吨,计12万元。当月领用该原材料2.5吨,但企业却将12万元全部计入产品成本,由此造成该企业少计当月利润的后果。

5. 已销产品不结转成本

有些企业对已销产品不作成本结转,只记收入不记成本;或者相反,对未销售产品视为销售、多转成本。例如某企业5月销售产品1万件,成本80万元,销售收入100万元,该企业财务人员在进行账务处理时,只记收入100万元,不转成本80万元,由此造成虚增利润80万元。

思考:

1. 什么是生产成本?
2. 成本核算的程序是什么?
3. 成本与期间费用的差别。

感悟:

正确的区分成本与费用,是企业计算利润的基础。会计人员要依据正确划分收益性支出与资本性支出,收入与费用的配比关系,明确企业营业成本与期间费用的界限。确保在权责发生制企业利润核算的合理性。

本章小结

企业的生产按照生产形式首先可以分为加工制造型和提供劳务型,本章重点讨论加工制造型企业。加工制造型如果按照企业生产工艺技术过程的特点可以分为简单生产和复杂生产;如果按照生产组织方式的特点可以分为大量生产、成批生产、单件生产。上述两种加工制

造型生产分类通常相互联系。

生产成本是产品的生产耗费，是在生产过程中发生的，财务部门在计算这种生产耗费时不可能脱离生产的特点来计算。成本计算是为成本管理、决策服务，在确定用什么方法计算时也要从成本管理对成本计算信息的要求来考虑。

思考题

1. 成本计算的基本要求是什么？
2. 成本计算的一般程序是什么？
3. 材料采购成本由哪些具体项目构成？如何计算？
4. 产品生产成本由哪些具体项目构成？如何计算？
5. 采用加权平均法如何计算产品销售成本？

练习题

一、单项选择题

1. 产品的理论成本由(　　)构成。

A. 耗费的生产资料的价值　　B. 劳动者为社会创造的价值

C. 劳动者为自己的劳动所创造的价值　　D. 以上的A和C

2. 下列各项不应计入产品成本的是(　　)。

A. 废品损失　　B. 管理费用

C. 修理期间的停工损失　　D. 季节性停工损失

3. 成本会计最基本的职能是(　　)。

A. 成本预算　　B. 成本决策　　C. 成本核算　　D. 成本考核

4. 成本会计的对象是(　　)。

A. 产品成本的形成过程

B. 各项生产费用的归集和分配

C. 各行业企业生产经营业务的成本和有关的期间费用

D. 制造业的成本

5. 从管理角度来看，成本会计是(　　)的一个组成部分。

A. 管理会计　　B. 财务会计　　C. 财务管理　　D. 预算会计

6. 制造费用应分配记入(　　)账户。

A. 基本生产成本和辅助生产成本　　B. 基本生产成本和期间费用

C. 生产成本和管理费用　　D. 财务费用和销售费用

7. 下列各项中不应计入产品成本的是(　　)。

A. 企业行政管理部门用固定资产的折旧费

B. 车间厂房的折旧费

C. 车间生产用设备的折旧费

D. 车间辅助人员的工资

8. 下列各项中应计入管理费用的是(　　)。

A. 银行借款的利息支出　　B. 银行存款的利息收入
C. 企业的技术开发费　　D. 车间管理人员的工资
9. 下列各项中,属于产品生产成本项目的是(　　)。
A. 外购动力费用　　B. 制造费用
C. 工资及提取的职工福利费用　　D. 折旧费用
10. 为了保证按每个成本计算对象正确地归集应负担的费用,必须将应由本期产品负担的生产费用正确地在(　　)。
A. 各种产品之间进行分配　　B. 完工产品和在产品之间进行分配
C. 盈利产品与亏损产品之间进行分配　　D. 可比产品与不可比产品之间进行分配

二、多项选择题

1. 产品成本的作用有(　　)。
A. 产品成本是补偿生产耗费的尺度
B. 产品成本是综合反映企业工作质量的重要指标
C. 产品成本是制定产品价格的一项重要因素
D. 产品成本是企业进行决策的重要依据
2. 制造业生产经营过程中发生的下列支出,(　　)不应计入产品成本。
A. 管理费用　　B. 财务费用　　C. 销售费用　　D. 制造费用
3. 下列关于成本会计职能的说法中,正确的有(　　)。
A. 成本预测是成本决策的前提
B. 成本计划是成本决策目标的具体化
C. 成本控制对成本计划的实施进行监督
D. 成本分析和考核为以后的预测和决策以及编制新的成本计划提供依据
4.“财务费用”账户核算的内容包括(　　)。
A. 财会人员工资　　B. 利息支出
C. 汇兑损益　　D. 财务人员业务培训费
5. 计提固定资产折旧,应借记的账户可能有(　　)。
A.“基本生产成本”　　B.“辅助生产成本”
C.“制造费用”　　D.“固定资产”
6. 用于几种产品生产的共同耗用材料费用的分配,常用的分配标准有(　　)。
A. 工时定额　　B. 生产工人工资
C. 材料定额费用　　D. 材料定额消耗量
7. 为了正确计算产品成本,应做好的基础工作包括(　　)。
A. 定额的制定与修订　　B. 做好原始记录工作
C. 正确选择各种分配方法　　D. 材料物资的计量、收发、领退和盘点
8. 下列各项中,应计入产品成本的费用有(　　)。
A. 车间办公费　　B. 企业行政管理人员工资
C. 车间设计制图费　　D. 在产品的盘亏损失
9. 下列固定资产中,其折旧额应作为产品成本构成内容的有(　　)。

A. 生产车间房屋　　B. 企业管理部门房屋
C. 生产用设备　　D. 专设销售机构用卡车
10. 以下各账户归集的支出，最终可能应由产品成本负担的有(　　)。
A. 辅助生产成本　　B. 制造费用
C. 待摊费用　　D. 预提费用

三、判断题

1. 成本是为实现一定目的而发生的耗费，是对象化的耗费。(　　)
2. 只有制造业才有成本会计。(　　)
3. 在成本会计工作组织上，大中型企业一般采用分散工作方式，小型企业一般采用集中工作方式。(　　)
4. 企业在经营过程中发生的各项经营管理费用，应计入产品成本。(　　)
5. 制造费用即间接费用，直接材料、直接人工即直接费用。(　　)
6. 成本计算期的确定，主要取决于企业成本管理的要求。(　　)
7. 一个要素费用按经济用途可能记入几个成本项目，一个成本项目可以归集同一经济用途的几个要素费用。(　　)
8. 预提费用是指企业预先支出但应由本期和以后各期分别负担的费用。(　　)
9. 基本生产车间发生的各种费用均应直接记入“基本生产成本”账户。(　　)
10. 企业固定资产折旧费应全部计入产品成本。(　　)

四、业务题

1. 购买甲、乙两种材料分别为 2 000 千克、6 000 千克，用银行存款支付发生的共同运费 480 元。

要求：计算运费的分配率及甲、乙材料各自应承担的运费。

2. 力和股份有限公司所属 M 工厂生产 A、B 两种产品，2022 年 8 月份有关 A、B 产品的资料如下：

(1)月初在产品成本如下表所示。

在产品名称	数量	直接材料	直接人工	制造费用	合 计
A 产品	200	48 000	12 000	6 500	66 500
B 产品	60	32 000	8 000	3 300	43 300
合　计		80 000	20 000	9 800	109 800

(2)本月发生的生产费用：A 产品的直接材料费 165 000 元，直接人工费 58 400 元；B 产品的直接材料费 126 000 元，直接人工费 35 600 元；本月共发生制造费用 70 500 元。

(3)月末 A 产品完工 500 件，B 产品完工 300 件。

(4)月末 A 产品未完工 40 件，其总成本的具体构成为：直接材料 6 500 元，直接人工 4 200 元，制造费用 3 000 元，合计为 13 700 元。B 产品没有月末在产品。

要求：

按直接人工费为标准分配制造费用，并分别计算 A、B 完工产品的总成本和单位成本。

第十章

财产清查

○ 学习目标

知识目标

1. 认识会计工作中财产清查的重要性。
2. 掌握财产清查的基本知识和技能。
3. 熟知财产物资的盘存制度。
4. 掌握货币资金清查及财产清查结果的账务处理。

能力目标

1. 能做财产清查的准备工作。
2. 能对不同资产进行清查。
3. 能对账实不符的资产进行账务处理。

○ 案例导入

如何实施财产清查

甲乙丙会计师事务所受托对大海钢铁厂的存货进行审计时,发现存在下列问题。

资料一:年终经财产清查发现,原材料账实不符。该钢铁厂已经建立了完善的内部控制制度。在存货的管理中实行了采购人员、运输人员、保管人员等不同岗位分工负责的内部牵制制度。然而在实际操作中,由于上述三个岗位员工合伙作弊,使内控制度失去了监督作用。该钢铁厂2023年根据生产需要每月需要购进各种型号的铁矿石1 000吨,货物自提自用。2023年7月,采购人员张三办理购货手续后,将发票提货联交由本企业汽车司机李四负责运输。李四在运输途中,一方面将600吨铁矿石卖给某企业,另一方面将剩余的400吨铁矿石运到本企业仓库,交保管员王五按1 000吨验收入库,三个人随即分得赃款。会计部门从发票、运输单、入库单等各种原始凭证的手续上看,完全符合规定,照例如数付款。可是在进行年终财产清查时才发现账实不符的严重情况,只得将不足的原材料数量、金额先做流动资产的盘亏处理,期末处理时,部分做管理费用处理,部分做营业外支出处理。

资料二:毁损材料不报废,制造虚盈实亏。该钢铁厂2023年1月发生了一场火灾,材料损失达100万元。保险公司可以赔偿30万元。企业在预计全年收支情况后得知,如果报材料损失,就会使利润下降更加严重。为保证利润指标的实现,该钢铁厂领导要求会计部门不列报毁损材料。

请问:如何实施财产清查以保证企业财务不受损失?

第一节 财产清查概述

一、财产清查的意义

财产清查是对各项财产物资进行实地盘点和核对，查明财产物资、货币资金和结算款项的实有数额，确定其账面结存数额和实际结存数额是否一致，以保证账实相符的一种会计专门方法。

在日常的会计核算中，虽然会计人员严格按规范的程序和方法对经济活动所引起的各项财产物资的增减变化已经做到了全面、连续、系统、综合地记录和反映了，但在实际工作中，可能会有种种原因导致各项财产物资的账面结存数与实际结存数之间产生差异，造成账实不符。主要原因有：财产物资收发时，由于计量或检验不准确，造成品种、数量或质量上的差错。财产物资发生其他变动时，由于手续不健全或制度不严密而发生计算上或登记上的错误，如凭证和账簿中出现漏记、重记、错记或计算错误；管理不善或责任者的过失造成财产物资毁损、短缺等；财产物资保管中发生自然损耗或遭受自然灾害造成财产物资损失；不法分子贪污盗窃、营私舞弊造成财产物资损失；在结算过程中，由于未达账项等原因造成的往来单位之间的账账不符；等等。因此，为了保证会计账簿的记录真实、可靠，掌握财产物资的真实情况，就需要各个单位在编制会计报表以前，对各项财产物资进行清查，做到账实相符。财产清查的意义主要表现在以下几个方面。

(一)财产清查为会计信息系统的有效运行提供了一定的保证

如前所述，企业在一定期间内发生的全部经济业务，都要通过收集转换阶段、储存计算阶段和资料报出阶段，即经过确认、计量、记录和汇总，将大量的经济业务数据以会计报表的形式输出会计信息，为信息使用者提供真实客观的会计信息。在会计信息质量的要求中，可靠性最为重要，它是会计报表的“生命源泉”。因此，为了避免会计信息收集转换和储存计算阶段中受到主客观因素的干扰而失真，提高会计信息的质量，就必须查明各项财产物资的实存数，并与账簿记录相核对，为会计信息系统正常、有效地运行奠定了坚实的基础。

(二)财产清查为内部控制制度的实施创造了有利的条件

为了防止企业内部控制制度不健全、管理失控等情况的发生，《中华人民共和国会计法》(以下简称《会计法》)对企业建立内部控制制度的问题做了明确规定。建立有效的内部控制制度的目的之一就是保证企业经营活动的有效进行，保护财产物资的安全和完整，提高会计信息的质量。内部控制制度执行的好坏，又可通过财产清查的方式加以查验。企业通过财产清查，可以查明各项财产物资是否完整，有无被不法分子挪用、贪污或盗窃等情况；还可以查明各项其他物资的储备是否合理，利用是否充分，有无超储积压和闲置等现象，以便有关部门及时采取措施，使内部控制制度充分发挥作用。

二、财产清查的种类

财产清查的种类可按清查的范围标准、清查的时间标准和清查的执行单位不同进行分类。

(一)全部清查与局部清查

按照清查的范围不同，财产清查可以分为全部清查和局部清查两种。

1. 全部清查。全部清查是指对全部财产进行盘点和核对。就制造企业清查对象来说，一般包括：货币资金、存货、固定资产、债权资产及对外投资等的清查。

全部清查的范围广、时间长、工作量大，参加的人员也多，有时还会影响企业生产经营的正常进行，所以一般在以下几种情况下采用全部清查。

(1)年终决算之前，为确保年终决算会计信息的真实和准确，需要进行一次全部清查；

(2)企业关停并转或者改变其隶属关系，需要进行全部清查；

(3)中外合资、合营需要进行全部清查；

(4)开展清产核资，需要进行全部清查；

(5)单位主要负责人调离工作，需要进行全部清查。

2. 局部清查。局部清查是指根据需要对企业的一部分财产进行的清查。如对库存现金应每日盘点一次；对银行存款至少每月同银行核对一次；对各种材料、在产品和产成品除年度清查外，应有计划地每月重点抽查，尤其对贵重的财产物资应至少每月清查一次；对债券资产，应在会计年度内至少核对1～2次。

(二)定期清查与不定期清查

按照清查的时间不同，财产清查可分为定期清查与不定期清查两种。

1. 定期清查。定期清查是指根据计划安排的时间对财产进行的清查。这种清查一般在财务管理制度中予以规定，通常在年末、季末和月末结账前进行。

2. 不定期清查。不定期清查是指根据需要所进行的临时清查。不定期清查通常在以下几种情况下进行。

(1)更换财产物资保管员和现金出纳员时；

(2)发生非常损失时；

(3)有关单位对本企业进行审计时等。

(三)内部清查与外部清查

按照清查的执行单位不同，财产清查可以分为内部清查和外部清查两种。

1. 内部清查。内部清查是指由本企业的有关人员对本企业的财产所进行的清查。这种清查也称为“自查”。

2. 外部清查。外部清查是指由企业外部的有关人员或人员根据国家法律和制度的规定对企业所进行的财产清查。

第二节　存货的盘存制度

财产清查的重要环节是盘点物资，尤其是存货的实存数量。为使财产清查工作顺利进行，企业应建立科学而适用的存货盘存制度。在实际工作中，存货的盘存制度，有永续盘存制和实地盘存制两种。现以商品流通企业经济业务为例，说明这两种制度的特点。

一、永续盘存制

(一)永续盘存制的概念

永续盘存制又称账面盘存制。是通过设置存货明细账，逐笔或逐日的登记收入数、发出数，并能随时计算出结存数的一种存货盘存制度。采用这种方法，存货明细账按品种规格设置;在明细账中,除登记收、发、结存数量外,通常还要登记金额。其计算公式如下。

期初结存数+本期增加数-本期减少数=期末结存数

采用永续盘存制时,对存货仍需进行实地盘点,至少每年实地盘点一次,以验证账实是否相符。

(二)永续盘存制下的账簿组织

在永续盘存制下,各企业存货核算的账簿组织不尽相同。就库存商品而言,通常除品种外,还要按大类核算。一般的账簿组织如下。

会计部门设"库存商品"总分类账,其下按商品大类设置二级账户,进行金额核算;在二级账户下,按每种商品设置明细分类账,进行金额、数量双重计量。

仓储部门按每种商品分户设置保管账和保管卡,保管账由记账员根据收、发货单登记收、发数量,进行数量控制。商品卡挂在每种商品的堆垛存放处,由保管员根据收、发货单逐笔登记数量,以控制实存商品。

存货核算的这种总账、二级账、明细账的设置,可以进行逐级控制,相互核对,起到随时反映库存情况和保护存货安全完整的作用。在这种账簿组织下,一旦库存实物中发生差错,也很容易及时发现,从而便于加强对存货的日常管理。

(三)期末存货的计价和本期发出存货成本的计算

若企业商品购进价格保持不变,期末存货的计价是十分简单的。然而,在实际工作中,同一商品的购进价格在会计期内往往不同,期末存货势必存在一个按什么价格计算的问题。在永续盘存制下,存货明细分类账能随时反映商品的结存数量和销售数量,至于存货的计价方法,则主要有先进先出法、加权平均法和个别计价法等。

1. 先进先出法

先进先出法是假设先入库的存货先发出,即按照存货入库的先后顺序,用先入库存货的单位成本确定发出存货成本的一种方法。采用先进先出法对存货进行计价,可以将发出存货的计价工作分散在平时进行,减轻了月末的计算工作量;期末存货的计价标准为后入库存货的价格,从而使反映在资产负债表上的存货价值比较接近当前市价。但在物价上涨时,本期发出存货成本要比当前市价低,从而使本期利润偏高,需多缴所得税。

【例 10-1】 甲公司为商品流通企业,该企业 X 商品的期初结存和本期购销情况如下。

3 月 1 日	期初结存	150 件	单价 60 元	计 9 000 元
3 月 7 日	销售	70 件		
3 月 13 日	购进	100 件	单价 62 元	计 6 200 元
3 月 18 日	销售	50 件		
3 月 22 日	销售	90 件		
3 月 27 日	购进	200 件	单价 68 元	计 13 600 元
3 月 31 日	销售	60 件		

根据上述实例,采用先进先出法计算本期发出商品成本和期末结存商品成本如下。

本期发出商品成本$=70\times60+50\times60+30\times60+60\times62+40\times62+20\times68=16\ 560$(元)

期末结存商品成本$=180\times68=12\ 240$(元)

或　　　　　　　=9 000+6 200+13 600−16 560=12 240(元)

存货采用先进先出法计价，库存商品明细分类的登记结果见表 10−1 所示。

表 10−1　　　　　　　　　　**库存商品明细分类账**

品名:X 商品　　　　　　　　　　　　　　　　　　　　　　金额单位:元

2023 年		摘要	收入			发出			结存		
月	日		数量(件)	单价	金额	数量(件)	单价	金额	数量(件)	单价	金额
3	1	期初结存							150	60	9 000
	7	销售				70	60	4 200	80	60	4 800
	13	购进	100	62	6 200				80 100	60 62	11 000
	18	销售				50	60	3 000	30 100	60 62	8 000
	22	销售				30 60	60 62	1 800 3 720	40	62	2 480
	27	购进	200	68	13 600				40 200	62 68	16 080
	31	销售				40 20	62 68	2 480 1 360	180	68	12 240
		本期销售成本				270		16 560			

2. 加权平均法

加权平均法是把可供发出的存货总成本平均分配给所有可供发出的存货数量。因此，本期发出存货成本和期末存货成本都要按这一平均单价计算。在平均单价的计算过程中，考虑了各批存货的数量因素，即批量越大的成本，对平均单价的影响也越大。由于数量对单价起了权衡的作用，故由此计算的平均单价称为加权平均单价。永续盘存制下存货计价的加权平均法，又分为一次加权平均法和移动加权平均法两种。

(1)一次加权平均法。采用一次加权平均法，对于本月发出的存货，平时只登记数量，不登记单价和金额，月末按一次计算的加权平均单价，计算本期发出存货成本和期末存货成本。一次加权平均法计算比较简单，计算出的期末存货成本和本期发出存货成本都比较平稳，但由于计价工作集中在月末进行，所以平时不能从账簿中看到存货发出和结存的金额，从而不便于加强存货资金的日常管理。一次加权平均反映的计算公式如下。

$$一次加权平均单价=\frac{期初结存存货成本+本期入库存货成本}{期初结存存货数量+本期入库存货数量}$$

仍以例 10−1 为例，按一次加权平均法计算其本期发出商品成本和期末结存商品成本如下。

$$加权平均单价=\frac{9\ 000+6\ 200+13\ 600}{150+100+200}=64(元/件)$$

本期发出商品成本=(70+50+90+60)×64=17 280(元)

期末结存商品成本=180×64=11 520(元)

或　　　　　　　=9 000+6 200+13 600−17 280=11 520(元)

存货采用一次加权平均法计价，库存商品明细分类账的登记结果见表 10—2 所示。

表 10—2　　**库存商品明细分类账**

品名：X 商品　　金额单位：元

2023 年		摘要	收入			发出			结存		
月	日		数量（件）	单价	金额	数量（件）	单价	金额	数量（件）	单价	金额
3	1	期初结存							150	60	9 000
	7	销售				70			80		
	13	购进	100	62	6 200				180		
	18	销售				50			130		
	22	销售				90			40		
	27	购进	200	68	13 600				240		
	31	销售				60			180	64	11 520
		本期销售成本				270	64	17 280			

（2）移动加权平均法。采用移动加权平均法，当每次入库存货单价与结存单价不同时，就需要重新计算一次加权平均价，并据此计算下次入库前发出存货成本和结存存货成本。采用移动平均法，可以随时结转销售成本，随时提供存货明细账上的结存数量和金额，有利于对存货进行数量、金额的日常控制。但这种方法，由于每次进货后都要计算一次加权平均价，势必会增加会计核算的工作量。移动加权平均单价的计算公式为

$$移动加权平均单价=\frac{本次入库前结存成本+本次入库存货成本}{本次入库前结存数量+本次入库存货数量}$$

仍以前例，按移动加权平均法计算本期发出商品成本和期末结存商品成本如下。

第一批商品购入后的平均单价为

$$移动加权平均单价=\frac{4\ 800+6\ 200}{80+100}=61.11（元/件）$$

第二批商品购入后的平均单价为

$$移动加权平均单价=\frac{2\ 444.44+13\ 600}{40+200}=66.85（元/件）$$

本期发出商品成本$=70\times60+50\times61.11+90\times61.11+60\times66.85=16\ 767$（元）

期末结存商品成本$=180\times66.85=12\ 033$（元）

或　　　　　　　$=9\ 000+6\ 200+13\ 600-16\ 767=12\ 033$（元）

存货采用移动加权平均法计价，库存商品明细分类账的登记结果见表 10—3 所示。

表 10—3　　**库存商品明细分类账**　　金额单位：元

2023 年		摘要	收入			发出			结存		
月	日		数量（件）	单价	金额	数量（件）	单价	金额	数量（件）	单价	金额
3	1	期初结存							150	60	9 000
	7	销售				70	60	4 200	80	60	4 800

续表

2023年		摘要	收入			发出			结存		
月	日		数量（件）	单价	金额	数量（件）	单价	金额	数量（件）	单价	金额
	13	购进	100	62	6 200				180	61.11	11 000
	18	销售				50	61.11	3 056	130	61.11	7 944
	22	销售				90	61.11	5 500	40	61.11	2 444
	27	购进	200	68	13 600				240	66.85	16 044
	31	销售				60	66.86	4 011	180	66.85	12 033
		本期销售成本				270		16 767			

3. 个别计价法

个别计价法又称个别认定法。是指每次发出存货的成本按其购入或生产的实际成本分别计价的方法。采用个别计价法需要逐一辨认各批发出存货和期末存货的购进或生产批别，分别以购入或生产时确定的单位成本来计算确定各批发出和期末存货的成本。这种方法的优点是成本计算准确，符合实际情况。其缺点是发出存货成本分辨的工作量繁重。个别计价法适用于容易辨认、品种数量不多，且单位成本较高的存货计价。

仍以例10—1为例，若通过辨认确定各批销售商品购进批别为：3月7日出售的70件商品是期初结存的存货；3月18日出售的50件商品是3月13日的进货；3月22日出售的90件商品中有60件是期初结存的存货，有30件是3月13日的进货；3月31日出售的60件商品中有5件是期初结存的存货，有10件是3月13日的进货，有45件是3月27日的进货。

按个别计价法计算本期发出商品成本和期末结存商品成本如下。

本期发出商品成本＝70×60＋50×62＋60×60＋30×62＋5×60＋10×62＋45×68

＝16 740（元）

期末结存商品成本＝15×60＋10×62＋155×68＝12 060（元）

或　　＝9 000＋6 200＋13 600－16 740＝12 060（元）

存货采用个别计价法计价，库存商品明细分类账的登记结果见表10—4所示。

表10—4　**库存商品明细分类账**

品名：X商品　金额单位：元

2023年		摘要	收入			发出			结存		
月	日		数量（件）	单价	金额	数量（件）	单价	金额	数量（件）	单价	金额
3	1	期初结存							150	60	9 000
	7	销售				70	60	4 200	80	60	4 800
	13	购进	100	62	6 200				80 100	6 62	11 000
	18	销售				50	62	3 100	80 50	60 62	7 900
	22	销售				60 30	60 62	3 600 1 860	20 20	60 62	2 440

续表

2023年		摘要	收入			发出			结存		
月	日		数量（件）	单价	金额	数量（件）	单价	金额	数量（件）	单价	金额
	27	购进	200	68	13 600				20 20 200	60 62 68	16 040
	31	销售				5 10 45	60 62 68	300 620 3 060	15 10 155	60 62 68	12 060
		本期销售成本				270		16 740			

(四)永续盘存制的优点和缺点

永续盘存制的优点是：在存货明细中，可以随时反映出每种存货的收入、发出和结存情况，并能进行数量和金额的双重控制；明细账的结存数量，可以与实际盘存数进行核对，如发生库存溢余或短缺，可查明原因，及时纠正；明细账上的结存数，还可以随时与预定的最高和最低库存限额进行比较，取得库存积压或不足的信息，从而便于及时采取相应对策。

永续盘存制的缺点是：存货的明细分类核算工作量较大，需要较多的人力和费用。但同实地盘存制相比较，它在控制和保护财产物资安全完整方面具有明显的优越性，所以在实际工作中被多数企业采用。

二、实地盘存制

(一)实地盘存制及其一般程序

1. 实地盘存制的概念

实地盘存制是在期末通过盘点实物来确定存货的数量，并据以计算出期末存货成本和本期发出存货成本的一种存货盘存制度。采用这一方法，平时只登记存货的购进或收入，不登记发出，期末通过盘点实物确定实存数，采用倒挤的方法，轧记出存货的发出数。

2. 实地盘存制的一般程序

实地盘存制的程序通常如下。

(1)确定期末存货数量。每期期末实地盘点存货，确定存货的实际结存数量。

(2)计算期末存货成本。某种存货成本等于该项存货的数量乘以适当的单位成本；将各种存货成本相加，即为存货总成本。

(3)计算本期可供发出存货成本。本期可供发出存货成本也称本期可供销售或耗用存货成本，它等于期初存货成本加本期入库存货成本。

(4)计算本期发出存货成本。它等于本期可供发出存货成本减期末存货成本。其计算公式为

本期发出存货成本＝期初结存存货成本＋本期入库存货成本－期末结存存货成本

期末结存存货成本＝期末存货实地盘存数×单价

(二)期末存货数量的确定

在实地盘存制下，期末存货数量的确定，一般分为以下两个步骤。

1. 进行实地盘点，确定盘存数

存货的盘存方法因存货性质而异。盘点时间通常在本期营业或生产活动结束，下期营业或生产活动开始以前进行。盘存结果应填列在存货盘存表中。

2. 调整盘存数，确定存货结存数

将临近会计期末的购销单据或收发凭证进行整理，在盘存数量的基础上，考虑有关影响因素，调整求得存货实际结存数量。在商品流通企业中，对于企业已经付款但尚未收到的商品及在途商品、已经出库但尚未记录销售的商品，以及已记录销售但尚未提走的商品，都要进行调整，以计算出实际库存数量。其计算公式为

存货结存数量＝存货盘点数量＋在途商品数量＋已提未销数量－已销未提数量

(三)期末存货的计价和本期发出存货成本的计算

实地盘存制下的存货计价方法主要有先进先出法、一次加权平均法和个别计价法。现举例说明各种存货计价方法的具体运用。

【例 10－2】 某商品流通企业某商品的期末实际盘点数为 220 件，期初库存和本期购进情况为：

3 月 1 日	期初库存	200 件	单价 10 元	计 2 000 元
3 月 6 日	购进	400 件	单价 12 元	计 4 800 元
3 月 17 日	购进	200 件	单价 15 元	计 3 000 元
	合　计			9 800 元

现分别采用先进先出法、一次加权平均法和个别计价法计算实地盘存制下期末结存商品成本和本期发出商品成本如下。

(1)按先进先出法计算：

期末结存商品成本＝200×15＋20×12＝3 240(元)

本期发出商品成本＝2 000＋4 800＋3 000－3 240＝6 560(元)

(2)按一次加权平均法计算：

$$加权平均单价=\frac{2\ 000+4\ 800+3\ 000}{200+400+200}=12.25(元/件)$$

期末结存商品成本＝220×12.25＝2 695(元)

本期发出商品成本＝2 000＋4 800＋3 000－2 695＝7 105(元)

(3)按个别计价法计算(若期末结存 220 件商品中有 50 件是期初结存的存货，有 70 件是 3 月 6 日的进货，有 100 件是 3 月 17 日的进货)：

期末结存商品成本＝50×10＋70×12＋100×15＝2 840(元)

本期发出商品成本＝2 000＋4 800＋3 000－2 840＝6 960(元)

(四)实地盘存制的优点和缺点

实地盘存制的最大优点是不需要每天记录存货的发出和结存数量，核算工作简单，工作量小。但这种方法不能随时反映存货的发出和结存成本，倒轧出的各项存货的销售或耗用成本成分复杂，除了正常销售或耗用外，可能隐含存货损耗、短缺等非正常因素，因而不便于对存货进行控制和监督，影响成本计算的准确性。因此，这种方法只适用于经营那些品种多、价值低、交易频繁的商品，以及数量不稳定、损耗大且难以控制的鲜活商品等商品流通企业。

第三节 财产清查的组织与方法

知识链接

科学、恰当的组织是进行财产清查的基本保障,合理、有效的方法是实施财产清查的必要手段。财产清查是一项极其复杂而又细致的工作,涉及面比较广,工作量比较大,因此,必须有计划、有组织地安排和实施。财产清查的组织主要指财产清查前的各项准备工作,包括组织准备和业务准备。

一、财产清查的组织

(一)组织准备

财产清查,尤其是全面清查,必须专门成立清查组织。清查组织应在有关主管和总会计师的领导下,成立由财会部门牵头,由生产、技术、设备、行政及各有关部门参加的财产清查领导小组,负责具体财产清查的领导和组织工作。该小组的主要任务是:(1)制订清查工作计划,明确清查范围,安排财产清查工作的详细步骤,配备有能力的财产清查人员。(2)检查和督促清查工作,及时解决清查工作中出现的问题。(3)在清查工作结束后,总结清查工作的经验和教训,写出清查工作的总结报告,并提出财产清查结果的处理意见。

(二)业务准备

业务准备是进行财产清查至关重要的前提条件。所以,各有关部门必须做好如下准备工作:(1)会计部门要在财产清查之前将所有的经济业务登记入账并结出余额,做到账账相符、账证相符,为财产清查提供可靠的证据。(2)财产物资保管部门要在财产清查前将各项财产物资的增减变动办好凭证手续,全部登记入账,结出各账户余额,并与会计部门的有关财产物资核对相符,同时将各项财产物资排列整齐,挂上标签,标明品种、规格及结存数量,以便进行实物盘点。(3)财产清查人员还要准备好有关计量器具,以及各种必要的凭证、表格等。

二、财产清查的方法

(一)货币资金的清查方法

货币资金的清查包括对库存现金、银行存款和其他货币资金的清查。

1. 库存现金的清查

库存现金清查的基本方法是实地盘点法。它是通过将库存现金的盘点实有数与库存现金日记账的余额进行核对的方法,来查明账实是否相符。

库存现金的清查可分为以下两种情况。

(1)出纳员自查。在日常的工作中,现金出纳员每日清点库存现金实有数额,并及时与库存现金日记账的余额相核对。这种清查方法实际上是现金出纳员的工作职责。

(2)专门人员清查。在由专门清查人员进行的清查工作中,为了明确经济责任,出纳人员必须在场。清查人员要认真审核收付凭证和账簿记录,检查经济业务的合理和合法性。此外,清查人员还应检查企业是否以“白条”(即不符合有关制度要求的借据)抵充现金。

库存现金盘点结束后,应根据盘点的结果,填制“库存现金盘点报告表”。该表是重要的原始凭证,既有实物财产清查“盘存单”的作用,又有“实存账存对比表”的作用。“库存现金盘点报告表”填制完毕,应由盘点人和出纳员共同签章方能生效。“库存现金盘点报告表”的格式见表 10—5。

表 10—5　　**库存现金盘点报告表**

单位名称：　　　　　　年　　月　　日

实存金额	账存金额	实存与账存对比		备　注
		盘盈	盘亏	

盘点人签章：　　　　　　　　　　出纳员签章：

(二)银行存款的清查

银行存款的清查，通常采用银行存款日记账与开户银行提供的“对账单”相核对的方法。核对前，首先把清查日止所有银行存款的收、付业务登记入账，对发生的错账、漏账应及时查清更正。然后再与银行的“对账单”逐笔核对，若二者余额相符，一般说明无错误；若发现二者不相符，则可能存在着未达账项。

所谓未达账项是指在企业和银行之间，由于凭证的传递时间不同，导致双方记账时间不一致，即一方已接到有关结算凭证并已经登记入账，另一方由于尚未接到有关结算凭证而尚未入账的款项。概括说来，未达账项有两大类型：一是企业已经入账而银行未入账的款项；二是银行已经入账而企业尚未入账的款项。具体有以下四种情况：(1)企业已收款入账，银行未收款入账的款项；(2)企业已付款入账，银行未付款入账的款项；(3)银行已收款入账，企业未收款入账的款项；(4)银行已付款入账，企业未付款入账的款项。

上述任何一种未达账项存在，都会使企业银行存款日记账余额与银行提供的“对账单”的余额不符。在与银行对账时，应首先查明有无未达账项，如果存在未达账项，可编制“银行存款余额调节表”予以调整。“银行存款余额调节表”的编制应在企业银行存款日记账余额和银行对账单余额的基础上，分别加减未达账项，调整后的双方余额应该相符，并且是企业当时实际可以动用的款项。其计算公式如下。

企业银行存款日记账余额＋银行已收企业未收款项－银行已付企业未付款项＝银行对账单余额＋企业已收银行未收款项－企业已付银行未付款项

现举例说明“银行存款余额调节表”的具体编制方法。

【例 10—3】 某企业 2023 年 5 月 31 日银行存款日记账的余额为 112 000 元，银行对账单的余额为 148 000 元，经核对发现有以下未达账项。

(1)企业将收到的销货款 4 000 元存入银行，企业已登记银行存款增加，而银行尚未记增加。

(2)企业开出转账支票 36 000 元支付购料款，企业已登记银行存款减少，而银行尚未记减少。

(3)收到某单位汇来的购货款 20 000 元，银行已登记增加，企业尚未登记增加。

(4)银行代企业支付水电费 16 000 元，银行已登记减少，企业尚未登记减少。

根据上述资料编制“银行存款余额调节表”，如表 10—6 所示。

表 10－6　　银行存款余额调节表

2023 年 5 月 31 日　　单位:元

项　目	金　额	项　目	金　额
企业银行存款日记账余额	112 000	银行对账单余额	148 000
加:银行已收企业未收	20 000	加:企业已收银行未收	4 000
减:银行已付企业未付	16 000	减:企业已付银行未付	36 000
调节后的存款余额	116 000	调节后的存款余额	116 000

应该指出,表 10－6 中的“调节后的存款余额”,只表明企业可以实际动用的银行存款数,并非企业银行存款的实际数;“银行存款余额调节表”只是银行存款清查的一种形式,它只起到对账作用,不能作为调节账面余额的原始凭证;银行存款日记账的登记,必须在收到有关原始凭证后再进行。

(三)实物财产的清查方法

实物财产是指具有实物形态的各种财产,包括原材料、半成品、在产品、产成品、低值易耗品、包装物和固定资产等。

1. 实物财产的清查方法

不同品种的实物财产,由于其实物形态、体积、重量、堆放方式等不同,因而它们采用的清查方法也有所不同。常用的实物财产清查方法包括以下几种。

(1)实地盘点法。是指通过点数、过磅、量尺寸等方法来确定财产的实有数额。这种方法一般适用于机器设备、包装好的原材料、在产品和库存商品等的清查。

(2)技术推算法。是指利用技术方法对财产的实存数进行推算的一种方法。这种方法又称“估堆”,一般适用于散装的,大量成堆且难以逐一清点其实存数的各种资产,如煤、盐、化肥、饲料等的清查。

(3)抽样盘存法。是指采用抽取一定数量样品的方式对实物资产的实有数进行估算确定的一种方法。这种方法一般适用于数量多、重量和体积比较均衡的实物财产的清查。

(4)函证核对法。是指通过向对方发函方式对实物资产的实有数进行确定的一种方法。这种方法一般适用于对委托外单位加工或保管的实物资产的清查。

2. 实物财产清查使用的凭证

为了明确经济责任,进行财产清查时,有关实物财产的保管人员必须在场,并参加盘点工作。对各项财产的盘点结果,应如实准确地登记在“盘存单”上,并由有关参加盘点人员共同签章。“盘存单”是财产盘点结果的书面证明,也是反映实物财产实有数额的原始凭证。“盘存单”的一般格式如表 10－7 所示。

盘点完毕,将“盘存单”中所记录的实存数和账面结存数相核对,如发现实物盘点结果与账面结存结果不相符时,应根据“盘存单”和有关账簿记录,填制“实存账存对比表”,以确定实物财产的盘盈数或盘亏数。“实存账存对比表”是记录财产清查结果的原始凭证,也是分析盈亏原因,明确经济责任,以及进行账务处理的重要依据。“实存账存对比表”的格式与“库存现金盘点报告表”基本相似,这里不再赘述。

表 10—7　**盘存单**

单位名称：　　盘点时间：　　编号：

财产类别：　　存放地点：

序　号	名　称	规格型号	计量单位	实存数量	单　价	金　额	备　注

盘点人签章：×××　　保管人签章：×××

(四)往来款项的清查

对各种往来款项的清查，应采取“询证核对法”，即同对方核对账目的方法。清查单位应在其各种往来款项记录准确的基础上，编制“往来款项对账单”，寄发或派人送交对方单位进行核对。“往来款项对账单”的格式和内容如下。

往来款项对账单

________________单位：

你单位于 2023 年 8 月 22 日购入我单位甲产品 1 000 件，已付货款 16 000 元，尚有 22 000 元货款未付，请核对后将回联单寄回。

清查单位：(盖章)

2023 年 12 月 13 日

沿此虚线裁开，将以下回联单寄回！

往来款项对账单(回联)

________________清查单位：

你单位寄来的“往来款项对账单”已经收到，经核对相符无误。

××单位(盖章)

2023 年 12 月 23 日

第四节　财产清查结果的处理

知识链接

一、财产清查结果的处理步骤

企业对财产清查的结果，应当按照国家有关会计准则、制度的规定进行认真处理。财产清查中发现的盘盈和盘亏等问题，首先要核准金额，然后按规定的程序报经主管领导批准后，才能进行会计处理。主要步骤如下。

(一)核准金额，查明原因

在对财产清查结果进行具体的处理之前，应对有关原始凭证中所记录的盈亏数据进行全面的核实，即核准货币资金、财产物资和债权资产的盈亏金额，并对各项差异的性质及其原因进行分析，以便针对不同原因所造成的盈亏确定处理方法，提出处理意见，报选有关领导和部门批准。

(二)调整账面记录,做到账实相符

在核准金额、查明原因的基础上,为了做到账实相符,保证会计信息真实正确,对财产清查中发现的盘盈或盘亏,应及时进行批准前的会计处理,即根据"实存账存对比表"等原始凭证编制记账凭证,并据以调整账面记录。

(三)进行批准后的账务处理

在有关领导部门对所呈报的财产清查结果处理意见做出批示后,企业应严格按照批复意见编制有关的记账凭证,登记有关账簿,及时进行批准后的账务处理。

二、财产清查结果的会计处理

为了核算和监督各单位在财产清查过程中查明的各种财产的盈亏或毁损及其报经批准后的转销数额,企业应设置"待处理财产损溢"账户。该账户属于双重性质账户,下设"待处理流动资产损溢"和"待处理固定资产损溢"两个明细分类账户,以进行明细分类核算。该账户借方登记各项财产的盘亏或毁损数额和各项盘盈财产报经批准后的转销数;贷方登记各项财产的盘盈数额和各项盘亏或毁损财产报经批准后的转销数。按规定企业的各项盘盈、盘亏必须于期末结账前处理完毕,所以该账户期末无余额。

(一)库存现金清查结果的会计处理

库存现金清查中发现库存现金短缺或盈余时,除了设法查明原因外,还应及时根据"库存现金盘点报告表"进行会计处理。

【例 10-4】 某企业进行库存现金清查中发现长款 170 元。其会计处理如下。

(1)批准前

借:库存现金	170	
贷:待处理财产损溢——待处理流动资产损溢		170

(2)经反复核查,未查明原因,报经批准转作营业外收入:

借:待处理财产损溢——待处理流动资产损溢	170	
贷:营业外收入		170

【例 10-5】 某企业在库存现金清查中发现短款 480 元。其会计处理如下。

(1)批准前:

借:待处理财产损溢——待处理流动资产损溢	480	
贷:库存现金		480

(2)经查,该短款属于出纳员王×的责任,应由该出纳员赔偿:

借:其他应收款——王×	480	
贷:待处理财产损溢——待处理流动资产损溢		480

(二)存货清查结果的会计处理

1. 存货盘盈的会计处理

当存货盘盈时,应根据"实存账存对比表",将盘盈存货的价值记入"原材料""生产成本""库存商品"等账户的借方,同时记入"待处理财产损溢——待处理流动资产损溢"账户的贷方;报经批准后,冲减管理费用。

【例 10-6】 某企业财产清查中,发现某材料盘盈 1 000 千克。经查明是由于收发计量上的错所造成的,按每千克 5 元入账。其会计处理如下。

(1)批准前:

借:原材料——G 材料 5 000

贷:待处理财产损溢——待处理流动资产损溢 5 000

(2)批准后,冲减管理费用:

借:待处理财产损溢——待处理流动资产损溢 5 000

贷:管理费用 5 000

2. 存货盘亏的会计处理

当存货盘亏或毁损时,经批准以前应先记入"待处理财产损溢——待处理流动产损溢"账户的借方,同时记入有关存货账户的贷方。批准后,再根据造成亏损的原因,分别进行账务处理:

(1)属于自然损耗产生的定额内的合理损耗,经批准后即可计入管理费用。

(2)属于超定额短缺的,能确定过失人的应由过失人负责赔偿;属于保险责任范围内,应向保险公司索赔;扣除过失人或保险公司赔款和残料价值后的余额,应计入管理费用。

(3)属于非常损失所造成的存货毁损,扣除保险公司赔款和残料价值后,应计入营业外支出。

【例 10-7】 某企业进行存货清查时,盘亏 Y 产品 200 千克,单位成本 50 元。经查明,属于定额内合理损耗。其会计处理如下。

(1)批准前:

借:待处理财产损溢——待处理流动资产损溢 10 000

贷:库存商品——Y 产品 10 000

(2)批准后,计入管理费用:

借:管理费用 10 000

贷:待处理财产损溢——待处理流动资产损溢 10 000

【例 10-8】 某企业盘亏甲材料 20 件,每件 100 元。经查明,是由于工作人员失职造成的材料毁损,应由过失人赔偿 1 000 元,毁损材料残值 300 元。其会计处理如下。

(1)批准前:

借:待处理财产损溢——待处理流动资产损溢 2 260

贷:原材料——甲材料 2 000

应交税费——应交增值税(进项税转出) 260

(2)批准后,分别不同情况处理:

①由过失人赔偿:

借:其他应收款——×× 1 000

贷:待处理财产损溢——待处理流动资产损溢 1 000

②残料作价入库:

借:原材料——甲材料 300

贷:待处理财产损溢——待处理流动资产损溢 300

③扣除过失人的赔款和残值后的盘亏数,计入管理费用:

借:管理费用 960

贷:待处理财产损溢——待处理流动资产损溢 960

【例 10－9】 某企业乙材料盘亏一批，实际成本为 4 000 元。经查明属于非常事故造成的损失，保险公司应给予 2 000 元的赔偿。其会计处理如下。

(1)批准前：

借：待处理财产损溢——待处理流动资产损溢　　4 520
　　贷：原材料——丙材料　　4 000
　　　　应交税费——应交增值税(进项税额转出)　　520

(2)批准后，分别不同情况处理：

①应由保险公司赔偿部分：

借：其他应收款——保险公司　　2 000
　　贷：待处理财产损溢——待处理流动资产损溢　　2 000

②计入营业外支出部分：

借：营业外支出　　2 520
　　贷：待处理财产损溢——待处理流动资产损溢　　2 520

(三)固定资产清查结果的会计处理

在固定资产清查过程中，如果发现有盘亏的固定资产，应查明原因，填制固定资产盘亏报告表并写出书面报告，报经企业主管领导批准后才能记入“营业外支出”账户。在批准之前，只能作为待处理财产损溢处理。

对于盘亏的固定资产，企业应按盘亏固定资产的净值借记“待处理财产损溢——待处理固定资产损溢”账户，按已提折旧额借记“累计折旧”账户，按原值贷记“固定资产”账户。按规定程序批准后，应按盘亏固定资产的净值借记“营业外支出”账户，贷记“待处理财产损溢——待处理固定资产损溢”账户。

【例 10－10】 某企业在财产清查中，盘亏设备一台，其原价为 100 000 元，累计折旧为 30 000 元。其会计处理如下。

(1)批准前：

借：待处理财产损溢——待处理固定资产损溢　　70 000
　　累计折旧　　30 000
　　贷：固定资产　　100 000

(2)批准后予以转销：

借：营业外支出　　70 000
　　贷：待处理财产损溢——待处理固定资产损溢　　70 000

(四)往来款项清查结果的会计处理

在财产清查过程中，如发现长期挂账的往来款项应及时清理。对于经查明确实无法收回的应收款项或应付款项，按规定程序报经批准后，应分不同情况进行核销，但不需要通过“待处理财产损溢”账户进行核算。

1. 应收账款的处理

经查明确实无法收回的应收账款，其账务处理有两种方法可供选择：

(1)直接转销法。即在认为应收账款无法收回时，直接将应收账款确认为损失。

知识链接

(2)备抵法。是指按期估计坏账损失，形成坏账准备，当某一应收款项全部或部分被确认为坏账时，应根据其金额冲减坏账准备，同时转销相应的应收款项金额的一种核算方法。估计坏账损失的方法有应收款项余额百分比法、账龄分析法和销货百分比法等，这里主要介绍常用的应收款项余额百分比法。

采用应收款项余额百分比法，企业需设置“坏账准备”账户。企业计提坏账准备时，借记“信用减值损失”账户，贷记“坏账准备”账户；实际发生坏账时借记“坏账准备”账户，贷记“应收账款”等账户。如果确认并转销的坏账以后又收回，则应按收回的金额、借记“应收账款”等账户，贷记“坏账准备”账户，以恢复企业债权、冲回已转销的坏账准备金额；同时，借记“银行存款”账户，贷记“应收账款”等账户，以反映款项收回情况。“坏账准备”账户平时（1～11 月）期末余额可能在借方，也可能在贷方，但其年末余额则一定在贷方。

【例 10－11】 某企业自 2021 年年末开始计提坏账准备。2021 年年末应收账款余额为 5 000 000 元，2022 年 6 月发生坏账 26 000 元，2022 年年末应收账款余额为 4 800 000 元，2023 年 1 月份收回上年已转销的坏账 8 000 元，2023 年年末应收账款余额为 5 000 000 元。该企业各年坏账准备提取比例均为 5%。其有关会计处理如下。

(1)2021 年年末提取坏账准备 250 000 元(5 000 000×5%)：

借：信用减值损失　　250 000

　　贷：坏账准备　　250 000

(2)2022 年 6 月发生坏账 26 000 元：

借：坏账准备　　26 000

　　贷：应收账款　　26 000

(3)2022 年年末补提坏账准备 16 000 元(4 800 000×5%－250 000＋26 000)：

借：信用减值损失　　16 000

　　贷：坏账准备　　16 000

(4)2023 年 1 月收回已转销坏账 8 000 元

借：银行存款　　8 000

　　贷：应收账款　　8 000

借：应收账款　　8 000

　　贷：坏账准备　　8 000

(5)2023 年年末补提坏账准备 2 000 元(5 000 000×5%－240 000－8 000)：

借：信用减值损失　　2 000

　　贷：坏账准备　　2 000

2. 应付账款的处理

对于在财产清查中，经查明确实无法偿还的应付款项，在按规定的程序报经批准后，转为营业外收入。

【例 10－12】 某企业在往来结算款项的清查中，经查实，应付 A 公司的货款 8 000 元，因为对方单位已撤销，确定无法偿还，经批准，作为营业外收入处理。

借：应付账款——A 公司　　8 000

　　贷：营业外收入　　8 000

知识链接

思政园地

遵纪守法、加强货币资金内控管理

目标　掌握货币资金内部控制制度，熟知现金支付流程，遵守财经法规，强化服务。

案例　小李是初任财务人员的应届毕业生，自参加工作以来一直勤勤恳恳，可也因为一件事差点导致“饭碗”不保。前几日小李收到一笔现金回款，但因为工作繁忙，就将其先锁在了保险柜中，没有来得及存入银行。后来小李所在的企业因为要支付一笔现金款项，小李就直接把这笔现金支付了出去。此事被领导知晓后，直接批评了小李一番，告诉他这种行为属于坐支现金，告诫小李下不为例，并及时处理好这件事情。

思考：

1. 什么是坐支？
2. 坐支的危害。
3. 如何避免坐支？

感悟：

虽然坐支很节省时间，但是其影响却不容小觑。对于个人来说，发生坐支现金，就意味着发生混乱，这就很容易使库存现金和日记账发生错误，从而导致错账、漏账和账实不符的现象。从企业角度讲，坐支现金不利于企业财务管理与核算，更有可能为企业偷税漏税创造契机。从社会角度讲，坐支现金不利于监控，很容易产生贪污犯罪的不良之风。但是财务人员一定要进行自我约束。因为坐支现金一旦发生问题，直接责任人就是财务人员。对财务人的职业生涯产生很恶劣的影响。

本章小结

财产清查是会计核算的专门方法之一。财产清查按清查的对象和范围可分为全面清查和局部清查，按清查的时间可分为定期清查和不定期清查。财产物资的盘存制度有“永续盘存制”和“实地盘存制”两种。财产清查主要包括货币资金清查、实物资产清查和结算往来款项的清查，其中货币资金清查中的银行存款的清查是重点内容之一。对在银行存款清查时出现的未达账项，可编制银行存款余额调节表来调整，应当指出的是，银行存款余额调节表只起到对账作用，不能作为调节账面余额的原始凭证。

会计上对账实不符的差异的具体处理分两个步骤进行：第一步，根据已查明属实的财产盘盈、盘亏或毁损的结果编制记账凭证，据以登记有关账簿，调整账簿记录，使各项财产物资的实存数与账存数一致。第二步，待查清原因明确责任后，再根据审批后的处理决定，编制记账凭证，分别记入有关账户。

思考题

1. 造成企业财产物资账实不符的原因有哪些？
2. 财产清查的核算需要设置的主要账户是什么？如何核算？
3. 如何进行债权债务的清查？

4. 财产清查有哪些种类？

5. 清查财产物资实存数的方法有哪些？各自适用什么情况？

练习题

一、单项选择题

1. 企业在遭受自然灾害后，对其受损的财产物资进行清查，属于（　　）。

A. 局部清查和定期清查　　B. 全面清查和定期清查

C. 局部清查和不定期清查　　D. 全面清查和不定期清查

2. 财产清查是对（　　）进行盘点和核对，确定其实存数，并查明其账存数与实存数是否相符的一种专门方法。

A. 存货　　B. 固定资产　　C. 各项财产　　D. 货币资金

3. 永续盘存制和实地盘存制的主要区别是（　　）。

A. 盘点的方法不同　　B. 盘点的目标不同

C. 盘点的工具不同　　D. 盘亏结果处理不同

4. 在记账无误的情况下，造成银行存款日记账和银行对账单不一致的原因是（　　）。

A. 应付账款　　B. 应收账款　　C. 未达账项　　D. 外埠存款

5. 出纳人员在每日终了时进行的清查工作属于（　　）。

A. 全面清查和定期清查　　B. 局部清查和不定期清查

C. 全面清查和不定期清查　　D. 局部清查和定期清查

6. 采用实地盘存制，如果期初库存商品少计 6 000 元，期末库存商品多计 5 000 元，则本期利润总额（　　）。

A. 少计 1 000 元　　B. 多计 1 000 元

C. 多计 11 000 元　　D. 少计 11 000 元

7. 清查中发现财产短缺的原因是合理损耗，应计入（　　）。

A. 管理费用　　B. 其他应收款　　C. 营业外支出　　D. 生产成本

8. 企业与银行对账时，应首先查明（　　）。

A. 双方账面余额是否相符　　B. 双方记账是否一致

C. 有无未达账项　　D. 有无错误

9. “待处理财产损溢”账户期末（　　）。

A. 余额在借方　　B. 余额在贷方

C. 一般没有余额　　D. 余额可能在借方，也可能在贷方

10. 永续盘存制的优点是（　　）。

A. 简化了存货的日常核算工作　　B. 有利于加强存货的日常管理

C. 省去了记录存货发出的经济业务　　D. 不利于及时核算成本

二、多项选择题

1. 财产物资的盘存制度有（　　）。

A. 收付实现制　　B. 权责发生制

C. 永续盘存制　　D. 实地盘存制

2. 财产清查按照清查的执行单位不同，可分为(　　)。

A. 内部清查　　B. 局部清查　　C. 定期清查　　D. 外部清查

3. 按清查的范围不同，可将财产清查分为(　　)。

A. 全面清查　　B. 局部清查　　C. 定期清查　　D. 内部清查

4. 下列说法正确的有(　　)。

A. 对流动性较大的物资，要轮流盘点或重点抽查

B. 对各种贵重物资，每月都应清查盘点

C. 对于库存现金，每日终了时应由出纳人员清点

D. 对于银行存款和银行借款，每月要同银行核对一次

5. 企业盘点库存现金时，应注意(　　)。

A. 有无违反现金管理制度的现象

B. 有无白条抵库

C. 库存现金是否超过限额

D. 有无坐支现金

6. 常用的财产物资实存数的清查方法包括(　　)。

A. 实地盘点法　　B. 技术推算法

C. 函证核对法　　D. 核对账目法

7. 财产物资盘亏的原因可能有(　　)。

A. 收入时少计、多计、重计、漏计　　B. 发出时少计、多计、重计、漏计

C. 自然损失　　D. 保管不善造成的损失

8. 关于“待处理财产损溢”账户，下列说法正确的有(　　)。

A. 借方登记待处理财产物资盘亏净额

B. 借方登记结转已批准处理财产物资盘盈数

C. 期末余额在借方，表示待处理的盘盈或盘亏数

D. 期末余额在贷方，表示结转已批准处理的财产盘盈数

9. 对于盘亏的财产物资，经批准后进行会计处理，可能涉及的借方科目有(　　)。

A.“管理费用”　　B.“营业外支出”

C.“其他应收款”　　D.“营业外收入”

10. 企业与银行之间出现未达账项的情况有(　　)。

A. 银行代企业支付的款项，银行已登记入账，企业尚未入账

B. 银行代企业收入的款项，银行已登记入账，企业尚未入账

C. 企业支付的款项，企业已登记入账，银行尚未入账

D. 企业存入银行的款项，企业已登记入账，但银行尚未入账

三、判断题

1. 会计部门要在财产清查之前将所有的经济业务登记入账并结出余额，做到账账相符、账证相符，为财产清查提供可靠的依据。(　　)

2. 对在银行存款清查时出现的未达账项，可编制银行存款余额调节表来调整，该表是调节账面余额的原始凭证。(　　)

3. 未达账项是指企业和银行之间，由于凭证的传递时间不同，而导致了记账时间不一致，即一方已接到有关结算凭证且登记入账，而另一方尚未接到有关结算凭证而未入账的款项。（　　）

4. 盘盈的存货应按照同类或类似存货的重置成本作为实际成本。（　　）

5. 只有采用实地盘存制的企业才需要对财产物资进行实地盘点。（　　）

6. 对于未达账项应编制银行存款余额调节表进行调节，同时，将未达账项编制记账凭证调整入账。（　　）

7. 造成账实不符的原因，全部都是工作上的差错。（　　）

8. 某仓库被盗，为查明损失，决定立即进行盘点，按照财产清查的范围分类，它应属于局部清查，按照清查的时间分类，应属于不定期清查。（　　）

9. 出纳人员因工作调动办理移交时所进行的货币资金清查，从清查时间上看属于定期清查。（　　）

10. 财产清查按照清查范围的不同分为内部清查和外部清查。（　　）

四、业务题

1. 目的：

练习银行存款余额调节表的编制

资料：

某企业20××年6月30日的银行存款日记账账面余额为691 600元，而银行对账单上银行存款余额为681 600元，经逐笔核对，发现有以下未达账项：

(1)6月23日，企业开出转账支票一张3 000元，持票人尚未到银行办理转账，银行尚未登记入账。

(2)6月25日，企业委托银行代收款项4 000元，银行已收款入账，但企业未接到银行的收款通知，因而未登记入账。

(3)6月28日，企业送存购货单位签发的转账支票15 000元，企业已登记入账，银行尚未登记入账。

(4)6月30日，银行代企业支付水电费2 000元，企业尚未接到银行的付款通知，尚未登记入账。

要求：

根据以上有关资料，编制银行存款余额调节表，并分析调节后是否需要编制有关会计分录。

2. 目的：

练习财产盘亏、盘盈的会计处理。

资料：

某公司年底进行财产清查，在清查中发现下列事项：

(1)盘亏机器一台，原值20 000元，账面已提折旧5 000元。

(2)A材料账面余额4 000千克，价值20 000元。盘点实际数量为3 900千克，经查明为日常收发计量差错。

(3)B材料账面余额1 500千克，价值12 000元。盘点实际数量为1 400千克，经查明缺少数为保管人员失职造成的损失。

(4)C材料盘盈10千克,每千克400元,经查明为日常收发计量差错。

上述各项盘盈、盘亏,经查原因属实,报经领导审核批准,做出如下处理:

(1)盘亏机器系自然灾害造成,作非常损失处理。

(2)将材料日常收发计量差错,予以转销。

(3)保管人员失职造成的材料损失,责成过失人赔偿。

(4)将材料日常收发计量差错,予以转销。

要求:

(1)根据上述清查结果,编制审批前的会计分录。

(2)根据报经批准的结果,编制会计分录。

第十一章

财务报告

○ 学习目标

知识目标

1. 了解财务会计报告的有关知识。
2. 掌握财务会计报告编制的基本方法。

能力目标

1. 能简单地编制资产负债表。
2. 能简单地编制利润表。
3. 熟悉现金流量表和所有者变动表的内容结构。
4. 能明确会计报表附注的内容。

○ 案例导入

背景资料：

张三和李四都是2023级会计专业的学生，张三的父亲是一家国有企业的负责人，而李四的父亲则是一家私营企业的老板。一次，在班级组织的“关于财务会计报告和会计信息披露问题”的讨论会中，同学们各抒己见。其中一位同学说：“对一个企业好坏的评价主要是看企业的财务状况和资产质量如何，所以重要的财务报表应该是资产负债表。”而张三却说：“现代企业干什么都需要看绩效，国有企业尤其如此，对国有企业负责人的评价标准就是看企业的盈利状况，上市公司的利润指标更为重要。所以在财务报表中，利润表应该是最重要的。”李四听后，想到父亲为企业现金存量不足而屡屡发愁，觉得张三说得不对，他辩驳道：“企业最关键的会计指标应该是现金存量和现金流量，即使企业每年都有盈利，但是如果收不回现金的话，一样可能破产。而且，现金是企业变现能力最强的资产，因此在企业资产中处于最重要的地位。所以，现金流量表才是最重要的。”

以上三种观点是同学们争论的焦点，相互谁也说服不了谁。

问题：请你就以上争论发表自己的观点，并且说明理由。

第一节　财务报告概述

一、财务报告的定义与种类

(一)财务报告的定义

财务报告是指企业对外提供的反映企业某一特定日期财务状况和某一会计期间经营成果、现金流量等会计信息的文件。财务报告的主要作用是向财务报告使用者提供真实、公开的信息,用于落实和考核企业领导人经济责任的履行情况,并有助于包括所有者在内的财务报告使用者做经济决策。我国《企业财务会计报告条例》规定:企业不得编制和对外提供虚假的或隐瞒重要事实的财务报告;企业负责人对本企业财务报告的真实性、完整性负责。

(二)财务报告的种类

在我国《企业财务会计报告条例》中规定:企业的财务报告分为年度、半年度、季度和月度财务报告。月度、季度财务报告是指月度和季度终了提供的财务报告;半年度财务报告是指在每个会计年度的前 6 个月结束后对外提供的财务报告;年度财务报告是指年度终了对外提供的财务报告。其中将半年度、季度和月度财务报告统称为中期财务报告。

通常情况下,企业年度财务报告的会计期间是指公历每年的 1 月 1 日至 12 月 31 日;半年度财务报告的会计期间是指公历每年的 1 月 1 日至 6 月 30 日,或 7 月 1 日至 12 月 31 日;季度财务报告的会计期间是指公历每一季度;月度财务报告的会计期间则是指公历每月 1 日至最后一日。

二、财务报告的构成

关于财务报告应包括哪些内容,《企业会计准则——基本准则》第四十四条规定:财务会计报告包括会计报表及其附注和其他应当在财务会计报告中披露的相关信息和资料。企业对外提供的财务报告的内容、会计报表种类和格式、会计报表附注的主要内容等,由会计准则规定;企业内部管理需要的会计报表由企业自行规定。

(一)会计报表

根据《企业会计准则第 30 号——财务报表列报》的规定,财务报表是对企业财务状况、经营成果和现金流量的结构性表述。企业对外提供的财务报表至少包括:资产负债表、利润表、现金流量表、所有者权益(或股东权益)变动表和附注。

(二)会计报表附注

会计报表附注是对在资产负债表、利润表、现金流量表和所有者权益变动表等报表中列示项目的文字描述或明细资料,以及对未能在这些报表中列示项目的说明等。

(三)其他财务报告

其他财务报告的编制基础与方式可以不受会计准则的约束,提供的信息十分广泛,并且提供相关信息的形式灵活多样,包括定性信息和非会计信息。根据现行国际惯例,其他财务报告的内容主要包括:管理当局的分析与讨论预测报告;物价变动影响报告;社会责任报告等。

三、财务报告的基本要求

(一)财务报告的质量要求

会计核算应当以实际发生的交易或事项为依据,如实反映企业的财务状况、经营成果和现金流量。这是对会计工作的基本要求,如果会计信息不能真实反映企业的实际情况,会计工作就失去了存在的意义,甚至会误导会计信息使用者,导致经济决策的失误。

企业应当按照《企业财务会计报告条例》的规定,编制和对外提供真实、完整的财务报告。

财务报告的真实性,是指企业财务报告要真实地反映经济业务的实际发生情况,不能人为地扭曲,以使企业财务报告使用者通过企业财务报告了解有关单位实际的财务状况、经营成果和现金流量。财务报告的完整性,是指提供的企业财务报告要符合规定的格式和内容,不得漏报或者任意取舍,以使企业财务报告使用者全面地了解有关单位的整体情况。

(二)财务报告的时间要求

会计信息的价值在于帮助所有者或其他方面做出经济决策,如果不能及时提供会计信息,经济环境发生了变化,时过境迁,这些信息也就失去了应有的价值,无助于经济决策。所以,企业的会计核算应当及时进行,不得提前或延后。

企业应当依照有关法律、行政法规规定的结账日进行结账。年度结账日为公历年度每年的 12 月 31 日;半年度、季度、月度结账日分别为公历年度每半年、每季、每月的最后一天。并且要求月度财务报告应当于月度终了后 6 天内(节假日顺延,下同)对外提供、季度财务报告应当于季度终了后 15 天内对外提供;半年度财务报告应当于年度中期结束后 60 天内(相当于两个连续的月份)对外提供;年度财务报告应当于年度终了后 4 个月内对外提供。

(三)财务报告的形式要求

企业对外提供的会计报表应当依次编定页数,加具封面,装订成册,加盖公章。封面上应当注明:企业名称、企业统一代码、组织形式、地址、报表所属年度或者月份、报出日期,并由企业负责人、主管会计工作的负责人和会计机构负责人(会计主管人员)签名并盖章;设置总会计师的企业,还应当由总会计师签名并盖章。

(四)财务报告的编制要求

在编制财务报告的过程中,应遵守下列关于财务报告编制的要求。

(1)企业在编制年度财务报告前,应当全面清查资产、核实债务,包括结算款项、存货、投资、固定资产和在建工程等。在年度中间,应根据具体情况,对各项财产物资和结算款项进行重点抽查、轮流清查或者定期清查。企业清查、核实后,应当将清查、核实的结果及其处理办法向企业的董事会或者相应机构报告,并根据国家统一的会计准则的规定进行相应的会计处理。

企业在编制财务报告前,除应当全面清查资产、核实业务外,还要做好结账和对账工作,并检查会计核算中可能存在的各种需要调整的情况。

(2)企业在编制财务报告时,应当按照国家统一会计准则规定的会计报表格式和内容,根据登记完整、核对无误的会计账目记录和其他有关资料编制会计报表,做到内容完整、数字真实、计算准确,不得漏报或者任意取舍。会计报表之间、会计报表各项目之间,凡有对应关系的数字,应当相互一致;会计报表中本期与上期的有关数字应当相互衔接。会计报表附注应当对会计报表中需要说明的事项做出真

知识链接

实、完整、清楚的说明。

第二节　资产负债表

资产负债表是反映企业在资产负债表日(或报告期末)全部资产、负债和所有者权益情况的会计报表。它是一张揭示企业一定时点上财务状况的静态报表。资产负债表的作用在于提供企业的某一时点的资产总额、负债总额和所有者权益总额及其各自的构成情况,便于报表使用者了解企业的经济资源及其分布情况,了解企业的资本结构、资本保值和增值情况,可据以评价和预测企业的偿债能力和筹资能力,评价和预测企业的经营绩效。资产负债表是企业主要的财务报表之一,每一个会计主体都必须编制资产负债表。

一、资产负债表的结构及格式

(一)资产负债表的结构

资产负债表的结构原理是“资产＝负债＋所有者权益”这一会计等式,它的实质是这一会计等式的表格化、项目化。资产负债表的项目,分为资产、负债和所有者权益这三类。

1. 资产类项目。资产类项目按其流动性的大小,或按变现能力的强弱,分为流动资产和非流动资产两类。

流动资产项目包括“货币资金”“交易性金融资产”“应收票据”“应收账款”“预付账款”“其他应收款”“存货”等。

非流动资产项目包括“债权投资”“其他债权投资”“长期应收款”“长期股权投资”“固定资产”“无形资产”等。

2. 负债类项目。负债类项目按其承担经济义务期限的长短,分为流动负债和非流动负债两类。

流动负债包括“短期借款”“应付票据及应付账款”“预付账款”“其他应收款”“存货”等。

非流动负债项目主要包括“长期借款”“应付账款”“长期应付款”等。

3. 所有者权益类项目。所有者权益类项目按其资本来源或永久性程度划分,一般分为“实收资本(或股本)”“其他权益工具”“资本公积”“其他综合收益”“盈余公积”“未分配利润”等项目。

上述资产类项目金额合计数及负债和所有者权益类项目金额合计数必须相等。

(二)资产负债表的格式

资产负债表各项目在表中的排列方法不同,形成了各种各样的资产负债表的格式。由于企业各异,资产负债表项目排列及采用的结构也会有所区别。

1. 报告式资产负债表

报告式资产负债表将资产、负债和所有者权益项目采用垂直分列的形式排列。按照“资产总额＝负债总额＋所有者权益总额”列示,或者按照“资产总额－负债总额＝所有者权益总额”列示,其简化格式如表11－1所示。

表 11－1 **资产负债表**

编制单位： 年 月 日 单位：元

项 目	行次	期末余额	年初余额
资产			
流动资产			
非流动资产			
资产合计			
负债			
流动负债			
非流动负债			
负债合计			
所有者权益			
实收资本（股本）			
资本公积			
未分配利润			
所有者权益合计			

2. 账户式资产负债表

账户式资产负债表即按照 T 形账户的形式设计的资产负债表，将资产类项目排列在表的左方，负债类和所有者权益类项目排列在表的右方，两方总额相等。我国主要采用账户式资产负债表。

二、资产负债表的编制

资产负债表既是一张平衡报表，反映资产总计与负债及所有者权益总计相等，又是一张静态报表，反映企业在某一时点的财务状况，如月末或年末。为了提供比较信息，以便报表使用者通过比较不同时点资产负债表的数据，掌握企业财务状况的变动情况和发展趋势，资产负债表的各项目均需填列"年初余额"和"期末余额"两栏数字。其中，"年初余额"栏内各项目的数字，可根据上年末资产负债表"期末余额"栏相应项目的数字填列。如果本年度资产负债表规定的各个项目的名称和内容与上一年度不一致，应对上年年末资产负债表各个项目的名称和内容按照本年度的规定进行调整。资产负债表中"期末余额"栏内各项目的金额，应根据期末资产类、负债类、所有者权益类等账户的期末余额填列。具体填列方法如下。

1. 根据总账科目的余额直接填列

资产负债表中有些项目的"期末余额"可以根据有关总账科目的期末余额直接填列，如"交易性金融资产""短期借款""应付职工薪酬""应交税费""实收资本""资本公积""盈余公积"等项目。这些项目中，"应交税费"等负债项目，如果其相应科目出现借方余额，应以"—"填列。

2. 根据总账科目的余额计算填列

这些报表项目需要根据若干总账科目余额计算填列，如"货币资金"项目，应根据"库存现金""银行存款""其他货币资金"三个总账科目的余额合计数填列。

3. 根据总账科目和明细科目的余额分析计算填列

如"长期借款"项目,根据"长期借款"总账科目期末余额,扣除"长期借款"科目所属明细科目中反映的将于一年内到期的长期借款部分,分析计算填列。

4. 根据若干明细科目余额分析计算填列

报表中有些项目需要根据若干明细科目的余额分析计算填列,如"应付票据及应付账款"项目,应根据"应付票据""应付账款""预付账款"账户所属的相关明细科目的期末贷方余额之和填列;"应付账款""预付账款"账户所属的相关明细科目的期末借方余额之和则应填列在"预付账款"项目;同理,"应收票据及应收账款"的项目,应根据"应收票据""应收账款""预收账款"账户所属的相关明细科目的期末借方余额之和填列;"预收账款"项目,应根据"应收账款""预收账款"账户所属的相关明细科目的期末贷方余额之和填列。

5. 根据有关资产科目与其备抵科目抵减后的净额填列

如"无形资产"项目,应根据"无形资产"科目的期末余额减去"累计摊销""无形资产减值准备"备抵科目期末余额后的金额填列;"应收票据及应收账款"项目的填列,应先计算"应收票据""应收账款""预收账款"科目所属的相关明细科目的期末借方余额合计数,然后再减去"坏账准备"科目的期末贷方余额,以应收票据及应收账款净额填列。再如"存货"项目,应以"材料采购""原材料""生产成本""库存商品""材料成本差异"等总账科目的期末余额合计数,减去"存货跌价准备"科目等的期末余额的净额填列。

在资产负债表项目的计算填列中,"未分配利润"是一个较为特殊的项目,应区分是中期报表的填列,还是年度报表的填列。在编制中期报表时(1～11 月份),该项目应根据"本年利润"科目金额和"利润分配"科目余额之和或之差填列;在编制年度报表时,该项目应根据"利润分配—未分配利润"账户的期末余额直接填列。

三、资产负债表编制举例

为了帮助理解资产负债表的编制,现举例说明。

【例 11—1】 X 公司期末编制的试算平衡表如表 11—2 所示。

表 11—2 试算平衡表

××年 12 月 31 日　　单位:元

会计科目	期初余额		本期发生额		期末余额	
	借方	贷方	借方	贷方	借方	贷方
库存现金	2 000		600 000	600 000	2 000	
银行存款	1 280 000		1 642 500	2 848 400	74 100	
交易性金融资产						
应收账款	561 000		819 000	202 000	1 178 000	
原材料	814 400		500 000	810 000	504 400	
库存商品	1 689 000		1 377 000	850 000	2 216 000	
固定资产	3 950 000		105 400		4 055 400	
累计折旧		480 000		100 000		580 000

续表

会计科目	期初余额		本期发生额		期末余额	
	借方	贷方	借方	贷方	借方	贷方
无形资产	540 000			150 000	390 000	
长期待摊费用	190 000			7 000	183 000	
短期借款		300 000	250 000			50 000
应付票据		200 000	100 000			100 000
应付账款		950 000	185 000	409 500		1 174 500
应付职工薪酬		110 000	500 000	570 000		180 000
应交税费		30 000	305 000	300 700		25 700
应付利息		6 400	12 500	11 500		5 400
长期借款		1 800 000	1 000 000	410 000		1 210 000
实收资本		5 000 000				5 000 000
盈余公积		100 000		25 460		125 460
利润分配——未分配利润		50 000	25 460	127 300		151 840
主营业务收入			1 400 000	1 400 000		
主营业务成本			850 000	850 000		
投资收益			1 500	1 500		
营业外收入			120 000	120 000		
生产成本			1 377 000	1 377 000		
制造费用			139 500	139 500		
管理费用			260 000	260 000		
销售费用			200 000	200 000		
财务费用			21 500	21 500		
所得税费用			62 700	62 700		
本年利润			1 521 500	1 521 500		
利润分配——提取盈余公积			25 460	25 460		
合　计	9 026 400	9 026 400	13 401 020	13 401 020	8 602 900	8 602 900

根据上述资料编制的资产负债表如表11—3所示。

表 11—3 **资产负债表** 会企01表

编制单位:×公司 ××年12月31日 单位:元

资　产	期末余额	年初余额	负债和所有者权益（或股东权益）	期末余额	年初余额
流动资产:			流动负债:		

续表

资　产	期末余额	年初余额	负债和所有者权益（或股东权益）	期末余额	年初余额
货币资金	76 100	1 282 000	短期借款	50 000	300 000
交易性金融资产			交易性金融负债		
衍生金融资产			衍生金融负债		
应收票据及应收账款	561 000	1 178 000	应付票据及应付账款	1 274 500	1 150 000
预付账款			预付账款		
其他应收款			合同负债		
存货	2 720 400	2 503 400	应付职工薪酬	180 000	110 000
合同资产			应交税费	25 700	30 000
持有待售资产			其他应付款	5 400	6 400
一年内到期的非流动资产			持有待售负债		
其他流动资产			一年内到期的非流动负债		
流动资产合计	3 974 500	4 346 400	其他流动负债		
非流动资产：			流动负债合计	1 535 600	1 596 400
债权投资			非流动负债：		
其他债权投资			长期借款	1 210 000	1 800 000
长期应收款			应付债券		
长期股权投资			其中：优先股		
其他权益工具投资			永续股		
其他非流动金融资产			长期应付款		
投资性房地产			预计负债		
固定资产	3 475 400	3 470 000	递延收益		
在建工程			递延所得税负债		
生产性生物资产			其他非流动负债		
有形资产			非流动负债合计	1 210 000	1 800 000
无形资产	390 000	540 000	负债合计	2 745 600	3 396 400
开发支出			所有者权益（或股东权益）		
商誉			实收资本（或股本）	5 000 000	5 000 000
长期待摊费用	183 000	190 000	其他权益工具		
递延所得税资产			其中：优先股		
其他非流动资产			永续股		

续表

资　产	期末余额	年初余额	负债和所有者权益（或股东权益）	期末余额	年初余额
非流动资产合计	4 048 400	4 200 000	资本公积		
			减：库存股		
			其他综合收益		
			盈余公积	125 460	100 000
			未分配利润	151 840	50 000
			所有者权益（或股东权益）合计	5 277 300	5 150 000
资产合计	8 022 900	8 546 400	负债及所有者权益（或股东权益）总计	8 022 900	8 546 400

第三节　利润表

知识链接

一、利润表的内容与格式

利润表属于动态报表，是反映企业在一定会计期间经营成果的报表，主要提供有关企业经营成果方面的信息。通过利润表，可以反映企业一定会计期间的收入实现情况和费用耗费情况；可以反映企业一定会计期间生产经营活动的成果，据以判断资本保值、增值情况。

一般情况下，利润表主要反映以下几方面的内容：(1)构成营业利润的各项要素。从营业收入出发，减去营业成本、税金及附加、销售费用、管理费用、财务费用等项目后得出营业利润。(2)构成利润总额的各项要素。在营业利润的基础上，加上营业外收入、减去营业外支出等项目后得出。(3)构成净利润的各项要素。在利润总额的基础上，减去所得税费用后得出。

利润表一般有表首、正表两部分。其中，表首概括地说明报表名称、编制单位、报表所属期间、报表编号、货币名称和计量单位等；正表反映形成经营成果的各个项目和计算过程。

利润表正表的格式一般有两种：单步式利润表和多步式利润表。单步式利润表是将当期所有的收入列在一起，然后将所有的费用列在一起，两者相减得出当期净利润。多步式利润表是通过对当期的收入、费用、支出项目按性质或功能加以归类，按利润形成的主要环节列示一些中间性利润指标，如营业利润、利润总额、净利润，分步计算当期利润。

在我国，利润表一般采用多步式，具体格式和内容见表 11—4 所示。

表 11—4　　**利润表**　　会企 02 表

编制单位：×公司　　××年度　　单位：元

项　目	本期数	上期数
一、营业收入		
减：营业成本		
税金及附加		

续表

项　目	本期数	上期数
销售费用		
管理费用		
财务费用		
资产减值损失		
加:公允价值变动收益		
投资收益		
二、营业利润		
加:营业外收入		
减:营业外支出		
三、利润总额		
减:所得税费用		
四、净利润		
五、其他综合收益的税后净额		
(一)以后不能重分类进损益的其他综合收益		
(二)以后将重分类进损益的其他综合收益		
六、综合收益		
七、每股收益		
(一)基本每股收益		
(一)稀释每股收益		

二、利润表的编制方法

(一)利润表中的"本期数"与"上期数"

企业会计准则中规定:会计报表至少应当反映相关两个期间的比较数据。也就是说,企业需要提供比较利润表,所以,利润表各项目需要分别为"本期数"和"上期数"两栏分别填列。

利润表中"本期数"栏反映各项目的本期实际发生数。在编报某月、某季度、某半年利润表时,填列上年同期实际发生数;在编报年度利润表时,填列上年全年实际发生数。如果上年度利润表与本年度利润表的项目名称和内容不相一致,应对上年度利润表项目的名称和数字按本年度的规定进行调整,填入本表"上期数"栏。

(二)利润表中各项目的填列方法

利润表中各项目的金额,一般是根据有关账户的本期发生额来填列的。"本期数"栏内各项数字,根据以下方法填列。

(1)"营业收入"项目,反映企业经营主要业务和其他业务所取得的收入总额。本项目应根据"主营业务收入"账户和"其他业务收入"账户的发生额合计分析填列。

(2)"营业成本"项目,反映企业经营主要业务和其他业务发生的实际成本总额。本项目应根据"主营业务成本"账户和"其他业务成本"账户的发生额合计分析填列。

(3)"税金及附加"项目,反映企业经营业务应负担的消费税、城市维护建设税、资源税、教育费附加及房产税、城镇土地使用税、车船税、印花税等。本项目应根据"税金及附加"账户的发生额分析填列。

(4)“销售费用”项目，反映企业在销售商品过程中发生的包装费、广告费等费用和为销售本企业商品而专设的销售机构的职工薪酬、业务费用等经营费用。本项目应根据“销售费用”账户的发生额分析填列。

(5)“管理费用”项目，反映企业为组织和管理生产经营发生的管理费用。本项目应根据“管理费用”账户的发生额分析填列。

(6)“财务费用”项目，反映企业为筹集生产经营所需资金而发生的利息支出等。本表项目应根据“财务费用”账户的发生额分析填列。

(7)“资产减值损失”项目，反映企业因资产减值而发生的损失。本项目应根据“资产减值损失”账户的发生额分析填列。

(8)“公允价值变动收益”项目，反映企业资产因公允价值变动而发生的损益。本项目应根据“公允价值变动损益”账户的发生额分析填列，如为净损失，以“－”号填列。

(9)“投资收益”项目，反映企业以各种方式对外投资所取得的净收益。本项目应根据“投资收益”账户的发生额分析填列；如为投资净损失，以“－”号填列。

(10)“营业外收入”项目，反映企业发生的与其经营活动无直接关系的各项收入。本项目应根据“营业外收入”账户的发生额分析填列。

(11)“营业外支出”项目，反映企业发生的与其经营活动无直接关系的各项支出。本项目应根据“营业外支出”账户的发生额分析填列。

(12)“所得税费用”项目，反映企业按规定从本期利润总额中减去的所得税。本项目应根据“所得税费用”账户的发生额分析填列。

(13)“净利润”项目，反映企业实现的净利润。如为净亏损，以“－”号填列。

(14)“基本每股收益”和“稀释每股收益”项目，反映企业根据每股收益准则计算的两种每股收益指标的金额。

(15)“其他综合收益”和“综合收益总额”项目。“其他综合收益”反映企业未在当期损益中确认的各项利得和损失扣除所得税影响后的净额。“综合收益总额”反映净利润和其他综合收益扣除所得税影响后的净额相加后的合计数额。“其他综合收益”项目根据有关科目的明细发生额分析计算填列，“综合收益总额”项目根据本表中相关项目计算填列。

【知识链接】

修订后的《企业会计准则第 30 号——财务报表列报》的最大亮点之一是利润表中正式增设“其他综合收益”和“综合收益总额”两个项目。

“其他综合收益”作为一级科目核算未在损益中确认的各项利得和损失扣除所得税影响后的净额，即原来记“资本公积——其他资本公积”科目核算的业务，新准则将其进行了分类梳理，将部分项目归入“其他综合收益”科目核算。

【例 11－2】 某公司 2019 年的有关收入、费用类账户的发生额资料如下。

主营业务收入	2 400 000 元
主营业务成本	1 360 000 元
税金及附加	80 000 元
管理费用	192 000 元
财务费用	48 000 元

销售费用	120 000 元
投资收益	160 000 元
营业外收入	30 000 元
营业外支出	19 000 元
其他业务收入	180 000 元
其他业务成本	100 000 元
所得税费用	212 750 元

该公司 2022 年的利润表中的有关数据如表 11—5 所示。

表 11—5　　**利润表**　　会企 02 表

编制单位：××公司　　2022 年度　　单位：元

项　目	本期数	上期数
一、营业收入	2 150 000	
减：营业成本	940 000	
税金及附加	150 000	
销售费用	130 000	
管理费用	154 000	
财务费用	86 000	
资产减值损失		略
加：公允价值变动收益		
投资收益	120 000	
二、营业利润	810 000	
加：营业外收入	45 000	
减：营业外支出	14 500	
三、利润总额	840 500	
减：所得税费用	210 125	
四、净利润	630 375	

根据上述 2022 年利润表及 2023 年度有关资料，编制 2019 年利润表，如表 11—6 所示。

表 11—6　　**利润表**　　会企 02 表

编制单位：××公司　　2023 年度　　单位：元

项　目	本期数	上期数
一、营业收入	2 580 000	2 150 000
减：营业成本	1 460 000	940 000
税金及附加	80 000	150 000
销售费用	120 000	130 000
管理费用	192 000	154 000
财务费用	48 000	86 000

续表

项　目	本期数	上期数
资产减值损失	0	
加:公允价值变动收益	0	
投资收益	160 000	120 000
二、营业利润	840 000	810 000
加:营业外收入	30 000	45 000
减:营业外支出	19 000	14 500
三、利润总额	851 000	840 500
减:所得税费用	212 750	210 125
四、净利润	638 250	630 375

第四节　现金流量表

一、现金流量表的定义及内容

知识链接

现金流量表是反映企业一定会计期间现金及现金等价物流入和流出情况的报表,属于动态报表。企业编制现金流量表的主要目的,是为会计报表使用者提供企业一定会计期间内现金和现金等价物流入和流出的信息,以便于会计报表使用者了解和评价企业获取现金和现金等价物的能力,并据以预测企业未来现金流量。所以,现金流量表在评价企业经营业绩,衡量企业财务资源和财务风险以及预测企业未来前景方面,有着十分重要的作用。现金流量表有助于评价企业支付能力、偿债能力和周转能力;有助于预测企业未来现金流量;有助于分析企业收益质量及影响现金净流量的因素。

在现金流量表中,企业应当按照经营活动、投资活动和筹资活动的现金流量分类分项列示。经营活动的现金流量应当按照其经营活动的现金流入和流出的性质分项列示;投资活动的现金流量应当按照其投资活动的现金流入和流出的性质分项列示;筹资活动的现金流量应当按照其筹资活动的现金流入和流出的性质分项列示。

(一)经营活动产生的现金流量

经营活动是指企业投资活动和筹资活动以外的所有交易和事项,即除投资活动和筹资活动以外的所有交易和事项,都可归属于经营活动。对于工商企业而言,经营活动主要包括:销售商品、提供劳务、购买商品、接受劳务、支付税费等。

通常情况下,经营活动产生的现金流入项目主要有:销售商品、提供劳务收到的现金;收到的税费返还;收到的其他与经营活动有关的现金。经营活动产生的现金流出项目主要有:购买商品、接受劳务支付的现金;支付给职工以及为职工支付的现金:支付的各项税费;支付的其他与经营活动有关的现金。

(二)投资活动产生的现金流量

投资活动是指企业长期资产的购建和不包括在现金等价物范围内的投资及其处置活动。

通常情况下，投资活动产生的现金流入项目主要有：收回投资所收到的现金；取得投资收益所收到的现金；处置固定资产、无形资产和其他长期资产所收回的现金净额；收到的其他与投资活动有关的现金。投资活动产生的现金流出项目主要有：购建固定资产、无形资产和其他长期资产所支付的现金；投资所支付的现金；支付的其他与投资活动有关的现金。

（三）筹资活动产生的现金流量

筹资活动是指导致企业资本及债务规模和构成发生变化的活动。

通常情况下，筹资活动产生的现金流入项目主要有：吸收投资所收到的现金；取得借款所收到的现金；收到的其他与筹资活动有关的现金。筹资活动产生的现金流出项目主要有：偿还债务所支付的现金；分配股利、利润或偿付利息所支付的现金；支付的其他与筹资活动有关的现金。

需要注意的是，对于企业日常活动之外特殊的、不经常发生的特殊项目，如自然灾害损失、保险赔款、捐赠等，企业应当将其归并到相关类别中单独反映。

二、现金流量表的编制基础

现金流量表是以现金及现金等价物为基础编制的，这里的现金包括库存现金、可以随时用于支付的存款。具体包括以下内容。

（一）库存现金

库存现金是指企业持有的、可随时用于支付的现金。

（二）银行存款

银行存款是指企业存在金融企业、随时可以用于支付的存款，它与银行存款账户核算的银行存款基本一致，主要的区别是编制现金流量表所指的银行存款是可以随时用于支付的银行存款，如结算户存款、通知存款等。

（三）其他货币资金

其他货币资金是指企业存在金融企业有特定用途的资金，也就是其他货币资金账户核算的银行存款，如外埠存款、银行汇票存款、银行本票存款、信用证保证金存款和在途货币资金等。

（四）现金等价物

现金等价物是指企业持有的期限短、流动性强、易于转换为已知金额的现金、价值变动风险很小的投资。这一定义本身包含了判断一项投资是否属于现金等价物的四个条件，即期限短、流动性强、易于转换为已知金额的现金、价值变动风险很小。其中，期限短、流动性强，强调了变现能力，而易于转换为已知金额的现金、价值变动风险较小，则强调了支付能力的大小。

三、现金流量的格式

现金流量分为两部分，第一部分为表首，第二部分为正表。

表首概括地说明报表名称、编制单位、报表所属年度、报表编号、货币名称、计量单位等。

正表反映现金流量表的各项目内容。正表有五项：一是经营活动产生的现金流量；二是投资活动产生的现金流量；三是筹资活动产生的现金流量；四是汇率变动对现金的影响；五是现金及现金等价物净增加额。其中，经营活动产生的现金流量，是按直接法编制的。

现金流量表的基本格式如表 11－7 所示。

表 11—7 **现金流量表** 会企 03 表

编制单位：××公司 年 月 单位：元

项 目	本期金额	上期金额
一、经营活动产生的现金流量：		
销售商品、提供劳务收到的现金		
收到的税费返还		
收到的其他与经营活动有关的现金		
经营活动现金流入小计		
购买商品、接受劳务支付的现金		
支付给职工以及为职工支付的现金		
支付的各种税费		
经营活动现金流出小计		
二、投资活动产生的现金流量：		
收回投资收到的现金		
取得投资收益收到的现金		
处置固定资产、无形资产和其他长期资产收回的现金净额		
处置子公司及其他营业单位收到的现金净额		
收到的其他与投资活动有关的现金		
投资活动现金流入小计		
构建固定资产、无形资产和其他长期资产支付的现金		
投资支付的现金		
取得子公司及其他营业单位支付的现金净额		
支付的其他与投资活动有关的现金		
投资活动现金流出小计		
投资活动产生的现金流量净额		
三、筹资活动产生的现金流量：		
吸收投资收到的现金		
取得借款收到的现金		
收到其他与筹资活动有关的现金		
筹资活动现金流入小计		
偿还债务支付的现金		
分配股利、利润或偿付利息支付的现金		
支付其他与筹资活动有关的现金		
筹资活动现金流出小计		

续表

项　目	本期金额	上期金额
筹资活动产生的现金流量净额		
四、汇率变动对现金及现金等价物的影响		
五、现金及现金等价物净增加值		
加:期初现金及现金等价物余额		
六、期末现金及现金等价物余额		

知识链接

第五节　所有者权益(或股东权益)变动表及附注

一、所有者权益变动表

所有者权益(或股东权益)变动表是反映企业年末所有者权益(或股东权益)增减变动情况的报表。通过该表,可以了解企业某一会计年度所有者权益(或股东权益)的各项目实收资本(或股本)、资本公积、盈余公积和未分配利润等的增加、减少及其余额的情况,分析其变动原因及预测未来的变动趋势。

按照《企业会计准则第30号——财务报表列报》的规定,所有者权益(或股东权益)变动表至少应当单独列示下列信息项目:(1)综合收益总额;(2)会计政策变更和差错更正的累计影响金额;(3)所有者投入资本和向所有者分配利润等;(4)按照规定提取的盈余公积;(5)所有者权益各组成部分的期初和期末余额及其调节情况。

为了清楚地表明构成所有者权益的各组成部分当期的增减变动情况,所有者权益变动表应当以矩阵的形式列示:一方面,列示导致所有者权益变动的交易或事项,不再仅仅按照所有者权益的各组成部分反映所有者权益变动情况,而是从所有者权益变动的来源对一定时期所有者权益变动情况进行全面反映;另一方面,按照所有者权益各组成部分(包括实收资本、资本溢价、其他综合收益、盈余公积、未分配利润和库存股等)及其总额列示交易或事项对所有者权益的影响。此外,企业还需要提供比较所有者权益变动表,所有者权益变动表还就各项目再分为"本年金额"和"上年金额"两栏分别填列。

二、会计报表附注

知识链接

(一)会计报表附注的意义

会计报表附注是对在资产负债表、利润表、所有者权益变动表和现金流量表等报表中列示的文字描述或明细资料,以及对未能在这些报表中列示项目的说明等。

附注应当披露财务报表的编制基础,相关信息应当与资产负债表、利润表、现金流量表、所有者权益变动表等报表中列示的项目相互参照。

(二)报表附注的内容

《企业会计准则第30号——财务报表列报》的规定,会计报表附注一般应当至少按照下列顺序披露:(1)企业基本情况,包括①企业注册地、组织形式和总部地址。②企业的业务性质和主要经营活动。③母公司以及集团最终母公司的名称。④财务报告的批准报出者和财务报告批准报出日,或者以签字人及其签字日期为准。⑤营业期限有限的企业,还应当披露有关其营业期限的信息。(2)财务报表的编制基础。(3)遵循企业会计准则的声明。(4)重要会计政策和会计估计。(5)会计政策和会计估计变更以及差错更正的说明。(6)报表重要项目的说明。企业应当按照资产负债表、利润表、现金流量表、所有者权益变动表及其项目列示的顺序,对报表重要项目的说明采用文字和数字描述相结合的方式进行披露。(7)或有和承诺事项、资产负债表日后非调整事项、关联方关系及其交易等需要说明的事项。(8)有助于财务报表使用者评价企业管理资本的目标、政策及程序的信息。

企业应当在附注中披露在资产负债表日后、财务报告批准报出日前提议或宣布发放的股利总额和每股股利金额(或向投资者分配的利润总额)。

第六节 财务报表的报送、汇总与审批

知识链接

一、财务报表的报送

财务会计报告目标是向财务会计报告使用者提供与企业财务状况、经营成果和现金流量等有关的会计信息,反映企业管理层受托责任履行情况,有助于财务会计报表使用者做出经济决策。按照《中华人民共和国企业财务会计报告条例》的规定,企业应当依照法律、行政法规和企业会计准则有关财务会计报告提供期限的规定,及时对外提供财务会计报告。

企业对外提供的财务会计报告应当依次编定页数,加具封面,装订成册,加盖公章。封面上应当注明企业名称、企业统一代码、组织形式、地址、报表所属年度或者月份、报出日期,并由企业负责人和主管会计工作的负责人、会计机构负责人(会计主管人员)签名并盖章;设置总会计师的企业,还应当由总会计师签名并盖章。

企业应当依照企业章程的规定,向投资者提供财务会计报告。国务院派出监事会的国有重点大型企业、国有重点金融机构,省、自治区、直辖市人民政府派出监事会的国有企业,应当依法定期向监事会提供财务会计报告。国有企业、国有控股的或者占主导地位的企业,应当至少每年一次向本企业的职工代表大会公布财务会计报告,并重点说明下列事项:(1)反映与职工利益密切相关的信息,包括:管理费用的构成情况,企业管理人员工资、福利和职工工资、福利费用的发放、使用和结余情况,利润分配的情况,以及其他与职工利益相关的信息;(2)内部审计发现的问题及纠正情况;(3)注册会计师审计情况;(4)国家审计机关发现的问题及纠正情况;(5)重大的投资、融资和资产处置决策及其原因的说明;(6)需要说明的其他重要事项。

企业依照财务会计报告条例的规定向有关各方提供的财务会计报告,其编制基础、编制依据、编制原则和方法应当不一致,不得提供编制基础、编制依据、编制原则和方法不同的财务会计报告。

有关部门或者机构依照法律、行政法规或者国务院的规定,要求企业提供部分或者全部

财务会计报告及其有关数据的，应当向企业出示依据，并且不得要求企业改变财务会计报告有关数据的会计口径。依照法律、行政法规或者国务院的规定，任何组织或者个人不得要求企业提供部分或者全部财务会计及其有关数据。违反财务会计报告条例规定，要求企业提供部分或者全部财务会计报告及其有关数据的，企业有权拒绝。如果发现对外报送的财务会计报告有错误，应当及时办理更正手续。除更正本单位留存的财务会计报告外，并应同时通知接受财务会计报告的单位更正。错误较多的，应当重新编报。

根据法律和国家有关规定应当对财务会计报告进行审计的，财务会计报告编制单位应当先行委托注册会计师进行审计，并将注册会计师出具的审计报告随同财务会计报告按照规定的期限报送有关部门。

接受企业财务会计草稿的组织或者个人，在企业财务会计报告未正式对外披露前，应当对其内容保密。

二、财务报表的汇总

国有企业会计报表报送上级主管部门后，上级主管部门要将所属单位上报的会计报表合并，编制汇总会计报表。汇总会计报表是上级根据所属单位上报的会计报表汇总编制，用来总括反映所属单位财务状况和经营成果的书面文件。在汇编会计报表时，必须先审核后汇总。汇总会计报表的格式和基层单位会计报表的格式基本相同。编制方法是根据所属单位的会计报表和汇编单位本身的会计报表，经过合并、分析计算、汇总而填列的。

各级企业主管部门编好汇总会计报表后，应按规定的期限逐级上报，并及时报送同级财政、计划、税务等国家综合部门，以便及时提供国家宏观管理所需的会计信息。

三、财务报表的审批

知识链接

上级主管部门或总公司、财政、税务和金融部门，对各企业报送的会计报表应当认真审核。主要审核会计报表的编制是否符合会计准则和会计制度的有关规定，审查和分析会计报表的指标内容，以便对报送单位的财务活动情况进行监督。在审核过程中，如果发现报表编制有错误或不符合要求，应及时通知原单位进行更正，错误较多的应当重新编报。如果发现有违反法律和财经纪律、弄虚作假的现象，应查明原因，及时纠正，严肃处理。

会计报表审核后，要进行批复。年度决算报表除经上级主管部门审核批复外，还应由财政部门审批。企业要认真研究、执行上级主管部门对报表的批复意见，并在账务上做相应处理。

思政园地

财务报表造假，践踏会计职业道德

目标　坚守准则，诚实守信，强化服务，理解财务报告对于会计信息使用者的重要性。

案例　＊ST 凯乐是 2023 年资本市场的首单退市，也是首个“1 元退市股”。2022 年 12 月 29 日至 2023 年 2 月 2 日，＊ST 凯乐股票连续 20 个交易日的每日收盘价均低于 1 元，触及交易类退市指标。根据《上海证券交易所股票上市规则(2022 年 1 月修订)》(以下简称《股票上市规则》),交易类强制退市公司股票不进入退市整理期交易。上交所公告终止上市后的 5 个交易日内,对公司股票予以摘牌,公司股票终止上市。

根据《股票上市规则》规定,公司应当在股票被终止上市后立即安排股票转入全国中小企业股份转让系统挂牌转让的相关事宜,保证公司股票在摘牌之日起 45 个交易日内可以挂牌转让。实际上,除了交易类强制退市指标外,＊ST 凯乐还触及其他退市指标。公司业绩预告显示,公司预计 2022 年度期末净资产为－21.54 亿元到－23.22 亿元,2022 年年报披露后,公司将触及财务类退市指标而被终止上市。

而据 2022 年 12 月 2 日证监会发出的《行政处罚和市场禁入事先告知书》显示,＊ST 凯乐 2016 年至 2020 年定期报告存在虚假记载,累计虚增营业收入 512.25 亿元,虚增营业成本 443.52 亿元,虚增利润总额 59.36 亿元。根据该《告知书》,公司已触及重大违法类强制退市风险警示情形。如收到正式的行政处罚决定书,公司将触及重大违法强制退市情形。

该公司 5 年累计虚增营收逾 500 亿。公开资料显示,＊ST 凯乐的主营业务是专网通信产品、光纤光缆、通信硅管、移动智能终端等产品的研发、生产与销售。2000 年 7 月,公司在上交所正式挂牌上市。

思考:

1. 会计受托责任观指的是什么?
2. 讨论财务报表造假的危害。

感悟:

会计信息质量要求首要是可靠性,会计信息失去真实性,会影响到会计信息使用者对信息的判断,影响其进一步进行决策和预测。

本章小结

财务会计报告是企业对外提供的反映企业财务状况、经营成果、现金流量和所有者权益变动情况的书面文件。财务会计报告主要包括会计报表、会计报表附注和其他需要在财务会计报告中披露的相关信息资料。

会计报表作为财务会计报告中最重要、信息最集中的组成部分,包括资产负债表、利润表、现金流量表及所有者权益变动表。资产负债表说明了资产、负债和所有者权益三个会计要素静态的财务状况。利润表从收入和费用角度,以动态方式说明了由产生利润的业务导致的财务状况的变化,由此产生的净利润代表所有者在企业中的权益增加。现金流量表从企业经营活动、投资活动和筹资活动的角度说明了该期间现金增加或减少的方式。同时,现金流量表的现金净增加额应与资产负债表中货币资金期末数与期初数之间的差额相等。各种会计报表都来自相同的会计核算资料,它们之间存在勾稽关系。

思考题

1. 编制财务会计报告有什么意义?
2. 资产负债表的基本结构是什么?资产负债表主要提供哪些方面的财务信息?
3. 所有者权益变动表反映什么样的基本内容?

4. 现金流量表的编制基础是什么？
5. 财务报表分析的主要内容包括什么？

练习题

一、单项选择题

1. 会计报表编制的依据是(　　)。
A. 原始凭证　　B. 记账凭证　　C. 账簿记录　　D. 科目汇总表
2. 下列属于静态报表的是(　　)。
A. 资产负债表　　B. 利润表
C. 现金流量表　　D. 所有者权益变动表
3. 利润表的各项目基本是根据有关科目的(　　)填列。
A. 本期实际发生额　　B. 期初余额
C. 期末余额　　D. 本期借方发生额
4. 下列资产负债表项目可以直接填列的是(　　)。
A. 货币资金　　B. 短期借款
C. 长期股权投资　　D. 长期借款
5. 现金流量表是以(　　)为基础编制的财务报表。
A. 权责发生制　　B. 收付实现制
C. 应收应付制　　D. 费用配比表
6. 下列不属于年度报表的是(　　)。
A. 资产负债表　　B. 利润表
C. 现金流量表　　D. 试算平衡表
7. 下列各项目中，不属于资产负债表中流动资产项目的是(　　)。
A. 货币资金　　B. 固定资产
C. 存货　　D. 交易性金融资产
8. 下列项目中属于流动负债的项目是(　　)。
A. 长期借款　　B. 应付职工薪酬
C. 长期应付款　　D. 资本公积
9. 资产负债表中的“存货”项目，应根据(　　)。
A. 存货账户的期末借方余额直接填列
B. 原材料账户的期末借方余额直接填列
C. 原材料、生产成本和库存商品等账户的期末余额计算填列
D. 原材料、在产品和库存商品等账户的期末借方余额之和填列
10. 资产负债表的下列项目中，必须根据总账科目和明细账科目两者的余额分析计算填列的是(　　)。
A. 货币资金　　B. 长期借款
C. 应付票据及应付账款　　D. 应付职工薪酬

二、多项选择题

1. 下列报表属于对外报表的有(　　)。

A. 资产负债表　　B. 利润表

C. 所有者权益变动表　　D. 现金流量表

2. 会计报表的使用者包括(　　)。

A. 债权人　　B. 企业内部管理者

C. 投资者　　D. 潜在的投资者

3. 下列项目中不能用总账余额直接填列的项目有(　　)。

A. 货币资金　　B. 应收票据及应收账款

C. 固定资产　　D. 预付账款

4. 资产负债表中的“货币资金”项目应包括的内容有(　　)。

A. 备用金　　B. 库存现金

C. 银行存款　　D. 其他货币资金

5. 编制财务报表的要求有(　　)。

A. 依据可靠　　B. 编报及时　　C. 数字衔接　　D. 相关可比

6. 企业财务报告的内容包括(　　)。

A. 财务报表　　B. 财务报表附注

C. 财务情况说明书　　D. 财务报表说明书

7. 在下列选项中,属于年报内容的有(　　)。

A. 资产负债表　　B. 利润表

C. 现金流量表　　D. 财务报表附注

8. 利润表的格式有(　　)。

A. 账户式　　B. 简单式　　C. 单步式　　D. 多步式

9. 编制资产负债表中的“预付账款”项目,应根据(　　)分析填列。

A. 预付账款所属明细账借方余额　　B. 应收账款所属明细账贷方余额

C. 预收账款所属明细账贷方余额　　D. 应付账款所属明细账借方余额

10. 企业本期发生的下列费用和损失,影响企业当期净利润的有(　　)。

A. 计提的坏账准备　　B. 批准处理的固定资产盘亏净损失

C. 所得税费用　　D. 发生的投资损失

三、判断题

1. 资产负债表属于动态报表,利润表属于静态报表。(　　)

2. 资产负债表的结构原理是“资产=负债+所有者权益”。(　　)

3. 资产负债表是反映企业在一定期间经营成果的报表。(　　)

4. 财务报告是企业会计核算最终成果的报告载体。(　　)

5. 所有企业年度财务报告都必须编制财务报表附注。(　　)

6. 企业对重要的事项,应当按照要求在财务报表附注中进行说明。(　　)

7. 资产负债表的“期末余额”栏各项目主要是根据总账或有关明细账期末贷方余额直接填列的。(　　)

8. 利润表中的“营业成本”项目,是反映企业销售产品和提供劳务等主要经营业务的各

项销售费用和实际成本。 ( )

9. 所有者权益变动表是反映构成所有者权益的各组成部分当期增减变动情况的报表，是资产负债表的附表。 ( )

10. 财务报表分析的方法有比率分析法和趋势分析法。 ( )

四、业务题

目的：

练习资产负债表的编制

资料：

某企业××年4月30日部分科目余额如下表所示。

单位：元

科目名称	借方余额	贷方余额
应收账款	65 000	
坏账准备		500
预付账款	30 000	
材料采购	40 000	
原材料	34 000	
生产成本	56 000	
库存商品	85 000	
材料成本差异		2 000
利润分配	172 500	
本年利润		210 000

要求：

根据上述资料计算：

1. 资产负债表上“应收票据及应收账款”项目的数额；
2. 资产负债表上“存货”项目的数额；
3. 资产负债表上“未分配利润”项目的数额。

第十二章

会计核算组织程序

○ **学习目标**

知识目标

1. 掌握各种会计核算组织程序的应用。
2. 明确各种会计核算组织程序的使用范围、核算要求和步骤。
3. 掌握按不同企业的具体情况设置会计核算组织程序的基本知识和操作技能。

能力目标

1. 能准确地辨别不同会计核算组织程序的不同。
2. 能对不同企业选择恰当的会计核算组织程序。

○ **案例导入**

背景资料：

小李是一名大学生，他决定利用暑假期间勤工俭学，开办一家经营商品推销、少儿暑假寄托、教育等业务的服务公司。6 月 1 日，小李成立了开心服务公司，利用自己的积蓄租了一套租赁期为两个月的房间，每月租金 300 元，先预付 500 元，同时，借来现金 2 000 元。

该服务公司 6 月份发生以下业务。

支付广告费 100 元；

租用办公桌一张，月租金 50 元，预付 30 元，余款到 7 月 31 日租赁期满与 7 月份租金一并付清；

现款购入各种少儿读物 1 130 套，共计 460 元；

现款购入数把儿童椅子，总成本 1 000 元；

在小李外出联系业务时，请了一名临时工来帮忙，月薪为 300 元；

支付各种杂费 50 元；

推销商品佣金收入 1 640 元；

入托少儿的学杂费收入 1 500 元；

6 月份，小李个人支用服务所现金 300 元；

7 月份，该公司取得 3 100 元的现金收入，均收到现金，其中托费收入 1 700 元，其余均为佣金收入，费用开支保持不变，小李个人支用服务所现金 300 元。

7 月 31 日暑假结束，小李将少儿读物全部送给孩子们，并将数把椅子出售货款 600 元。同时，归还借款。

要求：

请你帮小李设计一套合理的账务处理程序，完整地记录开心服务公司的全部经济业务，并计算确定小李的经营是否成功，简要评述开心服务公司6、7月份月初与月末的现金变动状况。

第一节　会计核算组织程序概述

一、会计核算组织程序的概念及设计意义

（一）会计核算组织程序的基本概念

会计核算组织程序又称账务处理程序，或会计核算形式，它是指在会计循环中，会计主体采用的会计凭证、会计账簿、会计报表的种类和格式与记账程序有机结合的方法和步骤。

1. 会计循环

会计循环是指一个会计主体在一定的会计期间内，从经济业务（也称交易或事项）发生取得或填制会计凭证起，到登记账簿，编制会计报表时止的一系列处理程序。它是按照划分的会计期间，周而复始进行的会计核算工作的内容。一个完整的会计循环过程中的内容可概括为：(1)根据原始凭证填制记账凭证，采用复式记账法为经济业务编制会计分录；(2)根据编制的记账凭证登记有关账户，包括日记账、明细分类账和总分类账；(3)根据分类账户的记录，编制结账（调整）前试算表；(4)按照权责发生制的要求，编制调整分录并予以过账；(5)编制结账分录并登记入账，结清损益类账户（月末或年末）和利润账户（年末）；(6)根据全部账户数据资料，编制结账后试算表；(7)根据账户的数据资料，编制会计报表，包括资产负债表和利润表等。

以上七个环节全面地反映了一个会计主体在一定会计期间内的会计核算工作的所有内容，构成了一个完整的会计循环。其中前三个环节属于会计主体日常的会计核算工作内容；后四个环节属于会计主体在会计期末的会计核算工作内容。会计循环的过程如图12－1所示。

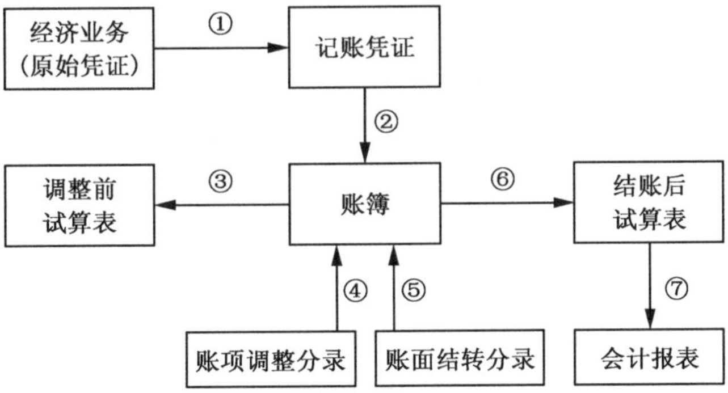

图12－1　会计循环过程示意

在会计循环的过程中，我们清楚地看到，任何会计主体要核算和监督所发生的经济业务，都应采用适合的会计核算方法，而会计凭证的取得和填制、会计账簿的登记和会计报表的编

制，就是会计主体在会计核算中常用的三种方法。在持续经营的企业，会计循环正是通过各种记账凭证的填制、各种账簿的登记和各种会计报表的编制在每一个会计期间周而复始地不断进行的，进而形成了有序的会计循环。

2. 记账程序

记账程序是指企业在会计循环中，利用不同种类和格式的会计凭证、会计账簿和会计报表对发生的经济业务进行记录和反映的具体做法。

会计凭证、会计账簿和会计报表是会计用以记录和储存会计信息的重要载体。在实务中所使用的会计凭证（特别是其中的记账凭证）、会计账簿和会计报表种类繁多，格式也各不相同。一个特定的会计主体应当根据选定的业务处理程序和方法，选择一定种类和格式的会计凭证（特别是其中的记账凭证）、会计账簿和会计报表。这就决定了不同的会计主体所采用的会计凭证、会计账簿和会计报表的种类及格式也有所不同。因而，对其所发生的经济业务如何进行具体处理，特别是如何在有关的总分类账户中进行登记，有着不同的做法。也就是说，即使是对同样内容的经济业务进行账务处理，由于所采用的会计凭证、会计账簿和会计报表的种类与格式不同，采用不同记账程序的会计主体也有着截然不同的方法，也就会形成在做法上各不相同的账务处理程序。这个程序在不同的会计主体是采用不同的组织方法来完成的。

综合以上分析可知，会计核算组织程序就是指在会计循环中，会计主体所采用的会计凭证、会计账簿、会计报表的种类和格式与一定的记账程序有机结合的方法和步骤。对会计核算组织程序的基本含义，可结合图 12—2 加以理解。

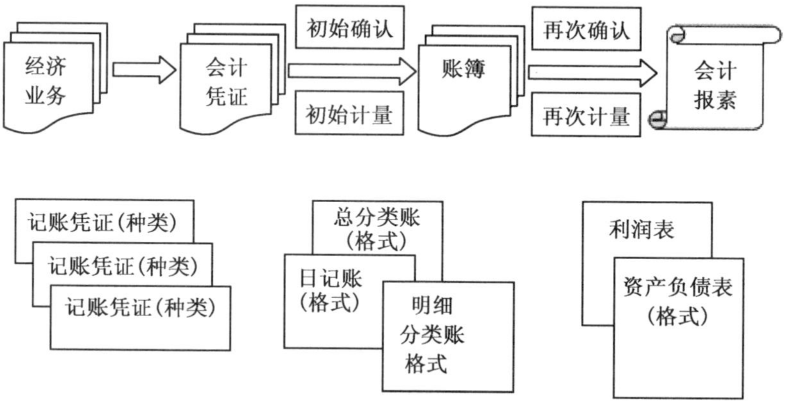

图 12—2 会计核算组织程序示意

（二）设计会计核算组织程序的意义

会计核算组织程序是否科学合理，会对整个会计核算工作产生诸多方面的影响。确定科学合理的会计核算组织程序，对于保证能够准确、及时地提供系统而完整的会计信息，具有十分重要的意义，这也是会计部门和会计人员的一项重要工作。

1. 有利于规范会计核算组织工作

会计核算工作是需要会计部门和各类会计人员之间的密切配合的有机系统，建立了科学合理的会计核算组织程序，形成了规范的会计核算工作秩序，会计机构和会计人员在进行会计核算的过程中就能够做到有序可循，按照不同的责任分工，有条不紊地处理好各个环节上的会计核算工作内容。

2. 有利于保证会计核算工作质量

在进行会计核算的过程中，保证会计核算工作的质量是对会计工作的基本要求。建立起科学合理的会计核算组织程序，形成加工和整理会计信息的正常机制，是提高会计核算工作质量的重要保障，同时有利于提高会计信息质量。

3. 有利于提高会计核算工作效率

会计核算工作效率的高低，直接关系到提供会计信息的及时性和相关性。按照既定的会计核算组织程序进行会计信息的处理，将会大大提高会计核算工作效率，保证会计信息整理、加工和对外报告的顺利进行，满足会计信息质量的及时性要求。

4. 有利于降低会计核算工作成本

组织会计核算的过程也是对人力、物力和财力的消耗过程，因此，要求会计核算本身也要讲求经济效益，根据"效益大于成本"原则设计会计核算组织程序。会计核算组织程序安排得科学合理，选用的会计凭证、会计账簿和会计报表种类适当，格式适用，数量适中，在一定程度上也能够降低会计核算工作的成本，节约会计核算方面的支出。

5. 有利于发挥会计核算工作的作用

会计核算工作的重要作用是对企业发生的交易和事项进行确认、计量、记录和报告，为会计信息使用者进行经济决策提供有用信息。为此，应切实保障会计核算并保证记录的正确性、完整性和合理性，这种作用是通过会计核算和监督职能的发挥而体现出来的。在建立规范会计核算组织程序的基础上，保证了会计核算工作质量，提高了会计核算工作效率，就能够在为会计信息使用者提供相关信息等方面更好地发挥会计核算工作的作用。

二、设计会计核算组织程序的原则

1. 应从本单位会计主体的实际情况出发

充分考虑本会计主体经济活动的性质、经济管理的特点、规模的大小、经济业务的繁简以及会计机构和会计人员的设置等相关因素，使会计核算组织程序与本单位会计核算工作的需要相适应。一般而言，在经济活动内容比较庞杂、规模比较大、经济业务繁多的企业，其会计核算组织程序相对也比较复杂，反之则比较简单。

2. 应以保证会计核算质量为立足点

确定会计核算组织程序的目的是要保证能准确、及时和完整地提供系统而完备的会计信息资料，以满足会计信息使用者了解会计信息并据以做出经济决策的需要。因而，会计核算组织程序应以保证会计信息质量为根本立足点。

3. 应力求降低会计核算成本

在满足会计核算工作需要、保证会计核算工作质量、提高会计核算工作效率的前提下，力求简化会计核算手续，节省会计核算时间，降低会计核算成本。

4. 应有利于建立会计工作岗位责任制

设计会计核算组织程序，应有利于会计部门和会计人员的分工与合作，有利于明确各会计人员工作岗位的职责，并应有利于不同程序之间的相互牵制，使各个处理环节分工明确、责任清楚、约束力强。

以上各项是建立会计核算组织程序的基本要求，但在实际工作中，由于各个会计主体的具体情况不同，会计核算的组织程序也不可能完全相同。常用的会计核算组织程序主要有以下几种：记账凭证核算组织程序，科目汇总表核算组织程序，汇总记账凭证核算组织程序和日记总核算组织程序等。

知识链接

第二节 记账凭证核算组织程序

一、记账凭证核算组织程序的基本内容

（一）记账凭证核算组织程序的定义

记账凭证核算组织程序是指根据经济业务发生以后所填制的各种记账凭证直接逐笔登记总分类账，并定期编制会计报表的一种账务处理程序。

记账凭证核算组织程序是一种最基本的核算组织程序，其他核算组织程序都是在此基础上发展演变而形成的。

（二）记账凭证核算组织程序下的记账凭证、会计账簿和会计报表的种类与格式

在记账凭证核算组织程序下，采用的记账凭证、会计账簿和会计报表种类很多，其格式也各异。

在记账凭证核算组织程序下，记账凭证可以采用收款凭证、付款凭证和转账凭证等专用记账凭证，也可采用通用记账凭证。会计账簿一般应设置借、贷、余（或收、付、余）三栏式库存现金日记账和银行存款日记账；各总分类账均采用借、贷、余三栏式；明细分类账可根据核算需要，采用借、贷、余三栏式、数量金额式或多栏式。记账凭证核算组织程序下记账凭证与会计账簿系统如图 12—3 所示。

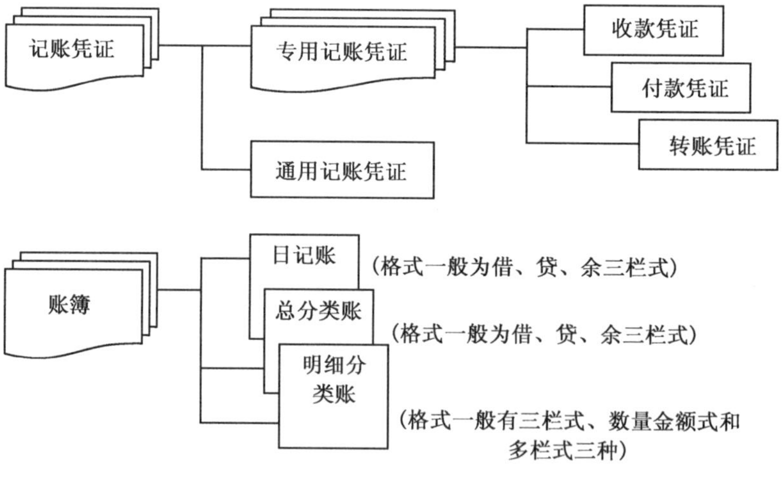

图 12—3 记账凭证核算组织程序下记账凭证与会计账簿系统示意

在记账凭证核算组织程序下使用的会计报表主要有资产负债表、利润表和现金流量表等。报表的种类不同，格式也不尽相同。各种会计报表的格式参见第十一章的有关内容。由于在国家颁布的会计准则或会计制度中对会计报表的种类和格式已有统一规定。因而，不论在什么样的会计核算组织程序下，会计报表的种类与格式都不会有大的变动。因此，在研究

会计核算组织程序的过程中，对会计报表的种类与格式问题不再做更多探讨。

(三)记账凭证核算组织程序下账务处理的基本步骤

在记账凭证核算组织程序下，对经济业务进行账务处理大体要经过以下六个步骤。

(1)经济业务发生以后，根据有关的原始凭证或原始凭证汇总表填制各种专用记账凭证(收款凭证、付款凭证和转账凭证)。

(2)根据收款凭证和付款凭证逐笔登记库存现金日记账和银行存款日记账。

(3)根据记账凭证并参考原始凭证或原始凭证汇总表，逐笔登记各种明细分类账。

(4)根据各种记账凭证逐笔登记总分类账。

(5)月末，将日记账、明细分类账的余额与总分类账中相应账户的余额进行核对。

(6)月末，根据总分类账和明细分类账的资料编制会计报表。

二、对记账凭证核算组织程序的评价

(一)记账凭证核算组织程序的特点

记账凭证核算组织程序的特点是：直接根据各种记账凭证逐笔登记总分类账。各种会计核算组织程序在账务处理的做法上有共同之处。比如，登记各种日记账和明细分类账，不论是在记账凭证核算组织程序下，还是在其他核算组织程序下，在做法上基本上是相同的。将各种会计核算组织程序相比较，它们的特点主要体现在对总分类账户的登记依据和方法上。直接根据各种记账凭证逐笔登记总分类账，是记账凭证核算组织程序与其他核算组织程序截然不同的做法，是记账凭证核算组织程序的一个鲜明特点。

(二)记账凭证核算组织程序的优点、缺点及适用范围

1. 记账凭证核算组织程序的优点

(1)在记账凭证上能够清晰地反映账户之间的对应关系。在记账凭证核算组织程序下，所采用的是专用记账凭证或通用记账凭证，当一笔简单的经济业务发生以后，利用多张记账凭证就可以编制出该笔经济业务的完整会计分录；而在比较复杂的经济业务发生以后，也可以利用多张凭证为其编制简单分录，或编制涉及两个以上会计科目的复杂分录。因而，在每一张记账凭证上，账户之间的对应关系都能一目了然。

(2)在总分类账上能够比较详细地反映经济业务的发生情况。在记账凭证核算组织程序下，不仅对各种日记账和明细分类账采取逐笔登记的方法，对于总分类账的登记方法也是如此。因而，在总分类账上能够详细清晰地反映所发生的经济业务的情况。

(3)总分类账登记方法简单，易于掌握。如上所述，根据记账凭证直接逐笔登记总分类账，是记账凭证核算组织程序的特点，总分类账登记方法与明细分类账的登记方法是一样的，因而也是一种最易于掌握的账户登记方法。

2. 记账凭证核算组织程序的缺点

(1)总分类账登记工作量过大。对发生的每一笔经济业务都要根据记账凭证逐笔在总分类账中进行登记，实际上与日记账和明细分类账登记的内容一致，是一种简单的重复登记，势必要增大登记总分类账的工作量，特别是在经济业务量比较多的情况下更是如此。

(2)账页耗用多，预留账页多少难以把握。由于总分类账对发生的所有经济业务要重复登记一遍，势必会耗用更多的账页，造成一定的账页浪费。特别是在一个账簿上设置多个账户时，由于登记业务的多少很难预先确定，对于每一个账户应预留多少账页很难把握，预留过多会造成浪费，预留过少又会影响账户登记的连续性。在预留账页比较多的情况下，由于在新的会计年度一般要更换新账簿，所有旧账簿中预留未用的账页也会被废止不用，在一定程度上形成了账页浪费。

3. 记账凭证核算组织程序的适用范围

记账凭证核算组织程序一般只适用于规模较小、经济业务量比较少、需要编制记账凭证不是很多的会计主体。如果业务量过小，也可使用通用记账凭证，以避免因凭证种类的多样化而造成凭证购买上的过多支出。

三、记账凭证账务处理程序举例

【例 12—1】 华安工厂采用记账凭证账务处理程序进行会计核算。该厂××年 8 月 31 日总分类账户余额如表 12—1 所示。

表 12—1 **华安工厂总分离账户余额表**

××年 8 月 31 日

账户名称	借方余额	贷方余额
库存现金	2 000	
银行存款	200 000	
应收账款	4 000	
原材料	50 000	
长期待摊费用	2 000	
库存商品	20 000	
固定资产	360 000	
累计折旧		60 000
应付账款		5 000
其他应付款		3 000
实收资本		500 000
盈余公积		50 000
本年利润		180 000
利润分配	160 000	
合计	798 000	798 000

其有关明细分类账账户余额如下。

甲材料：2 000 千克，单价 10 元，金额 20 000 元。

乙材料：6 000 千克，单价 5 元，金额 30 000 元。

应收账款：A 工厂　1 000 元；

　　　　　B 工厂　3 000 元。

应付账款：C 工厂　2 000 元；

　　　　　D 工厂　3 000 元。

库存商品：400 件，单价 50 元，金额 20 000 元。

华安工厂××年 9 月发生的经济业务如下。

(1)2 日,从 C 工厂购入甲材料 1 000 千克,单价 9.8 元,共计 9 800 元,运杂费 200 元,增值税税率为 13%,用银行存款付讫。

(2)3 日,上述购入的甲材料验收入库,结转其实际采购成本。

(3)3 日,生产 M 产品领用甲材料 1 500 千克,计 15 000 元,领用乙材料 4 000 千克,计 20 000 元。

(4)5 日,车间管理部门领用甲材料 50 千克,计 500 元,领用乙材料 80 千克,计 400 元。工厂管理部门领用甲材料 30 千克,计 300 元,领用乙材料 40 千克,计 200 元。

(5)8 日,从 D 工厂购入乙材料 4 000 千克,单价 4.9 元,共计 19 600 元,货款未付,增值税税率 13%。

(6)9 日,用库存现金支付购买乙材料的运杂费 400 元。

(7)9 日,购入的乙材料到货并验收入库,结转其实际采购成本。

(8)10 日,销售 M 产品 100 件,单价 100 元,共计 10 000 元,增值税税率 13%,货款通过银行收讫。

(9)12 日,计算本月应付工资 17 100 元,其中:生产工人工资 11 400 元,车间管理人员工资 2 280 元,工厂管理人员工资 3 420 元。

(10)14 日,从银行提取现金 15 000 元,准备发放工资。

(11)15 日,以库存现金 15 000 元支付公司。

(12)16 日,以银行存款支付前欠 C 工厂货款 2 000 元,以及前欠 D 工厂货款 15 000 元。

(13)20 日,销售给 A 工厂 M 产品 500 件,单价 100 元,共计 50 000 元,增值税税率 13%,货款尚未收到。

(14)20 日,支付产品销售费用 200 元,以库存现金付讫。

(15)21 日,以银行存款支付本月电费 2 000 元,其中:生产车间照明耗用 500 元,工厂管理部门耗用 1 500 元。

(16)22 日,以库存现金 270 元支付生产车间修理费。

(17)25 日,用银行存款支付销售产品广告费 1 000 元。

(18)25 日,用库存现金 100 元购买办公用品。

(19)28 日,收到 A 工厂通过银行转来的前欠货款 59 000 元。

(20)30 日,结转本月应付生产设备大修理费用 400 元。

(21)30 日,摊销应由本月负担的长期待摊费用 500 元。

(22)30 日,计提本月固定资产折旧费 6 000 元,其中:生产车间计提 5 000 元,工厂管理部门计提 1 000 元。

(23)30 日,结转 M 产品本月发生的制造费用 9 350 元。

(24)30 日,本月投产 M 产品 1 115 件,全部完工并验收入库,其单位成本为 50 元,总成本为 55 750 元。

(25)30 日,结转本月已销售产品的成本 30 000 元。

(26)30 日,将本月销售产品收入 60 000 元转入本年利润。

(27)30 日,将本月销售产品成本 30 000 元、销售费用 1 200 元,转入本年利润。

(28)30 日,将本月管理费用 7 020 元转入本年利润。

(29)30 日,计算本月应缴纳的所得税,税率为 25%。

(30)30 日，将本月所得税费用转入本年利润。

(31)30 日，按净利润 10%计提盈余公积 1 633.5 元。

(32)30 日，用银行存款支付应交税费 9 423 元，其中：未交增值税 3 978 元，应交所得税 5 455 元。

根据 9 月发生的上述经济业务编制相应的记账凭证如下(见表 12—2 至表 12—33)。

表 12—2 **付款凭证** 总字第 1 号

贷方科目：银行存款 ××年 9 月 2 日 银付字第 1 号

摘 要	借方科目		√	金 额
	总账科目	明细科目		
支付材料款	材料采购	甲材料		10 000
	应交税费	进项税额		1 274
合 计				11 274

表 12—3 **转账凭证** 总字第 2 号

××年 9 月 3 日 转字第 1 号

摘 要	总账科目	明细科目	√	借方金额	√	贷方金额
材料验收入库	原材料	甲材料		10 000		
	材料采购	甲材料				10 000
合 计				10 000		10 000

表 12—4 **转账凭证** 总字第 3 号

××年 9 月 3 日 转字第 2 号

摘 要	总账科目	明细科目	√	借方金额	√	贷方金额
生产领用	生产成本	M 产品		35 000		
	原材料	甲材料				15 000
		乙材料				20 000
合 计				35 000		35 000

表 12—5 **转账凭证** 总字第 4 号

××年 9 月 5 日 转字第 3 号

摘 要	总账科目	明细科目	√	借方金额	√	贷方金额
管理部门领料	制造费用			900		
	管理费用			500		
	原材料	甲材料				800
		乙材料				600
合 计				1 400		1 400

表 12—6

转账凭证

××年 9 月 8 日

总字第 5 号
转字第 4 号

摘　要	总账科目	明细科目	√	借方金额	√	贷方金额
购入乙材料	材料采购	乙材料		19 600		
	应交税费	进项税额		2 548		
	应付账款	D 工厂				22 148
合　计				22 148		22 148

表 12—7

付款凭证

贷方科目:库存现金　　××年 9 月 9 日

总字第 6 号
现付字第 1 号

摘　要	借方科目		√	金　额
	总账科目	明细科目		
支付乙材料运费	材料采购	乙材料		400
合　计				400

表 12—8

转账凭证

××年 9 月 9 日

总字第 7 号
转字第 5 号

摘　要	总账科目	明细科目	√	借方金额	√	贷方金额
材料验收入库	原材料	乙材料		20 000		
	材料采购	乙材料				20 000
合　计				20 000		20 000

表 12—9

收款凭证

借方科目:银行存款　　××年 9 月 10 日

总字第 8 号
银收字第 1 号

摘　要	贷方科目		√	金　额
	总账科目	明细科目		
销售产品	主营业务收入			10 000
	应交税费	销项税额		1 300
合　计				11 300

表 12—10

转账凭证

××年 9 月 12 日

总字第 9 号
转字第 6 号

摘　要	总账科目	明细科目	√	借方金额	√	贷方金额
计算本月工资	生产成本	M 产品		11 400		
	制造费用			2 280		
	管理费用			3 420		
	应付职工薪酬					17 100
合　计				17 100		17 100

表 12—11　　**付款凭证**　　总字第 10 号

贷方科目:银行存款　　××年 9 月 14 日　　银付字第 2 号

摘　要	借方科目		√	金　额
	总账科目	明细科目		
提取现金准备发工资	库存现金			15 000
合　计				15 000

表 12—12　　**付款凭证**　　总字第 11 号

贷方科目:库存现金　　××年 9 月 15 日　　现付字第 2 号

摘　要	借方科目		√	金　额
	总账科目	明细科目		
发放工资	应付职工薪酬			15 000
合　计				15 000

表 12—13　　**付款凭证**　　总字第 12 号

贷方科目:银行存款　　××年 9 月 16 日　　银付字第 3 号

摘　要	借方科目		√	金　额
	总账科目	明细科目		
支付前欠货款	应付账款	C 工厂		2 000
		D 工厂		15 000
合　计				17 000

表 12—14　　**转账凭证**　　总字第 13 号

××年 9 月 20 日　　转字第 7 号

摘　要	总账科目	明细科目	√	借方金额	√	贷方金额
销售产品	应收账款	A 工厂		56 500		
	主营业务收入					50 000
	应交税费	销项税额				6 500
合　计				56 500		56 500

表 12—15　　**付款凭证**　　总字第 14 号

贷方科目:库存现金　　××年 9 月 20 日　　现付字第 3 号

摘　要	借方科目		√	金　额
	总账科目	明细科目		
支付销售费用	销售费用			200
合　计				200

表 12—16 **付款凭证** 总字第 15 号

贷方科目:银行存款 ××年 9 月 21 日 银付字第 4 号

摘 要	借方科目		√	金 额
	总账科目	明细科目		
支付电费	制造费用			500
	管理费用			1 500
合 计				2 000

表 12—17 **付款凭证** 总字第 16 号

贷方科目:库存现金 ××年 9 月 22 日 现付字第 4 号

摘 要	借方科目		√	金 额
	总账科目	明细科目		
支付修理费	制造费用			270
合 计				270

表 12—18 **付款凭证** 总字第 17 号

贷方科目:银行存款 ××年 9 月 25 日 银付字第 5 号

摘 要	借方科目		√	金 额
	总账科目	明细科目		
支付广告费	销售费用			1 000
合 计				1 000

表 12—19 **付款凭证** 总字第 18 号

贷方科目:库存现金 ××年 9 月 25 日 现付字第 5 号

摘 要	借方科目		√	金 额
	总账科目	明细科目		
购买办公用品	管理费用			100
合 计				100

表 12—20 **收款凭证** 总字第 19 号

借方科目:银行存款 ××年 9 月 28 日 银收字第 2 号

摘 要	贷方科目		√	金 额
	总账科目	明细科目		
收到前欠货款	应收账款	A 工厂		59 000
合 计				59 000

表 12－21

转账凭证

××年 9 月 30 日

总字第 20 号
转字第 8 号

摘　要	总账科目	明细科目	√	借方金额	√	贷方金额
应付修理厂修理费	制造费用			400		
	其他应付款					400
合　计				400		400

表 12－22

转账凭证

××年 9 月 30 日

总字第 21 号
转字第 9 号

摘　要	总账科目	明细科目	√	借方金额	√	贷方金额
摊销长期费用	管理费用			500		
	长期待摊费用					500
合　计				500		500

表 12－23

转账凭证

××年 9 月 30 日

总字第 22 号
转字第 10 号

摘　要	总账科目	明细科目	√	借方金额	√	贷方金额
计提折旧	制造费用			5 000		
	管理费用			1 000		
	累计折旧					6 000
合　计				6 000		6 000

表 12－24

转账凭证

××年 9 月 30 日

总字第 23 号
转字第 11 号

摘　要	总账科目	明细科目	√	借方金额	√	贷方金额
转制造费用	生产成本	M 产品		9 350		
	制造费用					9 350
合　计				9 350		9 350

表 12－25

转账凭证

××年 9 月 30 日

总字第 24 号
转字第 12 号

摘　要	总账科目	明细科目	√	借方金额	√	贷方金额
产成品验收入库	库存商品			55 750		
	生产成本	M 产品				55 750
合　计				55 750		55 750

表 12—26

转账凭证

××年 9 月 30 日

总字第 25 号
转字第 13 号

摘　要	总账科目	明细科目	√	借方金额	√	贷方金额
结转已售商品成本	主营业务成本			30 000		
	库存商品					30 000
合　计				30 000		30 000

表 12—27

转账凭证

××年 9 月 30 日

总字第 26 号
转字第 14 号

摘　要	总账科目	明细科目	√	借方金额	√	贷方金额
结转销售收入	主营业务收入			60 000		
	本年利润					60 000
合　计				60 000		60 000

表 12—28

转账凭证

××年 9 月 30 日

总字第 27 号
转字第 15 号

摘　要	总账科目	明细科目	√	借方金额	√	贷方金额
结转销售成本、费用	本年利润			31 200		
	主营业务成本					30 000
	销售费用					1 200
合　计				31 200		31 200

表 12—29

转账凭证

××年 9 月 30 日

总字第 28 号
转字第 16 号

摘　要	总账科目	明细科目	√	借方金额	√	贷方金额
结转管理费用	本年利润			7 020		
	管理费用					7 020
合　计				7 020		7 020

表 12—30

转账凭证

××年 9 月 30 日

总字第 29 号
转字第 17 号

摘　要	总账科目	明细科目	√	借方金额	√	贷方金额
计算应交所得税	所得税费用			5 445		
	应交税费	应交所得税				5 445
合　计				5 445		5 445

表 12—31　　　　转账凭证　　　　总字第 30 号

××年 9 月 30 日　　　　转字第 18 号

摘　要	总账科目	明细科目	√	借方金额	√	贷方金额
结转所得税费用	本年利润			5 445		
	所得税费用					5 445
合　计				5 445		5 445

表 12—32　　　　转账凭证　　　　总字第 31 号

××年 9 月 30 日　　　　转字第 19 号

摘　要	总账科目	明细科目	√	借方金额	√	贷方金额
计提盈余公积	利润分配			1 633.5		
	盈余公积					1 633.5
合　计				1 633.5		1 633.5

表 12—33　　　　付款凭证　　　　总字第 32 号

贷方科目:银行存款　　　　××年 9 月 30 日　　　　银付字第 6 号

摘　要	借方科目		√	金　额
	总账科目	明细科目		
缴纳税金	应交税费	未交增值税		3 978
		应交所得税		5 445
合　计				9 423

根据收款凭证及付款凭证逐日、逐笔登记库存现金日记账和银行存款日记账。如表 12—34 和表 12—35 所示。

表 12—34　　　　库存现金日记账

××年		凭证		摘　要	对方科目	借方	贷方	余额
月	日	字	号					
9	1			期初余额				2 000
9	9	现付	1	支付乙材料运费	材料采购		400	1 600
9	14	银付	2	提取现金备发工资	银行存款	15 000		16 600
9	15	现付	2	发放工资	应付职工薪酬		15 000	1 600
9	20	现付	3	支付销售费用	销售费用		200	1 400
9	22	现付	4	支付修理费用	制造费用		270	1 130
9	25	现付	5	购买办公用品	管理费用		100	1 030
9	30			本期发生额及余额		15 000	15 970	1 030

表 12—35　　**银行存款日记账**

××年		凭证		摘　要	对方科目	借方	贷方	余额
月	日	字	号					
9	1			期初余额				200 000
9	2	银付	1	支付材料款	材料采购		10 000	
					应交税费		1 568	188 432
9	10	银收	1	销售产品	主营业务收入	10 000		
					应交税费	1 600		200 032
9	14	银付	2	提取现金备发工资	库存现金		15 000	185 032
9	16	银付	3	支付前欠货款	应付账款		17 000	168 032
9	21	银付	4	支付电费	制造费用		500	167 532
					管理费用		1 500	166 032
9	25	银付	5	支付广告费	销售费用		1 000	165 032
9	28	银付	2	收到前欠货款	应收账款	59 000		224 032
9	30	银付	6	缴纳税金	应交税费		9 423	214 609
9	30			本期发生额及余额		70 600	55 991	214 609

根据原始凭证和记账凭证登记“原材料”“应收账款”“应付账款”明细账。如表 12—36 至表 12—41 所示(其他明细账从略)。

表 12—36　　**原材料明细账**

材料名称:甲材料　　计量单位:千克

××年		凭证		摘　要	借方			贷方			余额		
月	日	字	号		数量	单价	金额	数量	单价	金额	数量	单价	金额
9	1			月初结存							2 000	10	20 000
9	3	转	1	材料验收入库	1 000	10	10 000				3 000	10	30 000
9	3	转	2	生产领用				1 500	10	15 000	1 500	10	15 000
9	5	转	3	管理部门领料				80	10	800	1 420	10	14 200
9	30			本期发生额及余额	1 000	10	10 000	1 580	10	15 800	1 420	10	14 200

表 12—37　　**原材料明细账**

材料名称:乙材料　　计量单位:千克

××年		凭证		摘　要	借方			贷方			余额		
月	日	字	号		数量	单价	金额	数量	单价	金额	数量	单价	金额
9	1			月初结存							6 000	5	30 000
9	3	转	2	生产领用				4 000	5	20 000	2 000	5	10 000
9	5	转	3	管理部门领料				120	5	600	1 880	5	9 400
9	9	转	5	材料验收入库	4 000	5	20 000				5 880	5	29 400
9	30			本期发生额及余额	4 000	5	20 000	4 120	5	20 600	5 880	5	29 400

表 12—38　　**应收账款明细账**

户名:A 工厂

××年		凭证		摘　要	借　方	贷　方	借或贷	余　额
月	日	字	号					
9	1			期初余额			借	1 000
9	20	转	7	销售产品	58 000		借	59 000
9	28	银收	2	收到前欠货款		59 000	平	—
9	30			本期发生额及余额	58 000	59 000	平	—

表 12—39　　**应收账款明细账**

户名:B 工厂

××年		凭证		摘　要	借　方	贷　方	借或贷	余　额
月	日	字	号					
9	1			期初余额			借	3 000
9	30			本期发生额及余额			借	3 000

表 12—40　　**应收账款明细账**

户名:C 工厂

××年		凭证		摘　要	借　方	贷　方	借或贷	余　额
月	日	字	号					
9	1			期初余额			贷	2 000
9	16	银付	3	支付前欠货款	2 000		平	—
9	30			本期发生额及余额	2 000		平	—

表 12—41　　**应收账款明细账**

户名:D 工厂

××年		凭证		摘　要	借　方	贷　方	借或贷	余　额
月	日	字	号					
9	1			期初余额			贷	3 000
9	8	转	4	购入乙材料		22 736	贷	25 736
9	16	银付	3	支付前欠货款	15 000		贷	10 736
9	30			本期发生额及余额	15 000	22 736	贷	10 736

根据各种记账凭证逐笔登记总分类账，如表 12—42 至表 12—65 所示。

表 12—42　　　　　　　　　　　　**总分类账**

会计科目:库存现金

××年		凭证		摘　要	借　方	贷　方	借或贷	余　额
月	日	字	号					
9	1			期初余额			借	2 000
9	9	现付	1	支付材料运费		400	借	1 600
9	14	银付	2	提取现金备发工资	15 000		借	16 600
9	15	现付	2	发放工资		15 000	借	1 600
9	20	现付	3	支付销售费用		200	借	1 400
9	22	现付	4	支付修理费用		270	借	1 130
9	25	现付	5	购买办公用品		100	借	1 030
9	30			本期发生额及余额	15 000	15 970	借	1 030

表 12—43　　　　　　　　　　　　**总分类账**

会计科目:银行存款

××年		凭证		摘　要	借　方	贷　方	借或贷	余　额
月	日	字	号					
9	1			期初余额			借	200 000
9	2	银付	1	支付材料款		11 568	借	188 332
9	10	银收	1	销售产品	11 600		借	200 032
9	14	银付	2	提取现金备发工资		15 000	借	185 032
9	16	银付	3	支付前欠货款		17 000	借	168 032
9	21	银付	4	支付电费		2 000	借	166 032
9	25	银付	5	支付广告费		1 000	借	165 032
9	28	银收	2	收到前欠货款	59 000		借	224 032
9	30	银付	6	缴纳税金		9 423	借	214 609
9	30			本期发生额及余额	70 600	55 991	借	214 609

表 12—44　　　　　　　　　　　　**总分类账**

会计科目:应收账款

××年		凭证		摘　要	借　方	贷　方	借或贷	余　额
月	日	字	号					
9	1			期初余额			借	4 000
9	14	转	7	销售产品	58 000		借	62 000
9	28	银收	2	收到前欠货款		59 000	借	3 000
9	30			本期发生额及余额	58 000	59 000	借	3 000

表 12—45　　**总分类账**

会计科目:原材料

××年		凭证		摘　要	借　方	贷　方	借或贷	余　额
月	日	字	号					
9	1			期初余额			借	50 000
9	3	转	1	材料验收入库	10 000		借	60 000
9	3	转	2	生产领用		35 000	借	25 000
9	5	转	3	管理部门领料		1 400	借	23 600
9	9	转	5	材料验收入库	20 000		借	43 600
9	30			本期发生额及余额	30 000	36 400	借	43 600

表 12—46　　**总分类账**

会计科目:长期待摊费用

××年		凭证		摘　要	借　方	贷　方	借或贷	余　额
月	日	字	号					
9	1			期初余额			借	2 000
9	30	转	9	摊销费用		500	借	1 500
9	30			本期发生额及余额		500	借	1 500

表 12—47　　**总分类账**

会计科目:库存商品

××年		凭证		摘　要	借　方	贷　方	借或贷	余　额
月	日	字	号					
9	1			期初余额			借	20 000
9	30	转	12	产成品验收入库	55 750		借	75 750
9	30	转	13	结转销售成本		30 000	借	45 750
9	30			本期发生额及余额	55 750	30 000	借	45 750

表 12—48　　**总分类账**

会计科目:固定资产

××年		凭证		摘　要	借　方	贷　方	借或贷	余　额
月	日	字	号					
9	1			期初余额			借	360 000
9	30			本期发生额及余额			借	360 000

表 12－49　　总分类账

会计科目:累计折旧

××年		凭证		摘　要	借　方	贷　方	借或贷	余　额
月	日	字	号					
9	1			期初余额			贷	60 000
9	30	转	10	计提折旧		6 000	贷	66 000
9	30			本期发生额及余额		6 000	贷	66 000

表 12－50　　总分类账

会计科目:材料采购

××年		凭证		摘　要	借　方	贷　方	借或贷	余　额
月	日	字	号					
9	2	银付	1	支付材料款	10 000		借	10 000
9	3	转	1	材料验收入库		10 000	平	—
9	8	转	4	采购乙材料	19 600		借	19 600
9	9	现付	1	支付乙材料运费	400		借	20 000
9	9	转	5	材料验收入库		20 000	平	—
9	30			本期发生额及余额	30 000	30 000	平	—

表 12－51　　总分类账

会计科目:应付账款

××年		凭证		摘　要	借　方	贷　方	借或贷	余　额
月	日	字	号					
9	1			期初余额			贷	5 000
9	8	转	4	购入乙材料		22 736	贷	27 736
9	16	银付	3	支付前欠货款	17 000		贷	10 736
9	30			本期发生额及余额	17 000	22 736	贷	10 736

表 12－52　　总分类账

会计科目:应付职工薪酬

××年		凭证		摘　要	借　方	贷　方	借或贷	余　额
月	日	字	号					
9	12	转	6	计算本月工资		17 100	贷	17 100
9	15	现付	2	发放工资	15 000		贷	2 100
9	30			本期发生额及余额	15 000	17 100	贷	2 100

表 12－53　　　　　　　　　　　　**总分类账**

会计科目:应交税费

××年		凭证		摘　要	借　方	贷　方	借或贷	余　额
月	日	字	号					
9	2	银付	1	支付材料款	1 274		借	1 274
9	8	转	4	购入乙材料	2 548		借	3 822
9	10	银收	1	销售产品		1 300	借	2 522
9	20	转	7	销售产品		6 500	贷	3 978
9	30	转	17	计算应交所得税费用		5 445	贷	9 423
9	30	银付	6	缴纳税金	9 423		平	—
9	30			本期发生额及余额	13 245	13 245	平	—

表 12－54　　　　　　　　　　　　**总分类账**

会计科目:其他应付款

××年		凭证		摘　要	借　方	贷　方	借或贷	余　额
月	日	字	号					
9	1			期初余额			贷	3 000
9	30	转	8	应付修理费		400	贷	3 400
9	30			本期发生额及余额		400	贷	3 400

表 12－55　　　　　　　　　　　　**总分类账**

会计科目:实收资本

××年		凭证		摘　要	借　方	贷　方	借或贷	余　额
月	日	字	号					
9	1			期初余额			贷	500 000
9	30			本期发生额及余额			贷	500 000

表 12－56　　　　　　　　　　　　**总分类账**

会计科目:盈余公积

××年		凭证		摘　要	借　方	贷　方	借或贷	余　额
月	日	字	号					
9	1			期初余额			贷	50 000
9	30	转	19	计提盈余公积		1 633.50	贷	51 633.50
9	30			本期发生额及余额		1 633.50	贷	51 633.50

表 12—57　　**总分类账**

会计科目：本年利润

××年		凭证		摘　要	借　方	贷　方	借或贷	余　额
月	日	字	号					
9	1			期初余额			贷	180 000
9	30	转	14	结转销售收入		60 000	贷	240 000
9	30	转	15	结转销售成本、费用	31 200		贷	208 800
9	30	转	16	结转管理费用	7 020		贷	201 780
9	30	转	18	结转所得税费用	5 445		贷	196 335
9	30			本期发生额及余额	43 665	60 000	贷	196 335

表 12—58　　**总分类账**

会计科目：利润分配

××年		凭证		摘　要	借　方	贷　方	借或贷	余　额
月	日	字	号					
9	1			期初余额			借	160 000
9	30	转	19	计提盈余公积	1 633.50		借	161 633.5
9	30			本期发生额及余额	1 633.50		借	161 633.5

表 12—59　　**总分类账**

会计科目：生产成本

××年		凭证		摘　要	借　方	贷　方	借或贷	余　额
月	日	字	号					
9	3	转	2	生产领用	35 000		借	35 000
9	12	转	6	计算本月工资	11 400		借	46 400
9	30	转	11	结转制造费用	9 350		借	55 750
9	30	转	12	产品验收入库		55 750	平	—
9	30			本期发生额及余额	55 750	55 750	平	—

表 12—60　　**总分类账**

会计科目：制造费用

××年		凭证		摘　要	借　方	贷　方	借或贷	余　额
月	日	字	号					
9	5	转	3	销售部门领料	900		借	900
9	12	转	6	计算本月工资	2 280		借	3 180
9	21	银付	4	支付电费	500		借	3 680
9	22	现付	4	支付修理费	270		借	3 950
9	30	转	8	结转应付修理费	400		借	4 350

续表

××年		凭证		摘　要	借　方	贷　方	借或贷	余　额
月	日	字	号					
9	30	转	10	计提折旧	5 000		借	9 350
9	30	转	11	结转制造费用		9 350	平	—
9	30			本期发生额及余额	9 350	9 350	平	—

表 12－61　　　　　　　　　　**总分类账**

会计科目：主营业务收入

××年		凭证		摘　要	借　方	贷　方	借或贷	余　额
月	日	字	号					
9	10	银收	1	销售产品		10 000	贷	10 000
9	20	转	7	销售产品		50 000	贷	60 000
9	30	转	14	结转销售收入	60 000		平	—
9	30			本期发生额及余额	60 000	60 000	平	—

表 12－62　　　　　　　　　　**总分类账**

会计科目：主营业务成本

××年		凭证		摘　要	借　方	贷　方	借或贷	余　额
月	日	字	号					
9	30	转	13	结转已售商品成本	30 000		借	30 000
9	30	转	15	结转销售产成本、费用		30 000	平	—
9	30			本期发生额及余额	30 000	30 000	平	—

表 12－63　　　　　　　　　　**总分类账**

会计科目：销售费用

××年		凭证		摘　要	借　方	贷　方	借或贷	余　额
月	日	字	号					
9	20	现付	3	支付销售费用	200		借	200
9	25	银付	5	支付广告费	1 000		借	1 200
9	30	转	15	结转销售成本、费用		1 200	平	—
9	30			本期发生额及余额	1 200	1 200	平	—

表 12－64　　　　　　　　　　**总分类账**

会计科目：管理费用

××年		凭证		摘　要	借　方	贷　方	借或贷	余　额
月	日	字	号					
9	5	转	3	管理部门领料	500		借	500
9	12	转	6	计算本月工资	3 420		借	3 920

续表

××年		凭证		摘　要	借　方	贷　方	借或贷	余　额
月	日	字	号					
9	21	银付	4	支付电费	1 500		借	5 420
9	25	现付	5	购买办公用品	100		借	5 520
9	30	转	9	摊销费用	500		借	6 020
9	30	转	10	计提折旧	1 000		借	7 020
9	30	转	16	结转管理费用		7 020	平	—
9	30			本期发生额及余额	7 020	7 020	平	—

表 12—65　　**总分类账**

会计科目:所得税费用

××年		凭证		摘　要	借　方	贷　方	借或贷	余　额
月	日	字	号					
9	30	转	17	计算应交所得税	5 445		借	5 445
9	30	转	18	结转所得税费用		5 445	平	—
9	30			本期发生额及余额	5 445	5 445	平	—

月末,将库存现金日记账、银行存款日记账余额及各种明细分类账的余额合计数,分别与相应的总分类账余额进行核对,并编制“总分类账户本期发生额及余额试算平衡表”,如表 12—66 所示。待试算平衡后,编制本月的会计报表。

表 12—66　　**总分类账户本期发生额及余额试算平衡表**

20××年 9 月 30 日　　单位:元

会计科目	期初余额		本期发生额		期末余额	
	借方	贷方	借方	贷方	借方	贷方
库存现金	2 000		15 000	15 970	1 030	
银行存款	200 000		70 600	56 909	213 691	
应收账款	4 000		58 000	59 000	3 000	
材料采购			30 000	30 000		
原材料	50 000		30 000	36 400	43 600	
库存商品	20 000		55 750	30 000	45 750	
固定资产	360 000				360 000	
累计折旧		60 000		6 000		66 000
长期待摊费用	2 000			500	1 500	
应付账款		5 000	17 000	22 736		10 736
应付职工薪酬			15 000	17 100		2 100
应交税费			13 245	13 245		

续表

会计科目	期初余额		本期发生额		期末余额	
	借方	贷方	借方	贷方	借方	贷方
其他应付款		3 000		400		3 400
实收资本		5 000 000				5 000 000
盈余公积		50 000		1 633.50		51 633.50
本年利润		180 000	43 665	60 000		196 335
利润分配	160 000		1 633.50		161 633.50	
生产成本			55 750	55 750		
制造费用			9 350	9 350		
主营业务收入			60 000	60 000		
主营业务成本			30 000	30 000		
销售费用			1 200	1 200		
管理费用			7 020	7 020		
所得税费用			5 445	5 445		
合　计	798 000	798 000	518 658.50	518 658.50	830 204.50	830 204.50

根据核对后的总分类账和明细分类账的记录编制资产负债表、利润表，如表 12—67 和表 12—68 所示(其他会计报表从略)。

表 12—67　　　　**资产负债表**　　　　会企 01 表

编制单位：华安工厂　　　　20××年 9 月 30 日　　　　单位：元

资　产	期末余额	年初余额	负债和所有者权益(或股东权益)	期末余额	年初余额
流动资产：			流动负债：		
货币资金	214 721	202 000	短期借款		
交易性金融资产			交易性金融负债		
衍生金融资产			衍生金融负债		
应收票据及应收账款	3 000	4 000	应付票据及应付账款	10 736	5 000
预付账款			预收账款		
其他应收款			合同负债		
存货	89 350	70 000	应付职工薪酬	2 100	
合同资产			应交税费		
持有待售资产			其他应付款	3 400	3 000
一年内到期的非流动资产			持有待售负债		
其他流动资产			一年内到期的非流动负债		

续表

资　产	期末余额	年初余额	负债和所有者权益（或股东权益）	期末余额	年初余额
流动资产合计	307 071	276 000	其他流动负债		
非流动资产：			流动负债合计	16 236	8 000
债权投资			非流动负债：		
其他债权投资			长期借款		
长期应收款			应付债券		
长期股权投资			其中：优先股		
其他权益工具投资			永续股		
其他非流动金融资产			长期应付款		
投资性房地产			预计负债		
固定资产	294 000	300 000	递延收益		
在建工程			递延所得税负债		
生产性生物资产			其他非流动负债		
油气资产			非流动负债合计		
无形资产			负债合计		
开发支出			所有者权益（或股东权益）		
商誉			实收资本（或股本）	500 000	500 000
长期待摊费用	1 500	2 000	其他权益工具		
递延所得税资产			其中：优先股		
其他非流动资产			永续股		
非流动资产合计	295 500	302 000	资本公积		
			减：库存股		
			其他综合收益		
			盈余公积	51 633.5	50 000
			未分配利润	34 701.5	20 000
			所有者权益（或股东权益）合计	586 335	570 000
资产合计	602 571	578 000	负债及所有者权益（或股东权益）总计	602 571	578 000

表 12－68　　　　　　　　　　**利润表**　　　　　　　　　　会企 02 表

编制单位：华安工厂　　　　　　　××年 9 月　　　　　　　　　单位：元

项　目	本期数	上期数
一、营业收入	60 000	
减：营业成本	30 000	
税金及附加		
销售费用	1 200	
管理费用	7 020	
财务费用		
资产减值损失		
加：公允价值变动损益		
投资收益		
二、营业利润	21 780	
加：营业外收入		
减：营业外支出		
三、利润总额	21 780	
减：所得税费用	5 445	
四、净利润	16 335	
五、其他综合收益的税后净额		
六、综合收益总额		
七、每股收益		

第三节　科目汇总表核算组织程序

知识链接

一、科目汇表核算组织程序的基本内容

（一）科目汇总表核算组织程序的定义

科目汇总表核算组织程序是指根据各种记账凭证先定期（或月末一次）按会计科目汇总编制科目汇总表，然后根据科目汇总表登记总分类账，并定期编制会计报表的账务处理程序。科目汇总表核算组织程序是在记账凭证核算组织程序的基础上发展和演变而来的。

（二）科目汇总表核算组织程序下的记账凭证、会计账簿的种类与格式

在科目汇总表核算组织程序下采用的记账凭证与记账凭证核算组织程序相比，存在着较大差别。独特的做法是要设置“科目汇总表”这种具有汇总性质的记账凭证。使用的会计账簿与记账凭证核算组织程序基本相同。科目汇总表核算组织程序下记账凭证与会计账簿系统如图 12—4 所示。

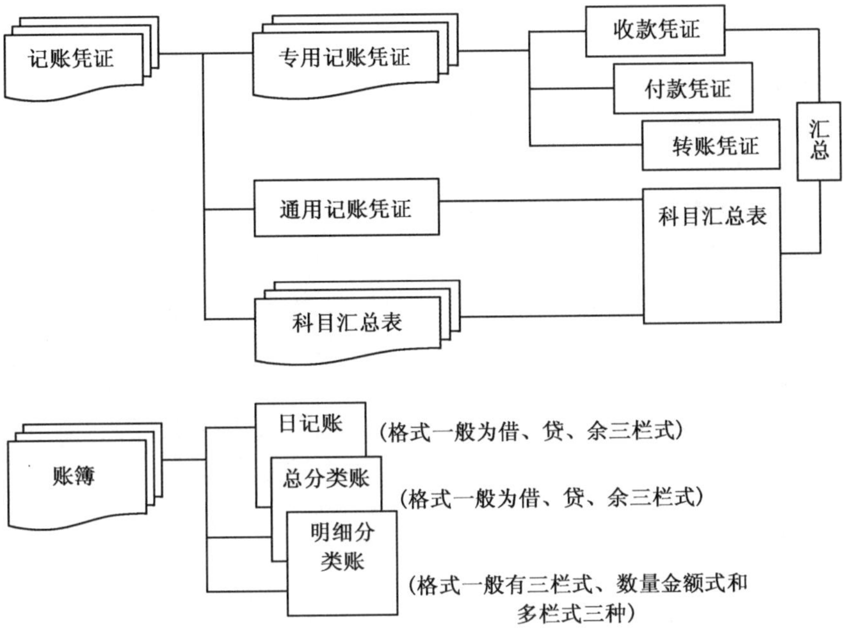

图 12—4　科目汇总表核算组织程序下记账凭证与会计账簿系统示意

(三)科目汇总表的编制方法

1. 编制科目汇总表的基本方法

科目汇总表是根据专用记账凭证(或通用记账凭证)汇总编制而成的。基本的编制方法是:根据一定会计期间编制的全部记账凭证,按照相同会计科目进行归类,定期(每 10 天或 15 天,或每月一次)分别汇总每一个账户的借、贷双方的发生额,并将其填列在科目汇总表的相应栏内,借以反映全部账户的借、贷方发生额。根据科目汇总表登记总分类账时,只需要将该表中汇总起来的各科目的本期借、贷方发生额的合计数,分次或月末一次记入相应总分类账的借方或贷方即可。

2. 科目汇总表的编制举例

【例 12—2】 某企业在 2022 年 6 月发生如下经济业务,在记账凭证上编制的会计分录如下。

现收 1	借:库存现金	80	
	贷:其他应收款		80

现付 2	借:管理费用	813	
	贷:库存现金		813

银付 2	借:长期待摊费用	6 000	
	贷:银行存款		6 000

银付 4	借:在途物资	7 000	
	贷:银行存款		7 000

银付 5	借:库存现金	85 000	
	贷:银行存款		85 000

银付 6	借:应收账款	2 400	
	贷:银行存款		2 400

转 1	借:管理费用	1 420	
	贷:其他应收款		1 420

转 3	借:原材料	83 200	
	贷:在途物资		83 200

转 4	借:生产成本	3 000	
	贷:制造费用		3 000

现付 1	借:应付职工薪酬	85 000	
	贷:库存现金		85 000

银付 1	借:在途物资	73 000	
	应交税费	11 680	
	贷:银行存款		84 680

银付 3	借:在建工程	120 000	
	贷:银行存款		120 000

银付 7	借:制造费用	3 000	
	管理费用	2 500	
	贷:银行存款		5 500

转 2	借:在途物资	3 200	
	贷:应付账款		3 200

转 5	借:生产成本	36 200	
	在建工程	10 000	
	贷:原材料		46 200

在上述所示的经济业务记账凭证中,编制的会计分录涉及了很多会计科目。在对这些会计科目分别按借、贷方发生额进行汇总时,可利用编制科目汇总表工作底稿的方法进行。科目汇总表工作底稿的格式以及本例的汇总情况如表 12—69 所示。

表 12—69

科目汇总表工作底稿

2023 年 6 月

库存现金

现收 1	80	现付 1	85 000
银付 5	85 000	现付 2	813
合计	85 080	合计	85 813

银行存款

		银付 1	84 680
		银付 2	6 000
		银付 3	120 000
		银付 4	7 000
		银付 5	85 000
		银付 6	2 400
		银付 7	5 500
合计	0	合计	310 580

在途物资

银付 1	73 000	转 3	83 200
银付 4	7 000		
转 2	3 200		
合计	83 200	合计	83 200

应收账款

银付 6	2 400		
合计	2 400	合计	0

原材料

转 3	83 200	转 5	46 200
合计	83 200	合计	46 200

长期待摊费用

银付 2	6 000		
合计	6 000	合计	0

在建工程

银付 3	120 000		
转 5	10 000		
合计	130 000	合计	0

其他应收款

		现收	180
		转 1	1 420
合计	0	合计	1 500

制造费用

银付 7	3 000	转 4	3 000
合计	3 000	合计	3 000

管理费用

现付 2	813		
银付 7	2 500		
转 1	1 420		
合计	4 733	合计	0

应交税费

银付 1	11 680		
合计	11 680	合计	0

应付账款

		转 2	3 200
合计	0	合计	3 200

生产成本

转 4	3 000		
转 5	36 200		
合计	39 200	合计	0

应付职工薪酬

现付 1	85 000		
合计	85 000	合计	0

需要注意的是：科目汇总表工作底稿中采用的汇总形式从表面上看很类似“T”形账户，但实际上并不是“T”形账户。运用这种形式的目的是对各个会计科目的发生额（不包括余额）进行汇总，以便于编制科目汇总表。另外，科目汇总表可以每月编一次，也可以根据会计核算的需要定期分次编制。本例假定是月末一次编制。

根据表 12—69 的汇总结果编制科目汇总表（见表 12—70）。

表 12—70　　**科目汇总表**

2023 年 6 月

会计科目	本期发生额		总账页数
	借　方	贷　方	
库存现金	85 080	85 813	
银行存款	0	310 580	
在途物资	83 200	83 200	
原材料	83 200	46 200	
应收账款	2 400	0	
其他应收款	0	1 500	
长期待摊费用	6 000	0	

续表

会计科目	本期发生额		总账页数
	借 方	贷 方	
在建工程	130 000	0	
管理费用	4 733	0	
生产成本	39 200	0	
制造费用	3 000	3 000	
应交税费	11 680	0	
应付账款	0	3 200	
应付职工薪酬	85 000	0	
合 计	533 493	533 493	

编制科目汇总表的作用是可以对总分类账进行汇总登记。根据科目汇总表登记总分类账时,只需要将科目汇总表中有关各科目的本期借、贷方发生额合计数,分次或月末一次记入相应总分类账的借方或贷方即可。这样,可以大大简化登记总分类账的工作量,提高账簿登记的准确性。另外,采用科目汇总表时,登记总分类账所依据凭证的编号方法有一定变化,应以"科汇字第×号"字样按月连续编号。

(四)科目汇总表核算组织程序下账务处理的基本步骤

在科目汇总表核算组织程序下,对经济业务进行账务处理大体要经过以下七个步骤。

(1)经济业务发生以后,根据有关的原始凭证或原始凭证汇总表填制各种专用记账凭证(收款凭证、付款凭证和转账凭证);

(2)根据收款凭证和付款凭证逐笔登记库存现金日记账和银行存款日记账;

(3)根据记账凭证并参考原始凭证或原始凭证汇总表,逐笔登记各种明细分类账;

(4)根据各种记账凭证汇总编制科目汇总表;

(5)根据科目汇总表汇总登记总分类账;

(6)月末,将日记账、明细分类账的余额与总分类账中相应账户的余额进行核对;

(7)月末,根据总分类账和明细分类账的记录编制会计报表。

科目汇总表核算组织程序下账务处理步骤如图 12—5 所示。

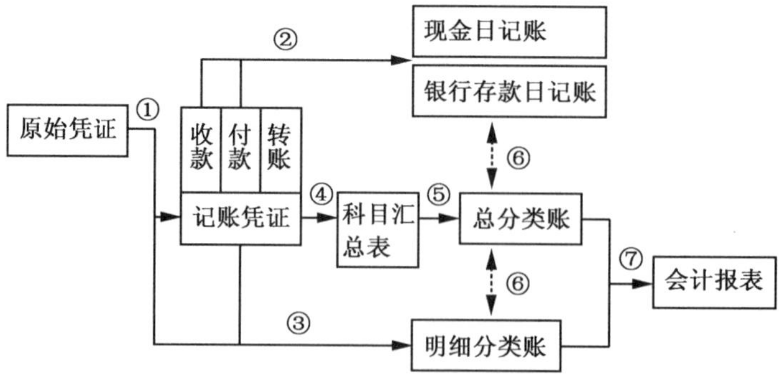

图 12—5 科目汇总核算组织程序下账务处理步骤示意

二、对科目汇总表核算组织程序的评价

(一)科目汇总表核算组织程序的特点

科目汇总表核算组织程序的特点是:定期根据所有记账凭证汇总编制科目汇总表,根据科目汇总表上的汇总数字登记总分类账。

(二)科目汇总表核算组织程序的优点、缺点及适用范围

1. 科目汇总表核算组织程序的优点

(1)可以利用该表的汇总结果进行账户发生额的试算平衡。科目汇总表上的汇总结果体现了一定会计期间内所有账户的借方发生额和贷方发生额之间的相等关系,利用这种发生额的相等关系,可以进行全部账户记录的试算平衡,借以检验账户发生额的准确性。

(2)在试算平衡的基础上记账能够保证总分类账登记的正确性。在科目汇总表核算组织程序下,总分类账是根据科目汇总表上的汇总数字登记的。由于在登记总分类账之前,能够通过科目汇总表的汇总结果检验所填制的记账凭证是否正确,就等于在记账前进行了一次试算平衡,对汇总过程中可能存在的错误也容易发现。在所有账户借、贷方发生额相等的基础上再记账,在一定程度上能够保证总分类账登记的正确性。

(3)可以大大减轻登记总分类账的工作量。在科目汇总表核算组织程序下,可根据科目汇总表上有关账户的汇总发生额,在月中定期或月末一次性登记总分类账,可以使登记总分类账的工作量大为减轻。

(4)适用性比较强。与记账凭证核算组织程序和汇总记账凭证核算组织程序相比较,由于科目汇总表核算组织程序优点较多,任何规模的会计主体都可以采用。

2. 科目汇总表核算组织程序的缺点

(1)编制科目汇总表的工作量比较大。在科目汇总表核算组织程序下,对发生的经济业务首先也要填制各种专用记账凭证,在此基础上,还需要定期对这些专用记账凭证进行汇总,编制作为登记总分类账依据的科目汇总表,增加了编制科目汇总表的工作量。

(2)科目汇总表不能够清晰地反映账户之间的对应关系。科目汇总表是按各个会计科目归类汇总其发生额的,在该表中不能清楚地显示出各个账户之间的对应关系,不能够清晰地反映经济业务的来龙去脉。在这一点上,科目汇总表不及专用记凭证和汇总记账凭证。

3. 科目汇总表核算组织程序的适用范围

由于科目汇总表核算组织程序账务处理程序清楚,又具有能够进行账户发生额的试算平衡,减轻总分类登记工作量等优点,因而,不论规模大小的会计主体都可以采用。

知识链接

【知识链接】

在现金日记账和银行存款日记账采用多栏账页的情况下,日记总账会计核算形式的内容一般包括:

(1)将同类经济业务的原始凭证汇总编制成汇总原始凭证;

(2)根据原始凭证或汇总原始凭证编制记账凭证;

(3)根据记账凭证中的收款凭证和付款凭证登记多栏式现金日记账和银行存款日记账;

(4)根据原始凭证、汇总原始凭证和记账凭证登记有关的明细分类账;

(5)根据转账凭证逐日逐笔登记日记总账;

(6)月末根据多栏式现金日记账和银行存款日记账汇总登记日记总账;

(7)定期将明细分类账同日记总账进行核对;

(8)定期根据日记总账和明细分类账编制会计报表。

第四节 汇总记账凭证核算组织程序

一、汇总记账凭证核算组织程序的基本内容

(一)汇总记账凭证核算组织程序的定义

汇总记账凭证核算组织程序是指根据各种专用记账凭证定期汇总编制汇总记账凭证,然后根据汇总记账凭证登记总分类账,并定期编制会计报表的一种账务处理程序。

汇总记账凭证是对日常会计核算过程中所填制的专用记账凭证,按照凭证的种类,采用一定的方法定期进行汇总而重新填制的一种记账凭证。在采用汇总记账凭证核算组织程序的情况下,可以不必再根据各种专用记账凭证逐笔登记总分类账户,而是根据汇总记账凭证上的汇总数字登记有关的总分类账户,这样可以减少登记总分类账户的工作量。由此可见,汇总记账凭证核算组织程序是在记账凭证核算组织程序的基础上发展演变而来的一种会计核算组织程序。

(二)汇总记账凭证核算组织程序下的记账凭证、会计账簿的种类与格式

在汇总记账凭证核算组织程序下,采用的记账凭证与会计账簿种类也很多。从记账凭证的角度来看,使用汇总记账凭证,包括汇总收款凭证、汇总付款凭证和汇总转账凭证是汇总记账凭证核算组织程序的独特之处。使用的会计账簿与记账凭证核算组织程序基本相同,不再重述。汇总记账凭证核算组织程序下记账凭证与会计账簿系统如图 12－6 所示。

(三)汇总记账凭证的编制方法

汇总记账凭证是在填制的各种专用记账凭证的基础上,按照一定的方法进行汇总编制而成的。汇总记账凭证的种类不同,汇总编制的方法也有所不同。

1. 汇总收款凭证的编制方法

(1)编制汇总收款凭证的基本方法

汇总收款凭证的编制方法是:按日常核算工作中所填制的专用记账凭证中的收款凭证上会计分录的借方科目设置汇总收款凭证,按分录中相应的贷方科目定期(如每 5 天或 10 天等)进行汇总,每月编制一张。汇总时计算出每一个贷方科目发生额合计数,填入汇总收款凭证的相应栏次。

汇总收款凭证是根据专用记账凭证中的收款凭证汇总编制而成的。在编制汇总收款凭证时,首先应确定是以记账凭证上的哪一个会计科目为主进行汇总。由于收款凭证上反映的是收款业务,因而必须围绕反映货币资金收入的会计科目("库存现金"或"银行存款"等)进行汇总。在借贷记账法下,这些科目的增加应在借方登记。因而,编制汇总收款凭证时要求按借方科目设置,实际上就是要求按"库存现金"或"银行存款"设置汇总记账凭证上的主体科目,以其为主进行汇总。

"按分录中相应的贷方科目汇总",其中的贷方科目是指收款凭证上会计分录中"库存现金"或"银行存款"的对应科目。尽管在一定的会计期间内,企业可能会发生若干笔收款业务,

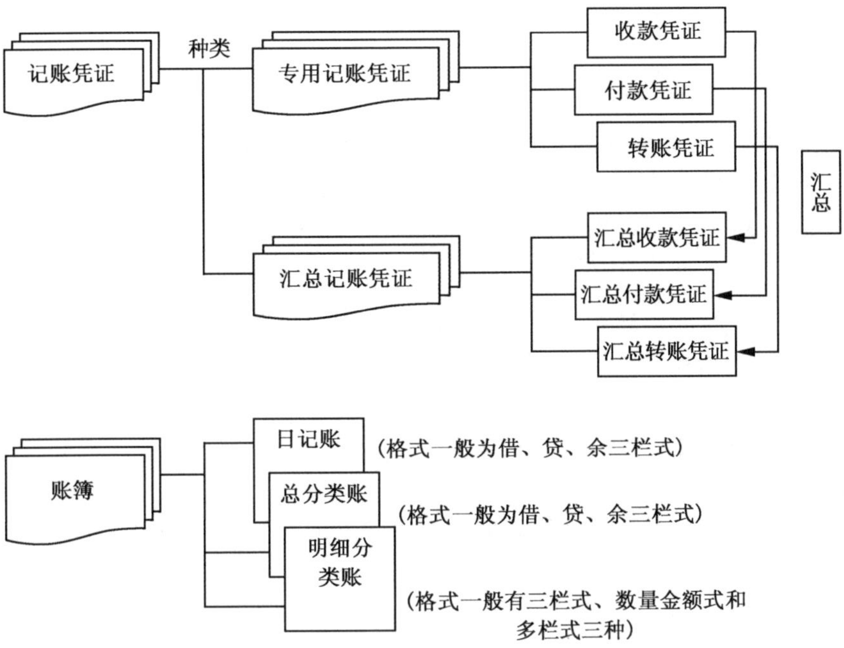

图 12—6　汇总记账凭证核算组织程序下记账凭证与会计账簿系统示意

但由于有些经济业务是重复发生的，就需要填制若干份在会计科目上完全相同的收款凭证。例如，企业每次销售产品收到货款存入银行，会计分录都是借记“银行存款”，贷记“主营业务收入”和“应交税费”等。这样，就可以根据贷方科目在一定会计期间内的若干次发生额定期进行汇总，编制汇总收款凭证。

经过上述汇总过程得到的各个贷方科目发生额的合计数，就是这些账户在一定会计期间发生额的总和。可以根据各次的汇总数分次登记到有关账户中去，也可以在月末时对各次汇总数字相加，求得该账户的全月发生额合计，一次性登记有关账户。对以上各账户的发生额合计数进行合计，也就是所汇总的主体科目“库存现金”或“银行存款”在该会计期间的借方发生额总额，可据其分次或月末一次登记“库存现金”账户或“银行存款”账户。

(2)汇总收款凭证的编制举例

【例 12—3】　某企业某月 1～10 日发生如下库存现金收款业务。其中，收回其他应收款业务有两笔(见现收 1、现收 4)；实现其他业务收入业务有 3 笔(见现收 2、现收 3 和现收 6)；收回应收账款业务有 1 笔(见现收 5)。在收款凭证上编制的会计分录如下所示。

现收 1	借:库存现金	300	
	贷:其他应收款		300
现收 2	借:库存现金	4 000	
	贷:其他业务收入		4 000
现收 3	借:库存现金	600	
	贷:其他业务收入		600
现收 4	借:库存现金	60	
	贷:其他应收款		60
现收 5	借:库存现金	400	

贷:应收账款 400

现收6 借:库存现金 800

贷:其他业务收入 800

在上述现金收款业务的记账凭证中,会计分录的借方科目均为“库存现金”;涉及的贷方科目有3个。其中:涉及“其他应收款”科目的有2份凭证,涉及“其他业务收入”科目的有3份凭证,涉及“应收账款”科目的有1份凭证。

按借方科目“库存现金”设置汇总收款凭证,按贷方科目“其他应收款”“其他业务收入”和“应收账款”进行汇总,可以计算出该企业1～10日对应“库存现金”科目的其他会计科目的发生额为:

“其他应收款”科目发生额为:300+60=360(元)

“其他业务收入”科目发生额为:4 000+600+800=5 400(元)

“应收账款”科目发生额为:400元

根据1～10日汇总结果,填入该企业本月汇总收款凭证的相应栏次,如下图12—7所示(11～20日、21～30日为另外两次汇总结果的假定数)。

按借方科目设置

汇总收款凭证

借方科目:库存现金

贷方科目	金额				总账页数	
	1~10日凭证 1~6号	11~20日凭证 7~10号	21~30日凭证 11~15号	合计	借方	贷方
其他应收款	360	640	400	1 400		
其他业务收入	5 400	1 250	500	7 150		
应收账款	400	600	800	1 800		
合计	6 160	2 490	1 700	10 350		

按贷方科目汇总填列

月终合计,记入有关总分类账户贷方

记入“库存现金”总分类账户借方

图12—7 汇总收款凭证编制方法示意图

(3)编制汇总收款凭证的注意事项

为了便于编制汇总收款凭证,在日常编制收款凭证时,会计分录的形式最好是一借一贷、一借多贷,不宜多借一贷或多借多贷。这是由于汇总收款凭证是按借方科目设置的,多借一贷或多借多贷的会计分录都会给编制汇总收款凭证带来一定的不便,或者会造成收款凭证在汇总过程中由于被多次重复使用而产生汇总错误,或者造成会计账户之间的对应关系变得模糊难辨。

多借一贷或多借多贷会计分录对编制汇总收款凭证的影响如图12—8所示。

2. 汇总收款凭证的编制方法

(1)编制汇总付款凭证的基本方法

汇总付款凭证的编制方法是:按日常核算工作中所填制的专用记账凭证中的付款凭证

如果在收款凭证上编制多借一贷分录：
借：库存现金　　1 000
　　银行存款　　2 000
　贷：应收账款　　3 000
如果在收款凭证上编制多借多贷分录：
借：库存现金　　800
　　银行存款　　4 000
　贷：应收账款　　2 800
　　　其他应收款　　2 000

问题 1：在编制汇总收款凭证时，收款凭证会被反复使用，容易出错

问题 2：在编制汇总收款凭证时，收款凭证被反复使用，容易出错；账户之间的对应关系不够清晰

图 12—8　多借一贷或多借多贷会计分录对编制汇总收款凭证的影响示意

上会计分录的贷方科目("库存现金"或"银行存款"等)设置汇总付款凭证,按它们相应的借方科目定期(如每 5 天或 10 天等)进行汇总,每月编制一张。汇总时计算出每一个借方科目发生额合计数,填入汇总付款凭证的相应栏次。

(2)汇总付款凭证的编制举例

【例 12—4】 某企业 3 月 1～10 日发生如下银行存款付款业务。其中,偿还应付账款业务有 2 笔(见银付 1 和银付 5);交纳税金业务有 1 笔(见银付 2);购置固定资产业务有 2 笔(见银付 3 和银付 6);归还短期借款业务有 1 笔(见银付 4)。在付款凭证上编制的会计分录如图 12—9 所示。

银付 1　借：应付账款　　1 500
　　　　　贷：银行存款　　1 500

银付 2　借：应交税费　　4 000
　　　　　贷：银行存款　　4 000

银付 3　借：固定资产　　50 000
　　　　　贷：银行存款　　50 000

银付 4　借：短期借款　　3 000
　　　　　贷：银行存款　　3 000

银付 5　借：应付账款　　10 000
　　　　　贷：银行存款　　10 000

银付 6　借：固定资产　　3 200
　　　　　贷：银行存款　　3 200

图 12—9　编制汇总付款凭证业务举例示意

在图 12—9 银行付款业务的记账凭证中,会计分录的贷方科目均为"银行存款";涉及的借方科目有 4 个。其中涉及"应付账款"科目的有 2 份凭证,涉及"应交税费"科目的有 1 份凭证,涉及"固定资产"科目的有 2 份凭证,涉及"短期借款"科目的有 1 份凭证。

按贷方科目"银行存款"设置汇总付款凭证,按借方科目"应付账款""应交税费""固定资产""短期借款"进行汇总,可以计算出该企业 1～10 日对应"银行存款"科目的其他会计科目的发生额为

"应付账款"科目发生额为:1 500＋10 000＝11 500(元)

"应交税费"科目发生额为:4 000 元

"固定资产"科目发生额为:50 000＋3 200＝53 200(元)

"短期借款"科目发生额为:3 000 元

根据3月1～10日汇总结果，填入该企业本月汇总付款凭证的相应栏次，如图12－10所示(11～20日、21～30日为另外两次汇总结果的假定数)。

按贷方科目设置

汇总付款凭证

贷方科目：银行存款

借方科目	金额				总账页数	
	1~10日凭证1号~6号	11~20日凭证7号~9号	21~30日凭证7号~9号	合计	借方	贷方
应付账款	11 500	2 500	6 000	20 000		
应交税费	4 000			4 000		
固定资产	53 200			53 200		
短期借款	3 000			3 000		
合计	71 700	2 500	6 000	80 200		

按借方科目汇总填列

月终合计，记入有关总分类账户的借方

记入“银行存款”总分类账户的贷方

图12－10　汇总付款凭证编制方法示意

(3)编制汇总付款凭证的注意事项

为了便于编制汇总付款凭证，在日常编制付款凭证时，会计分录的形式最好是一借一贷、多借一贷，不宜一借多贷或多借多贷。这是由于汇总付款凭证是按贷方科目设置的，一借多贷或多借多贷的会计分录都会给编制汇总付款凭证带来一定的不便，或者会造成付款凭证在汇总过程中由于被多次重复使用而产生汇总错误，或者造成会计账户之间的对应关系变得模糊。

3. 汇总转账凭证的编制方法

(1)编制汇总转账凭证的基本方法

汇总转账凭证的编制方法是：按日常核算工作中所填制的专用记账凭证中的转账凭证上会计分录的贷方科目(如“原材料”“固定资产”等)设置汇总转账凭证，按它们相应的借方科目定期(如每5天或10天等)进行汇总，每月编制一张。计算出每一个借方科目发生额合计数，填入汇总转账凭证的相应栏次。

(2)汇总转账凭证的编制举例

【例12－5】　现仅以甲企业3月1～10日发生的发出材料的转账业务为例，说明汇总转账凭证的编制方法。假定甲企业在10日内共发出6笔业务。其中，用于生产产品业务的有两笔(见转1和转4)；制造部门一般耗用业务有两笔(见转2和转6)；与产品的销售有关的耗用业务有一笔(见转3)；企业管理部门耗用业务有一笔(见转5)。在转账凭证上编制的会计分录如图12－11所示。

在图12－12的转账业务记账凭证中，会计分录的贷方科目均为“原材料”；涉及的借方科目有4个。其中涉及“生产成本”科目的有两份凭证，涉及“制造费用”科目的有两份凭证，涉及“销售费用”科目的有1份凭证，涉及“管理费用”科目的有1份凭证。

按贷方科目“原材料”设置汇总转账凭证，按借方科目“生产成本”“制造费用”“销售费用”“管理费用”进行汇总，可以计算出甲企业1～10日对应“原材料”科目的其他会计科目的发生

转 1　借：生产成本　2 000
　　　　贷：原材料　2 000

转 2　借：制造费用　1 200
　　　　贷：原材料　1 200

转 3　借：销售费用　300
　　　　贷：原材料　300

转 4　借：生产成本　3 000
　　　　贷：原材料　3 000

转 5　借：管理费用　500
　　　　贷：原材料　500

转 6　借：制造费用　200
　　　　贷：原材料　200

图 12—11　编制汇总转账凭证业务举例示意

按贷方科目设置

汇总转账凭证

贷方科目：原材料

借方科目	金额				总账页数	
	1~10 日凭证 1 号~6 号	11~20 日凭证 7 号~9 号	21~30 日凭证 7 号~9 号	合计	借方	贷方
生产成本	5 000	4 000	5 000	14 000		
制造费用	1 400			1 400		
销售费用	300			300		
管理费用	500			500		
合计	7 200	4 000	5 000	16 200		

按借方科目汇总填列

月终合计，记入有关总分类账户的借方

记入“原材料”总分类账户的贷方

图 12—12　汇总转账凭证编制方法示意

额为：

“生产成本”科目发生额为：2 000＋3 000＝5 000(元)

“制造费用”科目发生额为：1 200＋200＝1 400(元)

“销售费用”科目发生额为：300 元

“管理费用”科目发生额为：500 元

根据 1～10 日汇总结果，填入甲企业本月以“原材料”科目为汇总科目的汇总转账凭证的相应栏次，如图 12—12 所示(11～20 日、21～30 日为另外两次汇总结果的假定数)。

(3)编制汇总转账凭证的注意事项

为了便于进行汇总转账凭证的编制，在日常编制转账凭证时，会计分录的形式最好是一借一贷、一贷多借，不宜一借多贷或多借多贷。这是由于汇总转账凭证的按贷方科目设置的，一借多贷或多借多贷的会计分录都会给编制汇总转账凭证带来一定的不便。

一借多贷或多借多贷会计分录对编制汇总转账凭证的影响如图 12—13 所示。

以上介绍了各种汇总记账凭证的编制方法。需要注意的是：虽然各种汇总记账凭证的编制方法不尽相同，但每一种汇总记账凭证都是依据同类专用记账凭证汇总编制而成的，即专

如果在转账凭证上编制一借多贷分录：	
借：生产成本 10 000 贷：原材料 2 000 制造费用 8 000	问题 1：在编制汇总转账凭证时，转账凭证会被反复使用，容易出错
如果在转账凭证上编制多借多贷分录： 借：生产成本 4 000 制造费用 1 000 贷：原材料 4 800 材料成本差异 200	问题 2：在编制汇总转账凭证时，转账凭证会被反复使用，容易出错；账户之间的对应关系不够清晰

图 12—13 一借多贷或多借多贷会计分录对编制汇总转账凭证的影响示意

用记账凭证有收款凭证、付款凭证和转账凭证三种，经汇总以后形成的汇总记账凭证相应地也有汇总收款凭证、汇总付款凭证和汇总转账凭证三种。在上一节中已经介绍了另外一种经过汇总以后形成的记账凭证，即科目汇总表，应注意二者在汇总上所采用的不同方法，以及汇总以后形成的不同形式。此外，采用汇总记账凭证时，凭证的编号方法有一定变化。应在汇总记账凭证种类前加“汇”字，如“汇现收字第×号”“汇现付字第×号”“汇银收字第×号”“汇银付字第×号”和“汇转字第×号”等。

(四)汇总记账凭证核算组织程序下账务处理的基本步骤

在汇总记账凭证核算组织程序下，对经济业务进行账务处理的程序大体要经过以下七个步骤。

(1)经济业务发生以后，根据有关原始凭证或原始凭证汇总表填制各种专用记账凭证(收款凭证、付款凭证和转账凭证)；

(2)根据收款凭证和付款凭证逐笔登记库存现金日记账和银行存款日记账；

(3)根据记账凭证并参考原始凭证或原始凭证汇总表，逐笔登记各种明细分类账；

(4)根据各种记账凭证分别编制汇总收款凭证、汇总付款凭证和汇总转账凭证；

(5)根据各种汇总记账凭证汇总登记总分类账；

(6)月末，将日记账、明细分类账的余额与总分类账中相应账户的余额进行核对；

(7)月末，根据总分类账和明细分类账的记录编制会计分录。

汇总记账凭证核算组织程序下账务处理步骤如图 12—14 所示。

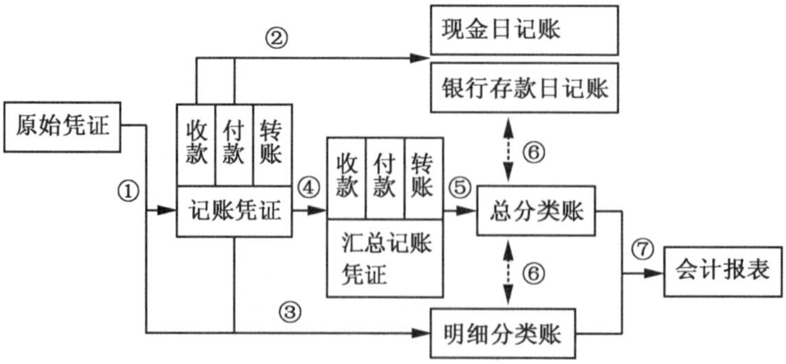

图 12—14 汇总记账凭证核算组织程序下账务处理步骤示意

二、对汇总记账凭证核算组织程序的评价

(一)汇总记账凭证核算组织程序的特点

汇总记账凭证核算组织程序的特点是:定期将全部记账凭证分别编制汇总收款凭证、汇总付款凭证和汇总转账凭证,根据各种汇总记账凭证上的汇总数字汇总登记总分类账。

(二)汇总记账凭证核算组织程序的优点、缺点及适用范围

1. 汇总记账凭证核算组织程序的优点

(1)在汇总记账凭证上能够清晰地反映账户之间的对应关系。在汇总记账凭证核算组织程序下,所采用的是专用记账凭证和汇总记账凭证。汇总记账凭证是采用按会计科目对应关系进行分类汇总的办法,能够清晰地反映出有关会计账户之间的对应关系。

(2)可以大大减少登记总分类账的工作量。在汇总记账凭证核算组织程序下,可以根据汇总记账凭证上有关账户的汇总发生额,在月份当中定期或月末一次性登记总分类账,可以使登记总分类账的工作量大为减少。

2. 汇总记账凭证核算组织程序的缺点

(1)定期编制汇总记账凭证的工作量比较大。对发生的经济业务首先要填制专用记账凭证,即收款凭证、付款凭证和转账凭证,在此基础上,还需要定期分类地对这些专用记账凭证进行汇总,编制作为登记总分类账依据的汇总记账凭证,增加了编制汇总记账凭证的工作量。

(2)对汇总过程中可能存在的错误难以发现。编制汇总记账凭证是一项比较复杂的工作,容易产生汇总错误。而且汇总记账凭证本身又不能体现出有关数字之间的平衡关系,即使存在汇总错误也很难发现。

3. 汇总记账凭证核算组织程序的适用范围

由于汇总记账凭证核算组织程序具有能够清晰地反映账户之间的对应关系和能够减轻登记总分类账的工作量等优点,它一般只适用于规模较大、经济业务量比较多、专用记账凭证也比较多的会计主体。

知识链接

思政园地

依法经营,合规纳税,强化服务,诚实守信

目标　正确进行会计业务核算,依法纳税,诚实守信,坚守准则,维护税收公平。

案例　近年来,我国持续加大对偷逃税款行为的打击力度,在大规模减税降费政策背景下,对偷逃骗税形成高压态势。特别是把社会影响力较大、个人收入较多的社会名人、演艺明星、网红主播等偷逃税款行为作为打击重点,有效维护了国家税法征管和财经法纪的严肃性。

2022 年全年累计曝光 6 起演艺明星和网络主播偷逃税案件,表明了“偷骗税必严打”“违法者必严惩”的严正立场。在大数据技术支持下,我国税收征管的精准性不断提升,真正做到“对高信用低风险的纳税人不打扰、少打扰,对低信用高风险的纳税人严管理、严监督”。

思考:

1. 税收对国家发展的重要性。
2. 查找一两个具体近三年来减税案例,试说明其对社会经济发展的影响。

感悟：

“依法纳税应该成为每一位从业者的‘必修课’，而不能作为可有可无的选择题。”不管是实体经济，还是虚拟经济业态当中，依法经营、合规纳税，都应是任何市场主体应尽的义务，这样才能有效维护税收公平。同时，实现对高收入群体税收调节，将收入差距控制在合理的范围之内。会计人员千万不要以为“税务是否申报不是我能决定的，都是单位领导决定的”，“我是一个小会计，我的作用小”。因为会计是报税的直接负责人，理应承担法律责任。

本章小结

账务处理程序也叫会计核算组织程序，比较常见的有：记账凭证账务处理程序、科目汇总表账务处理程序、汇总记账凭证账务处理程序等。各种会计账务处理程序的根本区别在于登记总分类账的依据及方法不同。各个单位应根据自身经济活动的性质、经济管理的要求、规模的大小和业务的繁简选择合适的会计账务处理程序。

思考题

1. 什么是账务处理程序？选用适合本单位的账务处理程序时应符合哪些要求？
2. 常见的账务处理程序有哪几种？它们的共同点是什么？区别是什么？
3. 简述汇总记账凭证账务处理程序的主要特点、优点、缺点及适用范围。
4. 科目汇总表是如何编制的？

练习题

一、单项选择题

1.(　　)一般适用于规模较小、经济业务较少的经济单位。

A. 记账凭证账务处理程序　　B. 科目汇总表账务处理程序
C. 日记总账账务处理程序　　D. 汇总记账凭证账务处理程序

2.(　　)一般适用于生产规模较大、业务较多的单位。

A. 记账凭证账务处理程序　　B. 科目汇总表账务处理程序
C. 日记总账账务处理程序　　D. 汇总原始凭证账务处理程序

3. 企业采用汇总记账凭证账务处理程序，应根据(　　)登记总账。

A. 汇总记账凭证　　B. 记账凭证
C. 科目汇总表　　D. 多栏式日记账和转账凭证

4. 科目汇总表账务处理程序和汇总记账凭证账务处理程序的主要相同点是(　　)。

A. 登记总账的依据相同　　B. 汇总凭证的格式相同
C. 记账凭证都需要汇总　　D. 工作步骤相同

5. 多种会计账务处理程序的根本区别在于(　　)不同。

A. 记账凭证的种类和格式　　B. 登记总账的直接依据
C. 登记明细账的依据　　D. 原始凭证的种类和格式

6. 账务处理程序中最基本的是(　　)。

A. 记账凭证账务处理程序　　B. 科目汇总表账务处理程序
C. 日记总账账务处理程序　　D. 汇总记账凭证账务处理程序

7. 科目汇总表与汇总记账凭证的共同优点是(　　)。
A. 保持科目之间的对应关系　　B. 简化总分类账登记工作
C. 进行发生额试算平衡　　D. 总括反映同类经济业务

8. 汇总收款凭证是按(　　)设置的。
A. 收款凭证上的借方科目　　B. 收款凭证上的贷方科目
C. 付款凭证上的借方科目　　D. 付款凭证上的贷方科目

9. 汇总转账凭证是按(　　)设置的。
A. 收款凭证上的借方科目　　B. 付款凭证上的贷方科目
C. 转账凭证上的借方科目　　D. 转账凭证上的贷方科目

10. 科目汇总表账务处理程序的优点是(　　)。
A. 便于了解经济业务的来龙去脉　　B. 便于查对账目
C. 可以减少登记总账的工作量　　D. 总分类账的记录较为详细

二、多项选择题

1. 会计组织账务处理程序的基本要求包括(　　)。
A. 合理的会计分期　　B. 适合企业具体行业情况和经营特点
C. 符合成本效益原则　　D. 满足产生高质量会计信息的需求

2. 下列各式中,正确的有(　　)。
A. 总分类账本期发生额＝明细分类账本期发生额之和
B. 总分类账期末余额＝明细分类账期末余额之和
C. 总分类账期初余额＝明细分类账期初余额之和
D. 总分类账期初余额＋期末余额＝明细分类账期初余额之和＋期末余额之和

3. 汇总记账凭证账务处理程序与记账凭证账务处理程序在(　　)等方面相同。
A. 账簿设置　　B. 各种账簿的格式
C. 记账凭证的种类　　D. 总分类账的账页格式

4. 合理组织账务处理程序的重要意义在于(　　)。
A. 保证会计核算质量　　B. 扩大企业规模
C. 节省核算工作人力物力　　D. 提高经济效益

5. 汇总记账凭证账务处理程序的优点有(　　)。
A. 反映内容详细　　B. 简化总账登记
C. 登记总账工作量大　　D. 能反映账户对应关系

6. 记账凭证账务处理程序的优点有(　　)。
A. 便于掌握　　B. 不易反映账户对应关系
C. 适用于规模大的单位　　D. 适用于业务复杂的单位

7. 记账凭证账务处理程序需要设置的凭证有(　　)。
A. 收款凭证　　B. 科目汇总表　　C. 付款凭证　　D. 转账凭证

8. 科目汇总表账务处理程序的优点有(　　)。

A. 可以进行账户发生额的试算平衡　　B. 可减轻登记总账的工作量

C. 能够保证总账登记的正确性　　D. 可以清晰地反映账户之间的对应关系

9. 汇总记账凭证主要包括(　　)。

A. 汇总收款凭证　　B. 汇总付款凭证

C. 汇总转账凭证　　D. 汇总原始凭证

10. 为便于编制汇总收款凭证,日常编制收款凭证时,分录形式最好为(　　)。

A. 一借一贷　　B. 一借多贷　　C. 多借一贷　　D. 多借多贷

三、判断题

1. 记账凭证账务处理程序一般适用于规模小且经济业务较少的单位。　(　　)

2. 汇总记账凭证账务处理程序适用于规模大、经济业务较多的单位。　(　　)

3. 收款凭证、付款凭证和转账凭证都是反映货币资金收支业务的记账凭证,根据有关现金和银行存款的收款业务的原始凭证汇总表填制。　(　　)

4. 科目汇总表账务处理程序适用于经济业务简单,运用会计科目少,但收付款业务较多的单位。　(　　)

5. 汇总记账凭证账务处理程序不便于了解账户之间的对应关系,但可以做到试算平衡。　(　　)

6. 在不同的会计核算组织程序中,登记总账的依据不同。　(　　)

7. 小型造纸厂应采用科目汇总表账务处理程序。　(　　)

8. 在采用汇总记账凭证账务处理程序下,企业应定期分别编制一张汇总收款凭证、汇总付款凭证和汇总转账凭证。　(　　)

四、业务题

目的:

练习科目汇总表的编制

资料:

某企业3月1～10日发生下列经济业务

(1)1日,从银行提取现金10 000元备用。

(2)1日,从福恒公司购进材料一批,已验收入库,货款50 000元,增值税进项税额6 500元,款项尚未支付。

(3)2日,销售给阳光公司A产品一批,货款100 000元,增值税销项税额13 000元,款项尚未收到。

(4)3日,财务部小李出差,借支差旅费1 000元,以现金付讫。

(5)4日,车间领用甲材料一批,其中用于A产品生产30 000元,用于车间一般消耗5 000元。

(6)5日,销售给正大公司A产品一批,货款为200 000元,增值税销项税额26 000元,款项已收。

(7)6日,从远方公司购进乙材料一批,货款80 000元,增值税进项税额10 400元,款项已付。

(8)7 日，小李出差归来，报销差旅费 1 200 元，余款用现金支付。

(9)7 日，以银行存款 56 500 元偿还前欠福恒公司的购料款。

(10)8 日，接到银行通知，阳光公司汇来 113 000 元，已收妥入账。

(11)9 日，车间领用乙材料一批，其中用于 A 产品生产 20 000 元。用于车间一般消耗 3 000 元，行政管理部门耗用 2 000 元。

(12)10 日，支付产品广告宣传费 1 000 元。

要求：

(1)根据以上经济业务编制会计分录，代替记账凭证。

(2)根据所编会计分录编制科目汇总表，如表 12—71 所示。

表 12—71　　**科目汇总表**

20××年 3 月 1～10 日

会计科目	借方金额	贷方金额

附　录

附录 1　《中华人民共和国会计法》

（1985 年 1 月 21 日第六届全国人民代表大会常务委员会第九次会议通过，根据 1993 年 12 月 29 日第八届全国人民代表大会常务委员会第五次会议《关于修改〈中华人民共和国会计法〉的决定》第一次修正，1999 年 10 月 31 日第九届全国人民代表大会常务委员会第十二次会议修订，根据 2017 年 11 月 4 日第十二届全国人民代表大会常务委员会第三十次会议《关于修改〈中华人民共和国会计法〉等十一部法律的决定》第二次修正）

第一章　总　则

第一条　为了规范会计行为，保证会计资料真实、完整，加强经济管理和财务管理，提高经济效益，维护社会主义市场经济秩序，制定本法。

第二条　国家机关、社会团体、公司、企业、事业单位和其他组织（以下统称单位）必须依照本法办理会计事务。

第三条　各单位必须依法设置会计账簿，并保证其真实、完整。

第四条　单位负责人对本单位的会计工作和会计资料的真实性、完整性负责。

第五条　会计机构、会计人员依照本法规定进行会计核算，实行会计监督。

任何单位或者个人不得以任何方式授意、指使、强令会计机构、会计人员伪造、变造会计凭证、会计账簿和其他会计资料，提供虚假财务会计报告。

任何单位或者个人不得对依法履行职责、抵制违反本法规定行为的会计人员实行打击报复。

第六条　对认真执行本法，忠于职守，坚持原则，作出显著成绩的会计人员，给予精神的或者物质的奖励。

第七条　国务院财政部门主管全国的会计工作。

县级以上地方各级人民政府财政部门管理本行政区域内的会计工作。

第八条　国家实行统一的会计制度。国家统一的会计制度由国务院财政部门根据本法制定并公布。

国务院有关部门可以依照本法和国家统一的会计制度，制定对会计核算和会计监督有特殊要求的行业实施国家统一的会计制度的具体办法或者补充规定，报国务院财政部门审核批准。

中国人民解放军总后勤部可以依照本法和国家统一的会计制度制定军队实施国家统一的会计制度的具体办法，报国务院财政部门备案。

第二章 会计核算

第九条 各单位必须根据实际发生的经济业务事项进行会计核算，填制会计凭证，登记会计账簿，编制财务会计报告。

任何单位不得以虚假的经济业务事项或者资料进行会计核算。

第十条 下列经济业务事项，应当办理会计手续，进行会计核算：

（一）款项和有价证券的收付；

（二）财物的收发、增减和使用；

（三）债权债务的发生和结算；

（四）资本、基金的增减；

（五）收入、支出、费用、成本的计算；

（六）财务成果的计算和处理；

（七）需要办理会计手续、进行会计核算的其他事项。

第十一条 会计年度自公历1月1日起至12月31日止。

第十二条 会计核算以人民币为记账本位币。

业务收支以人民币以外的货币为主的单位，可以选定其中一种货币作为记账本位币，但是编报的财务会计报告应当折算为人民币。

第十三条 会计凭证、会计账簿、财务会计报告和其他会计资料，必须符合国家统一的会计制度的规定。

使用电子计算机进行会计核算的，其软件及其生成的会计凭证、会计账簿、财务会计报告和其他会计资料，也必须符合国家统一的会计制度的规定。

任何单位和个人不得伪造、变造会计凭证、会计账簿及其他会计资料，不得提供虚假的财务会计报告。

第十四条 会计凭证包括原始凭证和记账凭证。

办理本法第十条所列的经济业务事项，必须填制或者取得原始凭证并及时送交会计机构。

会计机构、会计人员必须按照国家统一的会计制度的规定对原始凭证进行审核，对不真实、不合法的原始凭证有权不予接受，并向单位负责人报告；对记载不准确、不完整的原始凭证予以退回，并要求按照国家统一的会计制度的规定更正、补充。

原始凭证记载的各项内容均不得涂改；原始凭证有错误的，应当由出具单位重开或者更正，更正处应当加盖出具单位印章。原始凭证金额有错误的，应当由出具单位重开，不得在原始凭证上更正。

记账凭证应当根据经过审核的原始凭证及有关资料编制。

第十五条 会计账簿登记，必须以经过审核的会计凭证为依据，并符合有关法律、行政法规和国家统一的会计制度的规定。会计账簿包括总账、明细账、日记账和其他辅助性账簿。

会计账簿应当按照连续编号的页码顺序登记。会计账簿记录发生错误或者隔页、缺号、跳行的，应当按照国家统一的会计制度规定的方法更正，并由会计人员和会计机构负责人（会计主管人员）在更正处盖章。

使用电子计算机进行会计核算的，其会计账簿的登记、更正，应当符合国家统一的会计制度的规定。

第十六条　各单位发生的各项经济业务事项应当在依法设置的会计账簿上统一登记、核算，不得违反本法和国家统一的会计制度的规定私设会计账簿登记、核算。

第十七条　各单位应当定期将会计账簿记录与实物、款项及有关资料相互核对，保证会计账簿记录与实物及款项的实有数额相符、会计账簿记录与会计凭证的有关内容相符、会计账簿之间相对应的记录相符、会计账簿记录与会计报表的有关内容相符。

第十八条　各单位采用的会计处理方法，前后各期应当一致，不得随意变更；确有必要变更的，应当按照国家统一的会计制度的规定变更，并将变更的原因、情况及影响在财务会计报告中说明。

第十九条　单位提供的担保、未决诉讼等或有事项，应当按照国家统一的会计制度的规定，在财务会计报告中予以说明。

第二十条　财务会计报告应当根据经过审核的会计账簿记录和有关资料编制，并符合本法和国家统一的会计制度关于财务会计报告的编制要求、提供对象和提供期限的规定；其他法律、行政法规另有规定的，从其规定。

财务会计报告由会计报表、会计报表附注和财务情况说明书组成。向不同的会计资料使用者提供的财务会计报告，其编制依据应当一致。有关法律、行政法规规定会计报表、会计报表附注和财务情况说明书须经注册会计师审计的，注册会计师及其所在的会计师事务所出具的审计报告应当随同财务会计报告一并提供。

第二十一条　财务会计报告应当由单位负责人和主管会计工作的负责人、会计机构负责人(会计主管人员)签名并盖章；设置总会计师的单位，还须由审计师签名并盖章。

单位负责人应当保证财务会计报告真实、完整。

第二十二条　会计记录的文字应当使用中文。在民族自治地方，会计记录可以同时使用当地通用的一种民族文字。在中华人民共和国境内的外商投资企业、外国企业和其他外国组织的会计记录可以同时使用一种外国文字。

第二十三条　各单位对会计凭证、会计账簿、财务会计报告和其他会计资料应当建立档案，妥善保管。会计档案的保管期限和销毁办法，由国务院财政部会同有关部门制定。

第三章　公司、企业会计核算的特别规定

第二十四条　公司、企业进行会计核算，除应当遵守本法第二章的规定外，还应当遵守本章规定。

第二十五条　公司、企业必须根据实际发生的经济业务事项，按照国家统一的会计制度的规定确认、计量和记录资产、负债、所有者权益、收入、费用、成本和利润。

第二十六条　公司、企业进行会计核算不得有下列行为：

(一)随意改变资产、负债、所有者权益的确认标准或者计量方法，虚列、多列、不列或者少列资产、负债、所有者权益；

(二)虚列或者隐瞒收入，推迟或者提前确认收入；

(三)随意改变费用、成本的确认标准或者计量方法，虚列、多列、不列或者少列费用、成本；

(四)随意调整利润的计算、分配方法，编造虚假利润或者隐瞒利润；

（五）违反国家统一的会计制度规定的其他行为。

第四章　会计监督

第二十七条　各单位应当建立、健全本单位内部会计监督制度。单位内部会计监督制度应当符合下列要求：

（一）记账人员与经济业务事项和会计事项的审批人员、经办人员、财物保管人员的职责权限应当明确，并相互分离、相互制约；

（二）重大对外投资、资产处置、资金调度和其他重要经济业务事项的决策和执行的相互监督、相互制约程序应当明确；

（三）财产清查的范围、期限和组织程序应当明确；

（四）对会计资料定期进行内部审计的办法和程序应当明确。

第二十八条　单位负责人应当保证会计机构、会计人员依法履行职责，不得授意、指使、强令会计机构、会计人员违法办理会计事项。

会计机构、会计人员对违反本法和国家统一的会计制度规定的会计事项，有权拒绝办理或者按照职权予以纠正。

第二十九条　会计机构、会计人员发现会计账簿记录与实物、款项及有关资料不相符的，按照国家统一的会计制度的规定有权自行处理的，应当及时处理；无权处理的，应当立即向单位负责人报告，请求查明原因，作出处理。

第三十条　任何单位和个人对违反本法和国家统一的会计制度规定的行为，有权检举。收到检举的部门有权处理的，应当依法按照职责分工及时处理；无权处理的，应当及时移送有权处理的部门处理。收到检举的部门、负责处理的部门应当为检举人保密，不得将检举人姓名和检举材料转给被检举单位和被检举人个人。

第三十一条　有关法律、行政法规规定，须经注册会计师进行审计的单位，应当向受委托的会计师事务所如实提供会计凭证、会计账簿、财务会计报告和其他会计资料以及有关情况。

任何单位或者个人不得以任何方式要求或者示意注册会计师及其所在的会计师事务所出具不实或者不当的审计报告。

财政部门有权对会计师事务所出具审计报告的程序和内容进行监督。

第三十二条　财政部门对各单位的下列情况实施监督：

（一）是否依法设置会计账簿；

（二）会计凭证、会计账簿、财务会计报告和其他会计资料是否真实、完整；

（三）会计核算是否符合本法和国家统一的会计制度的规定；

（四）从事会计工作的人员是否具备专业能力、遵守职业道德。

在对前款第（二）项所列事项实施监督，发现重大违法嫌疑时，国务院财政部门及其派出机构可以向与被监督单位有经济业务往来的单位和被监督单位开立账户的金融机构查询有关情况，有关单位和金融机构应当给予支持。

第三十三条　财政、审计、税务、人民银行、证券监管、保险监管等部门应当依照有关法律、行政法规规定的职责，对有关单位的会计资料实施监督检查。

前款所列监督检查部门对有关单位的会计资料依法实施监督检查后，应当出具检查结论。有关监督检查部门已经作出的检查结论能够满足其他监督检查部门履行本部门职责需要的，其他监督检查部门应当加以利用，避免重复查账。

第三十四条　依法对有关单位的会计资料实施监督检查的部门及其工作人员对在监督检查中知悉的国家秘密和商业秘密负有保密义务。

第三十五条　各单位必须依照有关法律、行政法规的规定，接受有关监督检查部门依法实施的监督检查，如实提供会计凭证、会计账簿、财务会计报告和其他会计资料以及有关情况，不得拒绝、隐匿、谎报。

第五章　会计机构和会计人员

第三十六条　各单位应当根据会计业务的需要，设置会计机构，或者在有关机构中设置会计人员并指定会计主管人员；不具备设置条件的，应当委托经批准设立从事会计代理记账业务的中介机构代理记账。

国有的和国有资产占控股地位或者主导地位的大、中型企业必须设置总会计师。总会计师的任职资格、任免程序、职责权限由国务院规定。

第三十七条　会计机构内部应当建立稽核制度。

出纳人员不得兼任稽核、会计档案保管和收入、支出、费用、债权债务账目的登记工作。

第三十八条　会计人员应当具备从事会计工作所需要的专业能力。

担任单位会计机构负责人（会计主管人员）的，应当具备会计师以上专业技术职务资格或者从事会计工作三年以上经历。

本法所称会计人员的范围由国务院财政部门规定。

第三十九条　会计人员应当遵守职业道德，提高业务素质。对会计人员的教育和培训工作应当加强。

第四十条　因有提供虚假财务会计报告，做假账，隐匿或者故意销毁会计凭证、会计账簿、财务会计报告，贪污，挪用公款，职务侵占等与会计职务有关的违法行为被依法追究刑事责任的人员，不得再从事会计工作。

第四十一条　会计人员调动工作或者离职，必须与接管人员办清交接手续。

一般会计人员办理交接手续，由会计机构负责人（会计主管人员）监交；会计机构负责人（会计主管人员）办理交接手续，由单位负责人监交，必要时主管单位可以派人会同监交。

第六章　法律责任

第四十二条　违反本法规定，有下列行为之一的，由县级以上人民政府财政部门责令限期改正，可以对单位并处三千元以上五万元以下的罚款；对其直接负责的主管人员和其他直接责任人员，可以处二千元以上二万元以下的罚款；属于国家工作人员的，还应当由其所在单位或者有关单位依法给予行政处分：

（一）不依法设置会计账簿的；

（二）私设会计账簿的；

（三）未按照规定填制、取得原始凭证或者填制、取得的原始凭证不符合规定的；

（四）以未经审核的会计凭证为依据登记会计账簿或者登记会计账簿不符合规定的；

（五）随意变更会计处理方法的；

（六）向不同的会计资料使用者提供的财务会计报告编制依据不一致的；

（七）未按照规定使用会计记录文字或者记账本位币的；

（八）未按照规定保管会计资料，致使会计资料毁损、灭失的；

（九）未按照规定建立并实施单位内部会计监督制度或者拒绝依法实施的监督或者不如实提供有关会计资料及有关情况的；

（十）任用会计人员不符合本法规定的。

有前款所列行为之一，构成犯罪的，依法追究刑事责任。

会计人员有第一款所列行为之一，情节严重的，五年内不得从事会计工作。

有关法律对第一款所列行为的处罚另有规定的，依照有关法律的规定办理。

第四十三条　伪造、变造会计凭证、会计账簿，编制虚假财务会计报告，构成犯罪的，依法追究刑事责任。

有前款行为，尚不构成犯罪的，由县级以上人民政府财政部门予以通报，可以对单位并处五千元以上十万元以下的罚款；对其直接负责的主管人员和其他直接责任人员，可以处三千元以上五万元以下的罚款；属于国家工作人员的，还应当由其所在单位或者有关单位依法给予撤职直至开除的行政处分；其中的会计人员，五年内不得从事会计工作。

第四十四条　隐匿或者故意销毁依法应当保存的会计凭证、会计账簿、财务会计报告，构成犯罪的，依法追究刑事责任。

有前款行为，尚不构成犯罪的，由县级以上人民政府财政部门予以通报，可以对单位并处五千元以上十万元以下的罚款；对其直接负责的主管人员和其他直接责任人员，可以处三千元以上五万元以下的罚款；属于国家工作人员的，还应当由其所在单位或者有关单位依法给予撤职直至开除的行政处分；其中的会计人员，五年内不得从事会计工作。

第四十五条　授意、指使、强令会计机构、会计人员及其他人员伪造、变造会计凭证、会计账簿，编制虚假财务会计报告或者隐匿、故意销毁依法应当保存的会计凭证、会计账簿、财务会计报告，构成犯罪的，依法追究刑事责任；尚不构成犯罪的，可以处五千元以上五万元以下的罚款；属于国家工作人员的，还应当由其所在单位或者有关单位依法给予降级、撤职、开除的行政处分。

第四十六条　单位负责人对依法履行职责、抵制违反本法规定行为的会计人员以降级、撤职、调离工作岗位、解聘或者开除等方式实行打击报复，构成犯罪的，依法追究刑事责任；尚不构成犯罪的，由其所在单位或者有关单位依法给予行政处分。对受打击报复的会计人员，应当恢复其名誉和原有职务、级别。

第四十七条　财政部门及有关行政部门的工作人员在实施监督管理中滥用职权、玩忽职守、徇私舞弊或者泄露国家秘密、商业秘密，构成犯罪的，依法追究刑事责任；尚不构成犯罪的，依法给予行政处分。

第四十八条　违反本法第三十条规定，将检举人姓名和检举材料转给被检举单位和被检举人个人的，由所在单位或者有关单位依法给予行政处分。

第四十九条　违反本法规定，同时违反其他法律规定的，由有关部门在各自职权范围内依法进行处罚。

第七章　附　则

第五十条　本法下列用语的含义：

单位负责人，是指单位法定代表人或者法律、行政法规规定代表单位行使职权的主要负责人。

国家统一的会计制度，是指国务院财政部门根据本法制定的关于会计核算、会计监督、会计机构和会计人员以及会计工作管理的制度。

第五十一条　个体工商户会计管理的具体办法，由国务院财政部门根据本法的原则另行规定。

第五十二条　本法自2000年7月1日起施行。

附录2　　**《企业会计准则——基本准则》**

（2006年2月15日财政部令第33号公布，自2007年1月1日起施行。2014年7月23日根据《财政部关于修改〈企业会计准则——基本准则〉的决定》修改）

第一章　总　则

第一条　为了规范企业会计确认、计量和报告行为，保证会计信息质量，根据《中华人民共和国会计法》和其他有关法律、行政法规，制定本准则。

第二条　本准则适用于在中华人民共和国境内设立的企业（包括公司，下同）。

第三条　企业会计准则包括基本准则和具体准则，具体准则的制定应当遵循本准则。

第四条　企业应当编制财务会计报告（又称财务报告，下同）。财务会计报告的目标是向财务会计报告使用者提供与企业财务状况、经营成果和现金流量等有关的会计信息，反映企业管理层受托责任履行情况，有助于财务会计报告使用者作出经济决策。

财务会计报告使用者包括投资者、债权人、政府及其有关部门和社会公众等。

第五条　企业应当对其本身发生的交易或者事项进行会计确认、计量和报告。

第六条　企业会计确认、计量和报告应当以持续经营为前提。

第七条　企业应当划分会计期间，分期结算账目和编制财务会计报告。

会计期间分为年度和中期。中期是指短于一个完整的会计年度的报告期间。

第八条　企业会计应当以货币计量。

第九条　企业应当以权责发生制为基础进行会计确认、计量和报告。

第十条　企业应当按照交易或者事项的经济特征确定会计要素。会计要素包括资产、负债、所有者权益、收入、费用和利润。

第十一条　企业应当采用借贷记账法记账。

第二章　会计信息质量要求

第十二条　企业应当以实际发生的交易或者事项为依据进行会计确认、计量和报告，如实反映符合确认和计量要求的各项会计要素及其他相关信息，保证会计信息真实可靠、内容完整。

第十三条　企业提供的会计信息应当与财务会计报告使用者的经济决策需要相关，有助于财务会计报告使用者对企业过去、现在或者未来的情况作出评价或者预测。

第十四条　企业提供的会计信息应当清晰明了，便于财务会计报告使用者理解和使用。

第十五条　企业提供的会计信息应当具有可比性。

同一企业不同时期发生的相同或者相似的交易或者事项，应当采用一致的会计政策，不得随意变更。确需变更的，应当在附注中说明。

不同企业发生的相同或者相似的交易或者事项，应当采用规定的会计政策，确保会计信息口径一致、相互可比。

第十六条 企业应当按照交易或者事项的经济实质进行会计确认、计量和报告，不应仅以交易或者事项的法律形式为依据。

第十七条 企业提供的会计信息应当反映与企业财务状况、经营成果和现金流量等有关的所有重要交易或者事项。

第十八条 企业对交易或者事项进行会计确认、计量和报告应当保持应有的谨慎，不应高估资产或者收益、低估负债或者费用。

第十九条 企业对于已经发生的交易或者事项，应当及时进行会计确认、计量和报告，不得提前或者延后。

第三章 资 产

第二十条 资产是指企业过去的交易或者事项形成的、由企业拥有或者控制的、预期会给企业带来经济利益的资源。

前款所指的企业过去的交易或者事项包括购买、生产、建造行为或其他交易或者事项。预期在未来发生的交易或者事项不形成资产。

由企业拥有或者控制，是指企业享有某项资源的所有权，或者虽然不享有某项资源的所有权，但该资源能被企业所控制。

预期会给企业带来经济利益，是指直接或者间接导致现金和现金等价物流入企业的潜力。

第二十一条 符合本准则第二十条规定的资产定义的资源，在同时满足以下条件时，确认为资产：

（一）与该资源有关的经济利益很可能流入企业；

（二）该资源的成本或者价值能够可靠地计量。

第二十二条 符合资产定义和资产确认条件的项目，应当列入资产负债表；符合资产定义、但不符合资产确认条件的项目，不应当列入资产负债表。

第四章 负 债

第二十三条 负债是指企业过去的交易或者事项形成的、预期会导致经济利益流出企业的现时义务。

现时义务是指企业在现行条件下已承担的义务。未来发生的交易或者事项形成的义务，不属于现时义务，不应当确认为负债。

第二十四条 符合本准则第二十三条规定的负债定义的义务，在同时满足以下条件时，确认为负债：

（一）与该义务有关的经济利益很可能流出企业；

（二）未来流出的经济利益的金额能够可靠地计量。

第二十五条 符合负债定义和负债确认条件的项目，应当列入资产负债表；符合负债定义、但不符合负债确认条件的项目，不应当列入资产负债表。

第五章 所有者权益

第二十六条 所有者权益是指企业资产扣除负债后由所有者享有的剩余权益。

公司的所有者权益又称为股东权益。

第二十七条 所有者权益的来源包括所有者投入的资本、直接计入所有者权益的利得和损失、留存收益等。

直接计入所有者权益的利得和损失，是指不应计入当期损益、会导致所有者权益发生增减变动的、与所有者投入资本或者向所有者分配利润无关的利得或者损失。

利得是指由企业非日常活动所形成的、会导致所有者权益增加的、与所有者投入资本无关的经济利益的流入。

损失是指由企业非日常活动所发生的、会导致所有者权益减少的、与向所有者分配利润无关的经济利益的流出。

第二十八条 所有者权益金额取决于资产和负债的计量。

第二十九条 所有者权益项目应当列入资产负债表。

第六章 收 入

第三十条 收入是指企业在日常活动中形成的、会导致所有者权益增加的、与所有者投入资本无关的经济利益的总流入。

第三十一条 收入只有在经济利益很可能流入从而导致企业资产增加或者负债减少、且经济利益的流入额能够可靠计量时才能予以确认。

第三十二条 符合收入定义和收入确认条件的项目，应当列入利润表。

第七章 费 用

第三十三条 费用是指企业在日常活动中发生的、会导致所有者权益减少的、与向所有者分配利润无关的经济利益的总流出。

第三十四条 费用只有在经济利益很可能流出从而导致企业资产减少或者负债增加、且经济利益的流出额能够可靠计量时才能予以确认。

第三十五条 企业为生产产品、提供劳务等发生的可归属于产品成本、劳务成本等的费用，应当在确认产品销售收入、劳务收入等时，将已销售产品、已提供劳务的成本等计入当期损益。

企业发生的支出不产生经济利益的，或者即使能够产生经济利益但不符合或者不再符合资产确认条件的，应当在发生时确认为费用，计入当期损益。

企业发生的交易或者事项导致其承担了一项负债而又不确认为一项资产的，应当在发生时确认为费用，计入当期损益。

第三十六条 符合费用定义和费用确认条件的项目，应当列入利润表。

第八章 利 润

第三十七条 利润是指企业在一定会计期间的经营成果。利润包括收入减去费用后的净额、直接计入当期利润的利得和损失等。

第三十八条　直接计入当期利润的利得和损失，是指应当计入当期损益、会导致所有者权益发生增减变动的、与所有者投入资本或者向所有者分配利润无关的利得或者损失。

第三十九条　利润金额取决于收入和费用、直接计入当期利润的利得和损失金额的计量。

第四十条　利润项目应当列入利润表。

第九章　会计计量

第四十一条　企业在将符合确认条件的会计要素登记入账并列报于会计报表及其附注（又称财务报表，下同）时，应当按照规定的会计计量属性进行计量，确定其金额。

第四十二条　会计计量属性主要包括：

（一）历史成本。在历史成本计量下，资产按照购置时支付的现金或者现金等价物的金额，或者按照购置资产时所付出的对价的公允价值计量。负债按照因承担现时义务而实际收到的款项或者资产的金额，或者承担现时义务的合同金额，或者按照日常活动中为偿还负债预期需要支付的现金或者现金等价物的金额计量。

（二）重置成本。在重置成本计量下，资产按照现在购买相同或者相似资产所需支付的现金或者现金等价物的金额计量。负债按照现在偿付该项债务所需支付的现金或者现金等价物的金额计量。

（三）可变现净值。在可变现净值计量下，资产按照其正常对外销售所能收到现金或者现金等价物的金额扣减该资产至完工时估计将要发生的成本、估计的销售费用以及相关税费后的金额计量。

（四）现值。在现值计量下，资产按照预计从其持续使用和最终处置中所产生的未来净现金流入量的折现金额计量。负债按照预计期限内需要偿还的未来净现金流出量的折现金额计量。

（五）公允价值。在公允价值计量下，资产和负债按照市场参与者在计量日发生的有序交易中，出售资产所能收到或者转移负债所需支付的价格计量。

第四十三条　企业在对会计要素进行计量时，一般应当采用历史成本，采用重置成本、可变现净值、现值、公允价值计量的，应当保证所确定的会计要素金额能够取得并可靠计量。

第十章　财务会计报告

第四十四条　财务会计报告是指企业对外提供的反映企业某一特定日期的财务状况和某一会计期间的经营成果、现金流量等会计信息的文件。

财务会计报告包括会计报表及其附注和其他应当在财务会计报告中披露的相关信息和资料。会计报表至少应当包括资产负债表、利润表、现金流量表等报表。

小企业编制的会计报表可以不包括现金流量表。

第四十五条　资产负债表是指反映企业在某一特定日期的财务状况的会计报表。

第四十六条　利润表是指反映企业在一定会计期间的经营成果的会计报表。

第四十七条　现金流量表是指反映企业在一定会计期间的现金和现金等价物流入和流出的会计报表。

第四十八条　附注是指对在会计报表中列示项目所作的进一步说明，以及对未能在这些报表中列示项目的说明等。

第十一章　附　则

第四十九条　本准则由财政部负责解释。

第五十条　本准则自2007年1月1日起施行。

附录3

《中华人民共和国现金管理暂行条例》

（1988年9月8日国务院发布）

第一章　总　则

第一条　为改善现金管理，促进商品生产和流通，加强对社会经济活动的监督，制定本条例。

第二条　凡在银行和其他金融机构（以下简称开户银行）开立账户的机关、团体、部队、企业、事业单位和其他单位（以下简称开户单位），必须依照本条例的规定收支和使用现金，接受开户银行的监督。

国家鼓励开户单位和个人在经济活动中，采取转账方式进行结算，减少使用现金。

第三条　开户单位之间的经济往来，除按本条例规定的范围可以使用现金外，应当通过开户银行进行转账结算。

第四条　各级人民银行应当严格履行金融主管机关的职责，负责对开户银行的现金管理进行监督和稽核。

开户银行依照本条例和中国人民银行的规定，负责现金管理的具体实施，对开户单位收支、使用现金进行监督管理。

第二章　现金管理和监督

第五条　开户单位可以在下列范围内使用现金：

（一）职工工资、津贴；

（二）个人劳务报酬；

（三）根据国家规定颁发给个人的科学技术、文化艺术、体育等各种奖金；

（四）各种劳保、福利费用以及国家规定的对个人的其他支出；

（五）向个人收购农副产品和其他物资的价款；

（六）出差人员必须随身携带的差旅费；

（七）结算起点以下的零星支出；

（八）中国人民银行确定需要支付现金的其他支出。

前款结算起点定为1 000元。结算起点的调整，由中国人民银行确定，报国务院备案。

第六条　除本条例第五条第（五）（六）项外，开户单位支付给个人的款项，超过使用现金限额的部分，应当以支票或者银行本票支付；确需全额支付现金的，经开户银行审核后，予以支付现金。

前款使用现金限额，按本条例第五条第二款的规定执行。

第七条　转账结算凭证在经济往来中，具有同现金相同的支付能力。

开户单位在销售活动中，不得对现金结算给予比转账结算优惠的待遇；不得拒收支票、银行汇票和银行本票。

第八条　机关、团体、部队、全民所有制和集体所有制企业事业单位购置国家规定的专项控制商品，必须采取转账结算方式，不得使用现金。

第九条　开户银行应当根据实际需要，核定开户单位3天至5天的日常零星开支所需的库存现金限额。

边远地区和交通不便地区的开户单位的库存现金限额，可以多于5天，但不得超过15天的日常零星开支。

第十条　经核定的库存现金限额，开户单位必须严格遵守。需要增加或者减少库存现金限额的，应当向开户银行提出申请，由开户银行核定。

第十一条　开户单位现金收支应当依照下列规定办理：

（一）开户单位现金收入应当于当日送存开户银行。当日送存确有困难的，由开户银行确定送存时间；

（二）开户单位支付现金，可以从本单位库存现金限额中支付或者从开户银行提取，不得从本单位的现金收入中直接支付（即坐支）。因特殊情况需要坐支现金的，应当事先报经开户银行审查批准，由开户银行核定坐支范围和限额。坐支单位应当定期向开户银行报送坐支金额和使用情况；

（三）开户单位根据本条例第五条和第六条的规定，从开户银行提取现金，应当写明用途，由本单位财会部门负责人签字盖章，经开户银行审核后，予以支付现金；

（四）因采购地点不固定，交通不便，生产或者市场急需，抢险救灾以及其他特殊情况必须使用现金的，开户单位应当向开户银行提出申请，由本单位财会部门负责人签字盖章，经开户银行审核后，予以支付现金。

第十二条　开户单位应当建立健全现金账目，逐笔记载现金支付。账目应当日清月结，账款相符。

第十三条　对个体工商户、农村承包经营户发放的贷款，应当以转账方式支付。对确需在集市使用现金购买物资的，经开户银行审核后，可以在贷款金额内支付现金。

第十四条　在开户银行开户的个体工商户、农村承包经营户异地采购所需贷款，应当通过银行汇兑方式支付。因采购地点不固定，交通不便必须携带现金的，由开户银行根据实际需要，予以支付现金。

未在开户银行开户的个体工商户、农村承包经营户异地采购所需货款，可以通过银行汇兑方式支付。凡加盖“现金”字样的结算凭证，汇入银行必须保证支付现金。

第十五条　具备条件的银行应当接受开户单位的委托，开展代发工资、转存储蓄业务。

第十六条　为保证开户单位的现金收入及时送存银行，开户银行必须按照规定做好现金收款工作，不得随意缩短收款时间。大中城市和商业比较集中的地区，应当建立非营业时间收款制度。

第十七条　开户银行应当加强柜台审查，定期和不定期地对开户单位现金收支情况进行检查，并按规定向当地人民银行报告现金管理情况。

第十八条　一个单位在几家银行开户的，由一家开户银行负责现金管理工作，核定开户单位库存现金限额。

各金融机构的现金管理分工，由中国人民银行确定。有关现金管理分工的争议，由当地人民银行协调、裁决。

第十九条　开户银行应当建立健全现金管理制度，配备专职人员，改进工作作风，改善服务设施。现金管理工作所需经费应当在开户银行业务费中解决。

（注：《现金管理暂行条例》第二十条、第二十一条、第二十二条已被2011年国务院令第588号《国务院关于废止和修改部分行政法规的决定》所删去）

第二十三条　银行工作人员违反本条例规定，徇私舞弊、贪污受贿、玩忽职守、纵容违法行为的，应当根据情节轻重，给予行政处分和经济处罚；构成犯罪的，由司法机关依法追究刑事责任。

第四章　附　则

第二十四条　本条例由中国人民银行负责解释；施行细则由中国人民银行制定。

第二十五条　本条例自1988年10月1日起施行。1977年11月28日发布的《国务院关于实行现金管理的决定》同时废止。

附录4　《会计档案管理办法》

第一条　为了加强会计档案管理，有效保护和利用会计档案，根据《中华人民共和国会计法》《中华人民共和国档案法》等有关法律和行政法规，制定本办法。

第二条　国家机关、社会团体、企业、事业单位和其他组织（以下统称单位）管理会计档案适用本办法。

第三条　本办法所称会计档案是指单位在进行会计核算等过程中接收或形成的，记录和反映单位经济业务事项的，具有保存价值的文字、图表等各种形式的会计资料，包括通过计算机等电子设备形成、传输和存储的电子会计档案。

第四条　财政部和国家档案局主管全国会计档案工作，共同制定全国统一的会计档案工作制度，对全国会计档案工作实行监督和指导。

县级以上地方人民政府财政部门和档案行政管理部门管理本行政区域内的会计档案工作，并对本行政区域内会计档案工作实行监督和指导。

第五条　单位应当加强会计档案管理工作，建立和完善会计档案的收集、整理、保管、利用和鉴定销毁等管理制度，采取可靠的安全防护技术和措施，保证会计档案的真实、完整、可用、安全。

单位的档案机构或者档案工作人员所属机构（以下统称单位档案管理机构）负责管理本单位的会计档案。单位也可以委托具备档案管理条件的机构代为管理会计档案。

第六条　下列会计资料应当进行归档：

（一）会计凭证，包括原始凭证、记账凭证；

（二）会计账簿，包括总账、明细账、日记账、固定资产卡片及其他辅助性账簿；

（三）财务会计报告，包括月度、季度、半年度、年度财务会计报告；

（四）其他会计资料，包括银行存款余额调节表、银行对账单、纳税申报表、会计档案移交清册、会计档案保管清册、会计档案销毁清册、会计档案鉴定意见书及其他具有保存价值的会计资料。

第七条 单位可以利用计算机、网络通信等信息技术手段管理会计档案。

第八条 同时满足下列条件的，单位内部形成的属于归档范围的电子会计资料可仅以电子形式保存，形成电子会计档案：

(一)形成的电子会计资料来源真实有效，由计算机等电子设备形成和传输；

(二)使用的会计核算系统能够准确、完整、有效接收和读取电子会计资料，能够输出符合国家标准归档格式的会计凭证、会计账簿、财务会计报表等会计资料，设定了经办、审核、审批等必要的审签程序；

(三)使用的电子档案管理系统能够有效接收、管理、利用电子会计档案，符合电子档案的长期保管要求，并建立了电子会计档案与相关联的其他纸质会计档案的检索关系；

(四)采取有效措施，防止电子会计档案被篡改；

(五)建立电子会计档案备份制度，能够有效防范自然灾害、意外事故和人为破坏的影响；

(六)形成的电子会计资料不属于具有永久保存价值或者其他重要保存价值的会计档案。

第九条 满足本办法第八条规定条件，单位从外部接收的电子会计资料附有符合《中华人民共和国电子签名法》规定的电子签名的，可仅以电子形式归档保存，形成电子会计档案。

第十条 单位的会计机构或会计人员所属机构(以下统称单位会计管理机构)按照归档范围和归档要求，负责定期将应当归档的会计资料整理立卷，编制会计档案保管清册。

第十一条 当年形成的会计档案，在会计年度终了后，可由单位会计管理机构临时保管一年，再移交单位档案管理机构保管。因工作需要确需推迟移交的，应当经单位档案管理机构同意。

单位会计管理机构临时保管会计档案最长不超过三年。临时保管期间，会计档案的保管应当符合国家档案管理的有关规定，且出纳人员不得兼管会计档案。

第十二条 单位会计管理机构在办理会计档案移交时，应当编制会计档案移交清册，并按照国家档案管理的有关规定办理移交手续。

纸质会计档案移交时应当保持原卷的封装。电子会计档案移交时应当将电子会计档案及其元数据一并移交，且文件格式应当符合国家档案管理的有关规定。特殊格式的电子会计档案应当与其读取平台一并移交。

单位档案管理机构接收电子会计档案时，应当对电子会计档案的准确性、完整性、可用性、安全性进行检测，符合要求的才能接收。

第十三条 单位应当严格按照相关制度利用会计档案，在进行会计档案查阅、复制、借出时履行登记手续，严禁篡改和损坏。

单位保存的会计档案一般不得对外借出。确因工作需要且根据国家有关规定必须借出的，应当严格按照规定办理相关手续。

会计档案借用单位应当妥善保管和利用借入的会计档案，确保借入会计档案的安全完整，并在规定时间内归还。

第十四条 会计档案的保管期限分为永久、定期两类。定期保管期限一般分为10年和30年。

会计档案的保管期限，从会计年度终了后的第一天算起。

第十五条 各类会计档案的保管期限原则上应当按照本办法附表执行，本办法规定的会计档案保管期限为最低保管期限。

单位会计档案的具体名称如有同本办法附表所列档案名称不相符的，应当比照类似档案的保管期限办理。

第十六条　单位应当定期对已到保管期限的会计档案进行鉴定，并形成会计档案鉴定意见书。经鉴定，仍需继续保存的会计档案，应当重新划定保管期限；对保管期满，确无保存价值的会计档案，可以销毁。

第十七条　会计档案鉴定工作应当由单位档案管理机构牵头，组织单位会计、审计、纪检监察等机构或人员共同进行。

第十八条　经鉴定可以销毁的会计档案，应当按照以下程序销毁：

（一）单位档案管理机构编制会计档案销毁清册，列明拟销毁会计档案的名称、卷号、册数、起止年度、档案编号、应保管期限、已保管期限和销毁时间等内容。

（二）单位负责人、档案管理机构负责人、会计管理机构负责人、档案管理机构经办人、会计管理机构经办人在会计档案销毁清册上签署意见。

（三）单位档案管理机构负责组织会计档案销毁工作，并与会计管理机构共同派员监销。监销人在会计档案销毁前，应当按照会计档案销毁清册所列内容进行清点核对；在会计档案销毁后，应当在会计档案销毁清册上签名或盖章。

电子会计档案的销毁还应当符合国家有关电子档案的规定，并由单位档案管理机构、会计管理机构和信息系统管理机构共同派员监销。

第十九条　保管期满但未结清的债权债务会计凭证和涉及其他未了事项的会计凭证不得销毁，纸质会计档案应当单独抽出立卷，电子会计档案单独转存，保管到未了事项完结时为止。

单独抽出立卷或转存的会计档案，应当在会计档案鉴定意见书、会计档案销毁清册和会计档案保管清册中列明。

第二十条　单位因撤销、解散、破产或其他原因而终止的，在终止或办理注销登记手续之前形成的会计档案，按照国家档案管理的有关规定处置。

第二十一条　单位分立后原单位存续的，其会计档案应当由分立后的存续方统一保管，其他方可以查阅、复制与其业务相关的会计档案。

单位分立后原单位解散的，其会计档案应当经各方协商后由其中一方代管或按照国家档案管理的有关规定处置，各方可以查阅、复制与其业务相关的会计档案。

单位分立中未结清的会计事项所涉及的会计凭证，应当单独抽出由业务相关方保存，并按照规定办理交接手续。

单位因业务移交其他单位办理所涉及的会计档案，应当由原单位保管，承接业务单位可以查阅、复制与其业务相关的会计档案。对其中未结清的会计事项所涉及的会计凭证，应当单独抽出由承接业务单位保存，并按照规定办理交接手续。

第二十二条　单位合并后原各单位解散或者一方存续其他方解散的，原各单位的会计档案应当由合并后的单位统一保管。单位合并后原各单位仍存续的，其会计档案仍应当由原各单位保管。

第二十三条　建设单位在项目建设期间形成的会计档案，需要移交给建设项目接受单位的，应当在办理竣工财务决算后及时移交，并按照规定办理交接手续。

第二十四条 单位之间交接会计档案时,交接双方应当办理会计档案交接手续。

移交会计档案的单位,应当编制会计档案移交清册,列明应当移交的会计档案名称、卷号、册数、起止年度、档案编号、应保管期限和已保管期限等内容。

交接会计档案时,交接双方应当按照会计档案移交清册所列内容逐项交接,并由交接双方的单位有关负责人负责监督。交接完毕后,交接双方经办人和监督人应当在会计档案移交清册上签名或盖章。

电子会计档案应当与其元数据一并移交,特殊格式的电子会计档案应当与其读取平台一并移交。档案接受单位应当对保存电子会计档案的载体及其技术环境进行检验,确保所接收电子会计档案的准确、完整、可用和安全。

第二十五条 单位的会计档案及其复制件需要携带、寄运或者传输至境外的,应当按照国家有关规定执行。

第二十六条 单位委托中介机构代理记账的,应当在签订的书面委托合同中,明确会计档案的管理要求及相应责任。

第二十七条 违反本办法规定的单位和个人,由县级以上人民政府财政部门、档案行政管理部门依据《中华人民共和国会计法》《中华人民共和国档案法》等法律法规处理处罚。

第二十八条 预算、计划、制度等文件材料,应当执行文书档案管理规定,不适用本办法。

第二十九条 不具备设立档案机构或配备档案工作人员条件的单位和依法建账的个体工商户,其会计档案的收集、整理、保管、利用和鉴定销毁等参照本办法执行。

第三十条 各省、自治区、直辖市、计划单列市人民政府财政部门、档案行政管理部门,新疆生产建设兵团财务局、档案局,国务院各业务主管部门,中国人民解放军总后勤部,可以根据本办法制定具体实施办法。

第三十一条 本办法由财政部、国家档案局负责解释,自 2016 年 1 月 1 日起施行。1998 年 8 月 21 日财政部、国家档案局发布的《会计档案管理办法》(财会字〔1998〕32 号)同时废止。

企业和其他组织会计档案保管期限表

序号	档案名称	保管期限	备　注
一	会计凭证		
1	原始凭证	30 年	
2	记账凭证	30 年	
二	会计账簿		
3	总账	30 年	
4	明细账	30 年	
5	日记账	30 年	
6	固定资产卡片		固定资产报废清理后保管 5 年
7	其他辅助性账簿	30 年	
三	财务会计报告		
8	月度、季度、半年度财务会计报告	10 年	

续表

序号	档案名称	保管期限	备　注
9	年度财务会计报告	永久	
四	其他会计资料		
10	银行存款余额调节表	10 年	
11	银行对账单	10 年	
12	纳税申报表	10 年	
13	会计档案移交清册	30 年	
14	会计档案保管清册	永久	
15	会计档案销毁清册	永久	
16	会计档案鉴定意见书	永久	

附录 5

2023 年各行业增值税税率一览表

<table>
<tr><th colspan="3">一般纳税人</th></tr>
<tr><td rowspan="3">13%</td><td>销售或者进口货物(另有列举的货物除外)</td><td>13%的货物(易与农产品等 9%货物相混淆)
1. 以粮食为原料加工的速冻食品、方便面、副食品和各种熟食品,玉米浆、玉米皮、玉米纤维(又称喷浆玉米皮)和玉米蛋白粉
2. 各种蔬菜罐头
3. 专业复烤厂烤制的复烤烟叶
4. 农业生产者用自产的茶青再经筛分、风选、拣剔、碎块、干燥、匀堆等工序精制而成的精制茶,掺兑各种药物的茶和茶饮料
5. 各种水果罐头、果脯、蜜饯、炒制的果仁、坚果、碾磨后的园艺植物(如胡椒粉、花椒粉等)
6. 中成药
7. 锯材,竹笋罐头
8. 熟制的水产品和各类水产品的罐头
9. 各种肉类罐头、肉类熟制品
10. 各种蛋类的罐头
11. 酸奶、奶酪、奶油,调制乳
12. 洗净毛、洗净绒
13. 饲料添加剂
14. 用于人类日常生活的各种类型包装的日用卫生用药(如卫生杀虫剂、驱虫剂、驱蚊剂、蚊香等)
15. 以农副产品为原料加工工业产品的机械、农用汽车、三轮运货车、机动渔船、森林砍伐机械、集材机械、农机零部件</td></tr>
<tr><td colspan="2">销售劳务</td></tr>
<tr><td colspan="2">有形动产租赁服务(属于现代服务)</td></tr>
</table>

续表

9%	粮食等农产品、食用植物油、食用盐
	饲料、化肥、农药、农机、农膜
	图书、报纸、杂志、音像制品、电子出版物
	自来水、暖气、冷气、热水、煤气、石油液化气、天然气、二甲醚、沼气、居民用煤炭制品
	国务院固定的其他货物
	不动产租赁服务(属于现代服务)
	交通运输服务(陆路、水路、航空运输服务和管道运输服务)
	销售不动产(建筑物、构建物等)
	建筑服务(工程服务、安装服务、修缮服务、装饰服务和其他建筑服务)
	转让土地使用权
	邮政服务(邮政普通服务、邮政特殊服务和其他邮政服务)
	基础电信服务
6%	销售无形资产(转让补充耕地指标、技术、商标、著作权、商誉、自然资源、其他权益性无形资产使用权或所有权)
	增值电信服务
	金融服务(贷款服务、直接收费金融服务、保险服务和金融商品转让)
	现代服务(研发和技术服务、信息技术服务、文化创意服务、物流辅助服务、鉴证咨询服务、广播影视服务、商务辅助服务、其他现代服务)
	生活服务 (文化体育服务、教育医疗服务、旅游娱乐服务、餐饮住宿服务、居民日常服务、其他生活服务)
0%	纳税人出口货物(国务院另有规定的除外)
	境内单位和个人跨境销售国务院规定范围内的服务、无形资产
	销售货物、劳务,提供的跨境应税行为,符合免税条件的,免税 境内的单位和个人销售适用增值税零税率的服务或无形资产的,可以放弃适用增值税零税率,选择免税或按规定缴纳增值税。放弃适用增值税零税率后,36 个月内不得再申请适用增值税零税率
一般般纳税人购进农产品进项税额扣除率	
9%	购进农产品原适用 10%扣除的,扣除率调整为 9%
10%	购进用于生产或者委托加工 13%税率货物的农产品,按照 10%扣除率计算进项税额
小规模纳税人/允许适用简易计税方式计税的一般纳税人	
3%、3%减按 1%	小规模纳税人销售货物或者加工、修理修配劳务,销售应税服务、无形资产
	1. 一般纳税人发生按规定适用或者可以选择适用简易计税方法计税的特定应税行为,但适用 5%征收率的除外 2. 从事再生资源回收的增值税一般纳税人销售其收购的再生资源,可以选择适用简易计税方法依照 3%征收率计算缴纳增值税,或适用一般计税方法计算缴纳增值税。财政部 税务总局公告 2021 年第 40 号自 2022 年 3 月 1 日起执行。 3. 自 2022 年 4 月 1 日至 2027 年 12 月 31 日,对月销售额 10 万元以下(含本数)的增值税小规模纳税人,免征增值税;增值税小规模纳税人适用 3%征收率的应税销售收入,减按 1%征收率征收增值税;适用 3%预征率的预缴增值税项目,减按 1%预征率预缴增值税(财政部 税务总局公告 2023 年第 19 号)
3%减按 2%	小规模纳税人(不含其他个人)以及符合规定情形的一般纳税人销售自己使用过的固定资产(财税[2009]9 号)纳税人销售旧货(含旧汽车、旧摩托车和旧游艇,不包括自己使用过的物品)(财税[2009]9 号 财税[2014]57 号)

续表

<table>
<tr><td>3%减按 0.5%</td><td>自 2020 年 5 月 1 日至 2023 年 12 月 31 日，从事二手车经销的纳税人销售其收购的二手车
销售额＝含税销售额/(1＋0.5%)(国家税务总局公告 2020 年第 9 号、财政部税务总局公告 2020 年第 17 号)</td></tr>
<tr><td rowspan="6">5%</td><td>销售不动产(财税[2016]36 号)
注意:(国家税务总局公告 2021 年第 5 号)
小规模纳税人中的单位和个体工商户销售不动产，应按其纳税期、本公告第五条以及其他现行政策规定确定是否预缴增值税；其他个人销售不动产，继续按照现行规定征免增值税。</td></tr>
<tr><td>转让营改增前取得的土地使用权(财税[2016]36 号第 15 条)</td></tr>
<tr><td>房地产开发企业销售、出租自行开发的房地产老项目(财税[2016]68 号)</td></tr>
<tr><td>符合条件的不动产融资租赁(财税[2016]47 号)</td></tr>
<tr><td>一般纳税人提供的人力资源外包服务(财税[2016]47 号)</td></tr>
<tr><td>选择差额纳税的劳务派遣、安全保护服务(财税[2016]47 号)</td></tr>
<tr><td rowspan="2">5%减按 1.5%</td><td>1. 个人出租住房
个体工商户和其他个人出租住房减按 1.5%计算应纳税额。(国家税务总局公告 2016 年第 16 号)
注意:《增值税暂行条例实施细则》第九条所称的其他个人，采取一次性收取租金形式出租不动产取得的租金收入，可在对应的租赁期内平均分摊，分摊后的月租金收入未超过 15 万元的，免征增值税。(国家税务总局公告 2021 年第 5 号)</td></tr>
<tr><td>2. 住房租赁企业
(1)增值税一般纳税人向个人出租住房取得的全部出租收入(财政部 税务总局 住房城乡建设部公告 2021 年第 24 号)
(2)增值税小规模纳税人向个人出租住房(财政部 税务总局 住房城乡建设部公告 2021 年第 24 号)</td></tr>
<tr><td colspan="2">允许适用简易计税方式计税的一般纳税人</td></tr>
<tr><td colspan="2">选择简易计税方法后 36 个月内不得变更
一般纳税人发生财政部和国家税务总局规定的特定应税行为，可以选择适用简易计税方法计税，但一经选择，36 个月内不得变更。
应纳税额＝销售额×征收率
应纳税额，是指按照销售额和增值税征收率计算的增值税额，不得抵扣进项税额。
纳税人采用销售额和应纳税额合并定价方法的
销售额＝含税销售额/(1＋征收率)</td></tr>
<tr><td rowspan="3">可选择按征收率 5%计税的应税行为</td><td>1. 销售不动产
(1)一般纳税人销售其 2016 年 4 月 30 日前取得(不含自建)的不动产以取得的全部价款和价外费用减去该项不动，产购置原价或者取得不动产时的作价后的余额为销售额，按照简易计税方法计算应纳税额
(2)一般纳税人销售其 2016 年 4 月 30 日前自建的不动产，以取得的全部价款和价外费用为销售额按照简易计税方法计算应纳税额
(3)房地产开发企业中的一般纳税人销售自行开发的房地产老项目
《营业税改征增值税试点有关事项的规定》(财税〔2016〕36 号附件 2)</td></tr>
<tr><td>2. 不动产经营租赁服务
(1)一般纳税人出租其 2016 年 4 月 30 日前取得的不动铲。纳税人以经营．租赁方式将土地出租给他人使用，按照不动产经营租赁服务缴纳增值税
(2)房地产开发企业中的一般纳税人出租自行开发的房地产老项目</td></tr>
<tr><td>3. 转让土地使用权
一般纳税人转让 2016 年 4 月 30 日前取得的土地使用权，以取得的全部价款和价外费用减去取得该土地使用权的原价后的余额．为销售额按照简易计税方法计算应纳税额(财税〔2016〕47 号)</td></tr>
</table>

续表

	4. 劳务派遣服务 提供劳务派遣服务，以取得的全部价款和价外费用，扣除代用工单位支付给劳务派遣员工的工资、福利和为其办理社会保险，及住房公积金后的余额为销售额(差额纳税)，按照简易计税方法计算缴纳增值税 纳税人提供安全保护服务比照劳务派遣服务政策执行 纳税人提供武装守护押运服务按照“安全保护服务”缴纳增值税 (财税〔2016〕47 号，财税〔2016〕68 号)
	5. 不动产融资租赁 2016 年 4 月 30 日前签订的不动产融资租赁合同，或以 2016 年 4 月 30 日前取得的不动产提供的融资租赁服务(财税〔2016〕47 号)
	6. 人力资源外包服务(财税〔2016〕47 号)
	7. 公路收费 一般纳税人收取试点前开工，(施工许可证注明的合同开工日期在 2016 年 4 月 30 日前)的一级公路、二级公路、桥、闸通行费(财税〔2016〕47 号)
	8. 中外合作油(气)田开采的原油、天然气按实物征收增值税，征收率为 5%。(国税发〔1994〕114 号)
可选择按征收率 3%计税的应税行为	1. 公路收费 (1)公路经营企业中的一般纳税人收取试点前开工的高速公路的车辆通行费，可以选择适用简易计税方法，减按 3%的征收率计算应纳税额；选择一般计税方法，收取试点后开工的高速公路的车辆通行费，按照不动产经营租赁服务缴纳增值税，税率为 9%。公路经营企业中的小规模纳税人，按照 3%的征收率计算应纳税额 试点前开工的高速公路，是指相关施工许可证明上注明的合同开工日期在 2016 年 4 月 30 日前的高速公路(公路经营企业中的一般纳税人收取试点前开工的高速公路的车辆通行费，可以选择适用简易计税方法，减按 3%的征收率计算应纳税额。试点前开工的高速公路，是指相关施工许可证明上注明的合同开工日期在 2016 年 4 月 30 日前的高速公路。其他的道路通行费(包括过路费、过桥费、过闸费等)按照不动产经营租赁服务缴纳增值税。如属于 2016 年 4 月 30 日前取得，可选择适用简易计税方法，按照 5%缴纳增值税；如属于 2016 年 5 月 1 日后取得，按 9%税率缴纳增值税) 财税[2016]36 号附件 2 (2)公共交通运输服务。包括轮客渡、公交客运、地铁、城市轻轨、出租车、长途客运、班车。《营业税改征增值税试点有关事项的规定》(财税〔2016〕36 号附件 2)
	2. 建筑服务 (1)以清包工方式提供的建筑服务，以取得的全部价款和价外费用扣除支付的分包款后的余额为销售额，按照简易计税方法计算应纳税额 (2)为建筑工程老项目提供的建筑服务，以取得的全部价款和价外费用扣除支付的分包款后的余额为销售额，按照简易计税方法计算应纳税额 为甲供工程提供的建筑服务以取得的全部价款和价外费用扣除支付的分包款后的余额为销售额，按照简口易计税方法计算应纳税额 财税[2016]36 号)附件 2:《营业税改征增值税试点有关事项的规定》 建筑工程总承包单位为房屋建筑的地基与基础、主体结构提供工程服务，建设单位自行采购全部或部分钢材、混凝土、砌体材料、预制构件的，适用简易计税方法计税(财税[2017]58 号)
	3. 物业收取自来水费 提供物业管理服务的纳税人，向服务接受方收取的自来水水费，以扣除其对外支付的自来水水费后的余额为销售额，按照简易计税方法依 3%的征收率计算缴纳增值税。(国家税务总局公告 2016 年第 54 号)
	4. 非学历教育服务 一般纳税人提供非学历教育服务，可以选择适用简易计税方法按照 3%征收率计算应纳税额(财税[2016]68 号)

续表

	5. 公共交通运输服务 财税[2016]36 号)附件 2《营业税改征增值税试点有关事项的规定》
	6. 动漫企业、电影放映服务、仓储服务、装卸搬运服务、收派服务、文化体育服务(含纳税人在游览场所经营索道、摆渡车、电瓶车、游船等取得的收入) 财税[2016]36 号附件 2《营业税改征增值税试点有关事项的规定》
	7. 以纳入营改增试点之日前取得的有形动产为标的物提供的经营租赁服务。 在纳入营改增试点之日前签订的尚未执行完毕的有形动产租赁合同。 财税[2016]36 号)附件 2《营业税改征增值税试点有关事项的规定》
	8. 非企业性单位 非企业性单位中的一般纳税人提供的研发和技术服务、信息技术服务、鉴证咨询服务,以及销售技术、著作权等无形资产,可以选择简易计税方法按照 3%征收率计算缴纳增值税(财税[2016]140 号)
	9. 非学历教育服务 一般纳税人提供非学历教育服务,可以选择适用简易计税方法按照 3%征收率计算应纳税额(财税[2016]68 号)
	10. 金融服务 (1)资管产品管理人运营资管产品过程中发生的增值税应税行为,暂适用简易计税方法,按照 3%的征收率缴纳增值税(财税[2017]56 号) (2)农村信用社、村镇银行、农村资金互助社、由银行业机构全资发起设立的贷款公司、法人机构在县(县级市、区、旗)及县以下地区的农村合作银行和农村商业银行提供金融服务收入(财税〔2016〕46 号)
	11. 销售生物制品 属于增值税一般纳税人的药品经营企业销售生物制品,可以选择简易办法按照生物制品销售额和 3%的征收率计算缴纳增值税(国家税务总局公告 2012 年第 20 号)
	12. 销售兽用生物制品 属于增值税一般纳税人的兽用药品经营企业销售兽用生物制品,可以选择简易办法按照兽用生物制品销售额和 3%的征收率计算缴纳增值税(国家税务总局公告 2016 年第 8 号)
	13. 销售光伏发电产品 光伏发电项目发电户销售电力产品,按照税法规定应缴纳增值税的,可由国家电网公司所属企业按照增值税简易计税办法计算并代征增值税税款,同时开具普通发票;按照税法规定可享受免征增值税政策的,可由国家电网公司所属企业直接开具普通发票 国家税务总局关于国家电网公司购买分布式光伏发电项目电力产品发票…… (国家税务总局公告 2014 年第 32 号)
	14. 寄售商店代销寄售物品(含居民个人寄售的物品) 一般纳税人寄售商店代销寄售物品(包括居民个人寄售的物品在内),按简易办法依照 3%征收率计算缴纳增值税(财税[2014]57 号、财税[2009]9 号)
	15. 典当业销售死当物品 典当业销售死当物品,依照 3%征收率计算缴纳增值税(财税[2014]57 号、财税[2009]9 号)
	16. 县级及县级以下小型水力发电单位生产的电力。小型水力发电单位,是指各类投资主体建设的装机容量为 5 万千瓦以下(含 5 万千瓦)的小型水力发电单位 17. 建筑用和生产建筑材料所用的砂、土、石料 18. 以自己采掘的砂、土、石料或其他矿物连续生产的砖、瓦、石灰(不含黏土实心砖、瓦) 19. 用微生物、微生物代谢产物、动物毒素、人或动物的血液或组织制成的生物制品 20. 自来水 21. 商品混凝土(仅限于以水泥为原料生产的水泥混凝土) (财税[2009]9 号、财税[2014]57 号)

续表

	22. 销售非临床用人体血液(国税函[2009]456号)
	23. 自2019年3月1日起,增值税一般纳税人生产销售和批发、零售罕见病药品,可选择按照简易办法依照3%征收率计算缴纳增值税。上述纳税人选择简易办法计算缴纳增值税后,36个月内不得变更(财税〔2019〕24号)
	24. 自2018年7月1日至2020年12月31日,对中国邮政储蓄银行纳入"三农金融事业部"改革的各省、自治区、直辖市、计划单列市分行下辖的县域支行,提供农户贷款、农村企业和农村各类组织贷款(具体贷款业务清单见附件)取得的利息收入,可以选择适用简易计税方法按照3%的征收率计算缴纳增值税。(财税〔2018〕97号)【执行期限延长至2023年12月31日:财政部 税务总局公告2021年第6号】中国农业发展银行总行及其各分支机构提供涉农贷款取得的利息收入(财税〔2016〕39号)
	25. 自2018年5月1日起,增值税一般纳税人生产销售和批发、零售抗癌药品,可选择按照简易办法依照3%征收率计算缴纳增值税(财税〔2018〕47号)
	26. 纳税人销售活动板房、机器设备、钢结构件等自产货物的同时提供建筑、安装服务,应分别核算货物和建筑服务的销售额,分别适用不同的税率或者征收率(总局公告2017年11号)
	27. 提供教育辅助服务(财税〔2016〕140号)
	28. 再生资源回收 从事再生资源回收的增值税一般纳税人销售其收购的再生资源,可以选择适用简易计税方法依照3%征收率计算缴纳增值税,或适用一般计税方法计算缴纳增值税。财政部 税务总局公告2021年第40号自2022年3月1日起执行
3%征收率减按2%的应税行为	1. 一般纳税人销售自己使用过的属于条例第十条规定不得抵扣且未抵扣进项税额的固定资产 一、一般纳税人销售自己使用过的属于《中华人民共和国增值税暂行条例》(国务院第191次常务会议通过)第十条规定不得抵扣且未抵扣进项税额的固定资产,按简易办法依3%征收率减按2%征收增值税 二、一般纳税人销售自己使用过的2009年1月1日以后购进或者自制的固定资产,按照销售货物适用税率13%征收增值税(财税[2014]57号、财税[2009]9号、《增值税暂行条例》) 销售自己使用过的固定资产,适用简易办法依照3%征收率减按2%征收增值税政策的,可以放弃减税,按照简易办法依照3%征收率缴纳增值税,并可以开具增值税专用发票(总局公告2015年第90号)
	2. 一般纳税人销售自己使用过的其他固定资产,应区分不同情形征收增值税: (1)销售自己使用过的2009年1月1日以后购进或者自制的固定资产,按照适用税率征收增值税 (2)2008年12月31日以前未纳入扩大增值税抵扣范围试点的纳税人,销售自己使用过的2008年12月31日以前购进或者自制的固定资产,按照3%征收率减按2%征收增值税 (3)2008年12月31日以前已纳入扩大增值税抵扣范围试点的纳税人,销售自己使用过的在本地区扩大增值税抵扣范围试点以前购进或者自制的固定资产,按照3%征收率减按2%征收增值税;销售自己使用过的在本地区扩大增值税抵扣范围试点以后购进或者自制的固定资产,按照适用税率 征收增值税 (财税[2009]9号、财税[2008]170号、国家税务总局公告2012年第1号、财税[2014]57号 国家税务总局公告2014年第36号) 六、纳税人适用按照简易办法依3%征收率减按2%征收增值税政策的,按下列公式确定销售额和应纳税额:销售额=含税销售额/(1+3%)　应纳税额=销售额×2%
	纳税人购进或者自制固定资产时为小规模纳税人,认定为一般纳税人后销售该固定资产,及增值税一般纳税人发生按简易办法征收增值税应税行为,销售其按照规定不得抵扣且未抵扣进项税额的固定资产的,可按简易办法依3%征收率减按2%征收增值税 (财税[2009]9号、财税[2008]170号、国家税务总局公告2012年第1号、财税[2014]57号)
	纳税人销售旧货(财税〔2009〕9号,财税〔2014〕57号)

续表

<table>
<tr><td rowspan="2">按照5%的征收率减按1.5%计算的应税行为</td><td colspan="3">1. 住房租赁企业中的增值税一般纳税人向个人出租住房取得的口全部出租收入(财政部 税务总局 住房城乡建设部公告2021年第24号)</td></tr>
<tr><td colspan="3">2. 住房租赁企业中的增值税小规模纳税人向个人出租住房
(财政部 税务总局 住房城乡建设部公告2021年第24号)</td></tr>
<tr><td colspan="4">免征增值税
1. 除纳税人聘用的员工为本单位或者雇主提供的再生资源回收不征收增值税外,纳税人发生的再生资源回收并销售的业务,均应按照规定征免增值税。财政部 税务总局公告2021年第40号自2022年3月1日起执行</td></tr>
<tr><td colspan="4">增值税即征即退
2. 增值税一般纳税人销售自产的资源综合利用产品和提供资源综合利用劳务,可享受增值税即征即退政策。财政部 税务总局公告2021年第40号自2022年3月1日起执行</td></tr>
<tr><td colspan="4">增值税进项抵扣项目汇总
(办公用品、水电费、饮用桶装水、宣传费、通信费、物业费等)</td></tr>
<tr><td rowspan="2">1. 办公用品</td><td>一般纳税人税率为13%</td><td colspan="2" rowspan="2">注:如果从一般纳税人那里购买办公用品,税率是13%,如果从小规模纳税人那里购买办公用品,按征收率3%。2021年12月31日前,小规模纳税人适用3%征收率的应税销售收入,减按1%征收率征收增值税</td></tr>
<tr><td>小规模纳税人税率为3%</td></tr>
<tr><td rowspan="2">2. 水费</td><td>自来水厂3%</td><td colspan="2" rowspan="2">注:从自来水公司可以取得增值税专用发票,只能抵扣3 %的进项税,从其他水厂购买的水,取得增值税专用发票,可抵扣9%的进项税</td></tr>
<tr><td>其他水厂9%</td></tr>
<tr><td>3. 电费</td><td>税率13%</td><td colspan="2">注:一般纳税人收取的电费按13%计算缴纳增值税,相应取得的电费进项税额可以抵扣</td></tr>
<tr><td rowspan="2">4. 修理费</td><td>有形动产13%</td><td colspan="2" rowspan="2">注:修理费用于有形动产的修理费用,如汽车修理费、机械设备的修理费13%;而对于不动产的修理费税率是9%。注意,如果对机器设备提供维护保养服务,可按照“其他现代服务”缴纳增值税,即6%</td></tr>
<tr><td>不动产9%</td></tr>
<tr><td>5. 饮用桶装水</td><td>税率13%</td><td colspan="2">注:公司购买桶装水,是为了日常办公需要,属于办公费范围,企业取得增值税专用发票后可以抵扣,如果计入福利费,则不可以抵扣</td></tr>
<tr><td rowspan="2">6. 宣传用品</td><td>一般纳税人税率6%</td><td colspan="2" rowspan="2">注:广告业如属一般纳税人税率为6%,如果是小规模纳税人则为3%,2021年12月31日前,减按1 %征收率
征收增值税,取得小规模纳税人在税务机关代开的增值税专用发票后抵扣</td></tr>
<tr><td>小规模纳税人税率3%</td></tr>
<tr><td rowspan="5">7. 差旅费</td><td>航空旅客运输9%</td><td rowspan="5">注:差旅费中交通费和住宿费,在取得相关凭证后,是可以抵扣进项税额的;餐饮费是不可以抵扣的。交通费中可抵扣进项税额的有增值税专用发票、增值税电子普通发票、明旅客身份信息的相关凭证</td><td>航空旅客运输进项税额=(票价+燃油附加费)/(1+9%)×9%</td></tr>
<tr><td>铁路旅客运输9%</td><td>铁路旅客运输进项税额=票面金额/(1+9%)×9%</td></tr>
<tr><td>收费站(过路费)3%</td><td>公路、水路等其他旅客运输进项税额=票面金额/(1+3%)×3%</td></tr>
<tr><td>桥(过桥费)5%</td><td>桥、闸通行费进项税额=票面金额/(1+5%)×5%</td></tr>
<tr><td>旅店服务(住宿费)6%</td><td>——</td></tr>
<tr><td>8. 咨询费</td><td>6%</td><td colspan="2">注:聘请专业的咨询、审计等中介机构的咨询费用都可以抵扣进项,其税率6%,注意要选择一般纳税人</td></tr>
</table>

续表

<table>
<tr><td>9. 通讯费(电话费)</td><td>9%</td><td colspan="2">注:购进基础电信服务,进项税抵扣税率 9%,购进增值电信服务,进项抵扣 6%。员工个人抬头发票无法取得增值税专用发票,无法抵扣进项税,带有福利性质的通信费补贴不允许抵扣进项税。企业的名义的电话费,取得专用发票可以抵扣</td></tr>
<tr><td>10. 邮递费</td><td>9%</td><td colspan="2">注:快递费可以抵扣进项税,购进邮政服务,进项抵扣税 9%,如果是同城快递,邮寄税率为 6%</td></tr>
<tr><td>11. 培训费</td><td>6%</td><td colspan="2">注:企业发生的各类与生产经营相关的培训费用,均可以抵扣,要向培训单位索要增值税专用发票,培训期间发生的餐费,不可以抵扣。培训机构是一般纳税人,可获得 6%的抵扣税额;培训机构是小规模纳税人,则可获得 3%的抵扣税额。(2021 年 12 月 31 日 前减按 1%征收率征收增值税)</td></tr>
<tr><td>12. 会议费</td><td>6%</td><td colspan="2">法:会议费可以抵扣进项税额,可以开具增值税专用发票,税率为 6%,但是其中的餐费不能抵扣,需要将餐费扣除</td></tr>
<tr><td>13. 物业费</td><td>6%</td><td colspan="2">注:物业公司提供物业服务,属于现代服务业中的企业管理服务,如果是一般纳税人,可索要增值税专用发票,取得 6%税率的抵扣税额</td></tr>
<tr><td>14. 银行手续费</td><td>6%</td><td colspan="2">注:办理转账,汇款时发生的手续费都可以抵扣,要向银行索取增值税专用发票,可抵扣 6%税率的进项
但是如果办理和贷款有关业务手续费,其进项税额不得从销项税额中抵扣</td></tr>
<tr><td rowspan="3">15. 保安服务费</td><td rowspan="3">6%
注: 2021 年 12 月 31 日前,小规模纳税人减按 1 %征收率征收增值税</td><td rowspan="3">注:保安服务费是可以抵扣的,具体抵扣多少需要根据情况来定</td><td>1. 如果是保安服务业提供安保服务,一般纳税人适用 6%增值税税率,小规模纳税人适用 3%增值税税率</td></tr>
<tr><td>2. 如果是一般纳税人提供劳务派遣服务,可以按照一般计税方法缴纳增值税,也可以选择差额纳税,按照简易计税依 5%的征收率计算增值税</td></tr>
<tr><td>3. 如果是小规模纳税人提供劳动派遣服务,可按照简易计税方法依 3%的征收率缴纳增值税,也可以选择差额纳税,按照简易计税方法依 5%的征收率计算增值税</td></tr>
<tr><td rowspan="2">16. 租赁费</td><td>不动产租赁 9%</td><td colspan="2" rowspan="2">注:租赁费用是可以抵扣进项的,提供有形动产租赁服务税率是 13%、不动产租赁服务税率是 9%。个人出租住房是 5%的征收率减按 1.5%征收
注意,如果是租赁给员工提供福利所取得的的专票是不可以抵扣的</td></tr>
<tr><td>有行动产租赁 13%</td></tr>
</table>

参考文献

[1] 财政部会计财务评价中心. 初级会计实务[M]. 经济科学出版社,2024.
[2] 李瑞芬. 会计学原理[M]. 中国财政经济出版社,2023.
[3] 李贺. 基础会计[M]. 3 版. 上海:上海财经大学出版社,2023..
[4] 朱小平,秦玉熙,袁蓉丽. 基础会计(原初级会计学)[M]. 中国人民大学出版社,2021.
[5] 陈国辉,迟旭升. 基础会计[M]. 7 版. 中国人民大学出版社,2021.
[6] 刘水林. 会计基础与实务[M]. 中国财政经济出版社,2021.
[7] 企业会计准则编审委员会. 2024 企业会计准则应用指南[M]. 上海:立信会计出版社,2024.
[8] 中国注册会计师协会. 税法[M]. 北京:中国财政经济出版社,2023.
[9] 企业会计准则编审委员会. 小企业会计准则解读(2024 年版)[M]. 上海:立信会计出社,2024.
[10] 企业会计准则编审委员会. 企业会计准则案例讲解(2024 年版)[M]. 上海:立信会计版社,2024.
[11] 李杨,南峰. 会计学基础[M]. 北京:清华大学出版社,2018.
[12] 张婕. 基础会计[M]. 北京:中国人民大学出版社,2018.
[13] 中华会计网校,http://www. chinaacc. com/wangxiao.
[14] 中华人民共和国财政部网站,http://www. mof. gov. cn/index. htm.